의존을
배우다

Learning from My Daughter:
The Value and Care of
Disabled Minds

어느 철학자가 인지장애를 가진
딸을 보살피며 배운 것

에바 페더 키테이

김준혁 옮김

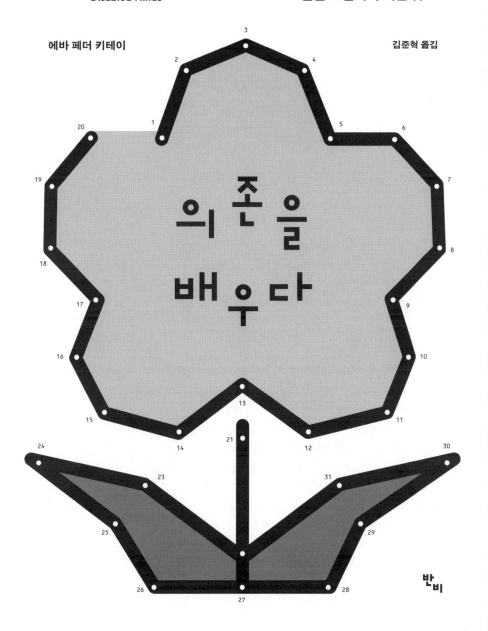

의 존 을
배 우 다

반비

일러두기

● '—지은이'라고 표기한 것을 제외한 모든 각주는 옮긴이의 것이다.
  지은이의 주는 후주로 처리했고 번호로 표시했다.

● 이해를 돕기 위해 지은이 혹은 옮긴이가 추가한 내용은 [ ] 안에 적어 넣었다.
  옮긴이가 추가한 경우에는 '—옮긴이'라고 표기했다.

● 원서에서 이탤릭으로 표기한 부분은 돋움체로 강조했다.
  대문자로 표기한 부분은 점선 밑줄로 강조했다.

● 본문에 언급된 단행본은 한국에서 번역 출간된 경우에만 국내에 소개된 제목을 따랐다.
  원제는 국내에 출시되지 않은 경우에만 병기했다.

그 지혜와 사랑으로
부모 역할을 하는 나를
각자 이끌어준 나의 아이들,
세샤와 리오에게

차례

3부 철학, 장애, 윤리에서 돌봄

추천의 글
세샤와 함께 노래하기

"세샤에게 노래를 불러줘. 노래를 좋아하거든."

다른 누구보다 세샤 키테이와의 만남은 더 긴장되었지만 세샤의 어머니, 에바는 간단한 조언으로 내 염려를 달래주었다. 몇 달 전 철학 좌담회에서 에바를 만났지만, 세샤를 만나러 뉴욕 라이에 있는 에바와 제프리의 집을 방문하는 것은 처음이었다. 벌써 30년이 지난 일이지만, 나는 여전히 생생히 기억한다.

나는 세샤에 관해 알고 있었다. 세샤는 매우 심한 인지장애와 신체적 장애를 가지고 있다. 세샤는 에바, 제프리, 리오, 전일제 돌봄노동자[+] 페기

[+] 돌봄을 주는 사람을 포괄하는 표현인 돌보는 자(carer), 돌보는 것을 어떤 형태로든 일로써 (예컨대, 부모 또한 자녀를 돌보는 일에 매달린다.) 수행하는 돌봄제공자(caregiver), 직업적으로 돌봄을 제공하는 돌봄노동자(care provider, caretaker)를 구분하였다.

와 함께 살고 있다. 세샤는 모든 일에 도움이 필요하다. 세샤는 말할 수 없다. 하지만 아무것도 예상할 수 없었다. 나를 어떻게 소개해야 할까? 악수해야 하나? 내 손을 잡을 수 있을까? 뭐라고 말하고, 어떤 어조로 말해야 할까? 당시 세샤는 열아홉 살이었지만, IQ를 측정할 수는 없었다. 성인에게 말하는 것처럼 세샤에게 이야기하면 될까? 아니면 아기에게 말하는 것처럼 이야기할까?

인사말을 몇 마디 한 뒤, 에바와 나는 잠시 걸었다. 세샤는 유모차를 타고 있었다. 나는 스코틀랜드 자장가 「잘 자라 아가야」를 불렀다. 세샤를 아기로 생각해서가 아니라 무반주로 부르기에 좋은 노래로 보통 반응이 괜찮았기 때문이었다.

세샤는 얌전히 듣고 있었지만 정말 노래에 관심을 가졌는지는 알 수 없었다. 나는 어쩔 줄 몰라 하며 생각했다. '아냐, 틀렸어. 내 노래가 별론가 봐. 내가 마음에 안 드는가 봐!' 들어본 적이 없는 노래에 넋을 잃긴 하지만 세샤는 친숙한 노래를 더 좋아한다. 특히 모르는 사람을 만날 땐 더 그렇다. 그 레퍼토리는 「아기 벨루가」(내가 세샤를 처음 만났을 때)부터 말러 교향곡(최근)까지 매우 폭이 넓다. 에바는 엘비스 프레슬리 노래를 부르는 게 어떠냐고 말했고, 우리는 세샤에게 몸을 기울여 「러브 미 텐더」를 불렀다. "텐더"까지 가자, 세샤는 나에게 눈빛을 보냈다.(나는 "러브"에서 세샤의 관심을 끌었다고 생각한다.) 주의력도 이해력도 없는 것처럼 보이던 눈길은 기쁨과 사랑의 응시로 변했다. 세샤는 몸을 뻗어 나를 안았다!(또 내 머리를 잡고 나를 끌어당겼지만, 이미 그에 관한 경고를 받은 상태였으므로 재빨리 탈출했다.) 세샤의 생각을 알 수 없었지만, 나는 세샤에게 홀딱 반했다. 그때부터 세샤와 할 것이 없었던 적은 단 한 번도 없었다.

엘비스의 노래를 많이 알진 못했지만, 세샤가 리처드 로저스와 로런스 하트가 쓴 곡을 사랑했기에 나는 「마이 로맨스」를 불렀다. 뒤이어 세샤의 최애곡 중 하나가 된 「마이 퍼니 밸런타인」을 불렀다. 세샤를 좀 더 잘 알게 되면서, 나는 다음 가사를 고쳐야 했다. "네 모습은 웃겨, 사진으로 찍을 만한 건 아니지 / 하지만 넌 내가 가장 좋아하는 예술 작품인걸." 세샤는 내가 아는 사람 중 가장 사진발을 잘 받는다. 나는 이런 가사를 노래하는 게 점점 더 힘들어졌다. "네 모습이 그리스 조각에 비해 부족하지? / 네 입술은 조금 얇지? / 너는 입을 열어 말할 수는 있지만, 똑똑하니?" 세샤에 관해 배우면 배울수록, 그 몸짓과 의심하는 듯한 모습을 알아갈수록, 노래 가사의 이런 질문은 터무니없다는 생각이 들었기 때문이다. 하지만 노래의 마지막은 항상 진실을 담아 퍼져나갔다. "날 위해 머리 모양을 바꾸지는 말렴 / 나를 정말로 좋아한다면 / 머물러줘, 작은 밸런타인아, 머물러줘 / 내겐 매일이 밸런타인데이니까." 세샤와 함께라면. 세샤를 만날 때마다, 사랑의 축제가 벌어진다.

남편 톰과 나는 키테이 가족을 주기적으로 방문하게 되었다. 제프리는 매우 재능 있는 재즈 피아니스트로 세샤를 위한 어전(御前) 연주에 늘 나와 함께해주었다. 세샤는 지금도 내게 최고의 관객이다. 그 이유를 깨닫게 되었는데, 세샤 앞에서 노래하는 것이 공연이 아니었기 때문이다. 음악은 우리가 함께 나누는 행위다. 음악을 듣거나 리듬 악기를 함께 연주하거나 서로의 손을 부딪쳐 박수 칠 때, 세샤는 완전히 몰입한다. 세샤와 함께 노래하는 일은 재즈 악단에서 노래하는 것과 비슷하다. 하나의 즉흥 연주이며, 세샤는 그 순간에 진심이다. 누군가 대부분의 사람들을 묘사하며 이렇게 말한 적이 있다. "일시적으로는 해낼 수 있지만[+] 영구적으로 산만해진.(temporarily abled and permanantly distracted.)" 세샤에겐 어울리지 않는 설명이다.

집중력이 뛰어난 세샤는 색다른 강렬함으로 많은 것을 인식한다. 꽃의 색깔, 형태, 냄새를. 좋아하는 음식의 맛을. 수영장에 들어갔을 때 피부에 와 닿는 물의 미끈한 차가움을. 조지아 오키프는 적었다. "누구도 꽃을 제대로 보지 못한다. 꽃은 너무 작아 제대로 보려면 오랜 시간이 걸린다. 하지만 우리에겐 시간이 없다. 보는 것엔 시간이 걸린다. 친구를 얻는 데 시간이 걸리듯이."[1] 나는 세샤가 꽃을 보고 음악을 듣는 방법을 알지 못한다. 그러나 나는 대부분은 아니라 해도 많은 사람이 꽃이나 음악에서 얻는 기쁨보다 더 많은 것을 세샤가 얻는다는 것을 안다. 비슷하게 이런 것을 배우기 위해선, 세샤의 친구가 되기 위해선, 시간이 걸린다. 이 글을 쓴 것은 세샤를 알 기회나 시간이 없었던 사람에게 (내가 생각하는) 세샤는 어떤 사람이고 그와 친구가 된다는 것이 어떤 것인지 보여주고 싶었기 때문이다.

세샤에게 동료로 인정받았다는 기쁨을 전하기는 무척 어렵다. 세샤는 말할 수 없고 대화하거나 위트 있는 농담에 참여할 수도 없다. 하지만 세샤의 존재감 앞에서 우리는 이런 것이 소통에 꼭 필요한 것은 아님을 깨닫게 된다. 흔히 사람들은 내가 뭐라고 말했는지, 어떤 행동을 했는지 잊어버린다고들 한다. 그러나 사람들은 내가 그들에게 어떤 감정을 느끼게 했는지는 절대 잊지 않는다.[2] 다른 많은 것들처럼, 여기에서 세샤와 상호작용하면서 배운 것은 세샤가 아닌 사람들과의 상호작용을 더 깊이 이해할 수 있도록 해준다. 자아에 관한 새로운 통찰을 주는 것은 물론이다.

+ 장애학에선 비장애인을 '일시적 비장애인(TAB, temporarily able-bodied)'으로 표기하곤 한다. 지금은 장애를 가지지 않았지만, 비장애가 기본 상태가 아니며 모든 사람이 언젠가 장애를 갖게 된다는 주장이다. 여기에서 "temporarily abled"라는 표현은 TAB와 연결성이 있지만 그 의미역이 다르며, 세샤가 '해낼 수 있음'을 강조하고자 이렇게 옮겼다.

처음 만났을 때, 세샤는 세샤가 나와 친구가 되고 싶어 하는 것처럼 느끼게 했다. 세샤가 그렇게 느꼈다는 말이 아니다. 내가 어찌 알겠는가? 그러나 내가 받은 느낌은, 내가 느낀 어색함에도 불구하고 세샤와 어떻게 관계 맺을지 생각하도록 나를 이끌었다. 누군가를 알아갈 때면 언제나 그렇듯, 세샤를 알아가는 데에도 시간이 걸린다. 나는 세샤가 다양한 침묵을 듣는 방법을, 세샤의 표현과 움직임을 읽는 방법을, 세사가 언제 기분이 좋지 않고 언제 내 노래를 들을 기분이 아니고 언제 에바나 제프리, 돌봄 노동자와 함께하고 싶어 하는지 알아채는 방법을 배워야 했다.

　내가 세샤로부터 배운 것이 얼마나 많은지 깨닫는 데에는 오랜 시간이 걸렸고, 『의존을 배우다』를 읽은 다음에야 세샤가 나에게 철학과 삶에 관해 얼마나 많이 가르쳐주었는지를 이해하게 되었다. 이 지식의 많은 부분은 처음 만났을 때부터 나의 귀중한 스승이자 멘토였던 에바의 가르침을 전해 받은 것이다. 이 책은 돌봄윤리(care ethics)와 '의존노동(dependency work)'에 관한 에바의 이전 작업을 확장하고 심화할 뿐만 아니라, 인간 존재는 무엇인지에 관한 형이상학적 질문을, 타인을 어떻게 알게 되는가에 관한 인식론적 질문을, 무엇이 삶을 좋고 풍성하고 가치 있게 만드는지에 관한 (그리스적 의미에서) 윤리적 질문을, 우리 삶에서 감정, 그리고 기쁨, 감사, 호기심과 같은 태도의 역할에 관해 질문한다. 에바가 딸에게서 배운 것, 이 책을 통해 우리와 나누고자 하는 것은 철학, 페미니즘 이론, 현대 정치학에 관심 있는 모두에게, 아니 그저 충만한 삶을 살고자 하는 모든 이에게 변혁의 가르침을 준다.

　철학자는 인간, 인격, '우리' 도덕적 공동체의 성원이 된다는 것이 무엇인지 오랫동안 물어 왔다. "인간이란 무엇인가?" 이 질문은 종종 다음 질문과 결합한다. "우주의 다른 모든 것과 인간을 구분하는 것은 무엇인가?"

나는 우주의 다른 모든 것과 인간을 분간하는 집착에 끼어들고 싶지 않다. 의식? 영혼? 언어? 도구를 사용하는 능력? 웃음? 놀이? 솔직히 말해서 나는 동료 철학자들이 세샤와 같은 사람의 도덕적 가치(온전한 인격성)를 질문하기 전까진 무엇이 도덕적으로 동등한 가치를 지닌 인간을 만드는지를 말할 필요성을 느낀 적이 한 번도 없었다.

리시아 칼슨(Licia Carlson)은 심각한 인지장애(cognitive disability)[+]에 대한 철학자들의 말을 연구한 뒤 말했다. "플라톤은 '결함이 있는 아기'를 죽도록 놓아두라고 명령했다. 로크와 칸트는 이성이 모자란 사람을 인간 이하의 존재로 정의했다. 이 집단에 관한 동시대적 논의를 살필 때, 대부분의 참고 문헌에서 동물권에 관한 논의로 '심각한 정신지체'와 비인간 동물을 유의미하게 구분할 수 있는지를 콕 집어 묻고 있었다는 점이 가장 불편했다."[3] 이런 질문을 던지는 것은 잘못이 아니다. 인간종 일반과 비인간 동물 사이에 도덕적으로 유의미한 차이가 있는지를 탐색하는 것이 잘못이 아닌 것처럼. 그러나 선험적으로 둘 사이에 차이가 없다고(차이가 있을 수 없다고) 가정하는 것은 큰 착오다.

몇몇 유명한 현대 철학자는 어떠한 경험적 바탕도 없이 세샤처럼 인지 능력을 결핍한 사람은 돼지와 도덕적 가치가 같다(다른 방식의 장애를 가진[++] 사람보다 그 지위가 낮다)고 주장해왔다.[4] 제프 맥머핸(Jeff McMahan)은 1996년 논문에서 "심한 인지장애를 가진 사람은 …… 깊은 인간적·사회적 관계를 맺고 창조성과 성취를 발휘하며 가장 높은 형태의 지식과 미적 즐거움을 성취하는 등의 능력을 결여한다."라고 주장했다.[5] 나는 에바의 증언으로부터 어머니로서 편견이 조금 섞여 있다 해도 세샤가 이런 일을 할 능력을 지니고 있다고 확신한다. 물론 "가장 높은 형태의 지식을 성취"하는 것은 빼야겠지만, 우리 대부분도 그런 능력은 없지 않은가?

플라톤과 아리스토텔레스의 생각처럼 철학이 궁금증에서 출발한다는 데 동의한다면, 어떻게 몇몇 철학자들은 세샤와 같은 사람들에 관한 기초적인 것을 배우는 데 필요한 호기심을 결여하고 있을까? 어떻게 그들은 그런 사람들이 실제로 살아가는 삶에 전혀 흥미를 가지지 않을 수 있는가? 이 호기심의 결여는 전적으로 비철학적이며, 지성에 최고의 가치를 부여하는 사람으로서 받아들일 수 없는 반지성적 태도다. 돌보지 않아서 도덕적으로 실패한 것뿐만 아니라, 관심을 기울이지 않아서 인식적으로 실패하기까지 한다. 세샤를 이해할 시간을 들이지 않아서 또는 그런 사람

+ 여기에서 인지장애는 생애 전체에서 나타나는 인지 능력의 다양한 저하를 가리킨다. 한편, 의료계에서 인지장애는 주로 노년기에 발생하는 알츠하이머병이나 여타 치매 질환의 상태를 기술하는 용어로 쓰인다. 또 법적 분류에서 아동 및 청소년에게 나타나는 정신적 발달지연 상태는 발달장애로 부르며, 지적장애와 자폐성장애를 포괄한다.

++ 이 책에서 장애는 가지는 것으로 표현했다. 장애는 장애인 당사자의 본질이 아니라고 생각하기 때문이다. 그러나 뒤에서(예컨대, 5장을 보라.) 저자는 장애와 장애인 정체성을 구분하는 것이 불가능하다고 주장한다. 장애를 가지고 살아온 삶에서 장애만 빼고 기술하는 것이 불가능하기 때문이다. 저자의 논지에 동의하는 한편, 나는 장애의 체화(embodied disability)와 장애의 본질주의적 이해(essentialistic understanding of disability)를 구분해야 한다고 믿는다. 저자의 주장은 전자이지, 후자가 아니다. 장애와 장애인의 삶을 구분할 수 없음, 그리하여 장애 태아 선별(선택적 임신중지) 논쟁에서 장애의 선별이 결국 장애인의 선별로 받아들여지는 것은 현재의 사회 속에서 장애를 가지고 사는 삶이 장애를 특정한 형태로 개인에게 체화시키기 때문이다. 개인이 어떤 장애를 가지고 태어나지만 비장애인과 차이가 하나도 없는 삶을 사는 세계가 있다고 가정하자. 이때 어떤 이유로 이 장애를 가진 태아를 선별한다면(예컨대 어떤 감염병의 확산으로 해당 장애를 가진 사람은 일찍 고통스러운 죽음을 맞으며, 당장 이 감염병을 해결할 수 있는 어떤 방법도 없기 때문이라면), 그때 우리는 장애인이 아닌 장애를 선별하는 것이라고 말할 수 있다. 그리고 이때 장애와 장애인은 오롯이 구분된다. 안타까운 것은, 지구의 어느 곳에서도, 역사상 어느 순간에도 그런 '아무런 차이 없는' 공간이 존재한 적이 없었다는 것이며, 따라서 현재 장애 선별은 장애인의 선별과 같다고 말해야 한다는 것이다. 그럼에도, 여기에서 나는 현재 장애의 본질주의적인 이해가 사회에 지배적이라는 개념적 이유로 인하여 장애를 가짐이라는 표현을 사용할 필요가 있다고 생각한다.

에게 귀 기울이지 않아서 세샤가 아무것도 말할 수 없다고 가정하는 철학자는, 외국어로 말하는 어린이가 옹알이하고 있다고 가정하는 것과 같은 일을 벌이는 셈이다. 이것은 의지적이며 비난받아야 마땅한 무지다.

소크라테스는 독약을 마시기 전 말했다. "성찰하지 않는 삶은 살 가치가 없다." 이것이 진리라면 성찰하는 **삶**만이 살 가치가 있다고 생각하는 사람도 있을 것 같다. 하지만 그렇지 않다. 누군가에겐 성찰하는 삶이 살 가치가 있겠지만, 삶의 성찰은 삶을 살 가치가 있게 만드는 데 꼭 필요하지 않다. 학문을 시작하는 1학년 학생에게 조언할 때면, 나는 기본 학점을 채우고 전공과 교양 과목을 계획하는 것만 생각해선 안 된다고 말한다. "더 중요한 건 어려울 때 너를 지탱해주는 것이 무엇인지 찾는 거야. 그리고 그걸 개발하고 배양하는 일이지. 넌 교사나 의사가 될 수도 있어. 하지만 어려운 시기를 지나기 위해 네가 의지하는 것은 그림 그리기나 춤일 수 있지. 다른 모든 것만큼 중요한 것, 어쩌면 삶에서 **가장** 중요한 것은 네 삶을 가치 있게 만드는 것이 무엇인지 아는 거야."

세샤를 만나고 얼마 지나지 않아서 나는 치명적인 강간과 살해 시도를 당했고 이를 견딜 방법을 찾아야 했다. 지성과 사고 능력은 전혀 도움이 되지 않았다. 공격당하고 몇 달 후, 최악의 지점에서 나는 본인의 트라우마로 분투하고 있던 톰에게 의지했다. "계속 살아야 할 충분한 이유를 하나라도 말해봐." 그는 대답하지 못했다. 우리는 마치 스토아 철학만이 유일한 가치가 있다는 듯이 끔찍한 운명의 교차에 대해 '철학적' 대화를 나누었다. 하지만 나는 철학에서 위안을 찾지 못했다. 어떤 것도 의미가 없었고 삶은 견딜 수 없는 것으로 변했다.

내 자존감은 바닥을 쳤다. 나는 쓰지도 가르치지도 못했다. 혼자서 길을 걸을 수도 없었다. 이런 일들을 다시 할 수 있을지 알 수 없었다. 톰에게 너무 의존한 나머지 누구에게도 쓸모가 없다고 느꼈다. 스스로 가치 없다고 느낄 때, 세샤가 준 것을 이해하는 일이 도움이 되었다. 만약 자족적이며, 생산적이고, 유급으로 고용될 수 있는 능력과 상관없이 세샤를 가치 있다고 여긴다면, 왜 나의 자아 존중감은 그런 것에 전적으로 의존해야 하는가? 그리고 세샤는 내가 결여했으며 항상 필요로 했던 것을 가지고 있었다. 기쁨을 경험하고 타인에게 기쁨을 주는 능력 말이다.

나는 삶에서 즐거움을 찾는 방법을 다시 배워야 했다. 그에 몰두해야 했다. 나를 지탱해준 것은 철학이 아니었다. 그것은 음악과 배움이었다. 어떻게 돌보고 돌봄을 **받을지**에 관한 이전보다 깊은 이해였다.

세샤와의 우정은 인지 (및 다른) 장애를 얻게 된 지인들과의 관계를 탐색하도록 도와주었다. 지난 몇 년 동안, 부모님의 건강이 악화되고 아버지에게 중증 치매⁺가 생겼을 때, 나는 세샤로부터 배운 소통 방식에 너무나 감사할 수밖에 없었다. 아버지의 치매가 심해져갈 때 함께하는 방법이, 세샤에게서 배운 많은 것 중에서 내게 가장 큰 영향을 미쳤다고 생각한다.

치매로 아버지를 점점 잃어가고 있다는 사실은 때로 너무 고통스러웠다. 그는 예리한 과학적 사고방식을 지녔으며, 어렸을 때부터 내 지적 추구를 응원해주었다. 처음에 아버지의 치매는 편집증과 불안, 단기 기억 상실로 드러났다. 그러나 치매가 점차 심해지면서 아버지는 말하기 능력을 잃어갔고, 나는 한 번도 본 적이 없는 아버지의 평온함을 만났다. 특히 치매가 진행되어 자신이 치매 당사자라는 사실을 깨닫지 못하게 된 이후,

---

+ 치매에 부정적 의미가 담겨 있으나, 인지장애와 치매는 다른 상태를 의미하며 알츠하이머병은 치매의 한 종류이므로 대체해서 쓸 수는 없다. 일본이 치매를 인지증(認知症)으로 표현한 사례를 참조할 수 있으나, 아직 우리에게 익숙하지 않다. 따라서 임시로 치매라는 표현을 유지하고자 한다.

아버지는 전에는 즐기지 않던 것에서 큰 즐거움을 찾았다. (유모차를 탄 세샤와 산책할 때처럼) 휠체어를 탄 아버지와 부모님이 지내시던 치매요양시설의 뜰을 산책할 때면, 아버지는 말하지 못해도 평범한 것에 놀라움을 표시하곤 했다. 차가 오고, 비행기가 가며, 사람들이 강아지와 산책한다. 아버지는 멈추어서 꽃을 진심을 다해 보고선 나를 보고 다음과 같은 의미가 담긴 표정을 지었다. "이런 건 내 평생 처음으로 봐! 넌 본 적 있니?"

아버지의 중증 인지장애는 아버지에게 음악을 통한 강렬한 즐거움을 선사했다. 시설 직원은 치매를 가진 사람들의 삶에서 음악의 중요성을 알고 있었으며, 여러 연주자를 초대해 연주하도록 하는 한편 시설 거주자들과 함께 매일 노래하는 시간을 마련하곤 했다. 말년의 아버지는 말하지 못해도 노래할 수 있었으며, 놀랍게도 알리라고 생각지 못한 노래 가사를 따라 부르곤 했다.

나오미 셰먼(Naomi Scheman)은 내 논문에 대한 논평에서 다음처럼 표현했다. 음악은 "살아 있음의 기쁨을 표현하며, 그 기쁨의 일부분은 살아 있음에 대한 공통의 인지에서 나온다." 세샤와의 우정은 아버지가 돌아가시기 전까지 아버지와 기쁨을 함께 경험할 방법을 내게 알려주었으며, 더는 아버지가 자신을 돌볼 수 없거나 단 한마디도 하지 못하더라도 여전히 그곳에 있으며 그 자신으로 존재하고 있음을 내가 깨닫도록 해주었다.

취향이란 게 보통 그렇듯, 세샤의 음악 취향도 몇 년에 걸쳐 변화했고 나는 그런 변화를 들으며 기뻐했다. 세샤는 어릴 적에 페기를 통해 오페라를 접하면서 오페라를 사랑하게 되었다. 제프리와 에바는 세샤에게 클래식과 피터, 폴 앤 메리(Peter, Paul and Mary)와 라피(Raffi)를 포함한 아동 음악을 다양하게 들려주었다. 제프리는 세샤에게 재즈를 소개해주고 싶어 했지만, 마일스 데이비스는 세샤와 잘 맞지 않았다. 이윽고 세샤는 취향을 닦았으며 동요가 지겨워지자 정말 좋아하는 작곡가들을 스스로 고르게 되었다. 운 좋게도 세샤는 여러 종류의 음악을 경험했지만, 다시 듣고 싶은 장르와 표현을 고른 것은 세샤 자신이었다.

우리의 음악 취향은 비슷했다. 우리 둘 다 뮤지컬을 즐기며, 세샤는 지금 「마이 페어 레이디」를 좋아한다. 세샤는 글렌 굴드가 연주한 바흐의 「골드베르크 변주곡」을 사랑하는데, 나 또한 어릴 때부터 그랬다. 세샤는 이미 아는 노래의 변주곡을 들을 때 쾌감을 느끼며 기대하지 않았던 것을 들을 때 웃는다. 세샤는 베토벤의 「환희의 송가」를 들으며 전율하고, 5번 교향곡의 정신 없고 질질 끄는 종지에서 낄낄거린다. 나도 마찬가지다. 제프리는 세샤의 음악 취향과 유머 감각에 관해 올리버 색스(Oliver Sachs)와 대화한 적이 있다. 색스는 말했다. "세샤는 음악적 감수성을 지니기만 한 게 아니야. 세샤에겐 음악적 지능이 있지." 정말 그렇다. 세샤가 음악에서 끊임없는 기쁨을 누리는 것은 고도의 세련된 인식을 지니고 있기 때문이다.

이 중 어떤 것도 음악을 인식하는 능력이 인간의 고유한 특질임을 의미하지 않는다. 나와 세샤의 깊은, 지속된 우정이 (전부는 아니라도) 음악을 향한 공통의 사랑에 기초하고 있다 해서 세샤의 음악성이 세샤를 인간으로 만든다거나 음악이 우리의 우정을 가능케 하는 유일한 것이라는 의미는 전혀 아니다. 분명히 음악은 세샤의 온전한 인간성을 내가 인식하는 데 도움을 주었다. 그리고 음악은 우리의 우정에 독특한 형태를 부여해주고 있다. 하지만 그건 내가 하나의 개별적인 특성(음악을 인식하고 음악에 만족할 수 있는 능력)을 다른 것(합리성이나 측정 가능한 IQ)으로 치환하여 온전한 도덕적 인격성의 범주로 여긴다는 의미가 아니다. 세샤의 음악성은 개별적 특성 이상이다. 그것은 오롯이 관계적이다. 제프리, 에바, 페기 등 다른 사람 없이 세샤가 자신만의 것을 개발할 수는 없었을 것이다. 그것은 세샤가 다른 인간과 공동체를 이루는 방식의 하나다.

　이 글에서 세샤의 초상을 제시하면서 나는 타인을 대신해 말할 때의 위험을, 특히 인지장애를 가진 사람을 대신해 말할 때의 문제를 유념했다. 나는 세샤를 대신해 말하려는 게 아니라, 오히려 세샤가 내 삶에 영향을 미치고 나를 풍성하게 한 방식을 소개하고자 했다. 그것이 세샤의 온전한 인간성을 부정하는 자에게 들려주고 싶은 이야기이기 때문이다. 릴케가 고대 그리스 석상을 보면서 들었던 "너는 너의 삶을 바꾸어야 한다."[6]라는 명령처럼 세샤에게 나는 배웠다. "너는 너의 삶을 생각하는 방식을 바꾸어야 한다."

　이 책을 통해 에바는 철학 공동체와 그 너머의 세계에 선물을 주었다. 에바의 딸, 세샤가 얼마나 특별한 사람인지에 관한 경이로움을 통해. 이 책을 들고 있는 당신이 이 책을 시간을 들여 읽고 이 책이 말하는 것을 진지하게 받아들이기를 권한다. 여기에 담긴 내용 중 일부에 동의하지 않을지도 모른다. 하지만 이 책은 당신이 누구며 어떤 생각을 하든지 비할 바 없는 가르침을 당신에게 전할 것이다. 특히 당신이 여기에 동의하지 않을 가능성이 크다면, 당신은 이 책을 꼭 읽어야만 한다. 왜냐하면 그것이 무엇인지, 그 증거가 무엇인지 알지도 못하면서 어떤 입장에 합리적으로 동의하지 않는다는 것은 **불가능**하기 때문이다.

　이제 나는 세샤를 만날 때 불안하지 않다. 자주 보지 못하는 친밀한 친구를 만나서 신이 날 뿐이다. 내가 그를 반기기 전에, 에바가 나의 도착을 알리기도 전에, 세샤는 기대감에 활짝 웃는다. 나는 세샤를 껴안고 볼에 키스하며 세샤를 만나서 얼마나 행복한지 이야기한다. 세샤는 나를 끌어당긴다.(고맙게도 내 머리카락을 잡지 않는 방법을 배웠다.) 나는 세샤만 들을 수 있게 부드러운 목소리로 노래한다. "날 위해 머리 모양을 바꾸지는 말렴 / 나를 정말로 좋아한다면……" 세샤는 머리를 뒤로 젖히고 자신만의 소리로 웃는다. 빠르게 숨을 들이마시며 순수한 기쁨의 소리를 낸다. 나는 생각한다. 오 세샤, "넌 내가 가장 좋아하는 예술 작품인걸."

수전 브리슨

2018년 9월 8일

서문과 감사의 글

세샤는 내 딸이다. 세샤의 상당한 인지장애와 신체적 장애는 내가 전문 철학자가 된 이래 철학에 대한 내 이해를 완전히 바꾸어놓았다. 딸과의 삶이 내게 준 몇 가지 가르침을 나는 20년이 넘는 동안 독자들과 함께 나누어왔다. 이 가르침들은 철학적 명상과 성찰의 가치가 충분하며 이를 요구한다. 철학자가 던지는 근본적인 질문 몇 가지를 건드린다. 나는 이 가르침들을 내세움으로써, 장애 담론에 끼어들 뿐 아니라 철학 담론에 세샤의 자리를 만든다.

이 작업은 내가 『돌봄: 사랑의 노동』에서 전개한 많은 주제의 후속 작업으로 볼 수 있다. 그 책에서 세샤의 서사는 마지막 두 장에 등장한다. 앞 장들에서 철학적 요점을 논증한 다음에야 내 주장에 영향을 미쳤던 발단이 된 관심사, 생각, 선입견, 삶의 경험을 내세우고 싶었다. 그러나 이번 작업에서 세샤는 맨 앞, 중심으로 이동한다. 이전 책에선 뒤에 깔려 있던 목소리, 나의 개인적인 목소리도 마찬가지다.

『돌봄: 사랑의 노동(*Love's Labor: Essay on Women, Equality and Dependency*)』의 핵심 사유는 원제 끝에 등장하는 평등과 의존이다. 평등과 의존의 변증법을 통해, 나는 여성이 남성과 진정한 평등을 공유하려면 노동을 공평하게 분배해야 하고, 누구도 불가피한 인간 의존에 대해 낙인찍히지 않은, 지금까지와는 다른 관계를 맺어야 한다고 주장했다. 상당한 의존을 필요로 하는 사람을 돌보는 사람들이 그 책의 초점(전적인 초점은 아니었으나)이었다. 두 권으로 이루어진 이번 작업(이 책이 그중 첫 번째 것이다.)에선 강조점을 뒤집었다. 상당한 장애를 평생 가지고 있어 불가피하게 의존 상태에 있는 사람의 자리를 우선적으로 두었다. 돌봄과 돌봄제공(caregiving)의 역할을 다루지 않은 것은 아니지만 말이다. '무엇이 중요하냐'를 질문하는 철학적 탐구에 있어 사랑과 존엄성은 이 작업에서 가장 중요한 요소다. 사랑 그리고 우리가 타인과 맺는 특별한 관계는 존엄한 삶을 사는 데 이성과 인지적 요소가 필수적이라는 주장을 대체한다.

인간의 개인주의적 · 합리주의적 개념은 중증 인지장애를 가진 사람들을 포함하려 할 때 이론적 타당성이라는 시험대에 오른다.(그리고 낙제한다.) 『돌봄: 사랑의 노동』에서 나는 모든 인간이 지닌 보편적이며 도덕적으로 유의미한 특성은 우리 모두가 어머니의 자녀라는 점이 유일하다고 제안했다. 즉 우리는 두 명의 인간 부모로부터 태어나며, 생존하고 성장하기 위해 적어도 유아 · 아동기까지는 우리의 안녕을 맡길 양육자(혹은 양육자들)를 필요로 한다. 철학자들이 동등한 도덕적 지위를 얻는 데에 필수적이라고 정의한 내재적 속성을 결여한 장애 아동은, 다른 아이와 마찬가지로 어머니의 자녀로서 도덕 공동체의 구성원이 될 자격을 지닌다. 자녀가 생존하도록 보살핌을 주는 사람과 우리 각각이 모두 맺는 관계에 도덕적 동등성을 위치시킨다면, 우리의 도덕성과 정치의 중심에 돌봄이 위치해야 함을 인식하게 된다. 장애를 가진 자녀를 돌보며 나는 좋은 삶과 정의로운 사회에 관한 내 이해를 돌아보게 되었다.

내 딸 세샤가 알려준 새로운 이해에 관해 나는 쓴다. 그것은 논증과 이야기로 제시된다. 그를 통해 내가 딸, 딸의 필요, 딸의 몸, 딸의 의사소통 방식, 딸이 나와 세계와 맺은 관계를 만나면서 생겨난 생각과 자기 이해에서 겪은 변화를 전달하고자 한다.

내가 딸에게서 배운 것들은 이 작업을 할 수 있도록 도와준 가족, 학생과 동료, 친구, 돌봄제공자, 시설 가운데서 가능했다. 남편 제프리, 딸 세샤, 아들 리오, 며느리 킴에게 우선 그리고 가장 깊은 감사를 전한다. 리오와 킴을 통해 육아를 새롭게 바라볼 수 있었다. 마이카, 에이사, 에즈라는 세샤의 세계를 넓혔다. 세샤가 그들의 세계를 풍부하게 만든 것처럼. 그들의 관계를 바라보면서 나는 세샤가 우리 가족에게 얼마나 큰 풍성함을 주었는지를 다시 깨닫는다. 바로 그다음으로 세샤를 돌보며 나의 돌봄 실행의 선생님이 되어준 사람들에게 감사를 표한다. 가장 오래되고 깊은 관계는 마거릿 그레넌(페기)과 맺은 것으로, 세샤가 다섯 살 때부터 시작해 세샤가 서른두 살 때 센터포디스커버리(Center for Discovery)로 떠나서 살 때까지 그는 우리와 함께했다. 놀라운 우정과 공동 보살핌의 스물일곱 해였다. 나는 이만큼 헌신적이고, 능숙하며, 인내심 있는 돌봄제공자를 만나는 것이 극소수에게만 주어지는 특권임을 잘 알고 있다.

페기를 만나고 계속 함께할 수 있었던 행운만큼 뉴욕 해리스의 '센터포디스커버리'를 만난 것도 큰 선물이었다. 센터포디스커버리에서 우리는 돌봄 공동체의 본질을 발견했다. 그들의 표현을 빌리자면 센터포디스커버리는 장애를 가진 사람들의 삶에 영감을 받아 촉발된 공동체로, 가장 심한 장애를 가진 사람도 충만함과 존엄성을 지닌 삶을 살 수 있는 곳이다. 그들의 작업은 나에게 큰 영향을 미쳤다. 패트릭 돌러드(Patrick Dollard)의 재능으로 생겨나 테리사 햄린(Dr. Theresa Hamlin), 리처드 험러커(Richard Humleker) 등 수많은 사람의 놀라운 역할을 통해 유지되고 있는 센터는 2001년부터 세샤의 집이 되었다. 우리는 그곳에서 세샤가 자기 삶을 살아갈 수 있기를 소망한다. 센터에서 우리는 장애 아동을 향한 열정을 공유하는 부모들, 특히 데니즈와 아트 톰슨, 패티와 대니 아벨슨, 캐런과 에릭 런던을 만났으며 그들과 함께 내 일과 기쁨, 고난을 공유할 기회를 얻었다.

최근 세샤가 아파서 우리가 어려움을 겪을 때 우리를 도와준 센터의 수지 나이르, 필립 월켄, 조지 토드에게 감사한다. 특히 세샤의 발작을 기어코(영원히 그러기를 소망한다.) 다스린 오린 데빈스키에게 더더욱. 지난 15년 동안 세샤를 개인적으로 도와준 사람들, 마리아 소토와 줄리아 브로시스를 언급하지 않을 수 없다. 이런 재능 있고 헌신적인 돌봄제공자로부터의 배움에는 끝이 없다.

이 책은 무엇보다도 철학 작업이기도 하다. 철학은 대학 때부터 내 지적 고향이었다. 나는 여러 번 고향에서 도망쳤지만 다시 돌아왔다. 탕아처럼, 고향과 화해하는 방법을 찾아야 했다. 다행히도 내겐 멘토와 지지자들이 있었다. 내 특이한 작업을 지지해준 에드워드 케이시(Edward Casey)와 스토니브룩대학교 철학과 사람들, 특히 메리 롤린슨(Mary Rawlinson), 알레그라 드로렌티스(Allegra de Laurentiis), 게리 마(Gary Mar), 밥 크리즈(Bob Crease), 리 밀러(Lee Miller)에게 큰 빚을 졌다. 동정적돌봄 · 생명윤리센터(Center for Compassionate Care and Bioethics)의 스티븐 포스트(Stephen Post)는 내가 결국 철학을 포기하기로 결정하면 언제든지 나를 받아주겠다고 말했다. 물론 나는 철학을 포기하지 않았지만 말이다. 이 분야에 남기로 결정한 것은 스토니브룩대학교에서 내가 가르치고 도움을 줄 수 있었던 여러 놀라운 학생을 만나는 특권 때문이었다. 많은 학생이 내 원고를 읽고, 연구를 돕고, 논의 주제에 대해 대화하며 내 연구의 중요한 부분을 차지했다. 많은 이들이 철학을 향한 자기 열정을 탐색하며 성공적으로 학계로 떠났다. 바버라 앤드루스, 엘런 페더, 세라 클라크 밀러(Sarah Clark Miller), 세린 카더(Serene Khader), 진 켈러, 보니 만, 크리스 카포시(Chris Kaposy), 드네 매클라우드, 마이클 로스, 카라 오코너, 케이티 울프, 나티파 그린에게 감사한다. 최근 이 책의 원고를 다듬으며 스토니브룩대학교에서 연 내 마지막 세미나에 함께한 필립 넬슨(Phillip Nelson), 앤드루 도빈 및 다른 학생들에게도 감사를 표한다. 연구와 원고 편집을 도와준 로리 가예고스 드카스티요, 올리 스테퍼노(Oli Stephano)에게, 색인을 준비하는 벅찬 작업을 한 얼리사 애덤슨에게 감사를 바친다.

철학과 밖에서는 저명한 철학자, 장애학자 들이 내 작업에 큰 영향을 미쳤다. 애니타 실버스(Anita Silvers)가 특히 중요한 대화 상대였는데, 우리는 항상 동의하지는 않았지만 항상 서로에게 배웠다. 세라 러딕(Sarah Ruddick)은 돌봄에 관한 내 작업에 큰 영감을 주었고, 빌 러딕(Bill Ruddick)은 돌봄과 양육의 문제에서 중요한 토론자 역할을 해주었다. 「뉴노멀과 좋은 삶」, 「산전 검사와 선별의 윤리」 두 장은 에릭 패런스(Erik Parens)가 이끈 헤이스팅스생명윤리센터(Hastings Center for Bioethics) 워크숍에서 나온 것이다. 슬프게도 우리 곁을 떠난 에이드리엔 아시(Adrienne Asch)는 산전 검사에 관한 토론에서 만만찮은 상대였다. 산전 검사에 대한 확장 워크숍과 아동의 외과적 성형에 대한 회의에서 브루스 제닝스(Bruce Jennings), 제이미 넬슨(Jamie Nelson), 힐데 린더먼 넬슨(Hilde Lindemann Nelson), 보니 스텐

벅(Bonnie Steinbock) 그리고 헤이스팅스센터의 다른 참석자들과 나눈 토론이 내 주장의 산파가 되었다. 벤저민 윌폰드(Benjamin Wilfond)와 세라 고어링(Sara Goering)은 나를 애슐리 엑스(Ashley X)와 성장 억제에 대한 회의에 초대했고, 그때 촉발된 저술이 이 책의 9장이 되었다. 내 생각과 글쓰기의 여러 지점에 있어 마사 누스바움(Martha Nussbaum), 마이클 베루베(Michael Bérubé), 버지니아 헬드(Virginia Held), 마이클 슬로트(Michael Slote), 리시아 칼슨, 시모 베마스(Simo Vehmas), 오언 플래너건(Owen Flanagan), 소피아 웡(Sophia Wong), 니컬러스 델론(Nicolas Delon), 존 보러스(John Vorhaus)로부터 도움과 영향을 받았다. 화이트레이크에서 보낸 워케이션에서 엘리자베스 로이드(Elizabeth Lloyd), 크리스티아 머서(Christia Mercer)와 내 생각을 논의할 기회를 얻었다. 낸시 버미즈(Nancy Vermes)와는 어디에서든 소통했다. 몇몇 사람이 이전 원고의 한 장 이상을 읽고 논평을 해주었다. 더하여 애덤 큐어튼(Adam Cureton), 로런스 베커(Lawrence Becker), 톰 셰익스피어(Tom Shakespeare)는 전체 원고를 읽고 논평해주었다. 리처드 루빈(Richard Rubin)은 주의 깊게 몇 장을 읽고 유용한 조언을 해주었다. 스티븐 캠벨(Stephen Campbell)은 5장에 관한 엄청난, 비할 데 없는 편집상의 논평을 해주었다. 데이나 하워드(Dana Howard)는 5장의 초기 판본에 대한 통찰을 주었다. 지나 캄펠라(Gina Campella)는 8장의 축약본에 대해 논평을 해주었고, 브린다 달미야(Vrinda Dalmiya)는 이후 판본을 주의 깊게 읽고 논평해주었다. 처음부터 끝까지 수전 브리슨(Susan J. Brison)은 글쓰기가 흔들릴 때 응원을 아끼지 않았으며, 깊고 지적이며 개인적인 애착을 느끼는 사람만이 줄 수 있는 지원을 제공했다.

　다른 대학에서 초대해준 것, 강의와 교육에 참여한 것이 여러 장의 내용을 다양하게 채우는 데에 큰 도움이 되었다. 이 중 뉴캐슬대학교(특히 재니스 매클로플린(Janice McLaughlin)과 재키 스컬리(Jackie Scully)), 마이애미대학교(마이클 슬로트, 감사해요.), 스텔렌보스대학교(레슬리 슈바르츠(Leslie Swartz), 고맙습니다.), 워털루대학교(칼라 페르(Carla Fehr), 고마워요.), 하와이대학교(브린다 달미야에게 특별한 감사를 전합니다.), 에모리대학교(로즈메리 갈런드톰슨(Rosemarie Garland-Thomson)과 조엘 레이놀즈(Joel Reynolds)에게 감사를 표합니다.), 말타대학교(특히 앤마리 칼루스(Anne-Marie Callus), 마리아 빅토리아 가우치(Maria Victoria Gauci), 풀브라이트재단에 감사합니다.)의 교수진 및 학생들에게 감사를 전한다. 10년 이상 여러 기관과 회의에서 만난 학생들과 교수진의 논평 덕분에 이 책의 최종 형태가 갖추어졌다.

옥스퍼드대학교 출판부의 편집자 루시 랜들(Lucy Randall)이 조언과 응원을 아끼지 않았다. 꼭 필요했던 이 지원에 진심 어린 감사를 표한다.

마지막으로 연구비를 제공해준 국립인문재단(National Endowment for the Humanities)과 구겐하임재단에 깊은 감사를 표하고자 한다. 원고에 순전히 집중하는 시간을 허락받을 수 있었다. 연구비의 결과물은 이 책에서 절반만 실현된 것이다. 나머지는 다음에 나올 책 『누가 진정한 인간인가: 정의, 인격성, 정신적 장애(Who's Truly Human?: Justice, Personhood, and Mental Disability)』를 약속하는 것으로 남겨둔다.

1부

학문의 현장에서는 "나는 모른다."라는 편안하고 종종
합리적인 말을 듣지 못한다.
그것은 수많은 문제 중 인류에게 중요한 해결책을 제시하는
문제를 선별하는 미덕을 지닌 지혜다.
―칸트, 「시령자의 꿈」

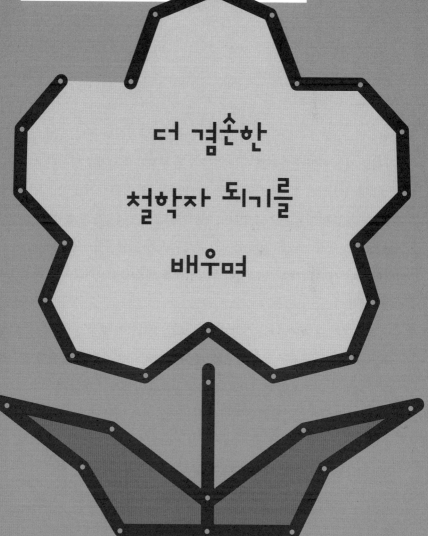

더 겸손한

철학자 되기를

배우며

개관 * 여행과 그 끝

《워싱턴 포스트》 사설에 중증 장애를 지닌 아이의 부모는 썼다. 중증 장애를 지닌 아이를 자녀로 두는 일은 모든 부모를 철학자로 만든다고.[2] 만약 당신이 이미 철학자이며 (중증 인지장애를 포함하여) 여러 중증 장애를 가진 아이를 키우고 있다면 어떤가? 당신은 더 겸손한 철학자가 될 것이다. 중증 장애를 지닌 아이의 부모는 모두 철학자가 되는데 그 일이 삶을 가치 있게 만드는 것이 무엇인지를 새로이 탐색하도록 만들기 때문이다.

이 책의 1부에서 나는 철학자로서, 또한 철학자가 매우 중시하는 특징(사유하고 논증을 구성하는 능력)을 결여한 딸의 어머니로서, 나에게 삶의 문제에 관해 특별한 가르침을 준 여정을 독자에게 소개할 것이다. 1장은 매우 심한 인지장애를 지닌 아이를 기르면서 내가 배운 것의 중요성을 어떻게 인식하게 되었는지, 이 경험을 통해 배운 것이 철학적 공동체와 공유해야 할 지식이라는 것을 어떻게 알게 되었는지, 딸을 돌보면서 딸에 대한 내 이해가 어떻게 바뀌었는지를 털어놓는다. 1장의 끝에서는 이 책 전체에 걸쳐 등장하는 논증의 골자를 제시할 것이다. 같은 기획의 연속인 후속작에서 제시될 논증의 개요도 살필 것이다.

2장은 시작부터 이 기획의 논증으로 바로 뛰어든다. 자신의 아이가 '정상(normal)'이 아니라는 것을 처음 발견한 순간으로 간다. 이것은 앤드루 솔로몬(Andrew Solomon)의 표현에 따르면 "나무로부터 멀리 떨어진" 자녀를 기르는 모든 부모에게 제기되는 질문이다. 소위 '정상'에 속하지 않더라도 내 아이가 좋은 삶을 살 수 있을까? 이 책은 자녀의 정상성(normalcy)을 욕망할 때 우리의 욕망이 무엇인지를 물음으로써 이 질문을 파고든다. 이 질문에 응답하기 위해, 우리는 오래된 철학적 질문인 "좋은 삶이란 무엇인가?"에 대한 자신감 가득한 답변에서 물러나, 과하게 칭송받는 철학적 이상에 부합하지 못하는 이의 삶을 겸손하게 들여다볼 필요가 있다. 잘 사는 삶이란 무엇인가에 관한 새로운 통찰을 얻을 수 있을 것이다.

1장
문제가 되는 것/아닌 것은 무엇인가

철학자 수전 브리슨¹은 성찰하지 않는 삶이 살 가치가 없는지는 확신할 수 없지만, 살아볼 수 없는 삶은 성찰할 가치가 없다고 적었다. 즉 성찰을 감당할 수 있는 것은 살아낸 삶의 현실이지 이상화된 삶이 아니라는 것이다. 장애를 가진 삶의 현실, 장애인과 함께하는 삶이 내가 살피고자 하는 삶이다.

　이를 위해 나는 여행자가 거의 없던 철학의 지역으로 떠나는 탐험으로 독자들을 이끌어야 한다. 내가 제시하는 것은 이야기이자 논증이다. 이야기는 사랑스러운 아기의 모습으로 온 삶의 근본적인 모순으로 시작한다. 논증은 지적장애를 가진 인간의 삶의 가치 절하에 대항한다. 이야기와 논증은 모두 취약하고 의존적이며 낙인찍힌 아이를 향한 맹렬한 부모의 사랑에 관한 것이다. 그 사랑은 철학자-엄마를 움직여 이해하기 어려운 세계에 관해 배우는 과정을 밟게 했다. 세라 러딕은 모성의 요구 중 하나로 자녀를 사회화시켜 소속 공동체에 수용될 수 있는 성인으로 키울 필요를 꼽았다.[2] 하지만 내 딸과 같은 자녀를 지닌 이에게 그 요구는 공동체를 사회화시켜 모든 인간과 동등한 도덕적 고려를 받을 가치를 지닌 개인으로 아이를 받아달라는 것이 된다. 이 책에서 나는 어머니로서, 돌봄제공자로서, 철학자로서의 여행이 남긴 흔적을 뒤쫓아간다.

Ⅰ. 이야기: 시작

철학 작업은 보통 개념의 탄생에서 출발하지만, 우리는 아이의 탄생에서 출발하려 한다. 아이, 내 아이는 1969년 크리스마스 이틀 전에 태어났다. 아이는 깜짝 놀란 표정을 하고, 검은색 머리카락에 완전한 작은 몸으로 나타났다. 아이의 울음, 탄생의 충격으로부터 목청껏 내질러져 천천히 저항으로 전환된 그 울음은 모든 것이 괜찮다는 확신을 품기에 충분했다. 나는 '자연 분만' 지침서의 내용처럼 "깨어나 깨달았다." 어떤 약도 출산의 고통과 기쁨을 줄일 수 없었다. 마취제 없이 우리는 초롱초롱한 아기를 얻었다. 아기의 아프가 점수[+]는 10점 만점이었다. 아기가 바퀴 달린 침대에 실려 가고 남편이 안내를 받으며 나간 뒤에야 큰 기쁨은 줄어들었다. 나는 놀랍게 지치지도 않고 거기 누워 사랑하는 두 사람이 내 곁에 돌아오기를 바랐다. 육아실로 아기를 보러 갈 수 있다는 말을 기다렸다. 일반적인 경우처럼 조금 뒤에 내 방으로 아기를 다시 데려오기를 기다렸다. 나는 기다리고 기다리고 또 기다렸다. 한참 뒤에야 아기는 나에게 왔다. 아기가 청색증을 보였지만 아무런 문제 없을 것이라는 소식과 함께. 3일 뒤, 나는 아기와 함께 집으로 향했다.

우리는 아기에게 세샤(Sesha)라는 이름을 붙여주었다. 폴란드식 이름인 체슬라바(Czeslawa)의 약칭으로 원래는 Cesia라고 써야 한다. 트레블링카 수용소[++]에서 어린 나이에 죽어간 내 사촌을 기리기 위한 이름이었다. 세샤는 우리 첫째 아이였고, 두 명의 홀로코스트 생존자의 첫 손녀였다. 세샤의 탄생은 그런 과거의 무거운 짐을 안고 있으면서도 밝은 미래의 표식으로 보였다. 세샤의 장애에 대해 알게 되었을 때, 나는 나치 치하에서 장애는 아이에게 사망 선고였다는 것을, 때로 어머니가 경멸당하는 소수자에 속한다면 아이도 마찬가지로 처분받았다는 것을 고통스럽게 떠올렸다. 장애에 대해 쓰면서 나는 유대인의 운명과 정신적 장애인의 운명 사이에 밀접한 연관이 있음을 발견했다.[3] 하지만 그 12월의 어느 날, 눈으로 덮인 뉴욕시에서 아기에게 달콤하게 젖을 먹이며, 나는 무엇이 우리를 기다리고 있는지 알지 못했다. 우리는 세샤의 완벽한 모습, 초롱초롱한 눈을 생각하면서 안심했고, 달콤함은 모든 것이 괜찮음을 의미했다.

세샤는 조용했지만 기민했고 내 팔에 폭 안겼다. 나는 이 사랑스러운 감각이 근육의 힘이 부족해서 나타나는 근긴장저하증 현상임을 알지 못했다. 세샤는 오래 잤고, 초보 엄마였던 나는 이게 운이 좋은 건지 걱정할 일인지 알지 못했다. 세샤는 식욕이 왕성하진 않았지만 계속 체중이 늘었다. 세샤는 몇 가지 장난을 칠 수 있었다. 우리는 세샤가 뒤집기를, 머리 들기를, 유아기 초기의 다른 이정표를 마주하기를 기다렸다. 이제 나는 이런 것이 위험 신호였음을 깨닫는다. 그러나 당시 내겐 육아 수첩밖에 없었

+ 신생아의 상태를 평가하는 점수로 APGAR, 즉 외모(Appearance), 맥박수(Pulse), 반사홍분도(Grimace), 활동성(Activity), 호흡(Respiratory) 다섯 가지 항목으로 평가한다.

++ 폴란드 바르샤바 근처에 있었던 나치 수용소.

고, 나는 세샤가 자기 시간표대로 나아가고 있다고 생각하고 싶었다. 소아과 의사에게 세샤가 머리를 들지 못하고 옆으로 돌리기만 하는 이유를 묻자, 의사는 모르는 체하며 세샤가 머리를 들 수 없는 것은 머리가 크기 때문이라고 주장했다. 틀림없이 남편에게 물려받았을 특징이 아닌가. 멍청하게도 우리는 그 설명을 받아들였고, 남편의 머리 크기를 측정하고선 그 때문에 4개월이나 된 세샤가 머리를 가누지 못한다고 생각해버렸다. 둘째는 태어난 지 며칠 만에 할 수 있는 행동이었는데 말이다. 소아과 의사는 진실의 의무를 저버렸다. 남편과 나는 기망에 넘어가버렸다. 초보 부모인 우리는 아기가 정상이길 얼마나 바랐던가.

　　대학 친구가 5개월 된 아기와 함께 우리를 방문하자 우리의 천국은 허물어지기 시작했다. 아름답고 차분한 세샤에 비해 친구의 아기는 훨씬 활동적이었고 할 수 있는 것도 많았다. 우리 딸의 진전 없는 모습을 조심스레 지켜본 친구가 안타까워하며 조언해준 대로, 우리는 소아신경과 방문을 예약했다. 의사는 걱정할 부분이 있다는 것을 부드럽게 이해시켜주었다. 그러나 점진적인 악화의 가능성이 가장 큰 문제라고 의사는 지적했다. 그것은 장기간 아이를 관찰할 때만 확인할 수 있었다. 이미 우리가 받아들일 수 있는 범위를 넘어선 터였다. 의사의 추천에 따라, 우리는 휴가를 내고 샌프란시스코의 소아신경과 의사를 만났다. 휴가라니. 할리우드의 의사는 우리를 반겼다. 간단한 검사를 하고, 우리 딸이 "중증에서 최중증 박약"[+]이라고 말하고는 다음 환자가 있다며 양해를 구하고 떠났다. 잔혹했다. 호텔로 돌아오자 구역질이 났지만, 이 불편한 소식에서 벗어날 방법은 없었다. 그때부터 우리는 세샤의 중증 인지장애라는 현실을 살아왔다. 세샤와의 삶을 처음으로 기록하고 이 경험에서 떠오른 많은 질문을 내 전문 분야에 제기했던 『돌봄: 사랑의 노동』에 나는 다음과 같이 적었다.

세샤는 정상적인 삶을 살아보지 못할 것이다. …… 최악의 예측은 세샤의 장애가 지적 능력에 영향을 미친다는 것이었다. 세샤의 부모인 우리는 지식인이었다. 나는 정신의 삶에 나를 바쳤다. …… 이것이 내가 숨 쉬는 공기였다. 여기에 전혀 참여할 수 없는 딸을 어떻게 기를 수 있는가? 만약 내 삶이 사유에서 그 의미를 얻는다면, 세샤의 삶은 어떤 의미를 지니는가? 그러나 시간이 지나도, 세샤를 포기하고 시설에 맡기거나, 내 사랑스러운 아이가 아닌 다른 어떤 말로 생각하는 일은 절대로 일어나지 않았다. 세샤는 내 딸이다. 나는 세샤의 엄마다. 이것이 가장 근본적인 사실이었다. 세샤의 장애는 딸을 향한 내 사랑을 줄이지 못했다. 영향을 미쳤다면 오히려 내 사랑을 강화했을 뿐이다. …… 우리는 세샤가 얼마나 많은 것을 우리에게 가르쳐줄 것인지 아직 깨닫지 못했었다. 그렇지만 우리는 이미 무언가를 배웠음을 알고 있었다. 그것은 우리가 가치를 부여해온 것, 우리와 내가 인간성의 중심이라고 생각해왔던 사고 능력, 즉 이성이 그 중심이 아니며 인간성과 전혀 상관없다는 사실이었다.[4]

우리 삶의 첫 몇 달을 간단히 떠올려볼 때 두 가지 요소를 언급할 필요가 있어 보인다. 첫째, 아이에게 아무런 문제가 없다는 생각에 우리가 얼마나 필사적으로 매달렸는가 하는 점이다. 둘째, 나 자신의 삶보다 아이의 삶이 내게 훨씬 큰 의미를 지니는데도, 사랑하는 아이와 내가 정신의 삶을 공유하는 일은 절대 없으리라고 점차 깨닫게 되었다는 점이다. 이 깨

＋ 정신박약(薄弱)은 지적장애의 비하적 표현이나, 원문의 의도에 따라 해당 표현을 사용하였다. 이후에도 저자가 의도적으로 또는 역사에 근거해 해당 표현을 사용하는 경우 그대로 사용할 것이다.

달음은 고통스러웠지만, 아이를 향한 사랑이 정신을 향한 사랑보다 더 컸다. 여전히 나는 철학자(철학과 대학원생)였다. 철학은 내게 탈출구 역할을 했다. 내가 철학에서 배운 것과 내가 세샤와 경험하는 것 사이의 불협화음은 처음부터 존재했지만, 나는 이를 마주하고 내 딸을 향한 열정적인 사랑이 비춰준 철학에 대한 새로운 이해를 얻을 준비를 아직 갖추지 못했다. 놀랍고도 아름다운 결과는 장애를 가진 딸로부터 배운 것이 내가 철학에서 찾고자 하던 것과 같다는 것이었다. 중요한 것(things that matter)에 관한 이해 말이다.

1) 세샤

세샤를 공정하게 다루기 위해 먼저 세샤를 소개해야 한다. 하지만 이미 나는 세샤를 불공평하게 대했다. 나는 세샤를 장애를 가진 내 딸이라고 소개했다. 그러나 세샤는 다른 모두처럼 자기 자신만의 특징을 지닌 사람이자 개인이고, 긍정적인 말들로 표현되어야 하는 이 세계의 존재다. 나는 어머니라면 누구나 자기 아이에 대해 말하고 싶어 하는 방식으로 세샤를 소개하는 것을 좋아한다. 우리가 소중히 여기는 특별하고 고유한 특징을 자랑스럽게 말하는 것 말이다. 내가 좋아하는 방식으로 세샤에 관해 말하자면, 나는 웃음으로 방을 밝힐 수 있는 세샤의 능력을, 키스의 따스함을, 포옹의 단단함을, 물의 감각을 무한히 즐길 수 있음을 말할 것이다. 다른 무엇보다, 음악을 향한 세샤의 지속적이고 온전한 사랑을 들 것이다. 누군가는 합리적으로 질문할 수 있다. 왜 세샤는 스스로를 대변하지 않는가?

말할 수 없음(따라서 자기 생각을 말할 수 없음)은 세샤가 할 수 없는 것들의 제유(提喩)다. 스스로 먹고, 스스로 입고, 혼자 화장실에 가고, 걷고, 말하고, 읽고, 쓰고, 엄마 아빠라고 말하기. 딸에 관한 질문을 받을 때면, 나는 사람들에게 세샤가 아름답고, 사랑스럽고, 기쁨을 주는 여성이라고 대답한다. 그러면 사람들은 물어본다. "딸은 무엇을 하나요? 자녀가 있나요?" 그러면 나는 말해주어야 한다. 심한 인지장애로, 뇌성마비로, 발작 장애로 인해 세샤가 할 수 없는 일들을. 사람들이 딸의 나이를 물으면, 나는 항상 대답하기를 주저한다. 생활 연령을 부여해 세샤가 사랑스럽고 열정적인 마흔여덟 살 여성이라고 말해야 하는지, 세샤의 기능 수준과 전적인 의존 상태를 반영하는 미상의 연령(indeterminate age)을 부여해야 하는지 말이다. 긍정적인 반응의 집합이 세샤가 누구인지에 더 가까운 답일 테다. 세샤의 능력을 알게 된 사람은 세샤의 삶이 지닌 풍성함을, 존재 자체가 지닌 특별함을 엿보게 될 테니까. 그럼에도 세샤가 피어날+ 가능성을 깨닫기 위해 우리는 세샤의 삶과 그 가족의 삶을 형성하는 제한이라는 문제를 다루어야만 한다. 동시에 세샤의 기쁨과 역량의 충만함을 고려할 때만, 세샤의 '정상 신체(able)'인 부모의 투사나 '정상신체중심주의(ableism)'5

+ 윤리학, 정치철학에서 번영(flourish)이란 개인의 물적 풍요보다는 그 삶의 목적을 달성한다는 의미이다. 그리스어 에우다이모니아(εὐδαιμονία), 아리스토텔레스가 좋은 삶을 특징짓는 표현으로 사용한 이 단어를 현대적으로 해석한 번영은 주관적인 행복과 구분되는 객관적인 삶의 풍요로움을 의미한다. 번영이 flourish의 좋은 역어일 수 있지만, 장애의 맥락에서 그것은 어떤 사회적 유익이나 성취를 강제하는 의미를 포함하고 있어서 적절하지 않다. 게다가 "우리 딸이 번영한다."라는 표현은 어감이 어색하다.(이전의 학술서들이 "누군가의 번성"이라고 번역한 것도 마찬가지다.) 본문에선 이 단어를 피어남으로 번역했다. 우리는 누군가 성장하여 그 결실을 맺고 성취를 얻었을 때 드디어 지금까지의 노력이 '열매를 맺었고' 재능이 '꽃을 피웠다'고 말한다. '피어남'은 성취를 강조하는 번영과 달리, 내적 의미의 충만함을 강조한다. "딸의 삶이 피어났다."라는 표현은 어느 정도 비유적일지는 모르나, 키테이가 이 단어를 통해 의미하는 바를 충실히 담고 있다고 생각한다.

로 편향된 사회의 투사가 아닌 세샤의 삶, 관심, 행복을 통해 그의 장애를
바라볼 수 있을 것이다.

2) 변명: 타인을 대신해 말한다는 것

지적장애를 가진 사람과 내 관계에서 제기되는 문제를 통해 얻은 이해를
철학으로 표현하려면, 나는 나 자신뿐만 아니라 내 딸에 대해서도 말해야
한다. 내가 전하려는 것은 나의 가르침이 아닌 세샤의 가르침이다. 세샤는
자기 생각을 말할 수 없다. 그러나 스스로 말하게 하지 않고, 다른 사람이
대신 말하는 것에는 문제가 있다. 타인이 말하려는 것을 우리는 어느 정
도까지 진정으로 이해할 수 있는가? 우리는 어느 정도까지 타인의 얼굴을
이용해 내 자신의 문제를 말하는 복화술사가 되는가? 우리는 자신의 목소
리를 높이기 위해 타인의 목소리를 어디까지 억누르는가?[6] 장애를 가진
사람 대신 말하는 것은 장애를 가진 사람의 행위주체성(agency)이 오랫동
안 억눌려왔기에 특히 문제가 된다. 장애인들은 더는 침묵하지 않겠다고,
이제 자신의 목소리에 귀 기울이게 만들겠다고 주장해왔다. 그 주문은 단
순하다. "우리를 빼놓고 우리에 대해 말하지 말라."
    중증 정신적 장애를 가진 사람 대부분에게 자신의 목소리를 향한 요
구는 무익해 보인다. 장애인권 옹호자는 환경이 주체가 지닌 차이에 적대
적이며 주체를 배제하는 방식으로 구성되었을 때 손상(impairment)이 장
애가 된다고 주장해왔다. 그러나 몇몇 손상(특히 우리 인지 능력에 영향을 미
치는 것)은 환경 변화, 심지어 사회 변화로도 쉽게 해결하기 어렵다. 장애
인 중에서 '중증 지적장애(intellectually disabled)'[+]로 분류되는 사람들은 스

스로를 대변할 수 있는 사람들이 주도하는 장애공동체의 포함(inclusion)을 실현하기 위한 싸움에서 혜택을 가장 적게 받아왔다.[7]

상당한 정신적 장애를 가진 다수는 독립이나 합리적 숙의에 참여할 능력을 소망할 수 없다. 그들은 공적 영역의 언어로 말하는 사람들이 인식할 수 없고 비하하기까지 하는 언어로 말한다. 인지적 동등을 주장하지 않는 한, 말할 수 있는 이도 자기 권리의 입안자나 행위자로 인정받지 못한다. 즉 그들의 목소리는 권위를 부여받지 못한다. 이들 말할 수 없는 자는 그들을 대신해 말해주는 타인에 의존해야만 한다. 아마 이것보다 더한 장애를 만드는 장애는 없을 것이다.

귀 기울이게 만들기, 인식하게 만들기, 타인의 필요와 요구 속에 자신의 필요와 요구를 위치시키기. 이를 위해 정신적 장애를 가진 개인은 옹호자를, 목소리를 내는 것이 그 역할의 핵심인 자를 필요로 한다. 이제 성인이 된, 이런 형태의 장애를 지닌 딸의 엄마로서, 나는 옹호자의 역할을 맡으려 한다. 그렇지 않으면 내 딸 그리고 딸과 비슷한 장애를 가진 이들은 이중의 장애와 침묵을 경험하게 되기 때문이다. 따라서 나는 장애를 가진 개인에 대해 말해야 하는 어색한 위치에 놓인다. 세샤에 관해 말해야 할 뿐만 아니라, 장애 운동의 격언을 거슬러 세샤 대신 말해야 한다. 세샤 대신, 세샤에 관해 말하는 것은 세샤가 누구인지를 다루면서도 그를 공정하게 대해야 한다는 뜻이다.

＋ 세샤는 처음에 '중증 정신박약(mental retardation)'이라는 용어로 진단받았다. '박약'이라는 표현은 이제 사용하지 않는다.—지은이

II. 이야기와 논증의 만남: 살아낸 삶이 문제다

홀로코스트의 그림자 아래에서 태어난 내가 철학에 끌렸던 것은 이 사악한 세상에서 어떻게 좋은 사람이 될 수 있는지 알고 싶었기 때문이다. 이는 직업 철학자로서 내가 계속 탐구한 질문은 아니었다. 그러나 내가 윤리학 분야를 피하는 동안에도 윤리적 충동은 결코 나를 떠나지 않았다. 나는 여성이자 어머니의 삶을 경험하며 다시 이 질문으로 크게 선회했다.

그러나 세샤의 출생 이후 대학원에 들어가기로 결정했을 때, 장애인의 엄마로서 기대했던 것은 윤리적 딜레마의 해결이 아니었다. 오히려 양육(mothering)으로부터 주의를 돌릴 수 있을 만큼 철저하게 학문을 추구하고 싶었다. 에이드리엔 리치(Adrienne Rich)는 자신의 시에 관해 누구의 어머니도 아닌 사람이 되는 장소라고 말한 바 있다.[8] 나 또한 내가 누구의 어머니도 아닌 사람이 되는 장소가 필요했다. 세샤가 경험하지 못할 것들에 대해 점차 알게 되면서 겪는 고통을 힘든 지적 노동으로 잊고 싶었다. 나는 언어철학과 과학철학 그리고 내 수중의 가장 까다로운 철학 작업을 지속해서 이런 불편한 생각을 떨쳐버리고자 했다. 그러나 언어철학을 연구하고 의미론에 은유가 부과하는 퍼즐을 탐구하며, 초기 페미니즘 윤리 및 정치철학의 발달을 도우면서, 내 딸을 양육하는 경험은 소크라테스적 등에[†]처럼 내 주변을 날아다녔다.

이성의 능력이 없음을 부인할 수 없으나 이토록 놀라운 인간과 상호작용하는 경험을 매일 하면서, 어떻게 이성을 인간 능력의 만신전 최고의 옥좌에 올리는 글을 계속 읽고 가르칠 수 있단 말인가. 스스로 말할 수 없는 딸을 키우면서 어떻게 언어를 인간성의 표지로 볼 수 있단 말인가. 내 아이가 상호 계약적 합의에 참여할 수 없음이 명백한데, 어떻게 정의를 상호 계약을 통한 합의의 결과로 독해할 수 있단 말인가. 내 딸은 내가 공언한 철학적 믿음 대부분을 거짓말로 만들었다. 그 믿음은 내가 받아들인 신조였을 뿐인가. 내 딸과 같이 사랑스러운 사람과 함께 존재한다는 생생한 현실과 내 철학적 믿음을 조화시킬 수 있을까? 이런 질문이 내 마음속에서 잠자고 있었다. 나는 이 질문에 "미래 철학 프로젝트: 세샤"라는 이름표를 붙이고 창고에 치워놓았다. 이 불화는 나와 철학의 관계를 바꿀 것이었다. 그러나 그 불화는 나와 딸의 관계는 바꿀 수 없었다. 그것은 내 고정 참조점이었다.

어머니들은 거의 예외 없이 자녀의 열린 미래를 원한다. 그들은 자녀가 건강하게 잘 자라기를 바란다. 오랫동안 세샤의 상황을 기술하는 데 사용된 '정신박약'이라는 용어의 긴 그림자 아래에서 그런 미래와 성장은 내게 불가능한 것으로 다가왔다.

시간은 처음의 고통과 충격을 치료했다. 그 자체로서의 세샤를 향한 사랑과 감사는 점차 커졌고, 광활해져갔다. 세샤는 깊은 사랑이 한 사람의 가치와 우선순위를 바꿀 수 있음을 가르쳐주었다.

특정 시점에 철학은 중증 장애를 가진 사람과 함께하는 삶에서 주의를 돌리는 역할을 더는 하지 못했다. 대신 세샤가 나에게 가르쳐준 것이 내 철학적 기획이 되었다. 이것은 철학을 활용하여 철학 자체에 대한 심도 있는 비판을 수행하는 것을 의미했다. 페미니즘 철학, 비판적 인종 이론, 장애학(철학에선 막 출발했을 뿐이지만 다른 분야에선 이미 상당히 발전했다.)의 도움을 받아 이 성찰되지 않은 삶의 특질을 성찰하기 위한 도입부에 들어

＋ 등에(gadfly)는 사회나 공동체에 불편한 질문을 던져 현상을 변화시키려는 사람을 비유한다. 소크라테스의 최후 변론을 다룬 『소크라테스의 변명』에서, 소크라테스는 자신을 말을 괴롭히는 등에에 빗대 아테네에 불화를 가져오는 것이 진실을 추구하기 위함이라고 주장했다.

섰다.

철학은 둔감하고 고색창연한 분야다. 그 위대함은 오래 살아남은 사상가와 저술, 문제 들의 숭엄한 정전(正典)을 수용하는 데서 나온다. 우리 일상에서, 심지어 지적인 삶에서도 점점 중심에서 멀어지고 있는 철학의 약점은 그 위대함과 근원이 같다. 우리의 삶과 동떨어져 있으며 너무 추상적인 질문을 던졌던 고전적인 사상가들에 의존하기에 일상과 괴리된 것이다. 장애, 특히 지적장애는 철학자의 정전에서 문제로 다루어진 적이 없었다.

철학자의 이상화된 세계에는 장애가 들어설 공간이 거의 없다. 신체적 장애는 그나마 낫지만, 지적장애는 사실상 입장이 불가하다. 성/젠더, 인종/민족적 차이처럼 오늘날 학계라는 무대 중심에 있는 사람들이 다루는 차이와 비교하면, 철학자는 장애에 거의 관심을 기울이지 않았다. 장애를 가진 개인이 철학 문헌에서 언급되는 경우, 그는 예외로, 버려질 아기로, 인간이 아닌 체인질링(changeling)⁺으로 등장한다. 가장 최근에는 비인간 동물의 도덕적 지위에 관해 질문하기 위한, 인간의 경계로서 제시된다. 간단히 말해, 그들은 철학자가 예를 들어 설명하고 싶은 규칙을 증명하기 위한 예외로 작용한다.

그 보수주의적 태도에도 불구하고, 비판적 칼날은 철학에서 항상 중요한 요소였다. 소크라테스의 비판적 질문은 그에게 철학적 추종자를, 그리고 사형 선고를 선사했다. 아리스토텔레스는 플라톤의 철학을 출발점으로 삼았지만 자주 비판하기도 했다. 서구 철학의 위대한 지표들은 이전에 철학으로 여겨진 것을 부인함으로써 이루어져왔다. 데카르트는 이전의 모든 철학적 탐구를 거부하고 코기토(cogito)를 확실성의 새로운 출발점으로 삼았다. 칸트는 교조적 잠(dogmatic slumber)에서 깨어나 가능한 경험의 한계를 넘어 작동하는 순수이성의 활용을 부정했다. 비트겐슈타인은 철학의 영속된 문제는 모두 언어의 오용으로 인한 결과라고 주장했다.

모든 전형적인 철학의 발전에 있어 비판적 움직임은 그 철학적 탐구가 진행되었던 출발점이나 관점에 질문을 던지는 것으로 이루어졌다. 이런 시각에서 철학의 보편성 주장에 대한 페미니스트와 인종 이론가의 도전은 철학적 비판의 위대한 전통에 속한다.

하지만 내 말 없는 딸이 철학의 확고한 신념에 제기하는 도전을 숙고할 때마다, 나는 딸의 도전이 가장 근본적인 비판일 수도 있겠다는 생각이 들었다. 인지장애를 가진 사람을 어떻게 철학 분야에 포함시킬 것인가? 철학은 지혜를 향한 사랑이다. 지혜는 일차적으로('배타적으로'라고는 말하지 않겠다.) 지적 성취다. 서구 철학이 지금까지 의존해온 확실한 기반은 인간이 지닌 이성 능력의 중요성이었다. 나는 내 딸이 이성을 지녔는지 알지 못한다. 하지만 많은 우연한 연속들이 이성의 존재를 피해 나감을 알고 있다. 딸은 말할 수 없다. 손으로 할 수 있는 것도 거의 없다. 휠체어를 밀어주어야 한다. 행위주체적 기량은 약화되어 있다. 지시를 따를 수 있는 능력은 제한적이며, 딸이 이해한 내용을 유추하는 일은 잘해봐야 추정일 뿐이다. 딸에게 이성의 힘이 없다고 말할 수 없지만, 그렇다고 이성의 능력이 있다고 가정할 수도 없다. 이성은 철학의 주요 도구이자 최고선이다. 그 빛을 따라 우리는 우주의 신비를 파고든다. 이성에 따라 행위할 수 있는 능력을 향상하는 것은 인간 존재의 본질적인 목적으로 제시되곤 한다. 이성의 능력은 타인을 향한 우리의 도덕적·정치적 책무의 기반을 이룬다.

+ 유럽 전설에서 요정이 인간의 아기를 납치하는 대신 놓고 간 아기로 등장하며, 장애가 있거나 몸이 약하고 까다로운 성격으로 묘사된다.

그렇다면 제대로 사고할 수 없는 사람의 삶을 숙고하여 철학적 질문에 답한다는 것이 말이 되기는 할까? 아예 이성이 없는 사람은?

철학자들은 지성과 인간의 인지 능력을 너무나 사랑한다. 칸트는 정신의 본성을 살피는 철학자는 자신을 수술하는 외과 의사와 같다고 말했다. 칸트는 그 어려움과 제약을 경고하고자 했다. 그러나 그 작업은 명백한 한계를 지닌다. 너무 가까운 것에 집중하도록 마음의 눈을 훈련하면, 초점 바깥에 있는 모든 것은 흐려진다. 뇌신경외과 의사는 뇌만 본다. 하지만 뇌는 더 큰 물리적 · 사회적 맥락 속에 위치한 몸 안에 존재한다. 외과적이고 근시안적인 시선은 우리가 아는 것이 우리가 알 필요가 있는 전부라고 이성의 방식으로 우리를 오도한다. 우리가 보는 것이 우리가 볼 필요가 있는 전부라고 생각하게 만드는 것이다. 세샤와 같은 개인을 아는 일은 지성의 좁은 초점에 대해 귀중한 개입을 수행한다. 그런 개입은 눈이 보는 것보다 더 많은 것을 만나게 해주는 개방성을 통해 가능하며, 사랑, 애착, 수용에 의해 촉진된다.

이런 생각을 시작하게 된 계기는 비전형적인 육아 경험이 있는 학자들의 학제적 에세이집 저술을 세라 러딕이 요청하면서부터였다.[9] 나는 내 글을 철학 작업이 아닌 이야기라고 생각했다. 에세이 「내 방식 말고, 세샤, 천천히 네 방식대로 하렴(Not *my* way, Sesha, *your* way, slowly)」은 내가 쓴 글 중 가장 쉬우면서도 가장 어려운 글이었다. 글쓰기 자체는 쉬웠다. 그러나 소재를 직면하기 여전히 어려웠다. 그때 생명윤리 기관인 헤이스팅스센터로부터 장애인의 산전 검사와 선택적 임신중지[+]에 관한 프로젝트에 초청받았다. 헤이스팅스 프로젝트는 이 주제에 관해 내 아들과 여러 번 교환한 이메일 형식의 에세이로 완성되었다.[10]

두 작업은 남편과 내가 딸의 중증 장애라는 사실을 받아들이려 애썼던 과거로 돌아가게 했다. 프로젝트 각각에 가차 없이 정직하게 접근해야 했다. 그렇지 않으면 너무 많은 당의(糖衣)를 입은 채로 또는 너무 큰 비극으로 내놓아지게 될 터였다. 이 주제에 관해 글을 쓰기 시작하자, 내 철학적 삶과 개인적 삶이 만났다. 나는 주관적 탐구라는 금지 규정을 깼다. 세샤와 함께하는 내 삶은 지니의 병 속으로 다시 주위 담아질 수 없었다.

1) 개인적 목소리로 철학적 글쓰기

소크라테스 이후로 개인적이거나 자전적인 글은 고정된 관점을 넘어 다른 방식으로는 접근할 수 없는 통찰을 밀어붙이는 핵심적인 도구였다. 그러나 철학에서 개인적 목소리는 의심의 눈초리를 받곤 했다. 주관성과 특수성을 초월하는 객관성과 진실의 표지는 비개인적 목소리였다.

과학 이론은 진실성, 객관성을 확립하기 위한 경험적 방법으로 검증한다.(혹은 검증할 수 있다.) 철학은 경험에 기반을 둔 탐구가 아니다. 철학은 대신 자명한 진리에서 출발하는 수학처럼 타당한 추론을 통해 객관적 진실을 확립한다. 수학적 증명 모형을 활용하여, 철학자는 보편까지는 아니더라도 널리 공유될 수 있는 직관에 의존한다. 그러나 도덕적 문제에서 직관은 신뢰하기 어렵다. 몇몇 철학자는 직관을 전적으로 불신하며 일부는

+ 여기에선 abortion의 역어로 임신중지와 임신중절을 사용할 것이다. 임신중절은 의학적 행위로서 언급할 때, 임신중지는 해당 행위가 여성의 선택으로 이뤄질 때 사용한다. 이 책은 장애를 가진 태아의 임신중절을 여성 선택의 문제로 설정하지만 그렇다고 무조건 선택의 자유를 옹호하는 것은 아니다. 선택의 문제는 장애인 인권과 연결될 때 문제는 더 복잡해지며, 관련하여 책의 중반부에서 충분히 논의될 것이다.

잠정적으로만 수용한다. 철학자들은 자신이 호소하는 직관의 자전적 출처를, 한 이론을 다른 이론보다 선호하는 자전적 근원을 거의 인정하지 않는다.

자전적인 것은 개인의 특이한 서사에 그치지 않는다. 매일의 경험, 매일의 선택, 우리가 처한 상황 각각에서 우리는 해석적 작업을 수행하여 우리의 자서전을 만든다. 이런 해석적 매트릭스에서 직관, 탐구 및 행동에 대한 동기, 우리를 특정 이론으로 끌고 가는 편향이 나온다. 개인적인 것, 자전적인 것은 지식의 확장을 촉진하며 그 자원이 될 수 있다. 자전적인 것, 개인적인 것에서 끌어낸 통찰은 고유한 것일 수도 있고 아닐 수도 있다. 스탠리 카벨(Stanley Cavell)은 개인적 목소리가 "그 자체로 고유함을 주장하지도 말고, 타인의 고유함을 부정할" 필요도 없다고 주장한다.[11] 즉 개인적 관점에서 주장하는 지식은 나 자신의 관점에서만 통용될 필요가 없다. 한편, 타인의 관점은 상대방의 관점에서 고유한, 다른 진실을 드러낼 수 있다.

카벨의 인식을 강조한 것은 페미니즘과 인종 이론을 주도하던 이들이었다. 그들의 작업은 개인적인 것이 어떻게 정치적인 것이자 철학적인 것일 수 있는지에 관해 강력하게 때로는 명시적으로 표명해왔다. 페미니스트, 인종 이론가, LGBTQ 철학자, 라틴계 및 북미 선주민 철학자는 명시적으로 자전적 위치를 사용하여 철학의 범위와 철학을 하는 방법에 대한 우리의 이해를 넓혔다. 퍼트리샤 윌리엄스(Patricia Williams)의 『권리와 인종의 연금술(The Alchemy of Rights and Race)』을 읽는 것은 변혁적이다. 그는 철학자가 아닌 법학자이지만, 논증의 양식은 엄밀히 정렬되어 있다. 윌리엄스는 이 책에서 논증의 제약을 깨버렸다. 개인적인 것은 그가 전개하는 법적 논증과 서로 얽혀 있다. 예를 들어, 재산에 관해 말할 때 윌리엄스는 법적으로 재산이었던 자기 조상들을 언급하며, 재산법을 다른 관점에서 검토해 들어간다. 그의 후속 작업들 또한 인종의 렌즈를 통해 법을 볼 필요가 있다는 것을 직접 증명하는 개인적 일화로 가득 차 있다. 아이리스 영(Iris Young)은 이런 방식의 철학적 논의를 실천했던 중요한 초기 사상가이다. 영은 철학적으로 연관성이 거의 없는 것처럼 여겨지는 문제를 철학화하기 위한 추동력으로 개인적 경험을 끌어오는 일이 많았다. 우리가 공을 던지는 방식에서 젠더의 의미, 임신한 몸에서 체화된 정체성, 정치적 공간으로서의 집이 그 예이다.[12] 마리아 루고네스(María Lugones)의 작업은 철학의 범위와 목소리를 열기 위한 용기를 준다. 영향력 있는 초기 작업에서 루고네스는 정체성, 교차성, 차이와 같은 문제가 회전하는 축으로 어머니와의 관계를 제시한다.[13] 루고네스가 엘리자베스 스펠먼(Elizabeth Spelman)과 나눈 대화 역시 큰 영향을 끼쳤다.[14] 누가 말하는가뿐만 아니라 대화 상대가 누구인지도 중요하다. 물론 대화는 철학에서 귀한 전통에 속한다. 그러나 루고네스와 스펠먼의 에세이에서는 서로의 차이를 넘어 대화할 수 있는 능력 자체가 주제다. 이 작업의 영향은 이 책의 4장에서 명백해질 것이다. 개인적인 것이 철학적인 것을 변화시키는 중요하면서도 비교적 초기의 다른 사례로 우마 나라얀(Uma Narayan)의 작업을 들 수 있다.[15] 이 작업에서 나라얀은 인도 여성으로서 페미니즘과 서구 철학 모두를 훈련받은 자신의 이중적 위치를 철학화한다. 특정 계층에 속해 교육받은 인도 여성으로서 나라얀 자신의 경험은 후기 식민 세계의 철학적 난제를 파악하는 토대 역할을 한다.

현대 철학 작업 중에선 수전 브리슨의 여러 에세이와 그의 책 『여파: 폭력과 주체 다시 만들기(*Aftermath: Violence and the Remaking of a Self*)』가 중심축 역할을 하고 있다.[16] 여기에서 개인적인 목소리는 중요한 역할을 하며, 고전은 물론 최신의 철학적 이슈를 다루는 데 강력하고 필수적인 부분을 이룬다. 『여파』가 재검토하는 개념은 정신과 신체의 관계, 개인적 정체성의 본성, 억압, 남성성, 성폭력, 주체의 구성에서 서사의 역할, 주체의 관계적 본성에 관한 깊은 성찰이다. 『돌봄: 사랑의 노동』에서의 딸에 관한 나의 논의와 달리, 브리슨은 자신의 이야기를 책의 마지막 부분에 두지 않는다. 그는 성폭력 생존자로서의 혹독한 경험을 솔직하고 용감하게 책 맨 앞에 놓는다. 책의 모든 페이지에 폭력의 경험, 희생자됨(victimhood)으로부터 자아를 회복하려는 노력이 담겨 있다. 다른 모든 페미니즘, 인종, 젠더 철학자들의 작업과 함께 『여파』의 정신은 이 책의 기획에 들인 내 노력 전체에 스며들어 있다.

세샤와 같은 아이의 부모로서 내가 배운 것을 말할 때, 지식을 이런 방식으로만 얻을 수 있다고 말하려는 것은 아니다. 다만 이런 관점이 추후에 공유할 수 있는 통찰을 얻는 데 유용하다고 말하고자 하는 것이다. 동시에 나는 다른 관점에서 얻을 수 있는 지식에 관해 제한된 인식적 접근만 가능함을 인정한다. 자전적인 것을 추상적 질문에 접근하는 통로로 사용함으로써 우리는 다른 관점에 관한 이해를, 우리 이해의 한계에 대한 수용을, 통찰과 논증의 새로운 근원을 향한 인식을 얻을 수 있다.

토머스 쿤(Thomas Kuhn)이 정의했던 패러다임 전환의 시간이 철학 문헌에도 왔음을 자전적 양식은 보여준다. 쿤은 아리스토텔레스적 세계에서 뉴턴적 세계로, 뉴턴적 물리학에서 아인슈타인적 상대성 이론으로의 전환이 "당대의 성숙한 과학 공동체가 수용하는 방법, 문제 영역, 해법의 표준"에 있어 패러다임의 전환을 수반한다는 견해를 고수했다.[17]

철학은 새것을 위해 옛것을 버리는 경향이 적은 편이다. 하지만 철학에도 패러다임 전환이 있다. 우리 세계가 확장되고, 우리 시간이 새로운 실질적 · 방법론적 틀을 요구할 때, 우리는 이런 순간을 이해하기 위해 노력하며 자기 삶을 철학적 논증으로 던져 넣는 철학적 인물들을 만난다. '내'가 과거 지식의 한계를 대면할 때, '나'의 끼어듦은 새로운 인식론적 권위 탐색의 신호다. 소크라테스의 삶과 상황은 소피스트를 철학적으로 대체하는 데 필수적이었다. 신학과 종교철학에서 패러다임 전환을 가져온 아우구스티누스의 사상은 '고백' 없이 해석할 수 없다. 때로 자기 표출은 주체의 변화를 정당화하는 역할을 한다. 데카르트는 『성찰』에서 "나"를 선명하게 삽입하여, 권위나 전통이 아닌 개인의 정신 위에 세워진 지식을 향한 새로운 탐구를 추동한다. 비슷한 역사적 순간에 스피노자는 목적론적 사고를 부정하는 방향으로 나아가기 위해 『지성 개선론』을 자기 표출로 시작한다.

> 사회적 삶의 평범한 환경이 헛되고 무익하다는 것을 나는 경험을 통해 배웠다. …… 내 두려움의 어떤 대상도 그 자신에 선이나 악을 포함하고 있지 않다. 그로 인해 내 정신이 영향을 받고 있을 뿐. …… 나는 결국 진정한 선이 있는지를 탐구하기로 결심했다. …… 그 발견과 성취가 지속적이고, 궁극적이며, 끝없는 행복을 가져올 그것을 향하여.[18]

스콜라 철학이 격동의 시대와 개인의 이해와 행복을 향한 새로운 갈망을 다루는 데 실패한 때에 스피노자는 개인적 목소리를 통해 철학적 충동을 자극하려 했다. 루소의 『고백』은 때때로 방종한 면이 있지만 혁명적인 철학적 열정의 순간을 또 하나 보여준다. 비개인적 목소리의 대표 모델인 칸트마저도, 자신이 빠진 "교조적 잠"에서 어떻게 깨어났는지를 말하면서 비판 철학을 시작한다.

철학에서 개인적 목소리는 개별 영혼의 여행에 관해 말해주곤 한다. 그러나 때로 관계가 전환점의 표지가 되기도 한다. 존 스튜어트 밀은 본인의 아버지와 제러미 벤담의 공리주의로부터 벗어난 공을 동료이자 아내인 해리엇 테일러(Harriot Taylor Mill)에게 돌린다. 자기 권리에 관한 중요한 사상가인 테일러는 자유와 여성 권리의 중요성으로 밀을 이끌었다. 테일러는 밀이 여성의 상황에 관해 눈뜨게 해준 지적 대화 상대였으며, 인생에 관한 좁은 밀의 이해를 변화시킨 사람이기도 하다.

인용한 인물들처럼 기념비적이지는 않지만, 내가 개인적이고 자전적인 것으로 돌아서게 된 일은 다른 페미니스트, 인종 이론가, LGBTQ 철학자, 장애학자가 백인, 남성의 목소리가 헤게모니를 잡고 있던 철학으로부터 전회한 것과 함께한다.[19] 이 전회는 또한 벽난로 앞에 홀로 앉은 사상가 개인의 형상에서 벗어나는 것이다. 페미니즘에서 영향을 받은 밀의 작업처럼, 20세기 후반의 여러 페미니스트의 작업처럼, 내 전회는 단독적 '나'보다 더 많은 이들을 수반한다. 내 딸은 단지 영감만을 주지 않았다. 물론 딸이 철학적 대화의 상대는 아니지만, 딸이 그리고 딸과 함께한 내 삶이 이 철학적 탐구를 규정한다. 세샤가 열어준 세상은 나의 패러다임을 전환하게 만들었다. 딸과의 경험이 길어 올린 질문은 철학적 충동으로 생기를 입었지만, 이 질문들을 일으킨 문제는 현존하는 모든 철학적 틀의 범위 밖에 있다. 기존 철학 문헌에서 내 경험에 적절한 답을 찾기 위한 개념을 찾을 수는 없다. 찾는다고 해도 막 생겨난 상태라서 여전히 발전할 필요가 있다.

이 책과 후속작에서 내 주장은 내 딸과 같은 사람을 포함할 방법을 찾지 못한다면 우리의 도덕적 책무, 사회적·정치적 약속에 관한 질문에 완전한 답을 얻을 수 없다는 것이다. 우리는 평등의 의미에 답할 수 없다. 삶을 의미 있게 하는 것이 무엇인지에 관해서도 분명히 말할 수 없다. 우리가 세샤의 삶을 고려할 때, 그 (비전형적) 체화의 특징 전체가 뚜렷해진다. 우리는 좋은 삶이 무엇인지에 관해 다른 방식으로 생각하게 된다. 우리는 도덕적·정치적 삶에서 돌봄, 의존의 위치처럼 도외시된 질문의 중요성을 알게 된다. 이 모두는 의심할 여지 없이 철학적 관심사다. 그러나 이것들을 다루려고 할 때 우리는 지금 손에 쥔 도구가 불충분하다는 사태에 직면한다.

　이러한 배제를 교정하려면 철학적 변화가 필요하다. 거기에는 두 가지 장애물이 있다. 첫째, 이 목적을 위해 사용할 수 있는 명백한 개념이 없다. 둘째, 경험적 정보를 도입해야 하는데, 이 정보는 개념적 문제와 관련 있다고 여겨지지 않는다. 중증 지적장애를 가진 사람의 삶에 관해 무언가를 알지 못한 채 (실로 그런 장애를 가진 사람을 알지 않고) 그 삶의 도덕적 가치를 증명하기에 적당한 개념을 만들 방법은 없다. 그런 지인이 있으면 특정한 철학적 신조에 의문을 제기할 심적 공간을 만드는 데 도움이 된다. 이 공간에서 우리는 인간이 된다는 것의 의미는 무엇이며, 어떤 도덕적 행위가 필요하고, 인간 완성은 무엇일 수 있는지에 관한 이해를 넓힐 수 있다는 소망을 품는다. 나는 오직 방향을 가리켜, 우리의 도덕적 시선을 돌리는 일을 도우려 할 뿐이다. 이 수수한 기획은 삶에서 중요한 것에 대해 현재의 가정이 지니는 한계를 심각하게 고려하는 비판적 작업과 구성적 작업을 모두 포함한다.

　이런 노력을 나 혼자만 하는 것은 아니다. 이르게는 1982년, 로레타 코펠먼(Loretta Kopelman)과 존 모스콥(John Moskop)이 '윤리와 정신지체' 콘퍼런스를 조직했고 뒤이어 그 내용을 발표했다.[20] 엄밀히 말하면 철학 작업은 아니지만, 마이클 베루베의 『우리가 아는 삶(*Life as We Know It*)』은 다운증후군을 가진 아들의 아버지가 품은 동일한 질문들을 매우 사려 깊게, 철학적으로 성찰하고 있다.[21] 핀란드 철학자 시모 베마스는 1999년부터 지적장애와 관련된 철학적 문제를 다루는 글을 발표하고 있으며, 도덕적 지위의 관계적 접근을 나와 비슷하게 시도하고 있다.[22] 애니타 실버스는 장애가 던지는 질문을 철학에 도입한 선구자로, 레슬리 프랜시스(Leslie Francis)와 함께 정의와 지적장애를 연결한 관점을 논의해왔다.[23] 마사 누스바움은 내가 제기한 여러 질문에 관한 중요한 작업을 발표했다.[24] 리시아 칼슨, 소피아 웡은 인지장애의 질문에 페미니즘적이고 개인적인 관심을 접목시켰다.[25] 담론에 참여하고 있는 이들은 이외에도 많다. 철학적 신학자 또한 일찍부터 중요한 작업을 발표해왔다. 장 바니에(Jean Vanier), 로버트 비치(Robert Veatch), 한스 레인더(Hans Reinders)가 대표적이다.[26] 즉 여기에 제시하는 생각들을 누비며 나아가는 과정에서, 나는 너무 오랫동안 무시되어온 일련의 철학적 선취를 가시화하려는 공동의 노력을 알리고자 한다.

내가 말하려는 내용의 대부분은 장애를 가진 삶이 지닌 가능성에 관해 우리가 거의 알지 못한다는 사실에 기반을 둔다. 우리의 지식은 무지라는 어둠에 둘러싸인 불에 비유할 수 있다. 불이 타오르며 어둠이라는 원은 더 커질 것이다. 우리가 더 많이 알수록, 우리가 얼마나 알지 못하는지 인식하게 될 것이다. 우리의 철학적 숙고에 더 많고 다양한 사람들이 포함될수록, 우리 지식의 원이 넓어질수록, 우리가 얼마나 여전히 어둠 속에 머물고 있는지에 대한 인식도 커질 것이다. 지금까지 철학적 담론을 형성해온 직관과 경험을 만든 마법의 원을 넘어설 때, 우리는 숙고의 확실성에 관해 더 겸손해질 것이다. 장애의 문제를 철학화할 때 겸손한 자세를 취하지 않는다면, 우리는 지혜로워질 수 없다. 편견과 고정된 믿음에 대한 집착을 벗어버리지 않는 한, 장애를 가진 사람의 삶의 전망을 방해하는 우리의 무지가 얼마나 다양한 방식인지도 절대 알지 못할 것이다. 특히 인간 유기체와 개인적·사회적·정치적 관계가 그 전망을 어떻게 형성하는지에 관한 편견과 믿음 말이다.

III. 논증

본 프로젝트의 핵심 논증은 이 책과 후속작, 두 권으로 구성되어 있다. 이 책이 프로젝트의 전반을 차지한다. 여기에서 전개된 개념은 중증 장애를 가진 사람을 위한 정의(正義)를 요구하는 주장과, 그런 장애를 가진 사람을 배제하지 않는 존엄성과 도덕적 인격성 개념의 토대를 마련할 것이다. 이런 아이디어는 『누가 진정한 인간인가: 정의, 인격성, 정신적 장애』라는 가제가 붙은 두 번째 책의 주제로 다룰 것이다.

전통 철학에 의문을 제기하기 위해 내 딸과 같은 이상치(outlier)를 활용하는 데에 반대하는 사람도 있을 것이다. 그들은 내 딸처럼 중증 장애를 지닌 사람은 '까다로운 사례'[+]이며, 까다로운 사례가 나쁜 법으로 귀결하듯 이 사례도 나쁜 철학을 낳을 것이라고 주장할 것이다. 나는 까다로운 사례가 더 나은 철학을 낳는다고 응수한다. 까다로운 사례는 철학적 신조에 도전한다. 이미 철학자는 작업 수단에 이를 담아 두고 있다. 반례가 그

+ 철학에서 까다로운 사례(hard case)는 두 항목을 비교할 때 한쪽이 더 낫다고도, 동등하다고도 말하기 어려운 경우다. 법학에서 판결하기 어려운 사안(hard case)은 연역적 결론이 도출되지 않아 치열한 논쟁을 불러일으키며 상급심 재판에서 번복을 반복하는 사안을 가리킨다.

것이다. 반례는 검토하지 않았던 전제에 매여 있던 밧줄을 끄르고 더 나은 정식화를 하도록 우리의 도전 의식을 북돋아준다. 까다로운 사례는 바로 그 역할을 한다. 하지만 까다로운 사례는 더 많은 일을 할 수 있다. 이런 사례를 통해 우리는 이론화를 위한 더 적합한 모델을 찾을 수 있다. 여기에서 숙고해야 할 까다로운 사례는 인간 이해의 지평을 넓힐 것이다. 세샤의 삶에 놓인 제한은 모든 인간 존재의 제한이 되기 때문이다. 회의적인 독자가 이런 까다로운 사례로부터 배우는 것의 중요성을 증명할 기회를 나에게 베풀기를 바란다.

이 책의 1부 '더 겸손한 철학자 되기를 배우며'는 내 딸의 장애와 함께 살고, 그에 관해 배우는 것의 변혁적 효과를 담았다. 1장 「문제가 되는 것/아닌 것은 무엇인가」는 살 가치가 있는 삶을 무엇이 구성하는지에 관한 나의 믿음에 내 딸과의 삶이 제기한 도전을 회상하며 시작한다. 이 장은 세샤의 탄생에서 출발해, 세샤와의 경험을 내 철학함으로 가져올 수밖에 없었던 이야기를 담고 있다. 그러나 여기에서 필요한 것은 내가 훈련받은 것과 다른 형태의 철학함이다. 그것은 더 개인적인 접근과 더 겸손한 철학함을 요구한다. 그것은 무엇이 가장 중요한지에 관한 생각을 재구성했던 이야기의 시작이다.

2장 「뉴노멀과 좋은 삶」은 자기 자녀가 중증 장애를 가졌음을 알게 되었을 때 부모 대부분이 느끼는 충격에서 시작한다. 나는 좋은 삶의 핵심을 이성의 능력이라고 생각해왔다. 그것은 기본 가정이었고, 내가 정상이라고 여겨온 것이었다. 그러나 내가 말한 것처럼 세샤는 정상이 아니며, 이성의 능력이 없다. 자녀가 장애를 가진다는 정보를 마주한 비장애인 부모가 맨 처음 느끼는 것은 자녀가 '정상'적인 삶을 살 수 없다는 공포다. 그것은 우리가 정상성을 좋은 삶의 전제 조건으로 여기기에 발생하는 두려움이다. 왜 우리는 정상을 욕망하며, 좋은 삶을 위해 필요한 정상성은 무엇인가? 우리가 고유한 개인으로서 사랑받고자 하는 욕망을 지니고 있기에 정상을 욕망하며, 우리의 단독성이 인식되고 인정받기 위한 기준을 정상성이 제시한다고 나는 주장한다. 많은 비장애인이 심한 장애를 가진 이가 좋은 삶을 누리는 모습을 상상하기 어려워하는(장애와 웰빙에 관한 연구가 이런 믿음에 반박했다.) 이유는, 정상성을 고정된 규범의 집합으로 인식하는 데에서 나온다. 단 하나의 좋은 삶을 명시하는 대신, 다변(多變)적 형태로 각각의 좋은 삶을 살며 자신이 될 여지를 주는 더 수용력 있는 규범을 나는 요구한다.

정상성을 향한 욕망은 재생산 기술의 발전으로 인해 가능해진 선택에 깊이 관여하고 있다. 딸에게서 배운 것, 비장애인 아들과의 토론, 장애인들이 쓴 글을 통해 나는 신기술 주변에서 소용돌이치는 철학적·생명 윤리적 쟁점을 숙고한다. 세 장으로 구성된 2부 '아이 선택과 계획의 한계'에서 나는 다른 모든 재생산 선택과 마찬가지로 장애와 관련한 재생산 선택은 아이를 임신한 여성에게 맡겨야 한다고 주장한다. 그러나 장애 선별을 용인하는 입장에 관한 논증 방식은 중요하다. 나는 3장 「선택의 한계」에서 선택 그 자체에 관한 질문으로 시작하여, 우리가 처한 상황뿐만 아니라, 불확실성 앞에서 선택에 내재한 역설 때문에 자유로운 선택에 관한 우리의 능력이 제한되어 있음을 지적한다. 재생산 기술의 승리에 환호하는 대신, 나는 운명의 예측 불가능성을 더 겸손하게 이해해야 한다고 주장한다.

4장 「산전 검사와 선별의 윤리」에서, 나는 장애공동체의 다수가 제기한 중요 논증을 반박한다. 이는 장애를 선별하는 재생산 선택을 승인하고 지지하는 사람은 장애를 가진 삶은 살 가치가 없거나, 장애인은 세계에서 환대받지 못한다는 메시지를 보낸다(즉 믿음을 표명한다(express))는 것이다. 현존하는 장애인에게 차별적이며 해로운 것으로 여겨지는 이런 관점의 다양한 형태는 선택적 재생산 결정에 대한 **표현주의자**(expressivist) 반론으로 알려져 있다. 4장과 5장「선택적 재생산 조치에 대해 논쟁하지 않는 방법」에서 표현주의자 반론에 반대하는 논증을 펼치지만, 나는 재생산 선택, 특히 우리가 (할 수 있다면) 장애 아동을 출산하지 않을 **도덕적 책무가** 있다는 논증에도 문제가 많음을 밝힌다. 4장과 5장의 논증은 때로 매우 세부적이고 철저하다. 입장의 요지만 알고 싶은 독자는 세세한 논증 일부는 넘어가도 무방하다.

나는 여성이 장애에 이로운 또는 불리한 선택을 내리는지에 도덕적 책임을 부여하지 말자는 견해를 선호한다. 여성이 숙고해 직접 결정을 내릴 수 있도록 돕는 일은 꼭 필요하다. 이것은 아이, 여성 자신, 다른 가족 구성원에 장애가 미칠 영향에 관한 사용 가능한 증거를 여성이 속한 사회의 맥락 안에서 고려하는 것으로 이루어진다. 아이를 기르는 책임을 지거나 그 책무를 타인에게 지우는 것은 여성 자신이며, 그 선택은 여성에게 제공되는 사회적 지원에 상당히 의존할 수밖에 없다. 아이를 세상에 태어나게 하는 일은 여성의 선택을 따라야만 한다. 만약 장애 아동의 탄생을 막는 결정이 도덕적으로 중요한 메시지를 보낸다면, 이는 장애를 가진 사람과 그 가족이 잘 살기 위한 자원을 불충분하게 제공함으로써 우리 사회가 그들을 낙오시키고 있다는 뜻이다.

아이를 돌볼 책임을 지는 사람이 아이를 가질지에 관한 도덕적으로 중요한 결정을 내려야 한다고 말하는 것은, 아이가 양육자와 맺는 의존 관계의 중요성을 강조하기 위해서다. 돌봄윤리를 페미니즘 철학자들이 표명한 다음에야 의존과 돌봄은 철학자들의 관심을 받게 되었다. 내 딸은 성년기에도 의존적이며 항상 돌봄을 필요로 하기 때문에, 나는 잘 사는 삶에서 돌봄이 차지하는 중심성을 밝히는 횃불을 오랫동안 들고 있었다. 나는 의존과 돌봄을 다루지 못하는 철학은 충분할 수 없다고 결론짓는다.

3부 '철학, 장애, 윤리에서 돌봄'에서 나는 돌봄윤리의 윤곽을 그린다. 완전한 윤리학을 제시하려는 것이 아니다. 그것은 너무 큰 야심이며, 장애와 철학의 교차점을 다루는 이 책에선 적절하지 않다. 대신 나는 의존과 돌봄 개념을 철학에서 중요한 것으로 만드는 요소를 검토하고, 장애운동가와 학자 들이 표한 의존과 돌봄에 대한 불쾌감을 다루고자 한다. 장애운동가와 학자 들은 장애인의 의존이 비장애중심주의 사회의 구성물이며 이에 따라 장애인은 낙인과 배제에 처한다고 주장한다.²⁷ 대신 나는 의존이 아닌 독립이 사회적 구성물이라고 주장한다.

3부는 네 장으로 나누어 인간 삶에서 의존의 불가피성, 돌봄의 중심성을 다룬다. 6장 「의존과 장애」에서 나는 '독립적인' 시민에 장애를 합류시키려는 노력 대신, 독립을 동등한 존엄과 가치의 조건으로 가정하는 것에 대해 장애가 질문을 던진다고 주장한다. 7장 「돌봄윤리」에서 나는 돌봄윤리의 특징과 함께 장애학자들이 이런 윤리학에 지닌 염려를 다룬다. 돌봄윤리는 능력이나 의존 정도와 **무관하게** 한 사람이 피어날 방법을 사고할 때 특히 유용하다. 장애인은 돌봄윤리를 향해, 돌봄은 후견주의적이며 따라서 장애를 가진 성인의 온전한 존엄을 부정하는 무례한 일이라는 불만을 종종 품을 것이다. 8장 「돌봄의 완성: 돌봄의 규범성」에서 나는 넬 노딩스(Nel Noddings)가 "돌봄의 완성"이라고 부른²⁸ 돌봄의 과소평가된 측면을 논의하며 돌봄을 향한 반론에 반박한다. 우리가 돌봄의 이런 측면을 중요하게 여길 때, 타인의 개성 및 존엄성과 양립할 뿐만 아니라 그것을 존중할 것을 요구하는 온전한 규범적 돌봄윤리에 도달할 수 있다고 나는 주장한다.

9장 「영원히 작은: 애슐리 엑스의 이상한 사례」에서 나는 애슐리 엑스 사례를 논의한다. 애슐리는 여섯 살에 성장 억제를 위한 고용량 에스트로겐 투여 요법, 자궁절제술 및 가슴 몽우리 제거 수술을 받게 되었다. 애슐리를 영원히 작게, 아마도 가족이 계속 돌볼 수 있는 크기로 유지하려는 시도였다. 애슐리와 유사한 장애를 가진 딸의 어머니로서의 내 경험을 통해 '애슐리치료'에 반대하는 철학적 논증을 전개한다. 내 논증의 핵심은 그 앞 장에서 전개한 돌봄윤리이며 이를 통해 이런 치료법은 정당화될 수 없음을 주장한다. 애슐리의 부모와 의사의 주장과는 반대로, 애슐리치료를 통한 돌봄은 온전한 규범적 의미에서 돌봄이라고 말하기 어려운 충분한 이유가 있다. 이것이 아이를 위한 최선의 돌봄이라고 믿는 부모는 속은 셈이다.

우리는 애슐리와 같은 장애를 가진 사람이 무엇을 알고, 지각하며, 느끼는지 거의 알지 못한다. 우리는 표현언어(expressive language)의 결핍이 수용언어(receptive language)[+]와 이해의 가능성을 가로막는 것은 아니라는 사실을 명심해야 한다. 그리고 우리는 신체보전(bodily integrity)의 권리[++]를 존중해야 한다. 타인의 신체보전을 인식하는 것은 권리의 문제일 뿐만 아니라 돌봄의 핵심적인 부분이기도 하다. 애슐리의 신체보전을 보살피고 존중할 필요를 인식할 때만 우리의 생각보다 애슐리가 더 많은 것을 알 수 있다는 가능성을 인정하게 된다. 애슐리 엑스의 사례는 돌봄윤리의 실제 작동을 보여준다. 돌봄과 장애의 질문을 함께 모아, 돌봄윤리가 장애를 가진 사람의 권리 요구를 보충하는 윤리 이론이 될 수 있는 이유를 밝혀주는 것이다. 우리는 돌봄과 권리가 반대되는 것이 아니며, 관계성과 개인의 온전성은 함께 작동해야 하고, 능력의 지평(horizon of ability) 너머에서 흘러나오는 사랑은 장애공동체의 여러 외딴곳과 대화해야 한다는 것을 알게 된다. 이 책은 마지막 성찰 「내 딸의 몸: 영혼에 관한 명상」으로 끝난다.

두 번째 책 『누가 진정한 인간인가』는 인지장애의 렌즈를 통해 철학적 개념을 다시 사고하는 기획을 이어간다. 책에서 나는 심한 인지장애를 가진 사람의 도덕적 인격성 및 그들의 존엄성과 정의에 관한 동등 주장을 논증할 것이다.

일부 대중과 몇몇 철학자는 중증 인지장애를 가진 사람을 돌보기 위한 자원 사용을 정당화할 이유가 없다고 주장한 바 있다.[29] 현재의 정의 이론과 인격성 이론을 통해, 그들은 중증 인지장애를 가진 사람은 사회 협력에 참여할 수 없으며, 따라서 적합한 수혜 대상자가 아니라고 주장한다.[†††] 공리주의적 입장에서 중증 인지장애를 가진 사람의 문제는 우선순위가 낮다고 주장하는 사람도 있다. 어떤 논증은 이런 사람의 특수한 필요는 밑 빠진 독이라서, 사회의 다른 필요를 채울 자원을 전용한다는 견해를 견지하기도 한다. 제프 맥머핸은 개인이 어떤 정의론을 옹호하든 간에, 중증 인지장애를 가진 사람은 사회의 다른 구성원에게 우리가 부여하는 것과 같은 권리와 보호를 받을 자격이 없다는 논증을 펼치기도 했다.[30]

+ 아동의 언어 발달에 있어 표현언어는 아동이 자신을 표현하기 위해 단어를 사용하는 방식을, 수용언어는 아동이 언어를 이해하는 방식을 가리킨다.

++ 신체보전의 권리란 헌법이 핵심적으로 추구하는 신체의 자유에서 파생되는 권리로서, 신체를 훼손당하지 않을 권리를 의미한다. 이것은 생물학적 외형, 생리적 기능, 정신 건강을 유지하기 위해 필요한 보호의 내용을 포함한다.

+++ 롤스의 계약주의 관점이 대표적인데, 그의 정의론에서 각 당사자가 정의의 원칙에 관한 합의에 도달하는 이유는 협력을 위한 사회를 건설하고 유지하기 위해서다. 이때, 협력이 불가능한 자는 애초에 정의 계약의 당사자로 포함되지 않는다.

상호 협력 체계로서의 사회 이론은 자유 사회에서 자원 분배의 기저를 이루고 있다. 나는 모두가 이성적이고, 독립적이며, 온전히 기능하여 사회적 협력자가 될 수 있는 사람들로 이루어진 사회를 가정하는 정의론에서 출발한다면, 중증 장애를 가진 사람이 포함되는 정의의 개념을 얻을 수 없다고 주장한다. 우리의 현재 정의론으로는 '여기'에서 '저기'로 나아갈 수 없다. 정의가 요구하는 보호와 자원이 이런 개인에게 마땅히 주어질 수 없다고 결론 내리는 대신, 나는 중증 인지장애를 가진 사람에게 자원을 할당하는 것을 정당화할 수 없음은 수정되어야 할 **모든** 정의론의 실패라는 생각을 견지한다. 정의가 사회 구조의 덕이라면, 우리에겐 더 낫게 행할 수 있는 정의론이 필요하다.

『의존을 배우다』에서 나는 돌봄윤리가 의존 관계를 다루는 데에, 그리고 장애를 가진 삶은 좋은 삶과 양립 가능하다는 생각을 촉진하는 데 가장 적합하다고 주장한다. 후속작에서 나는 돌봄과 정의가 필연적으로 대립하는 관점이라는 생각을 부정하고, 우리 사회가 돌봄의 가치와 원칙을 따르기를 요청하는 정의관의 원칙을 제안할 것이다. 존 롤스처럼 정의가 사회 협력의 공정한 조건을 제시한다고 보는 대신, 우리는 이런 협력적 노동의 많은 부분이 어린아이, 아픈 사람과 중증 장애를 가진 사람, 노쇠한 노인을 양육하고 돌볼 뿐 아니라 우리가 계속해서 협력적 시도를 하게끔 만든다고 인식한다. 이런 활동에 참여할 수 없는 사람도 있지만, 추가적인 지원과 돌봄을 받으면 참여할 수 있는 이들도 있다. 누군가는 아무리 많은 지원을 받아도 정치 이론적 용어인 '협력자'로 불릴 수 없을 것이다. 그러나 모든 사람은 활기 있고 정의로운 사회의 일부가 되어야 한다. 온전히 포함적인 정의론은 협력자가 될 수 있는 사람들 사이에서만의 사회 참여의 공정한 조건을 다루지 않는다. 그런 정의론은 정의로운 사회에서 우리 **모두가** 함께 살기 위한 공정한 조건을 결정하기 위해 **불가피한** 인간 의존, **불가분한** 상호의존이라는 사실을 고려할 것이다. 우리가 일상적인 상호작용 속에서 돌봄윤리를 촉진하기를 원한다면, 정의로운 사회의 다른 요구 조건에 맞으면서도 돌봄윤리를 체현한 사회 구조를 제시하는 정의론을 세울 필요가 있다.

중증 인지장애를 가진 사람이 정의를 적용받지 못한다는 모든 주장의 핵심에는 인격만이 정의의 권리 주체이며, 애슐리와 세샤와 같은 사람은 **동등한 도덕적 지위를 지닌** 인격이 아니라는 관점이 있다. 서구 철학에서 오랜 역사를 지닌 이런 관점을 반박하면서, 『의존을 배우다』가 제기한 논증은 다음 질문과 같은 정점에 달한다. 인격이란 무엇인가? 『누가 진정한 인간인가』에서는 관계적 주체의 돌봄-윤리적 개념에 기반을 둔 인격성과 존엄성의 지반을 제시하려 시도할 것이다.[3] 인격성과 존엄성의 확정을 위해 이성과 같은 내적 특성을 그 중심에 두는 접근을 대체한다는 뜻이다. 나는 『돌봄: 사랑의 노동』과 『의존을 배우다』에서 전개한 개념, 특히 우리 모두가 '어떤 어머니의 자녀'라는 생각을 중심에 놓는다. 이성적 능력이 아니라 바로 이런 생각이 우리의 도덕적 존엄성과 도덕적 동등성, 국가로부터 자원과 보호를 제공받을 권리의 근원이 된다. 그러나 '어떤 어머니의 자녀'라는 관계적 특성에 호소한다고 해서 상당한 정신적 장애를 가진 사람이 그들과 관계를 맺고 있는 사람들 때문에 정의와 존엄성의 권리를 지니게 된다는 뜻은 아니다. 대신 그들이 인간으로서 존엄성과 도덕적 지위를 가질 수 있는 존재이기 때문에 도덕적으로 유의한 관계성이 가능하다는 점을 우리는 인식해야 한다. 찻잔은 '어머니의 자녀'가 될 수 없다. 다른 생물종의 구성원도 인간 어머니의 자녀가 될 수 없다. 우리의 종적 성원권은 도덕적으로 유의하다고 나는 주장한다. 그러나 그것은 다른 종의 구성원을 오용하거나 학대할 수 있음을 허락하지 않는다. 도덕적 무게를 지니는 관계가 인간 사이에서만 나올 수 있기 때문에 그 도덕적 중요성이 성립한다. 우리는 다른 인간과의 관계가 특별한 도덕적 중요성, 즉 개별 인간의 내적 특성과 무관하게 모든 인간에게 적용되는 특별한 도덕적 중요성을 지닌다는 점을 부정하지 않고도 우리가 비인간과 도덕적 관계를 맺는다는 점에 동의할 수 있다. 나는 인간 존엄성에 관해 논증하는 것이지, 인간만이 존엄성을 지닌다고 주장하는 것이 아니다.

많은 사람이 인간 존엄성을 인권의 기초로 여겨왔다. 나는 존엄성과 돌봄의 변증법을 통해 이를 증명하려 한다. 이를 위해, 내 딸이 지금 사는 시설의 기관 책임자가 세샤가 목욕을 마친 뒤 수건만 두르고 휠체어를 타고 복도를 돌아다니는 것을 반대했던 일을 성찰할 것이다. 책임자는 그것이 세샤의 존엄성을 모욕하는 일이라고 강하게 느꼈다. 그는 나중에 정신적 장애를 가진 사람을 수용하는 주립 시설에서 있었던 경험 때문에 강한 반응을 보였다고 설명해주었다. 그곳에서 그는 벌거벗은 남자들이 샤워실로 행진해 들어가 호스로 몸을 씻는 광경을 보았다. 그런 대우를 보며 그는 정신적 장애를 가진 사람이 당할 수 있는 모욕에 대한 경각심을 키웠다. 장애 그리고 대부분의 신체적 장애에 따라 붙는 의존을 숙고하는 일은 돌봄의 존엄성과 존엄한 삶에서 돌봄의 위치 모두를 인식하는 윤리의 필요성으로 우리를 가차 없이 이끈다. 그런 윤리는 『의존을 배우다』에서 주장하는 돌봄의 온전한 규범적 개념에 기초한다. 이 윤리에서 존엄성은 돌봄의 관계에 그 기반을 둔다.

우리가 온전한 규범적 의미에서 타인을 돌볼 때, 우리는 한 개인이 피어날 수 있는 가능성이 목적 그 자체이자 그 사람을 위해 증진할 만한 일로써 이해한다. 모든 인간 존재의 동등한 존엄성을 고취하는 것은 체화된, 관계적인, 문화화된 인간 존재인 타인의 내재적이고 동등하며 대체 불가능하고 비도구적인 가치를 인정하고 승인하는 것과 같다. 이런 인간의 개념이 돌봄제공자를 이끌어야 하며, 존엄성과 돌봄의 변증법에서 돌봄은 타인의 존엄성을 부여하며 인정하는 방식이 된다.[32] 돌봄의 온전한 규범적 의미에 기초한 윤리 이론은 모두의 동등한 존엄성을 인식하고 유지하는 것을 목표로 한다.

『누가 진정한 인간인가』의 논증을 결론짓기 위해, 나는 그 인격성이 체계적으로 말살되었던 시기에 정신적 장애를 가진 사람이 받아온 대우를 역사적으로 살펴볼 것이다. 나치 독일에서 나치 우생학 운동과 인종차별 사이의 관계는 우연적이지 않으며, 한 개인의 형상으로 예증할 수 있다. 이름프리트 에베를(Irmfried Eberl). 그는 브란덴부르크, 베른부르크 병원의 초대 주임으로 임명되었던 의사로, 그곳에서 T4로 알려진 작전을 수행해 정신적 장애인을 살해했다. 그는 이후 트레블링카 수용소의 소장이 되었다. 나치 강제 수용소로, 유대인 인종 살해가 타의 추종을 불허할 정도로 효율적으로 이루어진 곳이다. 나치 홀로코스트로 스러진 우리 가족 구성원은 한 사람의 손에 살해되었다. 내 딸, 세샤와 같은 독일인부터 유대인 어린이와 성인까지 죽인 바로 그에 의해.

나는 이 전형적인 인물을 통해 **모든** 인간 존재의 온전한 존엄성과 동등성을 인정하기를 거부할 때 도달하는 궁극적인 귀결을 엄숙하게 상기시키려 한다. 나치는 '의학'과 인종 기반 멸절 사이에 별 차이가 없다고 믿었다. 나치의 우생학 프로그램은 부정적 우생학(negative eugenics)의 형태를 띠곤 했다. 그것은 인간 존재를 개선하려는 긍정적 우생학(positive eugen-ics)[+]의 반대 형태를 지닌 악한 것이었다. 긍정적 우생학은 기술을 활용하여 인간 능력을 증강, 향상할 수 있다고 단언한다. 그것은 선택 재생산 기술을 둘러싼 논증에서 만날 수 있는 승리주의(triumphalism)의 한 형태다. 인간 동등성의 개념을 종차별주의적인 것이라고 조롱하며 내 딸과 같은 사람의 존엄성에 질문을 던지는 사람은 긍정적 우생학과 같은 믿음을 지니고 있다고 말할 수 있다. 두 관점을 짝짓는 일은 잠깐 멈출 것을 요구한다. 가치 있고 증진되어야 할 특징을 결정하는 것은 누구인가? 가치 있는 특징의 소유자에게만 허락되는 도덕적 경계의 바깥으로 특정 인간을 내모는 특징을 정하는 것은 누구인가? 나는 증강(enhancement)[++]을 추구함에 있어 극히 주의해야 한다고 주장한다. 인간 존재를 '향상'하는 최선의 방법은 돌봄제공을 공유하는 능력에서 나와야 한다. 육종(culling)이 아닌 돌봄이 더 나은 미래를 위한 길이다. 그것은 다양한 능력과 장애를 가진 사람을 포괄할 것이다. 인지장애를 그 다양성의 스펙트럼 안으로 받아들일 때, 우리는 문제가 되는 것에 관한 새로운 사실들을 배울 것이다. 딸에게서 배운 교훈을 이렇게 요약해볼 수 있겠다. 돌봄과 사랑을 주고받으며,

[+] 부정적 우생학은 특정 형질을 지닌 집단을 제거하는 방식으로 전체 인구의 유전적 질을 향상하려는 시도를 가리킨다. 해당 용어는 소극적 우생학으로도 번역되고 있으나, 부정적 우생학은 결코 '소극적'이지 않고 오히려 매우 적극적으로 특정 형질의 말소를 추구한다는 점에서 적절하지 않다. 네거티브 또는 음성 우생학을 역어로 채택한 책이나 글도 있으며, '긍정적' 우생학이라는 표현이 우생학을 긍정적으로 비출 수 있다는 그들의 우려를 이해한다. 그러나 포지티브/네거티브를 음차하거나 양성/음성을 붙일 때 그 의미가 직관적이지 않으며, 정부 또는 기관의 강제적 절차가 아닌 '긍정적 우생학'적 행동, 즉 자녀의 조건이나 형질 개선을 위한 부모의 노력은 인류 역사 내내 있어왔다(예컨대, 배우자의 선택, 아이 양육 환경의 선택 등). 이를 부정하는 것은 사회적 조건의 변화 또한 부정하는 것이다. 더욱이 '포지티브/양성'의 의미가 가산만을 의미하지 않고(그렇다면 가산/감산 우생학을 택해야 한다.) 인구 유전자 집합에서 낫다고 가정되는 형질의 증가를 의미하기 때문에, 부정적 우생학이라는 역어를 택했다.

[++] 여기에서 키테이가 말하는 것은 과학 기술을 통한 인간 증강 논증이다. 유전자 조작, 생체 임플란트, 사이보그 등을 통해 인간의 신체적·정신적 능력을 향상시키는 것이 도덕적 의무라고 주장하는 견해로, 트랜스휴먼 운동이 추구하는 방향이기도 하다.

나누는 우리의 기량을 인정하고, 기쁨을 향한 인간 능력의 풍부한 다양성을 수용하자.

2장
뉴노멀과 좋은 삶

수요일 아침. 숙취. 속이 쓰려서 깨어났다. 구역질이 나왔다.
고문당한 다음 회복하는 기분이었다. 화요일에 나는 산전 검사와
장애의 선택적 임신중지에 대한 헤이스팅스센터 워크숍에
참석했다. 세샤의 장애에 대한 질문에 전문가로 참여한 것은
최초였다. 화요일 저녁, 흘러나오는 눈물을 주체할 수 없었다.
나는 영혼 깊은 곳에서부터 깊이 흐느꼈다. 나는 울었다. 세샤를
위해 울었다. 나는 세샤의 손상으로 인해, 세샤가 경험하는 삶의
근원적 한계로 인해, 세샤가 절대 알 수 없거나 알 수 있는지조차
모르는 삶의 여러 영역으로 인해 상처 입었다. 나는 세샤를 위해
눈물 흘렸다. 나, 제프리[남편], 리오[아들]가 아닌 세샤, 세샤의
다정함, 세샤의 한계, 세샤가 거주하는 인간적 삶의 측면이 너무도
작다는 것을 아는 데서 오는 고통으로 인해 눈물을 쏟았다.
그 상처는 감히 느끼려고 할 수 없는, 세샤의 태양과 같은 존재
앞에서 느낄 수 없는 것이다. 하지만 그 상처는 언제나 있으며
헤이스팅스 회의가 끝난 뒤와 같은 순간, 나에게 밀려온다.
이 이상한 고통은 무엇일까? 그 고통이 이상한 이유는……
상처 입은 건 누구인가? 나는 세샤가 자기 한계를 알고 있는지
알지 못한다. 이것에 관해 더 생각해봐야겠다.
— 내 일기. 1996년 10월 23일

I. 정상을 욕망하기

모든 것이 정상일 때, '정상'은 무해한 단어다. 그렇지 않을 때, 그 단어는
날카로운 칼이 된다. 정상 표준[+]이 충족될 때, 그 단어는 기만적이게도 기
술적(descriptive)이다. 그러나 표준을 충족하지 못하면 규범적·판단적 의

미가 명백해진다. 때로 그것은 난폭한 방식으로 이루어진다. 이 단어를 규범을 충족하지 못한 개인에 대해 사용할 때, '정상'은 몽둥이처럼 느껴진다. 고발하고, 규탄하며, 배제하고, 폄하하는 변명이다. 자폐인 작가 클레어 세인스버리(Clare Sainsbury)는 썼다. "'정상'인은 자신 그 자체로 수용되는 것을 기본적인 인권으로 여기는 반면, 나머지 우리는 어떻게 자신을 더 그들이 수용하게 만들지에 관한 관점으로만 바라본다."[1] 정상성이 무엇이기에 정상으로 판단되지 않는 사람들을 그토록 폄하할 수 있는가? 왜 정상성은 바람직하고, 욕망할 만하며, 삶을 잘 살기에 필수적인 것으로 가정되는가? 좋은 삶은 '정상이 아닌' 삶과 양립할 수 있는가?

이 장의 탐구 대상은 정상을 향한 **욕망**이다. 나는 억압적인 규범에 대항하여 좋은 삶을 구축하기 위한 능력에 의문을 제기하는 욕망의 매듭을 풀려고 시도할 것이다.

자녀 그리고 부모의 관점에서 볼 때, 나는 '왜 우리가 정상성을 욕망하는가?'라는 질문에 관한 나만의 대답을 가지고 있다. 두 홀로코스트 생존자의 자녀로서 나는 무엇보다 정상이 되길 원했다. 제2차 세계대전에서 회복 중이던 세계에서 태어났을 때, 안정성과 정상성은 시대적 명령이었다. 전쟁으로 인한 혼돈과 파괴의 여파 속에 엄격한 규범을 통한 예측 가능성을 달성하려는 근원적인 욕망이 있었다. 미국의 1950년대가 그런 시기였다. 단일 규범에 대한 종속을 텔레비전, 영화, 극장으로 강화했고, 이

+ 이 장에서 사용되는 단어 norm은 (통계적) 표준과 (가치) 규범을 모두 의미하며, 키테이는 두 의미를 명확히 구분하지 않고 이 단어를 사용한다. 이 장이 정상성의 표준이 규범이 되고, 다시 규범이 표준을 낳는 상황을 설명하고 있기 때문인데, 한글로는 두 단어가 명확히 구분되므로 이를 표현하기가 어렵다. 표준/규범으로 두 의미를 병기하는 방법도 있겠지만 한국어로는 어색한 방법이므로, 문맥에 따라 표준과 규범을 혼용했다.

웃 감시를 통해 단속했으며, 부적합한 자를 낙인찍고 배제함으로써 이 종속을 유지했다.[2] 이민자, 홀로코스트 생존자와 그 자녀, 장애인, 동성애자, 정치적 좌파 등 많은 사람이 전쟁을 통해 얻어낸 자유의 공기를 들이마시기 어려운, 숨 막히는 분위기였다.

1960년대가 되었고, 새로운 전망이 열렸다. 이 역사적인 순간에는 배제되었던 모두가 무대 중심에 선 것처럼 보였다. 그들의 관심사가 대중음악과 대중문화의 주제가 되었다. 그들의 운동이 신문 표제를 차지했다. '정상'은 반항을 만났다. 저항 앞에서 정상은 변했지만, 실제로 해결된 문제보다 해결될 것이라 약속한 문제가 더 많았다. 그런데도 나 같은 사람은 위대한 미국의 서사에 갑자기 속하게 된 것처럼 느꼈다.

심한 인지장애를 가진 아이의 부모가 되었을 때, 정상성을 향한 욕망이 다시 한번 나를 사로잡았다. 그 욕망은 초창기에 우리 마음을 갈가리 찢어놓았던 고통과 절망의 핵심이었다. 극소수의 개인과 그보다 더 소수의 부모만이 자신이나 자녀에게 손상과 이상이 있어서 '정상'적인 삶이 불가능하다는 위협적인 소식을 대면했을 때 겪는 고뇌로부터 탈출한다.

도나 톰슨(Donna Thomson)은 아들의 장애에 관해 알게 되었을 때의 경험을 적었다.

> 내 아기에게 중증 장애가 있다는 이야기를 하면서 눈물이 의사의 볼을 타고 흘러내렸다. "결코 정상이 될 수 없어요."라는 말만이 기억난다. …… 바닥을 보았는데 빨간 게 눈에 띄었다. 내가 물어뜯은 손톱 끝에서 피가 새어나오고 있었다.[3]

톰슨은 자신의 반응을 끔찍한 교통사고로 죽은 젊은 가족의 할아버지가 보인 반응과 비교한다. 멍한 상태로 할아버지는 말했다. "이해할 수 없어. 그렇게 조심히 키웠는데, 이런 일이 일어나는 것은 불가능해." 그처럼 톰슨 또한 "우연한 비극의 희생자가 되고 삶의 계획에서 심각하게 탈선하며 …… 근본적으로 충격을 받아 단단하고 진실하다고 믿고 있던 모든 것에 질문을 던지게 되었다."[4]

또 다른 어머니인 제인 번스틴(Jane Bernstein)은 평범하지 않은 아이를 행동심리학자에게 데려갔고 심리학자로부터 딸에게 "극도의 언어장애"가 있다는 이야기를 듣던 때를 떠올린다.

> 좌절의 순간에 이런 딸의 미래를 생각하는 것이 참혹하다고 말하자,
> 심리학자는 말했다. "앞으로 참혹해질 겁니다." 나는 진료실을 떠나
> 며 세상이 끝난 것처럼 울었다.[5]

자녀가 정상이 아니라는 소식은 왜 세상 모든 것이 뒤집히는 것 같은 근본적인 충격을 주는가?[6] 최악의 공포는 자녀의 인지 능력에 손상이 생길 것이라는 점이다. 당신이 기대했던 모든 것이 무너지는 충격, 비정상성이라는 '끔찍한 소식'은 대부분의 사람들이 즉각 이해한다. 그러나 고통의 원천은 죽음이 아니라 비정상성인데, 왜 그런 충격을 받는가?

아마도 '왜'라고 묻는 데 익숙한 사람만이 심한 장애가 가져오는, 명백해 보이는 손실에 질문을 던질 것이다. 우리는 자녀가 건강하고, 기회와 일반적인 웰빙을 누리기를 원한다. 이 아이가 성인으로 성장하여 다른 사람의 사랑과 애정을 받을 수 있을까? 이 아이가 사회의 귀중한 구성원이 되어, 그저 가여운 구호의 대상이 아닌 온전한 시민으로 포함될 수 있을까? 심한 지적장애의 경우 특히 가슴 아프게 다가오는 질문들이다.

우리 인간은 정상을 향한 실용적 필요뿐 아니라 심리적인 깊은 필요를 지닌 생명체일 수 있다. 실용적 욕망은 복잡하지 않다. '비정상'으로 여겨지지 않는 것이 삶을 살기 훨씬 쉽다. 하지만 이런 욕망에는 명백한 이점을 넘어서는 깊이도 존재한다. 나는 순수한 심리적 욕망조차도 심리학의 방식을 따르지 않고 설명할 수 있으며, 정상의 바람직함은 정상성의 개념 자체에 담겨 있음을 주장하려 한다. 즉 우리가 정상을 향한 욕망에서 벗어날 수 없는 이유는, 적어도 정상이라는 개념에 대한 일부 해석에서는, 바로 정상이 바람직하며 욕망할 만한 것이기 때문이다. 정상을 욕망하지 않는 것은 바람직한 것을 욕망하지 않는 것이다. 그러나 이 공식의 단순성은 복잡한 개념 및 그에 대한 우리 자신의 모호한 관계와 모순된다.

드문 경우를 제외하면, 인간의 다양한 가능성에 관한 철학적 인정은 찾아보기 어렵다. 인간 존재를 논의할 때는 '정상' 인간 주체를 가정한다.[7] 정상성이 흔들리는 것은 그 반대항이 탁월함일 때만이다. '정상'이 차이와 대립하면 차이는 결핍으로 해석된다. 아이가 '온전'하지 못하면 최악의 경우 영아 살해를 당하고, 최선의 경우일지라도 배제가 정당화될 수 있다. 정상 능력 범위 밖에 있는 성인은 불쌍한 놈이자 짐으로 여겨지고, 때로는 암묵적으로 (언젠가는 공개적으로) 정의의 보호, 요청, 특권에서 배제된다.[8] 철학자가 성찰하는 삶을 극찬하는 만큼 정상성을 향한 욕망은 성찰되지 않는다. 그러나 누군가의 삶이 장애에 닿을 때, 성찰하는 삶을 살기 위해서는 정상성의 개념과 그것을 향한 욕망에 대해 따져 물어야 한다. 부모로서 그 물음은 자녀가 정상이기를 바라는 욕망에 의문을 제기하는 것에서 시작한다.

II. '정상 자녀'를 향한 욕망 검토하기

자녀 기르기라는 실천(간단히 "양육"이라고 부른 실천)에 관한 정교한 철학적 토론을 전개한 세라 러딕은 자녀가 부모에게 세 가지 근본적인 요구를 한다고 말한다. 보존적인 사랑, 성장의 촉진, 수용을 위한 사회화가 그것이다.[9] 이 세 가지 요구와의 관계를 통해 부모는 자신의 역할을, 자녀에 대한 자신의 기대를 이해하게 된다. 러딕은 나중에 이론을 확립하면서 "온전한" 아이를 가정했음을 고백했다.[10] 러딕은 양육의 기대와 책임에 있어 자녀의 장애를 고려하는 것의 중요성을 인정하게 되었다.[11] 조셉 스트라몬도(Joseph Stramondo)와 스티븐 캠벨이 적은 것처럼 장애는 "큰 영향을 미치는 특성"이다.[12] 장애의 본성은 차이를 낳으며 인지적 차이는 근본적 효과를 가져온다.

자녀가 어머니의 보존적 사랑을 요구할 때, 자녀의 능력과 상관없이 부모는 엄청난 조심성을 발휘해야 한다. 어린 자녀는 생명에 위협적인 상황으로 이어질 수 있는 위험을 이해하거나 알지 못한다. 내가 아는 어느 어머니는 이런 어린 시절의 양육을 가리켜 "자살 경계 태세"라고 했다. 심한 인지 손상을 가진 아이는 그 생존과 번창의 능력을 지속적으로 일촉즉발로 위협하는 신경학적 · 생리학적 장애를 가진 경우가 많다. 예를 들어, 다운증후군 아이의 40~50퍼센트는 심장 기형으로 죽거나 수명이 짧아진다.[13] 중증 발달장애를 가지고 태어난 아기는 삼키는 데 어려움을 겪어, 영양 공급을 위한 수술을 필요로 하는 경우가 종종 있다.[14]

장애 없는 자녀를 향한 부모의 보존적 사랑은 삶의 시작점에는 마찬가지로 강렬하다. 하지만 자기 보존을 위한 기술을 자녀가 습득하면서 그 요구는 점차 줄어든다. 인지장애가 있는 자녀의 경우, 자살 경계 태세는 초기 아동기에 끝나지 않고, 지속적인 예방적 돌봄도 멈출 수 없다. 세샤의 온전히 무력한 의존성은 지속적인 돌봄과 보호 없이는 세샤가 그저 죽을 뿐임을 의미했다.(여전히 그렇다.) 생명을 위협하는 상태는 아니었지만, 세샤는 그랬어야 하는 만큼 활발히 먹지 못했다. 세샤의 상태를 알아채지 못했다면 세샤가 계속 생존할 수는 없었을 것이다. 자신이 아픈지, 불편한 곳이 있는지 우리에게 알려줄 방법이 세샤에게 없다는 것을 알게 된 다음부터 우리는 항상 초긴장 상태로 살았다. 계속해서 경계해야만 했다. 눈 깜짝할 사이에 세샤는 위험한 상황에 빠질 수 있었다. 누군가가 보존적인 사랑을 기울이지 않는 한 (그리고 그 요구를 충족할 자원이 있지 않은 한) 매우 심한 인지장애가 있는 사람은 생존 자체가 불가능하다.

러딕은 적었다. [유아의—옮긴이] 첫 번째 요구는 자연의 힘과 지속적인 긴장 관계에 있으며, 그에 저항하지 않으면 의존적인 영유아는 (장애 유무와 상관없이) 파괴될 것이라고. 죽음을 초래하는 질병, 독이 든 과일의 반짝이는 매력, 물의 유혹. 이 모두에 대항해 관리와 보호가 필요하다. 반면 두 번째 요구인 성장 또는 발달의 촉진은 자연과 더 조화로운 관계를 맺는다. 종의 전형에 속하는 아이는 영양 공급이 최적으로 이루어지든지 않든지 성장하며, 지속적인 지도가 있건 없건 배운다. 방해를 받지 않는 한 일반적으로 아이는 계속 발달한다. 그러나 중증 장애, 특히 인지장애가 있는 경우 발달을 위한 노력은 그치지 않고 계속되어야 한다. 그런 장애를 가진 자녀를 키우는 것은 자연을 슬쩍 찔러서 되는 일이 아니다. 그것은 산을 움직이는 것과 같다. 교육 과정은 집중적이고 전문적이며 목적이 분명해야 한다. 아동기를 지나서 계속될 필요도 있다. 성공은 매우 작은 향상인 경우가 많다. "우리 아이가 오늘 웃었어." 자폐성장애를 가진 아이의 어머니에게 이것은 상당한 성취일 것이다. 세샤가 안는 법을 배웠을 때(다섯 살이었다.) 그건 동갑인 다른 아이가 능숙하게 소나타를 치는 것에 비할 만한 성취였다.

공동체의 사회화된 성원으로 아이를 훈련시키는 세 번째 요구는 가장 '정상'적인 어린이에게도 결코 쉽지 않다. 그러나 아이가 장애를 가지고 있으면 그 난이도는 위압적인 수준이다. 장애의 사회적 모델은 이를 해명하는 데 유용하다.+ 인지장애 아동에 대한 훈련에는 한계가 있다. 장애 아동과 사회가 맞지 않는다면, 그 어려움은 사회가 용인하는 행동에 적응하지 못하는 아동의 문제라기보다 이 아동을 인정하고 받아들이지 못하는 사회에서 비롯된다. 따라서 장애 아동을 키우려면 아이를 사회화하는 것 이상으로 아동을 받아들이는 공동체의 사회화가 필요하다.

인지장애가 육아의 요구에 이런 위압적인 도전을 제시한다는 사실은, 아이가 '정상이 아니고' 인지장애가 있으리라는 사실을 들었을 때 부모가 경험하는 심적 고통을 설명하기에 충분할 수 있다. 많은 부모는 자기 삶이 장애 아동을 돌보는 데 소모될 것이라는 두려움을 느끼는 한편, 그것을 '이기적'이라 생각한다. 아내 재닛 라이언스(Janet Lyons)가 "우리는 감당할 수 있어."라고 말했던 때를 떠올리며 마이클 베루베가 쓴 인상적인 글이 있다.

하지만 우리가 어떻게 희망을 믿을 수 있을까? 과연 이 아이가 제기하는 가장 단순한 도전조차 극복할 수 있을까? 우리가 다시 정상적인 삶을 살 수 있을까? …… 딱 3주 전, 재닛은 대학에서 일하게 되었다. …… 우리는 이제야 '편안'해지리라고 생각했다. 그러나 이제, 우리는 앞으로 중증 장애 아동을 돌보며 살아야 하는가? 우리 자신을 위한 시간을 조금이라도 가질 수 있을까? …… 이기적인 생각이었다. 그런 순간에 이런 이기적인 생각이 드는 게 '자연스럽다'는 깨달음은 상황의 비통함과 끈덕짐을 줄여주지 못했다.[15]

염려의 목소리는 아기 제이미 베루베의 탄생을 축하하는 책의 첫머리에서부터 계속 울린다. "이기적인 생각"은 정상적인 삶을 살 수 없을 이 아이를 키우는 것이 너무 과중하리라는 염려로 빠르게 대체된다.("우리가 다시 정상적인 삶을 살 수 있을까?") 자녀가 '정상적인' 삶을 살기를 바라는 욕망에는 우정, 의미 있고 품위 있는 직업, 지역사회 성원권, 사랑, 가족을 경험할 수 있는 아이의 능력 등이 포함되어 있다. 염려가 가져오는 가장 큰 아픔은 아이가 이런 내재적으로 가치 있고 귀중한 경험을 하지 못할 것이며, 어떤 도움으로도 불가능한 재화를 원하게 되어 좌절과 슬픔, 즉 거절과 배제를 경험하리라는 추가적인 염려에서 나온다.

1) 사라지기를 거부하는 욕망

내 딸이 심한 손상을 가졌다는 진단을 받았을 때, 우리는 사람들에게 선의

+ 장애학자 및 장애운동가 들은 장애를 개인에게만 머무는 것으로 정의하는 의학의 렌즈를 통해 장애를 보는 것은 잘못이라고 주장해왔다. 그들은 개인의 특징인 손상(impairment)(또는 비전형성(atypicality))과 사회적 구성물인 장애를 구분한다. 사회적 모델을 지지하는 이들은 휠체어 사용자가 이동 장애를 겪는 것은 오로지 보행자에게만 맞춰져 있는 환경임을 바라보게 한다. 시력이 있는 사람은 완전히 어두운 환경에 처하면 시각장애인보다 훨씬 심한 장애를 지니게 된다. 심지어 장애학 내에서도 사회적 모델에 대한 논쟁이 뜨겁다. 관련하여 다음 문헌을 참조하라(Shakespeare and Watson 2001). 그러나 신체와 환경이 맞지 않음이 장애를 가져온다는 통찰에는 반론의 여지가 없다. 2장의 후주 22번도 참고하라.―지은이

의 조언을 받았다. "딸을 포기하고 다른 곳으로 보내. '정상적인 삶'을 살아야지." 아기가 심한 이상을 가지고 있다는 사실을 직면한 많은 부모처럼, 남편과 나 또한 아이와 미친 듯한 사랑에 빠져 있었다. 이 점에서, 우리는 표준적인 엄마, 표준적인 아빠가 된 기분이었다. 그리고 그 표준에는 아이를 포기하는 일은 들어 있지 않았다. 우리 아이가 평범한 기대를 충족하지 않는다는 사실은 이 아이가 우리 아이라는 사실에 비해 별로 중요하지 않았다.

직접 장애를 마주해본 적 없는 사람들과 똑같이 생각했던 우리는 장애를 가진 삶은 어쩔 수 없이 위축된 삶일 것이라고 가정했다.[16] 우리는 세샤가 어린 시절의 기쁨을 알기를, 우리 삶에 열의를 더해주는 도전을 경험하기를, 안전하고 사랑받기를 바랐다. 한마디로 우리는 아이가 피어나기를 원했다. 좋은, 피어나는 삶을 사는 일은 정상 신체, 정상 정신을 가지고 정상적인 삶을 사는 것과 뗄 수 없이 연결되어 있는 것처럼 보였다.

세샤가 피어나려면, 우리는 부모로서 러딕이 구분한 요구들에 응답할 수 있어야 했다. 우리는 세샤의 장애를 가진 신체와 정신이 제기하는 모든 문제를 염려했다. 그중 일부는 정당했다. 세샤는 항상 보호가 필요했다. 세샤는 떨어질 때 얼굴을 보호하기 위해 손을 올리는 방법을 결코 배울 수 없었다. 교실에서 보조 교사가 세샤를 의자에 묶는 것을 깜빡했을 때는 세샤의 앞니가 부러졌다. 세샤는 앞니에 영구적인 보철 장치를 씌웠다. 치과 의사에게 세샤가 다시 떨어지면 어쩌냐고 물었더니 그는 대답했다. "떨어지면 안 됩니다. 절대로요."

세샤를 의자에 묶는다 해도 위험 요인은 계속 남아 있다. 언젠가는 휠체어에 앉아 있던 세샤가 부엌에서 막 끓인 커피포트 줄을 잡아당겨서 허벅지에 화상을 입었다. 양쪽 허벅지에 생긴 2도 화상으로 인해 큰 흉터가 생겼다. 가장 안전하다고 여겨지는 장소에서도 영구적인 부상을 입은 적이 있다. 세샤의 침대 양쪽에 레일을 올리고, 쿠션을 달아놓았다. 침대 옆에는 (세샤가 떨어지더라도 충격 완화가 될 수 있도록) 소파가 붙어 있다. 어느 날 밤, 세샤는 쇄골이 부러질 정도로 격렬하게 발작했다. 아침에 침대로 가니 딸의 팔이 이상한 각도로 꺾여 있었다. 무언가 잘못되었다는 것을 알 방법은 그것밖에 없었다. 세샤는 여느 아침처럼 아름다운 웃음으로 우리를 반겼다.

이런 것은 세샤가 혼자서 다치지 않도록 보호하는 몇 가지 방법 중 일부일 뿐이다. 누군가가 의도적으로 세샤를 해할 수 있다는 끔찍한 가능성이 더 꺼림칙하다. 세샤는 자신을 보호할 힘이 전혀 없고 어떤 일이 일어났는지도 말해줄 수 없다. 그렇게 세샤의 안전에 대한 공포는 그때나 지금이나 현실이다. 종 전형적 능력은 자기 보호 역할을 하며, 삶의 허약함 앞에서 우리 자신을 지키는 도구이기도 하다. 우리가 그런 자기 보호에 항상 성공한다고 말하려는 것이 아니다. 그렇지 않다. 그러나 세샤는 결여된 능력을 누군가가 대신해주지 않는다면 살아남지 못한다.

세샤에게 배우자가 생기거나 스스로 가족을 이룰 수 없다는 생각에서 오는 고통 또한 현실이다. 장애 여부와 무관하게, 우리 중에는 평생의 동반자를 택하지 않고 비혼을 고수하며 자녀를 낳고 기르는 것을 거부하는 사람이 있다. 세샤는 그런 거부를 선택할 수 없다. 나는 세샤가 젊은이에게 반했다는 명백한 징후를 보곤 한다. 세샤는 미소와 다정한 말 한마디로 보답을 받을 수는 있지만, 그것은 친밀한 사랑을 대신하기엔 너무도 빈약하다. 나는 세샤가 갈망하는 눈길로 아기를 바라보는 것을 보곤 한다. 나는 세샤가 아기를 갖기를 바라는지 알 수 없다. 하지만 그런 욕망을 아무리 열렬히 품는다 해도 실현될 수는 없다는 것은 안다.

세샤가 지적 성취의 기쁨을 알 수 없다는 슬픔이 때로 내 마음에 스친다. 하지만 이제 그에 대해선 별로 걱정하지 않는다. 세샤에게 기쁨을 주고 세샤의 삶을 풍요롭게 만드는 많은 것들에 집중하면서, 세샤가 포기해야 했던 것들이 주는 아픔은 이제 잦아들었다. 누구도 내 딸보다 더 많은 기쁨과 사랑을 느끼지 못한다. 세샤는 많은 이들에게 열려 있는 풍부한 가능성에 참여하지는 못할지 모르나, 자신에게 주어진 가능성을 온전하고 치열하게 살아가고 있다.

부모로 성장해가면서 우리는 '정상적인 삶'과 좋은 삶에 관한 일반적인 이해를 구분하는 방식을 배웠다. 두 개념은 오랫동안 나눌 수 없는 것처럼 여겨졌다. 이 과정에서 우리는 세샤가 태어난 첫해부터 불어닥친 반란의 물결에 도움을 받았다. 세샤는 1969년에 태어났고, 우리는 1960년대의 자녀였다. 숨 막히는 1950년대는 순응과 정상성에 관한 경직된 생각과 함께 막을 내렸다. '괴짜'와 '파격'처럼 보이는 것이 유행했다. 사람들은 정상성에 거역하는 방식으로 세계를 보기 위해 환각제를 택했다.

여전히 우리는 정상성이라는 감각에 일부 의존하고 있다. (제시한 것처럼) 자녀에 대한 욕망은 부분적으로 부모가 좋은 삶과 관련한 여러 재화를 누리려는 욕망이며, 자녀 또한 이런 것을 경험할 수 있기를 바라는 욕망이다. 우리가 좋은 삶과 정상적인 삶을 분리하려 할 때 떨어지기를 거부하는 부분들이 있다. 순응해야 하는 고정된 규범을 우리가 거부할 때에도 정상을 향한 욕망은 남아 있다. 왜 이 욕망은 사라지기를 거부하는가?

우리만의 환경 속에서 우리는 우리의 뉴노멀을 만들어냈고, 세샤가 제공하는 풍요로움과 축제를 누렸다. 아들이 태어나고 아기의 전형적인 역량을 목격한 뒤에도 세샤와 공유하는 삶은 우리가 바란 만큼 정상적인 것으로 여겨졌다. 그러나 항상 그랬던 것은 아니다. 세샤의 상황에 우리가 길들고 그것을 정상화했음에도, 유아기를 지나면서 세샤가 지닌 이상은 모두에게 명백해졌다. 병원, 마트, 공원에 데려갈 때 우리는 세샤의 차이를 직면해야 했다.

헬렌 페더스톤(Helen Featherstone)이 잘 설명한 것처럼 세계는 개인이 확립하려는 정상성의 감각을 침범하곤 한다. 그는 아들이 완전히 정상이라고 생각했기에 아이를 봐주러 온 유쾌한 청년에게 아이의 장애를 말할 생각조차 하지 못했다. 일곱 살 아들을 청년에게 소개할 때가 되어서야 페더스톤은 아들을 청년의 눈으로 보는 자신을 발견했다.

> 매일 내가 돌보는 유쾌하고 잘생긴 일곱 살 아이가 아닌, 침을 흘리고 이상하며 해석 불가능한 소리를 내는, 상당히 표준에서 벗어난 아이를 보았다. 조디가 아기였을 때 보며 느꼈던, 잊고 있던 공포가 다시 떠올랐다. 나는 7년 전, 다른 중증 장애 아동을 보던 것처럼 내 아들을 보았다.[17]

한 사람이 자녀와 확립한 관계의 규범과, 사태를 이해하지 못하는 이방인이 자녀를 만났을 때 마주치는 규범 사이의 불협화음은 강성 비순응자마저 '정상'을 향한 욕망을 품게 만든다. 그 대립은 자녀로부터, 자신이 속했다고 여기던 사회로부터, 부모 역할을 수행하는 우리 자신으로부터 개인을 소외시킨다. 비록 순간일지라도 우리의 충성심에는 잠시나마 균열이 생기고, 그로 인해 우리가 분열될지도 모른다는 생각에 반발한다. 우리는 먼저 우울감에 빠지고, 그다음에는 극도의 분노를 느낀다. 그리고는 공포를 체감한다. 우리 아이가 받아들여지지 않을 것이며, 공동체에서 우정을 느끼지도 보호받지도 못할 것이라는 공포 말이다.

정상을 욕망하는 이유에 관한 부분적인 답변을 얻었다. 욕망이 사라지기를 거부하는 것은 첫째, 자신의 가치와 자녀의 가치를 확인받고자 하기 때문이다. 우리의 자존감은 우리 자신의 가치와 우리가 소중히 여기는 대상을 타인이 기꺼이 인정해주는지에 따라 상당 부분 좌우된다. 우리는 우리 존재와 우리가 소중히 여기는 것이 실제로 가치가 있다는 공동체의 승인을 필요로 한다. 이런 승인이 없다면 우리는 심리적·신체적 의미 모두에서 지속적인 위험에 처한다. 우리는 자기 경멸의 위험에 처하고 공동체로부터 경멸의 대상이 될 수 있다. 가치를 인정받지 못하면 공동체의 보호를 받지도 못한다.

인간과 같은 사회적 생물은 공동체의 수용을 향한 욕망을 포기하기 어렵다. 공동체의 승인이 없다면 우리의 기획은 실패할 위험에 처한다. 우리의 기획이 공동체의 지원으로 촉진될 뿐 아니라, 우리의 피어남은 타인과 함께할 때만 가능한 우정과 사랑을 필요로 한다. 공동체의 성원권을 부정당하는 것은 우리에게 해를 끼치는 것에서 그치지 않는다. 소속을 거부당하는 것 자체가 해악의 한 형태다. 대부분 정상성을 향한 욕망은 '우리 중 한 사람'으로 공동체에 받아들여지고자 하는 욕망일 뿐이다.

III. 정상성의 역설

우리가 정상을 욕망하는 이유에 관해 제시한 답변이 도움은 되지만 충분하지는 않다. 아무리 바란다 해도 정상성을 원하는 것은 역설이다. 우리 각자가 정상성을 욕망하는 만큼 대부분이 때로는 가벼운 자기 비하와 함께 때로는 만족해하며 내 삶은 정상적인 삶이 아니라고 말한다. 우리는 정상이 아니라는 데에 어떤 자부심을 느낀다. 플래너리 오코너(Flannery O'Conner)의 「좋은 시골 사람들」주인공 조이에게서 그런 자부심을 본다. 조이는 다리가 하나뿐이고, 명백하게 표준에서 벗어나 있다. 조이는 자신의 장애와 정상성의 결핍을 숨기는 대신 자긍심의 표시로 자신에게 '헐가'라는 새로운 이름을 붙인다. 그것이 "모든 언어에서 가장 못난 이름"이기 때문이다.[18]

조이처럼 나 또한 아이일 때부터 정상성의 양가성을 느끼고 있었다. 평범한 것, 일상적인 것, 정상인 것을 욕망하면서도 무시하는 것이다. 나는 제2차 세계대전 이후 미국이라는 '황금의 땅'에서 사는 어린이가 알아서는 안 되는 앎, 즉 거대한 악에 대한 앎을 지니고 살았다.[+] 더 큰 사회로 나아가면서, 나는 개인이 자신을 다르게 경험하는 다양한 방식을 알게 되었다. 내 주변에 관해 더 많이 배울수록, '정상'인 사람을 찾기는 어려워졌다.(그리고 나는 이것이 정상임을 깨달았다.)

정상성을 주장하는 것은 진부함을, 특수성과 그에 따른 탁월함의 결핍을 인정하는 것이기도 하다. 이런 양가성은 또 다른 욕망, 즉 남들과 같은 방식이 아닌 다른 방식으로 우리의 단독성을 인정받고 가치를 부여받으려는 욕망에서 나온다. 우리가 자신에 관해 말할 수 있는 것이 오로지 자신이 정상이라는 것뿐이라면, 우리는 말하는 나에 관해 궁금해할 수밖에 없다. 우리는 나와 다른 모두를 구분하는 개성에 대해 고민해야 한다. 양가성의 중심에는 동일성과 차이라는 친숙한 변증법이 놓여 있다. 우리는 수용을 원하는 만큼 수용이 명령하는 것처럼 보이는 동일성의 규범에

[+] 나는 미국을 "di Goldene Medini"라고 부르는 사람들 속에서 자랐다. 이 말은 이디시어로 '황금의 땅'이라는 뜻이다.—지은이

항상 만족할 수 없다는 (또는 항상 만족하길 원하지 않을 수도 있다는) 것을 알고 있다. 방해와 파괴, 실패와 괴로움은 흔한 경험이지만, 우리에게 수용된 규범으로 판단받기를 거부하고 그것에 반하여 자신을 확립하려는 동기를 부여할 수 있다.

1) 통계적 표준과 목표적 표준

우리가 정상과 맺고 있는 양가적 관계는 정상 개념의 모호성을 반영한 것이다. 정상은 일반적인 것의 기반이지만, 열망하는 것, 완전한 것의 기반이 되기도 한다. 레너드 데이비스(Lennard Davis)에 따르면,[19] 19세기에 통계적 분석이 발전하면서 바람직한 것은 "이상(ideal)"에서 "정상"으로 이동했다. 그럼으로써 정상은 기술적이고 객관적인 것으로 가정되었음에도 규정적인(prescriptive) 힘을 부여받았다. 종형 정규 곡선의 중심은 기술적 표준을 제시한다(그림 2.1).[20] 정규 곡선 혹은 종형 곡선은 빈도 분포를 표현하는 흔한 방법이다. 표준은 양극단의 중앙값이라는 통계적 빈도로 표현된다. 그림 2.1의 IQ 정규 곡선이 보여주고 있는 것처럼 말이다.

빈도가 새로운 이상의 근거가 되는 방식은 정규 곡선이 오자이브 곡선(누적 빈도를 나타냄)으로 변하는 것에서 확인할 수 있다.

오자이브 곡선에서, 종형 곡선의 좌측은 하단 절반에 표현되고, 우측은 상단 절반에 표현된다(그림 2.2). 인구의 50퍼센트는 IQ가 100 이하이며, 84퍼센트는 IQ가 115 이하이다. 중앙값 아래 있는 것은 무엇이든 '비정상'이며, 그 이상은 무엇이든 정상이다. 곡선의 꼭대기에 가까운 IQ일수록 이상에 가까워진다. 따라서 분포 곡선은 통계적 빈도의 객관적 표현

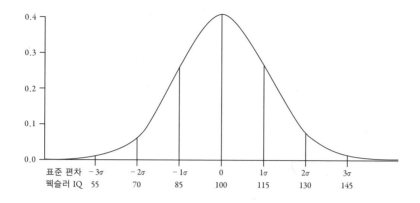

표준 편차	−3σ	−2σ	−1σ	0	1σ	2σ	3σ
웩슬러 IQ	55	70	85	100	115	130	145

그림 2.1 정규 곡선

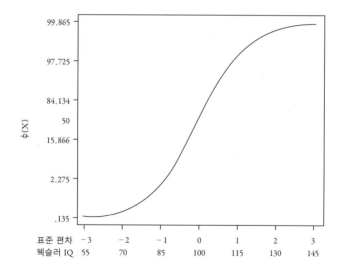

표준 편차	−3	−2	−1	0	1	2	3
웩슬러 IQ	55	70	85	100	115	130	145

그림 2.2 누적 빈도 (오자이브) 곡선

을 이상의 가치를 실은 표현으로 변형한다. 프랑스 과학사학자 조르주 캉길렘(George Canguilhem)의 표현에 따르면 "정상은 객관적인 '현실의 판단'처럼 보이지만, 그것은 주관적인 '가치의 판단'이 된다."[21]

초월적 이상이라는 고대의 개념은 이상을 정상으로 이해하는 현대의 개념보다 덜 강압적이었다고 데이비스는 주장한다. 여신만이 얻을 수 있는 이상적인 아름다움을 인간 여성이 욕망하는 것은 당연하다. 그러나 연인이 실제 여성을 욕망하는 한 여신의 아름다움에 미치지 못하는 여성이라 해서 사랑받을 가능성이 없는 것이 아니다. 반대로 이상이 초월적인 것이 아니라 달성 가능한 어떤 것일 때, 그 달성의 실패는 우리 자신에게 귀속된다. 우리의 가치는 줄어든다. 여성적 아름다움의 현대적 이상이 가장 적절한 예이다. 여성들은 영화, 잡지, 텔레비전 속 여성의 이미지가 달성 가능한 표준이라고 믿기 시작했다. 그들은 적합한 상품을 구입하고, 적절한 운동을 하며, 올바른 음식을 먹는 행위 등으로 표준처럼 보일 수 있다고 생각한다. 미디어에 나오는 모델들이 통계적 표준이 아닌 것은 사실이다. 그들은 오자이브 곡선의 꼭대기에 있다. 그들은 '초정상(supernormal)'인 것이다. 아무리 노력하더라도 우리는 그에 미치지 못할 것이다. 이런 부족함은 병적인 형태로 여겨지게 된다. 너무 긴 코, 너무 얇은 입술, 너무 두꺼운 허벅지, 돌이킬 수 없는 노화의 징후들은 정상 변이가 아닌 외모적 손상의 형태로 경험된다. 그 이미지는 (우리가 포토샵의 마술을 알고 있다 해도) 여신이 아닌 실제 여성의 이미지로 일컬어진다. 여성은 자신을 영원히 불완전한, 흠이 있는 존재, 사랑할 가치가 덜한 대상으로 여긴다.

현실에 대한 판단이 가치에 대한 판단이 될 때, 우리는 대상이 존재하는 (또는 존재하고 있다고 가정되는) 방식을 대상이 존재해야 하는 방식의 근사적 실현으로 여기게 된다.[22] 우리가 정상적인 것이 바람직한 것이라고 말할 때, 사실상 거기에는 도덕적인 의미도 있다. 우리가 정상성을 바란다는 주장은 동어반복의 형태를 띤다. "우리는 바람직한 것을 바란다." 비정상의 공간에 거주하는 자는 단지 표준으로부터 벗어난 가치 중립적 위치를 접하는 것이 아니다. 그들은 가치를 결여한 낙인의 자리를 접하게 된다. 이런 정상의 구성에서, 정상성을 향한 욕망은 추가적인 설명을 필요로 하지 않는다.

　　그러나 이 개념이 통계적 표준을 정하기 위해서만 사용될 때, 즉 그것이 단지 현실의 판단인 경우 바람직한 것과 정상적인 것은 동어반복적 관계로 쉽사리 빠져들지 않는다. 정규 곡선의 우측은 드물게 발생하는 것으로 가장 바람직한 것이 아님에도 왜 우리가 그저 흔한 것을 바라야 하는지는 여전히 의문으로 남는다. 의학은 통계적으로 빈번한 상태가 드문 경우보다 덜 바람직하다는 여러 사례를 보여준다. 청년기의 혈압 수치를 가지는 것은 노인에겐 드문 일이지만, 이렇게 통계적 표준에서 벗어나는 것이 더 좋다. 그러나 이러한 현실의 판단조차 은밀하게 가치 판단을 수반하는 경우들이 있다.

2) 병리(pathology), 이상(anomaly), 변이(variation)

우리가 비전형성을 단순한 이상이나 변이가 아닌 병리라고 부를 때 이런 일이 일어난다. 캉길렘은 표준으로부터의 편차가 기능성에 부정적인 영향을 미치는지 여부가 이 구분을 정한다고 보았다. 그는 썼다. "이상이 [부정적인] 기능적 영향으로 개인의 의식을 통해 경험되지 않는 한, …… 이상은 무시되거나 …… 신경 쓰지 않는 변화, 특정 주제의 변주로 여겨진다."[23] 그러나 기능적 영향의 존재 여부 자체가 특정 가치를 반영하는 구조가 될 수도 있다. 장애에 관한 여러 논의, 특히 장애의 사회적 모델에 기반을 둔 주장은 신경 쓰이지 않는 변화가 병리적 조건으로 전환되는 데에는 사회의 역할이 중요하다고 말한다.[24]

정확한 기억력, 완벽한 음높이, 공감각과 같은 인간의 변이는 기능적 제한이 거의 없으며 긍정적으로 여겨지곤 한다. 게다가 증강 기술은 '정상'으로 가치 부여된 특징을 향상하여 더 가치 있게 여겨지는 이상을 만들어내고자 한다. 이런 변이를 후회할 만한 것으로, 또는 사람이 바랄 만한 삶을, 심지어 정상적인 삶을 살지 못하도록 만드는 것으로 여기는 이는 거의 없다.

다지증(손가락이 열 개를 넘는 것), 얼굴에 털이 난 여성, 매우 큰 키, 동성애와 같은 이상은 단지 변이일 뿐이다. 차별에 의한 것을 제외한다면 이런 이상으로 인한 기능 제한은 거의 없다. 여기에 장애라고 불리지만, 그것을 가진 사람 다수가 그저 변이라고 여기는 여러 사례를 추가할 수도 있다. 농(聾), 간성(間性), 자폐, 터너증후군이나 심지어 다운증후군과 같은 유전적 증후군 등이 그에 속한다. 이상은 광범위하게 나타나지만, 이런 조건을 가진 사람은 약간의 도움을 받는다면 세계에서 실제로 잘 지낼 수 있다. 그럼에도 이런 변이는 특정 지역과 시대에서 낙인을 초래해왔다. 다시 말하지만, 낙인 자체가 생리학적 조건보다 훨씬 심각한 기능 제한을 일으키곤 한다. 비록 개인이 이상을 병리가 아닌 그저 변이로 경험한다 해도 그에 수반하는 낙인은 그 자체로 바람직하지 않은 조건이 된다.

우리는 특정 조건을 병리적인 것으로 정하는 일이 이미 가치가 내재된 판단임을 확인했다. 그러나 여기에 그저 어떤 특징을 비정상으로 표지하는 것 또한 가치 판단 없이 이루어질 수 없음을 덧붙이고자 한다. 왜 여성의 얼굴에 털이 있는 것과 같은 사소한 변이에 낙인이 부여되는가? 그런 것에 어떤 표지 또는 주목이 부여되는 이유는 도대체 무엇인가? 그것을 이미 주목하고 있다는 것 자체가 그것이 오명(자국)임을 전제한다. 다시, "정상성을 바라는 것은 바람직한 것을 바라는 것이다."라는 동어반복적 공식은 그 스스로를 통해 누군가가 표식으로 여겨지는 특징을 벗어버리고 그저 정상이 되기를 원하는 이유를 설명한다.

3) 현재의 표준과 욕망할 만한 표준

왜 변이는 낙인찍히고 결과적으로 기능 제한이 되는지에 대한 한 가지 설명은 통계적 표준이 사회적 표준과 제도의 기초가 된다는 것이다. 이성애자 남성과 이성애자 여성이 통계적으로 흔하기에 사회적 제도는 그것에 맞출 것을 명령한다. 자신의 신체, 정신, 삶의 방식에 잘 맞지 않는 제도에 따르려는 시도는 명백하게 불리하며, 다른 환경에선 완벽히 잘 기능할 수도 있을 개인의 기능성에 영향을 미친다. 키가 매우 작은 사람의 기능 제한은 그보다 더 키가 큰 사람에 적합한 건축 환경과 그를 환영하지 않는 사회적 환경에 의해 발생한다. 연골형성부전증을 가진 딸을 키우는 리사 헤들리(Lisa Hedley)는 자녀의 사지연장술을 숙고한다. 그는 적었다.

> 정상이 되는 것은 어느 정도의 안전을 …… [보장]한다. 딸의 후견인
> 이자 보호자로서 나는 딸을 정상성이라는 안전지대 가까이로 옮길
> 수도 있는 수술적 교정의 유혹적인 가능성에 흔들렸다.[25]

정상성을 향한 욕망은 적어도 정상으로 표지된 안전지대 안에 머무르려는 욕망이기도 하다.

정상성의 순수한 기술적 의미처럼 보이는 것이, 정상을 바람직한 것으로 만드는 가치를 표현하고 있는 방식은 또 있다. 캉길렘은 "표준은 평균에서 추론되는 것이 아니라 평균으로 표현된다."라고 주장했다. 오늘날 미국인의 정상 수명은 78세다. 하지만 우리가 일종의 돌봄과 치료(영양 개선, 매일의 좋은 돌봄, 적절한 의료, 좋은 안전 조치)를 통해 오늘날 우리를 죽이려는 힘을 견뎌내면 정상 수명은 100세에 가까워질 것이다. 다시 말해 돌봄의 표준은 그 자체로 사회적 가치의 산물이며 통계적 표준을 결정한다. 다시, 캉길렘을 인용하자. "인간의 특성은 빈번하다고 해서 정상이 아니다. 정상이기 때문에 빈번하며, 그것이 주어진 삶의 기준을 정한다."[26]

노라 그로스(Nora Groce)는 역사적 기록을 예로 든다. 18세기 후반부터 20세기 중반까지 매사추세츠주 마서스비니어드섬의 한 구역인 칠마크에는 농인이 상당수 거주했다.[27] 두 가지 이유가 겹친 탓이었다. 첫째는 생물학적인 것으로, 어느 최초 정착민과 그 이후의 근친혼으로 이어지는 뚜렷한 유전적 특성이었다. 그러나 둘째는 사회적인 것이었다. 농인들은 그곳에서 소외당하거나 기피되지 않았다. 그들은 정상적인 삶을 살았다. 결혼하고 아이를 낳았으며, 따라서 섬의 미래 인구에 기여했다. 농은 삶의 표지된 특성이 아니었다. 비농인은 영어를 사용하는 것만큼 수어 사용에 익숙했다. 어떤 주민이 농인지 아닌지 물으면 마을 사람들은 한참 생각해야 했고 때로 대답하지 못했다. 마서스비니어드섬의 규범이 외부 문화의 지배적 규범을 따랐다면, 농은 덜 정상이었을테고 따라서 덜 빈번했을 것이다.

바람직한 것과 가장 빈번한 것의 관계는 차이의 불관용을 새로운 방식으로 조명한다. 누구도 바라지 않는 것은 바람직하지 않다. 가치 있게 여겨지는 것에 관심이 없다고 말하는 사람은 그것이 내재하는 바람직함에 효과적으로 도전하는 셈이다. 장애를 비극으로 여기지 않는다는 장애인의 주장은 충격으로 다가온다. 전형적인 신체는 바람직한 것이라는 자명해 보이는 생각을 어지럽힌다. 치료를 거부하는 사람, 또는 더 나아가 농인 레즈비언 커플 샤론 듀세스노(Sharon Duchesneau)와 캔디 매컬로(Candy McCullough)의 바람처럼 장애를 가진 아이를 선택하기로 숙고하는 일은 아주 큰 스캔들이다.[28] 규범을 거부하는 사람들을 어떻게 해야 하는가? 회유하고 설득할 수 있다. 유인책이 실패한다면 협박하거나 부끄럽게 만들 수도 있다. 모든 것이 실패하면 강제할 수도 있다. 사람들을 규범에 강압적으로 따르게 만들 수는 있지만, 규범을 원하도록 강제할 수는 없다. 물론 사회는 규범을 따를 것을 요구한다. 사회는 이런 규범이 자기 강화 및 자기 영속하도록 할 수 있는 모든 일을 다 할 것이다.

의심할 여지 없이 좁은 범위의 규범을 설정하는 것이 더 효율적이다. '정상 키'를 가정함으로써 우리는 표준 신장에 맞는 책상과 의자를 만든다. 두 다리로 이동하는 것을 가정하며 우리는 계단을 만든다. 지능의 표준을 가정하여 우리는 업무, 지시, 소통 등을 공통의 척도로 정한다. 이 목록은 계속 이어진다. 불친절한 규범에 자신을 맞추려는 개인에게 비용이 발생한다면, 다른 신체, 다른 정신, 다른 행동 구조를 수용하기 위해서는 사회 전체에 비용이 든다. 하지만 피어나는 삶을 살기 위한 시민 평등권과 동등한 기회를 사회에 요구한다면, 효율성의 요구만으로는 불충분하다.

고정된 규범 집합에 따를 필요에 관한 더 심리학적인 (또한 덜 관대한) 관점을 제시한 사람은 니체다. 그는 인간에게 "무리 본능", 즉 복종하고 명령에 따르고 권위를 묵인하고 싶은 욕구가 있다고 보았다.[29] 무리 본능이 인간에게 매력적으로 다가오지 않지만, 진화적 관점에서 무리 짓기는 잡아먹히는 생명체가 지니는 특성이다. 무리에서 튀어나온 개체는 무리의 생존을 위해 희생된다. 인간은 포식자이지만 또한 포식 대상이기도 하다. 순응은 권위에 굴복하려는 욕구라기보다 취약한 포식 대상이 자기 보호 본능을 표출하는 것일 수 있다. 그럼에도 니체는 정상성의 바람직하지 않은 부분을 상기시킨다. 순응은 삶을 개성 없는 것, 압제적인 동일성으로 축소시킨다. 만약 정상성에의 순응이 때로 바람직하지 않다면, "우리는 정상을 욕망한다."라는 말은 불확정적인 것으로 분석적 진리가 아니게 된다. 그것은 "우리는 바람직한 것을 바란다."라는 동어반복에도 해당된다.

만약 정상성이 바람직함과 별개라면 굳이 그에 속박될 필요도 없지 않은가? 결국 우리가 표준을 필요로 한다는 것은 그저 사실일지도 모른다. 표준은 정상성과 규범성을 낳는다. 우리는 엄청난 파괴를 피하기 위한 규범적인 행동 표준을 필요로 한다. 건강이나 적절한 영양의 표준이 없다면 우리는 조건을 평가해 개선할 수 없다. 요컨대 우리는 철저한 주관주의, 상대주의, 허무주의의 모든 위험한 형태를 해방시킬 위기를 감수해야 한다.

IV. 더 수용력 있는 표준을 향하여

우리에게 표준이 필요하지만 동시에 우리는 억압하는, 개인과 개인성이 꽃피는 것을 억제하는 표준에 도전할 수 있어야 한다. 딜레마에서 벗어나는 방법은 뉴노멀의 기반이 될 새로운 가치를 제안하는 것이다. 우리는 더 수용력 있는 표준을 세울 수 있다. 피어남의 다양성을 수용하며 바람직함의 자체적인 원천을 만들어낼 수 있는 표준 말이다.

1) 정상성과 이해 가능성

사회 생활에서 '정상'이 중대한 역할을 하는 방식이 또 있다. 정상은 이해 가능성의 기준선을 설정한다. 더 수용적인 표준을 만들면, 피어남을 가능케 하는 다양한 방식의 생활 형태를 이해하기 쉬워진다. LGBTQ 공동체가 동성 간 결합을 온전한 결혼으로 인정받고자 투쟁한 것은 동성 파트너 선택을 정상화하기 위한 노력의 일부다. 그런 욕망은 기능적으로 적절하고 가치 있는 일련의 사회적 규범과 제도에 포함되려는 욕망일 뿐만 아니라, 이성애라는 통계적 표준에 자신의 정체성을 용해당하지 않으려는 욕망이기도 하다. 결혼은 평생을 함께하기로 한 두 성인 사이의 합의 관계로 이해할 수 있는 틀이다. 그 구성 요소는 대부분 다음과 같다. 성적 친밀감, 사랑, 가정의 창조, 자녀를 기르기 위한 가정의 제공, 필요에 따른 돌봄의 기대, 사회적 · 법적 · 경제적 그리고 때로 종교적 제도의 지원. 합의된 성인 사이의 사적 관계는 이런 요소 중 일부를 지닐 수 있으나 법적 제한, 보호, 지원을 결여한 것은 결혼으로 간주되지 않는다. 더 중요한 점은 이러한 친밀한 관계가 사회적 · 법적으로 난해할 수 있다는 점이다. 커플이 서로에게 또 타인에게 지는 책무와 책임은 무엇인가? 커플에게 사회적 · 법적 제도가 지는 책무는 무엇인가? 이런 관계는 사업 관계처럼 계약 관계일 뿐인가 아니면 우정, 혈연, 결혼 관계와 유사한가? 결혼을 통한 관계의 정상화는 동성 관계의 낙인을 다룰 뿐만 아니라, 서로를 이해하게 만드는 틀 밖에 관계가 놓임으로써 발생하는 여러 곤경을 해결한다.[30]

인지장애의 삶에서 '정상 자녀'를 가지려는 욕망이 좌절되며 문제가 출발한다면, 좋은 삶을 향한 전망은 우리에게 주어진 패를 정상화할 것을 요구한다. 인류학자이자 자폐성장애를 가진 딸의 아버지인 로이 리처드 그린커(Roy Richard Grinker)는 "부적합한 아이를 정상화하려는 노력을 정당화하려면 그 아이가 어떤 식으로든 손상을 가진 것으로 보이도록 만들어야 한다는 …… 역설"에 관해 말한다.[31] 그린커의 요점은 자녀에게 도움이 되는 서비스를 받기 위해(딸을 정상화하기 위해) 아이에게 **비정상**이라는 이름표를 붙이는 것을 묵인해야만 했다는 것이다. 그렇기에 역설이 발생한다. 우리는 여러 개인을 배제하기 위해 표준을 제한한 다음, 정상 바깥에 놓인 이들을 정상화하는 방법을 제공한다. 정상성의 기준에 따라 그들을 정의하는 방식에서 벗어나 아이 각각이 필요로 하는 도움을 제공할 때만 역설에서 벗어날 수 있다.

스칸디나비아에서 처음 도입되어 캐나다 교육자 울펜스버거(Wolf Wolfensberger)가 널리 알린[32] '정상화'라는 개념은 표준의 내용을 고정시킨 채로 유지하는 한편 그 범위를 넓히는 방식을 찾으려 했다. 인지장애를 가진 사람을 다르거나 '특별하게' 보지 **않았으며** 따라서 이들을 분리시켜 평생 아이처럼 대하지도 않았다. 이 프로그램은 인지장애인을 위한 연령 적합 활동과 정상 환경에서 해당 장애인이 기능하기 위해 필요한 지원을 요청했다. 또 정상화 운동은 탈시설화를 요구했으며, 아직 온전히 실현되지는 않았지만 이상적인 것으로 자리 잡은 포함이라는 개념의 배경을 이룬다. 이런 노력은 많은 이의 삶을 엄청나게 향상시켰다.

울펜스버거의 정상화는 인지장애인을 돌보는 사람이 **현재의** 표준에 따라 배제되어온 사람들을 포함시킬 방법을 더 창조적으로 사고하도록 이끌었다. 그러나 배제된 사람들의 온전한 피어남을 정말 포함하고 허용하기 원한다면 더 많은 것이 필요하다. 개인성을 억누르고 배제된 개인의 피어남을 억제하는 현재의 억압적인 표준에 도전할 방법이 필요하다. 뉴노멀의 기반이 되며 그 자체로 바람직한 새로운 가치가 우리에겐 필요하다. 우리는 더 수용적인 표준을 설정해야 한다.

한 살 때 테이-삭스병⁺ 진단을 받은 딸 이저벨의 짧은 생에 관한 에세이에서 서빈 배내커(Sabine Vanacker)는 말했다. "이저벨을 알게 되면서 '삶의 질'이라는 추상적인 개념에 관한 우리의 인식은 더 유동적으로 변했다. 간호사, 의사와 대화하면 종종 그들은, 이저벨을 잘 아는 간호사와 돌보는 자인 우리가 이저벨에 한해서는 전문가이며, 이저벨에게 정상이 무엇인지 알고 있다는 점을 짚어내곤 했다."33

더 수용적인 표준을 설정한다는 것은 정상성이라는 개념이 고정된 지표로 표현되지 않을 수도 있음을 인식한다는 뜻이다. 테이-삭스병과 같은 장애 조건을 가진 아이도 그에 맞는 독특한 정상성을 지닐 수 있다. 그렇다면 질문은 어떻게 사회적 표준을 확장하여 표준의 가치를 상실하지 않은 채 정상과 삶의 질을 더 유동적으로 생각할 것인가로 나아간다. 이 과업은 쉽지만은 않다. 가치는 언어가 그러하듯 사적인 것이 아니다. 언어처럼, 가치는 타인이 이해 가능하도록 공유되고 인식되어야 한다. '사적 언어'가 없는 것처럼, 공유되지 않는 가치(소규모 공동체에서라도 공유되어야 한다.), 더 넓은 실천으로 매개되지 않는 가치는 없다. 비트겐슈타인은 "이름 짓는 단순한 행위가 의미를 부여하기 위한 것이라면" 전제되어야 할 많은 것이 있다고 상기시킨다. 실행과 목적을 공유하는 발화자의 공

⁺ 지질 분해 요소 결핍으로 지질이 축적되어 중추신경계가 점진적으로 파괴되는 질환으로, 상염색체 열성으로 유전된다.

동체에 의한 "무대장치(stage-setting)"가 필요한 것이다.[34] 비슷하게, 프랑스 사회학자 피에르 부르디외가 말한 아비투스(habitus)의 산물인 문화적 가치화의 "문법" 속에서 우리는 가치를 설정한다. 아비투스는 정상에 관한 우리의 이해에서 나오는 기질, 제한, 암묵적 규칙, 실행, 구조의 집합이다. 따라서 정상성의 표준을 바꾸는 것은 만만찮다.

그럼에도 많은 사람은 항상 표준을 바꾸려 한다. 바꾸어야만 하기 때문에 바꾸려 한다. 비전형자, 이탈자에게 만족스러운, 피어나는 삶으로 나아가는 능력은, 기대를 설정하고 안정을 제공함으로써 행동을 인도하는 표준을 설정하는 것에 의거한다. 어린 시절, 우리 가족은 홀로코스트 생존자라는 과거의 트라우마를 공유하는 사람들하고만 교제하며 정상성의 감각을 만들어냈다. 이 환경 안에서 교제를 나누는 사람들은 이탈자가 아닌 정상인이었다. 그들은 희생자가 아닌 다른 사람이 결여한 통찰을 지닌 생존자로 자신의 경험을 정상화했다. 이런 강화는 주변화된 집단 특유의 자조 섞인 농담으로도 나타났다. '세상 물정 모르는' 이민자라는 뜻인 이디시어 "Greene"으로 서로를 놀렸다. 집단 안에서 서로를 편안해하며 정상으로 느꼈다. 그들의 자존감은 자기 삶을 다시 붙들기 위한 노력뿐만 아니라 고투를 통해 고통스럽게 얻은 지식에서도 나왔다. 그들은 견디며 살아남았고 동료 인간이 얼마나 악해질 수 있는지를 알았다. 이 모두가 그들을 불굴의 존재로 만들었다. 비록 미국인들의 편안함을, 즉 정상성을 질투했지만 그들은 스스로 세운 뉴노멀을 자랑스러워했다.

장애를 가진 아이를 키우는 것은 나치 강제 수용소에서 살아남는 것과 같지 않다. 그러나 바깥 사회의 눈으로 볼 때 장애를 가진 아이를 키우는 것은 비정상으로 보인다는 점에서 별반 차이가 없다. 그것은 자신을 위해 그리고 아이를 위해 뉴노멀에서 방향을 찾아야만 한다는 것을 의미한다. 딸이 '정상'적인 삶을 살 수 없다는 사실을 힘겹게 받아들인 다음, 남편과 나는 똘똘 뭉쳤다. 우리는 딸에게 우리가 부여하는 가치를 공유하는 사람들과 주로 관계를 맺었다. 그들에게 직접적인 경험이 없더라도 상관하지 않았다. 1960년대의 자녀들이 기성세대의 정상 감각을 과시하던 시절, 딸을 받아들이는 과정은 더 창의적인 정상성의 감각을 키워내려는 욕구로 나아갔다.

고착된 가족 이미지를 전제하는 관습에 순응하는 것을 거부했지만, 우리는 가족을 도매금으로 넘기거나 바닥에서부터 재구축하는 것도 거부했다. 우리는 양육에 관한 기대 대부분을 불가피한 것이 아니라 바람직한 것으로 받아들였다. 우리는 부모가 자녀를 위해 희생하며 자녀의 웰빙을 위해 최선을 다한다는 점에 한 번도 토를 단 적이 없다. 우리는 다른 부모들처럼 가족으로서 우리의 지위가 확고해지기를 원했다. 우리는 다른 사람들이 우리의 놀라운 아기를 인식하고, 우리를 배려심 있고 다정하며 능력 있는 부모로 보아주길 원했다. 우리는 조부모가 아이와 홀딱 사랑에 빠지길, 이모 삼촌이 아이의 진로를 궁금해하길, 길에서 마주치는 사람들이 새로 태어난 놀라운 존재에 감탄하길 바랐다. 간단히 말해, 우리는 전부를 바랐다.

사위나 며느리를 인정하지 않는다는 이유로 또는 손상이 있다는 이유로 아이를 손자 손녀로 받아들이지 않는 조부모, 아기를 받아들이지 못해 외면하는 친구, 장애 앞에서 무슨 말을 해야 할지 모르는 이웃. 이들 모두는 가족의 사랑, 우정의 끈, 이웃의 선의로 짜인 귀중한 구조를 파괴한다. 가족으로 인정받을 수 없을 때 부모로서의 기반이 훼손된다. 주관적인 이유에서만 인정이 필요한 것이 아니다. 어떤 부모도 진공 속에서 살지 않는다. 특정 개인의 집합이 가족을 이룬다는 인식에는 매우 중대한 객관적 결과가 따라붙는다. 부모와 자녀 관계가 가치 있다는 확증이 없으면 모든 부모가 필요로 하는 지지가 보류될 가능성이 높다. 재력을 지녔다 해도 자녀의 장애 때문에 거부당하는 일은 부모를 취약하게 만드는 해로운 효과를 낳는다. 나는 상당한 재산을 가진 가문의 한 부모 이야기를 들은 바 있다. 장애가 있는 자녀를 기관에 보내고 양육을 포기하지 않는다면, 가문으로부터 절연당하고 유산을 한 푼도 상속할 수 없었다. 감정적으로 혹독한 일이었다. 장애가 초래할 고난의 일부를 덜어줄 재산을 받지 못하면서, 이들은 심각하게 고통받았다. 아기를 돌보는 일로부터 한숨 돌리게 해주는 친구와 가족, 또는 장애가 있는 아이를 위한 집중 돌봄이 없다면, 어떤 부모는 자녀를 포기한 뒤 양육이 불가능하다고 말할 것이다. 정상성과 인정을 향한 욕망은 주관적으로도 객관적으로도 양육에 필수 불가결하다. 넓은 세상의 인정을 받지 못할 때, 유일한 버팀목은 자신을 쓰러뜨리지 않을 더 좁은 세상을 만드는 것뿐이다. 그 세계 속의 아비투스는 더 큰 공동체와 다르지만 여전히 연속성을 지닌다.

가치를 언어에 비유하는 것은 유익하다. 더 큰 단일 언어 공동체로부터 분리된 작은 공동체는, 작은 집단에서는 완전히 이해 가능하지만 더 큰 집단에서는 이해하기 어려울 수 있는 변형이나 방언을 만들어간다. 적응은 점차 완전히 익숙하고 편안한 방언의 공유로 이어진다. 방언은 더 널리 수용되는 언어적 자원을 풍성하게 하고 개발하는 데 도움을 줄 수 있다. 마찬가지로 가치 있는 대안적 공동체도 더 큰 사회의 규범을 풍성하게 하고 확장한다. 소수에게만 정상인 것이 '정상'에 대항하기 위한 발판이 되는 정치적 변화의 공간을 열어줄 수 있다.

2) 뉴노멀로의 다리

내가 알았던 모든 가족들을 통해 나는 자녀를 가지고 가족을 이루는 것에 관한 나름의 기대를 만들어갔다. 우리는 '비정상' 가족이었지만, 다른 엄마들처럼 임신과 출생을 경험한 나에겐 다른 아기들처럼 보살피고 사랑을 줘야 하는 아기가 생겼다. 특정한 면에서 비정상인 사람은 몇 가지 고정되고 공통적인 몇 가지 지점에서 출발해, 정상을 재정의하고 되찾고, 정상성의 감각을 스스로 창조하고, 확인과 지지를 줄 수 있는 사람들 사이에 이를 위치시킨다.

이렇게 해서 남편과 나는 우리 자신의 완벽하게 정상인 가족을 꾸렸다. 우리는 우리 가족을 가족으로 받아들이는 친구들을 찾았다. 우리 아이와 우리의 상황에 대한 가족적 불편함을 극복했다. 타인에게 도움을 받아 우리는 딸의 기준선과 향방을 설정하려 노력했다. 우리는 딸이 성취하는 작은 발달에 감사하는 법을 배웠다. 우리는 딸을 이해하지 못하는 자의 동정을 거절했으며, "대단하다."라거나 "숭고하다."라며 우리를 구별 지으려는 시도를 거부했다. 대신 우리는 부모가 정상적으로 할 것으로 기대되는 일만을 하고 있다고 주장했다. 자녀를 보살피고, 사랑하고, 보호하며, 아이의 성장을 북돋는 일. 우리는 우리의 다른 자녀도 정상성의 감각을 확장하게끔 노력했고, 그는 친구를 선택하고 가족 내 자신의 역할을 이해하며 누나가 무엇이 될 수 있는지 이해함으로써 자기 가족을 정상화하는 방법을 찾아냈다. 정상화는 이제 그의 아내와 내 손자 손녀에게까지 확장되었다. 세샤는 그들의 고모이자 아빠의 누나이며 우리 가족의 귀중한 구성원이다.

그 배경에는 장애가 단지 손상이나 비전형의 결과가 아니라, 더 큰 사회가 장애를 수용한 결과라고 주장하는 장애운동의 성장이 있었다. 장애가 있는 삶은 비극이 아니며 피어나기 위해서는 타인의 인정과 지지가 필요하다는 이해가 널리 퍼져나가고 있었다. 그럼에도 더 넓은 세계의 것에 반하여 발달한 정상성의 감각은 위태로웠다. 아들을 보고 도망간 베이비시터 앞에서 헬렌 페더스톤이 보인 반응을 떠올려보라. 페더스톤의 경험은 장애 아동의 부모가 널리 공유하는 경험이기도 하다. 순간적이라 해도, 이방인의 시선을 통해 자녀를 볼 때 정상성의 감각은 허물어졌다. 이는 회복될 필요가 있었다.

이런 순간에 정확히 무엇이 허물어지는지에 주목할 필요가 있다. 허물어지는 것은 개별자로서 자녀의 모습이지, 손상을 가진 누군가로서의 모습이 아니다. 허물어지는 것은 자기 자신을 무엇보다 부모로서 보는 시각이지 장애 아동의 부모로서 보는 시각이 아니다. 위험에 빠진 것은 이 단독적인 존재와 맺고 있는 연결이며, 이런 침입이 자녀에게 품은 사랑과 나 사이에 끼어들지 못하도록 마음을 단단히 먹어야 한다.

그런 정상성의 감각을 회복하는 것이 무엇인지 생각할 때, 정상성을 향한 욕망이 무엇인지 가장 깊이 이해할 수 있다고 나는 믿는다. 맞다, 우리는 그것이 인정과 안전을 약속하기에, 안정성을 보장하기에, 기능과 지원을 제공하기에 정상성을 원한다. 그렇지만 더 근원적으로 정상성을 향한 욕망은 자존감을 건드린다. 우리가 인정받고자 하는 모습, 우리 자신으로 알고 있는 구별된 개인으로 인정받을 때 생기는 자존감 말이다. 이 자존감은 우리를 소중히 여기는 타인들과 삶을 공유하는 데 달려 있다. 출생이나 환경에 의해 던져진 공동체든, 내가 직접 선택한 공동체든 간에 마찬가지다. 마지막으로 하지만 가장 시급하게, 사랑 안에서 우리는 가치 있는 존재로 가장 온전하게 인식된다.

3) 정상성, 자존감, 사랑

정상성을 향한 양가감정은 사랑에 있어서 완전한 역설이 된다. 그림 2.3
에 그려진 밸런타인 카드를 받고 싶은 사람은 없다고 해도 무방하다. 우리
는 그림 2.4의 카드를 원한다.

　그러나 동시에 우리가 정상에서 벗어나게 되면 고유한 개인으로서의
우리는 우리의 개인성을 말살하는 차이에 의해 가려질 위험에 처한다. 우
리 자녀를 이해하지 못하는 이방인의 시선이 그토록 치명적인 이유다.

　앞서 언급했던 플래너리 오코너의 「좋은 시골 사람들」에서 주인공

그림 2.3
지옥으로부터 온
밸런타인 카드

그림 속 문장:
너는 참 정상이구나
내 밸런타인이 되어주겠니?

그림 2.4
우리가 원하는
밸런타인 카드

그림 속 문장:
오로지 너뿐이야
내 밸런타인이 되어주겠니?

조이는 자신이 지닌 차이에도 **불구하고** 사랑받기를 원하는 것이 아니라, 그것 **때문에** 사랑받기를 원한다. 그는 실패한 아름다운 여성이 되기를 거부한다. 표준에 대놓고 저항하며 조이는 자기 생각에 못생긴 사람이 가질 법한 이름으로 자칭할 뿐 아니라, 여성적 아름다움의 기준을 따르는 것 또한 거부한다. 이처럼 조이는 정상을 향한 욕망을 초월하기를 소망한다. 조이는 정상을 거부했지만 사랑받고 싶어 하는, 자신의 단독성을 통해 사랑받고자 하는 가장 정상적인 욕망의 희생자였다. 그러나 그 욕망 때문에 조이는 너무 쉽게 패배한다. 조이의 독특함을 사랑한다고, 다리가 하나밖에 없다는 사실마저 사랑한다고 조이를 속인 남자와 사랑에 빠졌다. 하지만 그 사기꾼은 조이의 의족을 가지고 도망쳤다. 조이를 괴짜라고 조롱했고, 조이가 지닌 차이의 취약성을 드러냈다.

순응과 개인주의라는 양극단의 대립은 바람직한 것이 이상(the ideal)에서 정상으로 변화하는 역사적 순간에 동료 역할을 했다. 그 순간은 근대였다. 니체가 맹비난한 근대 유럽인의 무리 본능과 함께 개인주의의 가치화를 동시에 가져온 순간 말이다. 니체가 경멸한 순응 그리고 개인주의를 잘 보여주는 국가로 미국보다 더 적절한 예가 있을까. 텔레비전에 등장하는 10대 연예인처럼 보이기를 원해서 잔뜩 멋을 부린 미국의 10대는 자신 그 자체로 사랑받기를 열렬히 원한다. 플래너리 오코너의 인물 헐가만큼이나 열렬히. 바람직한 대상이 되고자 하는 욕망과 자신의 욕망이 응답받기를 바라는 욕망 속에서, 개인성과 정상성의 모순처럼 보이는 측면을 협상하지 못한다면 헐가처럼 취약해진다.

바람직한 것의 **지표**(parameter)를 설정하면서, 우리는 수용 가능한 것, 이해 가능한 것의 지표 역시 설정한다. 이것은 우리가 개인을 고유하고 대체 불가능한 존재로, 인정과 사랑을 구하는 대상에게 우리가 받아들여지고픈 모습으로서 독특한 인간으로 보는 배경이 된다. 대조적으로, 이런 지표 바깥에 개인을 위치시키는 차이는 그를 일탈자로 만들고, 정상성이 이미 바람직한 것을 지정하고 있는 한 그는 바람직하지 않은 자로 찍힌다. 이런 차이로만 구분되기에, 개인으로서 우리는 지워진다. 사랑과 욕망의 대상인 고유한 개인은 더는 없다. 우리는 정상성을 향한 욕망과 사랑의 얽힘을 어설라 헤기(Ursula Hegi)의 소설 『강에서 주워온 돌(Stones From the River)』에서 본다. 주인공 트루디 몬탁은 저신장장애인으로 다른 사람만큼 키가 커지기를 강렬히 바란다. 아버지는 트루디가 있는 그대로 완벽하다고 주장한다. 트루디는 아버지가 거짓말한다고 생각한다. 아버지가 자신을 전형적인 신장을 가진 사람들을 배경에 놓고 보지 않고, 부모로서 자신과의 상호작용에서 형성된 표준으로 자신을 본다는 점을 이해하지 못했던 것이다. 이런 배경, 아버지의 딸이라는 역할에 비추어 볼 때 트루디는 완벽하다. 그가 지닌 차이는 바람직한 아이의 표준에서 벗어난 것이 아니라 트루디라는 존재의 일부분일 뿐이다. 트루디의 고유성은 정상성이라는 배경에서만 드러난다.

하지만 트루디의 부모가 설정한 표준은 성인이 되어가는 트루디를 충분히 보호하지 못하게 되었다. 트루디가 다른 저신장장애인을 만났을 때만, 저신장장애인들 스스로가 세운 표준 속에서만, 트루디는 아버지의 사랑을 토대로 나치 독일의 편견에 가득 찬, 위험한 세계를 항해하는 데 필요한 자존감을 세울 수 있었다. 나치가 세운 그들의 엄격한 정상성이라는 기준에 대한 강요에 저항하며 트루디는 여생을 지탱할 자존감을 온전히 획득하고, 사랑을 주고받을 수 있게 된다.

그렇다면 정상을 향한 욕망은 정상성의 바람직함만큼이나 욕망 그 자체에 관한 것이기도 하다. 그것은 다름 아닌 나 자신으로 사랑받고자 하는 욕망이다. 비전형적인 아이의 부모로서, 우리는 우리와 타인 모두가 이 아이를 사랑할 수 있는 뉴노멀을 만들 필요가 있었다. 만약 표준이 고정되어 바꿀 수 없는 것이라면 우리는 곤경에 빠진 셈이다. 그러나 아이를 사랑하는 부모로서 우리가 표준을 바꿀 수 있다면 왜 다른 사람은 그러지 못하리라고 가정해야 하는가? 우리 아이와 함께 빚는 공동체는 확장될 수 있으며 사랑은 아이의 손이 닿지 않는 곳에 있을 필요가 없다. 기준 규범에서 벗어난 아이에게 사랑을 쏟으며 우리는 그들이 가치 있고, 소중하며, 바람직하다는 것을 드러내게 된다. 이 도전 위에서 우리가 사랑하는 아이를 배제하는 유해한 규범을 바꾸려는 정치적이며 사회적인 분투가 시작된다.

정상이 불변하고 견고하며, 그 자체를 구성하는 사실에 영향을 받지 않고, 그 안에 주입된 주관성에 맹목적일 때, 그것은 폭압이 된다. 타인을 향한 사랑과 공동체가 주는 수용은 우리 자신을 고유함과 정상 양면으로 이해할 수 있게 한다. 그것은 우리를 단지 병리와 비정상으로 볼 뿐인 아비투스와 맞서 싸우기 위한 자존감의 원천이 되며, 우리가 온전히 거주할 수 있는 넓은 아비투스를 만들어 그곳에 진입할 수 있도록 한다. 사랑을 통해, 정상의 역설은 정상과 개별성의 변증법으로 해소된다.

V. 정상성과 좋은 삶

자녀가 정상이 아니라는 소식을 들은 부모와 그들의 참담한 반응으로 이 장을 시작했다. 그리고 이들 가족에게는 자신의 상황을 정상화하고 삶을 살 만하게 만들기 위해 정상성을 구성하는 규범을 확장할 필요가 있다는 것을 확인했다. 정상(화된) 삶은 좋은 삶에 필수적이지만, 그 규범이 '정상인들'의 것과 같을 필요는 없다. 정상인은 있는 그대로 수용되는 것을 자신의 권리로 여긴다. 그러나 우리 모두는 우리 자신으로 수용될 권리를 지닌다. 그런 수용을 통해 아주 심한 장애를 가진 사람도 좋은 삶에 닿을 수 있다. 장애인이나 그 가족의 노력을 폄하하지 않는 선에서, 수많은 사람이 정상적으로 여기지 않는 삶이 얼마나 질적으로 향상될 수 있는지 말하며 이 장을 마무리하고자 한다. 물론 이보다 더 중요한 것이 있다. 한 사람의 역량, 즉 문제없이 돌아가는 삶에서 필수적이라고 여겨지는 역량이 손상되었을 때 좋은 삶을 누릴 가능성을 배제하는 규범을 포기하고 나면, 모든 좋은 삶의 핵심에 무엇이 놓여 있는지가 새롭게 보인다는 것이다.

물론 서구 철학사 전반에서 철학자들은 좋은 삶에 관해 많이 이야기해왔다. 오늘날 웰빙과 삶을 잘 굴러가게 하는 것에 관한 책이 쏟아지고 있다. 항상 이에 관한 삼자 토론이 벌어진다. 쾌락주의 이론가들은 더 많은 쾌락과 더 적은 고통이 있으면 괜찮은 삶이라고 주장한다. 욕망 이론가들은 충분한 정보를 바탕으로 자율적으로 선택한 욕망을 충족할 수 있으면 괜찮은 삶이라고 주장한다. 앞의 두 이론 모두 너무 주관적이라고 생각하는 이들은 재화, 즉 피어나는 삶을 정의하는 재화의 객관적인 목록+을 통해 괜찮은 삶을 구가할 수 있다고 주장한다. 이 세 부류에 더해 어떤 탁월성을 함양할 때 삶은 좋은 것이라고 주장하는 완벽주의자들이 있다.[35]

여기에서 여러 설명을 점검하진 않을 것이다. 그래도 아리스토텔레스의 완벽주의자적 관점에서 출발해보자. 그는 좋은 삶이란 피어나는 (또

+ 객관적 목록 이론(objective list theory)은 쾌락주의와 욕망 충족 이론의 주관성을 문제 삼는다. 이 이론에 따르면 웰빙은 그것을 결정하는 객관적인 목록의 성취 또는 달성 정도에 따라 정해진다.

는 행복한) 삶이라고 말했지만, 이런 삶은 언제나 인지 능력을 지닌 개인에게만 허용된다.

> 다른 모든 지복을 능가하는 신의 활동은 관조적 활동이어야 하며, 따라서 그것을 가장 닮은 인간의 활동이 가장 행복한 활동이다. …… 행복은 공부와 함께하기에, 공부를 많이 할수록 행복도 커진다. 그것은 공부의 우연한 효과가 아니라 그에 내재한 것이다. 공부는 그 자체로 명예로운 것이다. 그러므로 행복은 공부나 숙고의 한 형태다.[+]

아리스토텔레스의 관점을 조금 더 개방한 것이 마사 누스바움의 관점이다. 그의 관점은 객관적 목록 이론가를 대표하는 것으로 여겨진다. 그의 역량 목록(capabilities list)[++]은 전통적인 역량 철학자들이 논의한 것 외에도 놀이의 기회, 동물 세계와의 근접성, 애착 관계를 포함한다.[36] 누스바움은 "진정한 인간적 삶"에 필요한 역량의 목록을 확장하고 실천이성의 행사를 포함시킨다. 누스바움은 이런 역량은 온전한 인간적 삶에 관한 규범적 개념에서 끌어낸 것이라고 주장한다. 진정한 인간적 삶, 즉 마땅한 인간적 삶을 누리기 위해 무엇을 할 수 있어야 하는지에 관한 개념에서 나왔다는 것이다. 다시 말해, 이런 역량은 좋은 인간적 삶에 필요하다. 누스바움은 자신의 역량 목록이 문화적·인종적·사회경제적 지위와 무관하게, 좋은 인간적 삶에 필요한 것에 관한 폭넓게 합의된 규범적 이해에서 나왔다고 주장한다. 이런 역량을 행사할 기회가 결핍된 경우, 온전한 인간적 삶에 미칠 수 없다. '실천이성'과 같은 필수적인 것이 결여된 세샤나 세샤와 비슷한 동료는 '진정한 인간적 삶'을 살 수 없다는 뜻이다. 그렇다면 이는 비극일 테다.

다행히 누스바움은 그 견해를 수정했다. 여전히 그는 공정한 국가는 모든 시민에게 이런 역량을 가능케 해야 한다고 주장한다. 하지만 정부로부터 기회를 부정당해서가 아니라 기본 능력을 가지지 못해 이런 역량을 행사할 수 없는 사람은 '진정한 인간적 삶', 즉 좋은 삶을 살 수 없다는 주장을 더는 고집하지 않는다.[37] 이것은 누스바움의 견해를 내가 딸에게서 배운 첫 번째 교훈과 적어도 양립 가능한 것으로 만든다. 그 교훈이란 세샤가 이성적인 삶을 살 수 있든 아니든 간에 세샤에게 피어나는 삶을 주는 것은 우리의 일이라는 것이다. 그리고 이 교훈은 누스바움의 견해가 (재)정의되어야 할 필요가 있음을 의미하기도 한다. 누스바움이 세샤와 같은 사람도 진정한 인간적 삶을 살 가능성과 양립 가능한 관점을 지녔다고 해도, 누스바움의 후기 관점과 다른 웰빙의 객관적 목록 관점을 유지하고 있는 이에게 이성의 활용은 좋은 삶의 필수적인 측면일 것이기 때문이다.

누군가는 삶 그 자체가 측정할 수 없는 가치를 지니며, 아무리 손상되었다 해도 살아 있는 것이 생명이 없는 것보다 낫다고 주장할 것이다. 그러나 우리가 정상적인 삶의 흐름 바깥으로 이끄는 장애를 가진 아이를

+ Aristotle 1908, 1178b21-31. 천병희 역, 『니코마코스 윤리학』, 숲, 2018, 399쪽을 참조하여 번역했다. 천병희 역에는 관조와 공부에 관한 구분이 없이 모두 관조로 표현되어 있으나, 키테이가 인용한 로스 역은 contemplation과 study를 구분하고 있다. 여기에선 contemplation을 관조로, study는 공부로 옮겼다.

++ 역량접근법(capabilities approach)은 아마르티아 센(Amartya Sen)이 주창하고 마사 누스바움과 함께 확장한 이론으로, 정의로운 사회는 각 개인이 역량(또는 실제 선택과 행동의 기회)을 성취할 수 있느냐에 달려 있다고 주장한다. 특히 누스바움은 열 가지 역량 목록을 제시하여 모든 사회가 이를 달성해야 한다고 주장했다. 그 목록은 다음과 같다. 생명, 신체 건강, 신체보전, 감각·상상·사고, 감정, 실천이성, 관계, 인간 이외의 종, 놀이, 환경 통제.

키울 때, 우리는 '생명이 생명 없음보다 낫다.' 그 이상을 추구하게 된다. 우리는 아이가 단지 살아 있기를 원하지 않는다. '생을 소유하기를', 즉 가치가 있는 삶을 살기를 원한다. 이성 능력을 행사하는 것만이 우리의 삶을 살 가치가 있는 것으로 만든다면, 중증 인지장애가 있는 인간이 그 정의에서 배제되는 것은 분명하다. 쾌락주의 이론가는 삶에서 고통보다 쾌락이 더 많은 한, 그 삶은 살 가치가 있다는 해답을 내놓으려 할 것이다. 하지만 그 주장은 살 가치가 있는 삶의 윤곽을 겨우 드러낼 뿐이다. (아무리 빈곤하거나 불행해도) 죽음보다 나은 '최소 수용 가능한 삶' 말이다. 나는 '최소 수용 가능한 삶'을 말하려는 것이 아닌데, 중증 장애, 특히 인지장애가 있는 사람의 좋은 삶은 최소 수용 가능한 것 이상일 수 있으며 이상이어야 한다는 관점을 옹호하기 때문이다.

충분한 정보 속 욕망 관점은 욕망에 관한 충분한 정보를 강조한다는 점에서 손상 없는 이성의 능력을 필요로 한다고 볼 수 있다. 그런 입장은 인지장애가 있는 사람이 좋은 삶을 누릴 수 있는지에 관한 질문을 막는다. 그런 이유로, 나는 이 관점이 부족하다고 본다. 세샤의 삶이 좋은 삶이라고 믿기 때문이다.

또 중증 인지장애가 개인과 가족이 누리는 삶의 질을 저해한다고 생각하는 여러 방식이 있다. 첫째, 심한 행동 문제는 삶의 쾌락적 가치를 분명히 떨어뜨린다. 지적장애의 정도가 심하지 않더라도 행동 문제가 만만치 않을 수 있는 자폐성장애에서 우리는 그런 어려움을 발견한다. 장애를 가진 아이 부모의 삶에 관한 연구는 심각한 행동적 어려움, 특히 통제하기 힘든 공격적이고 폭력적 행동이 가족의 스트레스와 높은 상관성을 지님을 보고하였다.[38] 트루디 스튜어네이글(Trudy Steuernagel)과 격노로 트루디를 죽인 자폐성장애인 아들 스카이 워커(Sky Walker)의 사례는 그런 공격성과 폭력성이 자녀와 부모의 피어남을 저해할 수 있고, 심지어 치명적일 수 있음을 증명한다.[39] 자폐성장애를 가진 아이 일부에서 나타나는 행동장애적 특성은 평범한 감각 경험을 견딜 수 없게 만드는 지각적 민감성 때문일 수도 있고, 소통하지 못하거나 중요한 욕망이 충족되지 못한 데서 나오는 좌절로 인한 것일 수도 있다. 그런 고통을 통해 우리가 매우 까다로운 행동의 원인을 탐구하고, 그런 공격성을 조절하도록 아이와 가족을 도울 방법을 찾아야 하는 것을 알게 될 것이다. 쉽지 않지만, 장애를 가진 모두가 좋은 삶을 누리게끔 하기 위해서 꼭 필요한 일이다.

둘째, 심한 고통은 삶을 견디기 어렵게 만들 수 있으며 삶의 질과 그 쾌락적 척도를 분명히 감소시킨다. 테이-삭스병과 같은 증후군은 퇴행성 질환을 동반하기 때문에 아이는 심한 고통을 느끼고 매우 수명이 짧다. 하지만 우리가 배웠듯이, 이런 아이도 자신만의 '정상'을 누릴 수 있다. 누구도 이런 형태의 고통과 그에 따른 아이와 가족 모두의 삶의 질이 하락하는 것을 그냥 넘길 수는 없을 것이다.

셋째, 자폐스펙트럼에 속하는 아이(이들에겐 인지 손상은 없으나 인지장애를 가지는 것으로 인정된다.)와 같은 경우 삶을 살 만하게 만드는 재화 목록 대부분에 포함되는 신체적 애착에 어려움을 겪는다. 그러나 인지 손상이 없는 수많은 사람들도 신체적 애착을 원하거나 견디려 하지 않는 것으로 보인다. 이 각각의 경우에서 삶의 질을 감소시키는 원인은 인지장애가 아니다.

그렇다면 내 딸과 같은 장애를 가진 사람들에게 좋은 삶이란 무엇인가? 그것은 무엇으로 구성되는가? 철학적 이론을 제쳐놓고 삶이 무엇인지에 관해 세샤가 우리 가족에게 가르쳐준 것을 보면, 우리는 세샤의 중심성, 평정, 힘이 좋은 삶의 구성 요소임을 배웠다고 대답할 것이다. 세샤는 관심, 욕망, 기쁨을 가지며, 그중 일부는 평생 유지되고 일부는 점차 개발되었다. 여전히 미식가인 세샤는 훌륭한 음식을 무척 선호한다. 세샤의 음악 취향은 성숙해갔다. 이제 어린이 방송 음악인 라피와 바니를 즐기지 않고, 바흐, 베토벤, 슈베르트, 루이 암스트롱, 밥 딜런, 엘비스 프레슬리, 마이클 잭슨을 듣는다.(엘비스와 잭슨은 세샤 스스로 발견했다. 나머지는 우리가 제시한 선택지에서 세샤가 골랐다.) 세샤를 보고만 있어도 알 수 있다. 세샤에겐 언어가 없고, 여전히 대소변을 가릴 수 없으며, 스스로 먹고 옷 입지도 못하며 어떤 식으로든 자신을 돌보지 못한다. 하지만 바흐 파르티타, 베토벤 교향곡, 좋아하는 브로드웨이 뮤지컬, 다른 무엇보다 전율을 느끼는 베토벤 9번 협주곡을 들을 때, 세샤는 삶의 풍성함 속에 있다. 세샤는 콘서트홀에서 나처럼 최선을 다해 음악을 듣는다. 세샤는 비참, 폭력, 궁핍에 노출된 수백만의 사람이 존엄성과 삶의 질을 강탈당한 채 살아가는 세계에서 특권층에 속한다. 비정상이며 중증 또는 최중증 인지장애를 가진 이 여성을 향한 연민이 새어 나오는 것을 막고 싶다면, 세샤와 내가 키스하고 포옹하는 모습을 목격하고, 세샤가 뿜어내는 기쁨을 보기만 하면 된다. 그리고 이것이 우리 집의 정상 상태다.

중증 인지장애를 가진 아이의 부모가 쓴 글을 읽거나 그들의 이야기를 들은 부모라면, 우리를 특별한 연합체의 일부로 느낄 것 같다. 우리는 서로의 슬픔과 고통을 인식한다. 또 우리는 서로의 목소리에서 아이를 향한 특별하고 가슴 아픈 사랑을 듣는다.[40] 고통의 참혹한 이야기, 계속되는 타인의 무능력, 무관심, 처벌적 태도를 견디는 데서 오는 고뇌와 분노 속에서도, 우리는 이 아이를 잃게 될 것이라는 공포를 품고 있다. 부모는 고난, 지원 부족, 가족의 해체를 인정하면서도, 자녀가 경험할 수 있는 기쁨과 부모의 삶에 가져다주는 기쁨에 대해 늘 이야기한다.[41] 우리가 부모로 성장하면서, 처음엔 분리될 수 없어 보였던 '좋은 삶'과 '정상적인 삶'의 개념은 점차 나뉘었다. 우리가 처음에 가졌던 염려는 대부분 사라졌다. 예를 들어, 우리는 이제 세샤가 고용되기를 바라는 대신, 세샤에게 기술 습득의 만족이나 자신의 필요나 욕망을 충족시키도록 우리를 유도하는 데 성공할 때 생기는 일종의 자기 효능감에서 오는 만족을 목표로 주는 것을 목표로 한다. 지적인 삶에 관한 우리의 염려를 세샤가 누릴 수 있는 다른 기쁨이 대신하는 걸 본다. 물, 음식, 음악, 사랑, 웃긴 영화를 보러 가는 기쁨과 같은 것.

최고의 합리주의자였던 스피노자는 그럼에도 기쁨에 가장 중요한 자리를 부여했다. 쾌락과 기쁨을 구분한 스피노자는 쾌락이 신체를 통해 지각되는 만큼 신체와 관련한다고 보았다. "기쁨은 작은 완벽에서 더 큰 완벽으로 나아가는 인간의 통로다."⁴² 성찰하는 삶마저 기쁨이 없다면 그것은 살 가치가 있는 삶이 아닐 수도 있다. 기쁨이 있어서 삶에는 방향과 존재의 이유, 존재 그 자체로서의 완성이 있다.

인지장애를 가진 아이들의 부모인 우리는 아이가 무언가 **하리**라는 기대와 관련해서도 다른 관계를 맺는 경향이 있다. 비록 우리와 치료사, 교사, 그리고 아이의 삶과 연관된 여타 전문가가 우리 아이들에게 계속 기술을 가르치려고 시도하지만, 우리 다수는 결국 사전에 형성된 기대 없는 삶에 감사하게 된다. 기술이나 능력의 증거를 보는 일은 놀랍고 기쁘다. 그러나 삶을 그 자체로 받아들이고 그냥 존재하는 능력 또한 놀랍고 기쁘기는 마찬가지다. 내가 중증 장애를 가진 우리 아이로부터 얻은 가장 심원한 기쁨의 원천 중 하나는 존재할 수 있는 능력이다. 교육자로 인지장애에 관한 글을 쓰는 데이브 힝스버거(Dave Hingsburger)는 죽음을 마주했던 순간에 대해 적었다.⁴³ 그는 할 일 목록은 무척 짧은데, 될 것 목록(to-be list)

은 매우 길다는 사실을 깨달았다고 말했다. 조용하고, 선하며, 행복하고, 친절한 사람이 되기. 그저 살아 있고 세상에 있다는 데에서 기쁨을 얻는 것은 귀한 재능이다. 나는 이것을 내 늙은 어머니를 보면서 알게 되었다. 어머니는 행하는 사람이었다. 옷을 꿰매고, 뜨개질하고, 요리하고, 청소하고, 타인을 돌보며, 자신이 할 수 있는 모든 일을 자랑스러워하는 사람. 신체적, 정신적 능력을 잃기 시작하자, 어머니는 점점 더 원통해하며 죽음을 바라게 되었다. 어머니는 돌봄이 필요했지만, 자신이 돌보는 자, 행위자라는 이유로 그것을 거부했다. 어머니가 돌아가시기 몇 달 전에야 우리는 어머니에게 뛰어난 돌봄제공자를 연결해드릴 수 있었다. 어머니는 점차 그들을 인정하고, 그들에게 돌봄받고 그들과 함께하며 즐거움을 느끼게 되었다. 어머니는 보행 보조기에 앉아 외출했고, 주변을 둘러보며 식물과 나무를, 놀고 있는 아이를 보는 것을, 스쳐 지나가는 산들바람을 즐겼다. 내 인생 처음으로 나는 어머니가 존재를 그저 즐기는 것을 보았다. 어머니가 점차 삶의 마지막 단계에 적응하면서 원망과 억울함은 사라져갔다. 그는 침착하게 자신의 죽음을 마주했다. 세샤는 어머니가 길고 온전한 삶의 마지막에만 얻었던 지혜를 지니고 있다. 사랑, 기쁨, 그저 존재함의 재능. 아마 인지장애의 경험을 관통하며 얻은 것일 테다.

하지만 이는 또한 무엇이 좋은 삶을 구성하는지에 관한 새로운 이해를 던진다. 로이 그린커는 삶이 성취할 수 있는 것뿐만 아니라, 타인의 삶에 무엇을 가져다주는지를 통해 그 가치를 평가해야 한다고 썼다.[44] 존재의 미덕을 극찬하는 것은 기술의 중요성을 배제하려는 뜻이 아니다. 하지만 데이브 힝스버거가 강조한 것처럼, 기술은 개인의 존재를 위한 것이다. 스피노자가 말한 것처럼, 사람은 무언가를 할 수 있도록 배움으로써 더 큰 수준의 완전함으로 나아가고, 더 온전히 존재하게 되며, 삶에 기쁨을 더할 수 있어야 한다. 사랑하고, 삶에서 기쁨을 끌어내며, 존재의 경이를 배우는 것. 이것이 내가 제의하는, 모든 사람이 성취할 수 있으며 심지어 철학자마저도 인정할 수 있는 좋은 삶의 극치다.

카뮈의 『반항하는 인간』을 통한 정상성의 성찰

카뮈는 썼다.

> 최소한 예술은 인간을 역사만으로 설명할 수 없으며, 인간은 자연의
> 질서 속에서도 자신의 존재 이유를 찾는다는 것을 가르쳐준다. 인
> 간에게 대신(大神) 판(Pan)은 죽지 않았다. 인간의 가장 본능적인 반항
> 행위는 모든 인간에게 공통된 가치와 존엄성을 부여하는 한편, 통합
> 을 향한 갈망을 만족시키기 위해 현실의 필수 불가결한 부분, 즉 아
> 름다움을 고집스럽게 요구한다.[1]

인간 '불완전성', 즉 장애의 형태를 띤 인간의 차이는 예술처럼 자연의
질서에 따라 그 존재의 이유를 찾는 힘을 지닌다. 긍지에 찬 장애인은
말한다. 이것이 내가 존재하는 방식이다. 나는 자연의 질서를 따라
존재한다. 나는 인간이 무엇인지에 대한 고정된 규범, 역사의 구성을

파괴한다. 나는 자연의 창조성으로 존재한다. 나는 존재 자체로 생기를 지닌 반항이자 "모든 인간에게 공통된 가치와 존엄성을 부여"하고, "현실의 필수 불가결한 부분, 즉 아름다움을 고집스럽게 요구"하는 반항이다. 카뮈는 이어서 쓴다.

> 아름다움을 옹호하며 우리는 재생의 날을 준비해야 한다. 그날이 오면 문명은 역사의 형식적 원칙과 모독당한 가치에 훨씬 앞서 인간과 그가 살아가는 세계의 공통 존엄 위에 세워진 생의 미덕에 우선권을 부여할 것이다. 이 미덕을 모욕하는 세계에 맞서 우리는 생의 미덕을 정의해야 한다.[2]

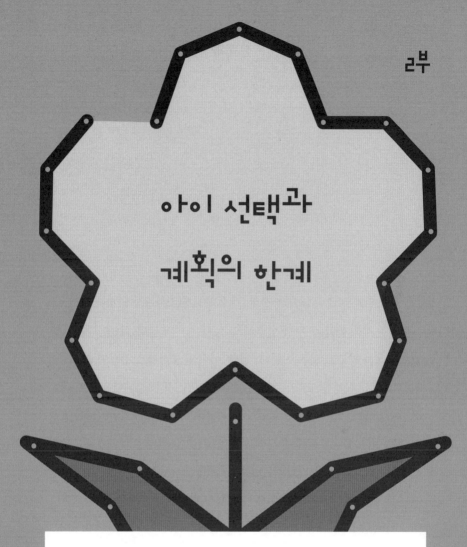

2부

아이 선택과
계획의 한계

저체중인 아기가 괜찮을지 모르겠다는 소아과 의사의 말을 들었던 어느 참여자의
기억을 되새겨본다. 그 순간이 삶에서 가장 끔찍했다고 그가 말하던 순간, 나는
누군가 나에게 이렇게 물어보면 뭐라고 답할지 생각했다. "세샤가 정신박약이라는
사실을 알게 된 순간이 당신의 삶에서 가장 끔찍한 순간이었나요?" 나는
"아니요."라고 대답했으리라. 내 삶에서 가장 끔찍한 순간은 세샤가 죽을지도
모른다고 생각했을 때였다. 그다음으로 끔찍한 순간은 세샤를 시설에 보내야
한다고, 세샤를 포기해야 한다고 엄마가 강요할 때(또는 강요하려 시도할 때)였다.
—내 일기, 1999년 10월 22일

개관 ＊ 선택과 선별

1부에서 우리는 왜 우리가 자신뿐만 아니라 자녀의 정상성까지도
욕망하는지를 물었다. 정상 범주에 맞지 않는 이가 좋은 삶을 살 수
없으리라는 공포로 많은 이들이 '정상' 아이의 출산을 보장받기 위해
선별 재생산 절차를 고려한다. 2부에서는 이런 고려와 '선택한 아이'의
선별에 관한 윤리적 차원을 다룰 것이다. 의료 기술이 제기한 이슈는
최근 일련의 철학적 탐구에 과제를 더하고 있다. 재생산 기술과 그
활용의 바람직함을 평가하려는 시도는 재생산에서 선별의 윤리뿐만
아니라 출산 관련 문제에서 선택과 개입의 바람직함, 장애를 가진 삶의
비교적 좋음 또는 나쁨, 장애인의 삶을 존중하는 방식으로 이런 이슈에
대해 어떻게 논증할 것인지에 대해서도 질문한다. 앞 장에서 우리는
중증 인지장애를 포함하여 매우 중한 장애를 지닌 사람까지도 좋은
삶을 살 수 있다고 주장했다. 하지만 미래의 자녀에게 '열린 미래'를
남겨줄 책임이 있다고 주장하는 이들에게 이것이 충분한 답이 될까?

그것이 더 나은 삶을 살 가능성이 있을 다른 아이 대신 이 아이를 낳기로 선택할 충분한 이유가 되는가? 장애가 좋은 삶을 살게 할 수 있다고 해도 말이다.

중증 장애 예방+의 바람직함은 반박의 여지가 없는 선(善)처럼 보인다. 우리는 인지적 결함을 유발하는 물질을 자녀가 흡입하는 것을 막기 위해 집주인에게 납 페인트를 제거해달라고 요구한다. 타인이 우리에게, 우리가 우리 자신에게 기대하듯이 자녀가 시력, 청력, 사지, 정신 기능을 잃지 않도록 예방하기 위한 모든 합리적인 노력을 기울여야 한다. 오늘날 우리는 엽산을 섭취해 태아에게 이분척추증 등 신경관 이상이 나타나지 않도록 예방할 것을 예비 산모에게 기대한다. 리스테리아균에 의한 식중독에 걸리지 않기 위해 저온 살균하지 않은 유제품을 피할 것 또한 기대하는데, 균이 시각장애로 이어지는 선천성 질환을 일으킬 수 있기 때문이다. 그리고 예비 산모는 톡소플라스마증을 유발할 수 있는 음식과 고양이 분변도 피해야 하는데, 이것이 아기의 건강과 정신 발달에 심각한 문제를 야기할 수 있기 때문이다. 불필요한 장애 손상 없이 자녀의 출산, 성장, 발달을 확보할 방법을 어느 정도 취하는 것이 좋다는 의견에 합리적인 사람 대부분은 동의할 것이다. 그런 예방 조치를 취하지 못한 것은 좋게 봐줘도 지혜롭지 못하고,

---

+ 장애 선별에 대한 철학적 논의는 장애의 탄생을 '예방(prevention)'한다는 표현을 사용해왔다. 이것은 다분히 장애인 당사자의 탄생이 전체적인 해악의 증가를 발생시키므로 이를 막아야 한다는 공리주의적 관점의 논의를 전제하고 있다. 저자가 이들 철학자와 견해를 같이하지 않는 것은 분명해 보이지만, 이미 통용되는 표현을 바꾸는 것은 쉽지 않다.

나쁘게는 학대에 가까운 방치다.

그렇다면 작가(이자 유전적 특성으로 인한 시각장애인인) 데버라 켄트(Deborah Kent)의 견지처럼 시각장애와 같은 장애가 "중립적인 특성"이라는 주장을 심각하게 받아들여야 할까? 켄트는 앞을 볼 수 있는 딸 재나를 낳았을 때 부모님과 남편이 표한 안도감과 즐거움에 대해, 그리고 켄트 자신이 그들의 반응을 보면서 느낀 실망과 배신감에 대해 다음처럼 적었다. "재나가 볼 수 있다는 사실을 나는 어떻게 느껴야 하나?" 켄트는 스스로 묻고 대답한다.

나는 딸의 세상이 질감과 소리 외에도 색깔로 풍성하리라는 것이 기쁘다. …… 엄마로서 나는 딸이 모든 이점을 누리길 원하며, 볼 수 있다는 사실이 딸의 삶에서 어떤 부분은 쉽게 만들어주리라는 사실을 안다. …… 그 외에도 나는 재나가 시각장애라는 사실만 으로 무능력하고 가치 없다고 일축될 일이 없어 기쁘다. 내 삶과 장애를 가진 사람 대부분의 삶 내내 이어진 차별을 마주하지 않 으리라는 것에 감사한다. 하지만 시력이 딸을 비통, …… 실망, 거 절, 자기 의심으로부터 지켜주지 않으리라는 것을 안다.

이어서 켄트는 적었다.

나는 항상 시각장애가 중립적인 특성이라고 믿어왔다. 자랑할 일 도 꺼릴 일도 아니라는 것이다. 내게 가장 가까운 사람들을 포함 해 극소수만이 이 확신을 공유한다. …… 그들의 관점을 변화시키지 못했다는 거슬리는 신호와 충돌할 때마다 나는 실패했다고 느낀다. 그런 충돌의 순간에 나는 진정으로 받아들여질 수 없음을 두려워한다.[1]

켄트의 말은 다양한 장애를 가진 사람들의 글에서 메아리친다. '중증' 장애를 가졌다고 하는 사람들의 글에서도 마찬가지다. 친구 가족이 다운증후군을 가진 아기를 가졌다는 소식을 들은 다운증후군 청년은 크고 진실한 기쁨을 나타냈다. 그는 다운증후군을 가진 아기를 낳게 된 가족을 당연히 축하했다. 분명 그는 다운증후군을 가지고 태어나는 것이 고통이나 실망의 원인이라고 생각하지 않았다. 대신 그는 그것이 축복을 더하는 일이라고 생각했다. 선천성 장애를 가진 이들만 그런 감정을 표출하는 게 아니다. 후천적 장애를 가진 이들의 언표에서도 그런 감정이 드러난다. 존 해리스(John Harris)의 정의처럼 장애가 "누군가가 합리적으로 선호하지 않을 상태"[2]라면 다운증후군을 가진 청년이나 데버라 켄트는 이런 의미에서 자신의 상태를 장애로 여기지 않는다. 우리는 이런 태도를(자녀가 시각장애를 가지고 태어날 가능성에 관한 시각장애인 어머니의 태도까지도) 우리의 의학, 공중 보건, 산전 실행에서 표출되는 장애에 대한 보편적인 태도와 화해시킬 수 있을까? 장애인의 응답을 고려할 때, 산전 진단에 이어 손상 없는 배아나 태아를 선별하는 술식(術式)을 진행하는 것이 장애인의 삶을 경멸하지 않는, 윤리적으로 정당화할 수 있는 실행이 될 수 있을까? 이것이 2부를 이끄는 질문이다.

딸과의 관계 때문에 이런 질문에 관해 내가 상당히 이상한 입장에 처해 있음을 알게 되었다. 여성이 자신의 재생산 생활을 통제할 수 있어야만 한다고 단호히 믿는 페미니스트로서, 나는 입법으로든 수치심이 들게 해서든 이 권리를 제한하려는 어떤 시도에도 확고히 반대한다. 비록 장애의 정도나 종류와 상관없이 각각의 삶이 지닌 가치를 결연히 긍정하지만, 나는 중지하길 원하는 임신을 여성이 끝까지 유지해야 한다는 주장을 믿지 않는다.[3] 평등과 자유의 진보적 가치를 귀히 여기는 계몽주의의 딸(또한 상황 통제력이 커진다면 모두에게 좋은 일이라고 믿는 사람)이지만, 나는 우리가 낳고 기를 아이와 관련하여 통제할 수 있는 부분이 얼마나 작은지를 깨닫는다. 게다가 나는 우리가 추상적으로는 두려워하는 것, 그것이 사랑하는 자녀에게 체현되었을 때에는 소중히 여기게 될 수 있음을 깨달았다. 즉 나는 출산 문제와 관련하여 선택을 내릴 때 인식론적 겸손의 태도가 적절하다고 결정하였다. 이론적 찬동(commitment)이 체험된 경험(lived experience)의 현실과 반응을 예측하지 못하기에 이 영역에서 일관되게 찬동하기란 어렵다. 아마도 그저 모호한 것일지도 모른다. 빛이 입자이자 파장이라고 말하는 양자 이론처럼 진실은 혼란스러운 것인지도 모른다. 대부분의 상황에서 우리는 선택과 통제를 옹호해야 한다. 동시에 우리는 선택이라는 것이 환상일 뿐이며 우리가 통제하고 있다고 생각하여 자신을 속이고 있을 뿐이라는 것을 안다.

2부는 세 장으로 구성된다. 그 첫 번째 장인 3장의 제목은 「선택의 한계」이다. 산전 검사의 윤리를 식별하기 전에 선택 개념을 생각해볼 필요가 있다. 우리가 선택에 가치를 부여하는 이유와, 선택이 우리에게 미치는 영향력을 알지 못할 때 우리를 잘못된 방향으로 인도할 수 있다는 것 둘 다를 말이다. 우리가 선택에 가치를 부여하는 이유는 우리가 적합하다고 여기는 방식으로 삶을 꾸려갈 수 있는 통제력을 주기 때문이다. 그러나 선택은 기만적일 수 있다. 철학만으로는 선택의 주문이 우리에게 건 환상과 속임수를 드러낼 수 있는 도구를 확보하기 어렵다. 다행히 심리학은 선택이 그것이 내세우는 것과 다르다는 경험적 증거를 제시한다.

재생산에 관한 의사 결정에서 선택의 역할을 탐구하기 시작하면, 우리는 선별에 관한 질문을 고려할 때 취하는 다양한 관점에 따른 논쟁의 복잡함을 이해하게 된다. 다음 두 장 「산전 검사와 선별의 윤리」, 「선택적 재생산 조치에 대해 논쟁하지 않는 방법」에서 나는 아이의 구체적인 특성, 특히 장애 특성을 선택하거나 선별하는 것의 도덕적 허용 가능성을 주장하거나 반박하는 논증을 검토한다. 4장에서 나는 장애공동체가 표출한 견해, 즉 손상되어 장애 아동의 출생으로 이어질 수 있는 배아나 태아를 선별하는 재생산 기술을 사용해선 안 된다는 주장을 생각해볼 것이다. 이를 다루기 위하여, 나는 산전 선별에 반대하며 장애공동체 구성원이 제기한 가장 중요한 논증인 표현주의자 논증과 관련해, 철학 훈련을 받은 내 아들과 나눈 대화를 활용할 것이다. 표현주의자 논증은 장애 선별을 통하여 우리가 장애를 가진 삶이 열등한 삶이라거나 장애인이 이 세계에서 환영받지 못한다는 의견을 표출한다고 증명하려 한다. 내 아들과 나는 그 질문을 두고 서로 반대편에 서 있었고, 이는 부분적으로 한쪽은 어머니이자 장래의 돌봄제공자이고 다른 쪽은 형제라는 우리의 다른 위치 때문이었다.

5장에서 나는 관점을 바꾸어 장애 선별의 도덕적 허용 가능성, 심지어 도덕적 책무를 지지하는 데에 자주 도입되는 논증의 본성을 검토한다. 비록 4장에서 표현주의자 반론에 대해 반대했지만, 5장에서는 장애인이 좋은 삶을 살 수 있음을 인정하면서도 장애 없는 아이를 가질 수 있다면 우리는 장애를 가진 아이를 낳는 것을 피할 도덕적 책무가 있다는 관점을 옹호하는 다수의 철학자와 생명윤리학자에 반대할 것이다. 이것은 장애에 대한 산전 검사 및 재생산 선택의 허용 가능성을 주장하는 잘못된 방식이다. 이런 주장은 장애인이 짊어지고 있는 낙인을 강화하며 실제로 장애를 가진 삶은 그것이 좋더래도 열등한 삶이라는 관점을 표출하기 때문이다. 4장 끝에서와 같이 5장 끝에서 나는 선택적 재생산 절차를 허용해야 하는 유일한 이유는 임신하여 낳은 아이를 기를 이유와 시기를 여성이 결정할 수 있어야 하기 때문이라고 주장할 것이다. 태아는 여성 신체의 일부이고, 아기가 태어났을 때 여성이 일차적인 돌봄제공자이므로 그것은 여성의 결정이어야만 한다.

3장
선택의 한계

Ⅰ. 이탈리아 여행을 준비하며

널리 인용되는 에세이에서 에밀리 펄 킹즐리(Emily Perl Kingsley)는 다운증후군을 가진 아이를 키우는 것이 어떠냐는 질문에 답한다.[1] 킹즐리는 아이를 낳기로 계획하는 일은 멋진 목적지로 떠나는 여행을 계획하는 것과 같다고 생각한다. 그는 이탈리아를 예로 들면서 기대감을 상상해보라고 말한다. 안내서를 살펴보고, 방문할 중요 장소들에 관해 배우고, 미켈란젤로의 다비드상과 사람들이 간접적으로만 알고 있는 놀라운 예술을 마침내 경험하는 황홀감의 기대 말이다. 하지만 비행기가 착륙하고, 승무원이 안내 방송을 한다. "네덜란드에 오신 것을 환영합니다." 놀라움과 실망이 찾아온다. 나는 햇살이 내리쬐는 이탈리아에 가고자 했지, 구름으로 덮인 북

유럽에 오려던 게 아니니까.

아기가 다운증후군을 가지고 있다. 당신이 평생 기대하고 꿈꿔온 아기가 아니다. 킹즐리는 쓴다. 충격과 실망을 극복한 다음, 당신은 네덜란드에 튤립, 풍차, 렘브란트와 페르메이르의 작품이 있다는 걸 발견한다. 친구들 모두 이탈리아 방문을 좋아한대도, 공교롭게도 네덜란드는 아름다운 장소로 밝혀진다. 당신이 이탈리아가 아닌 네덜란드의 매력에 집중한다면, 네덜란드 여행은 예상치 못했지만 놀라운 모험이 될 것이다.[2]

스물두 살에 스물다섯 살의 남자와 결혼해 우리에게 건강과 생기가 넘쳐흐를 때 나는 막 여행을 시작했다. 세샤가 태어나던 해인 1969년, 내가 젊고 우리 가족에 유전적 질환이나 이상이 없었으므로 우리는 유전 검사나 산전 검사를 불필요하게 여겼다. 오늘날의 기준으로도 '저위험' 임신이었다. 산전 검사를 위한 양수천자술은 1960년 처음 도입되었지만, 일반적으로 시행되기까지는 15년이 더 필요했다.[3] 최초의 유전상담사가 아직 대학을 졸업하기 전이었다.[4] 대부분의 유전질환 검사가 추가되기까지 몇 년의 시간이 더 지나야 했고, 규칙적인 조기 검진은 아직 상용화되지 않은 상태였다. 검사는 침습적이었고 임신중지는 거의 고려되지 않았다. 세샤의 탄생은 임신중지와 관련한 법적 풍경을 바꾼 로 대 웨이드[+] 4년 전이었다.[5]

아주 건강한 아기를 얻고 싶었기에 나는 7년 동안 하루 한 갑 반씩 피웠던 담배를 끊었다. 서점에 나온 임신, 자연 분만, 양육에 관한 책을 다 읽었다.(당시에는 소화할 만한 권수였다.) 많이 걷고 좋은 음식을 먹었으며 유독 물질이나 의심스러운 물질을 흡입하거나 삼키는 것을 피했다.(1960년대였음을 감안하라!) 심지어 나는 선구적인 건강식품 구루 아델 데이비스(Adelle Davis)를 따라, 어머니와 아이의 건강을 보증한다던 효모 첨가 셰이

크를 끔찍한 맛을 참아가며 매일 마시기도 했다. 남편과 나는 프랑스 의사 페르디낭 라마즈(Ferdinand Lamaze)가 개발한, 호흡법을 통한 자기 최면에 의지하는 약물 없는 출산법을 선택했다. 당시 병원은 '자연 분만'이나 모유 수유를 잘 받아들이지 않았다. 새로운 방법에 대한 고집과 신뢰, 아이에게 가장 이로운 것을 하고 있다는 믿음은, 내 노력 없이도 배 속에서 점차 커가던 놀라운 아기를 낳기 위한 약속된 여정으로 우리를 이끌었다. 우리는 '이탈리아 여행'을 위한 준비를 모두 마쳤다.

임신과 출산은 내 몸 안에서 일어나는 일이지만, 의식적 통제나 자율성과는 별개로 진행되는 과정이라는 점이 나를 다소 놀라게 했다. 나는 아이를 진흙이나 돌로 빚을 수 없었지만 출산 상황은 통제할 수 있었으므로 그렇게 했다. 나는 내 식이를 결정하고, 나쁜 습관을 피하며, 위생을 유지하고, 위험한 활동을 삼가고, 아이의 출생을 조심스럽게 계획하면서 나의 통제권과 행위주체성을 행사했다. 처음에 이야기했듯이 우리가 뽑아 들수 없었던 한 가지 무기는 산전 검사였다.(가능했더라도 우리가 뽑긴 했을까?) 상황과 노력에 비추어 볼 때, 건강하고 지적이며(아마 총명한?) 능력 있고 (아마 재능을 지닌?) 기쁨에 찬 아이가 태어날 가능성은 확신할 수 있을 만큼 컸다.

게다가 아기는 딸이었다. 페미니즘 세계에서 태어나 격렬한 페미니즘 운동과 함께 자란 나는 얼마든지 도움을 줄 수 있었다. 딸에겐 내게 허락되지 않았던 선택지가 주어질 것이었다. 내게 없었던 힘과 대담함을 지닌 여성을 기르는 일을 나는 기대했다. 어머니와 내가 맺었던 친밀함과 최선의 관계를 다시 만들어내는 동시에, 이런 얽히고설킨 인연의 모든 실수

+ 미국에서 임신 1기(3개월)까지의 임신중지를 전면 허용하게 된 판결.

를 (당연히!) 피할 수 있는 소녀. 성취, 관계, 열망으로 채워진 이탈리아의 꿈이 이 아이를 통해 실현되기를 기다리고 있었다. 이것이 우리가 계획한 가족, 우리가 꾼 꿈, 우리가 나선 여행이었다.

아이가 태어나자, 우리는 이탈리아가 아닌 낙원에 도착했다고 생각했다. 우리는 이 귀여운 아기와 바로, 미친 듯이 사랑에 빠졌다. 하지만 우리는 그 사랑이 우리의 꿈이 아닌 우리의 돌봄에 맡겨진 작은 사람이라는 현실에 근거하고 있다는 것을 아직 알지 못했다. 이 구체적인 개인, 우리가 아이에게 쏟아부은 사랑, 아이가 불어넣은 돌봄이 우리의 여행이었으며, 그 목적지는 우리가 상상했던 것보다 훨씬 덜 중요했다.

II. 네덜란드에 도착하여

"그래, 아기는 넉 달이면 목을 가눌 수 있어야 해. 세샤는 저긴장증이야. 세샤의 근육은 이완되어 있고, 세샤는 자기 몸을 전혀 통제하지 못하잖아. 이유를 찾아야만 해." 그것은 불길한 징조였고 예후는 우리의 기대와 달랐다. 나는 유전 검사와 산전 진단에 관해 이야기할 기회가 있을 때마다 내 이야기를 들려준다. 누군가는 그 이야기를 산전 검사의 필요성에 관한 논증으로 읽을 것 같다. 나중에 다시 설명하겠지만, 나는 그런 검사를 반대하지 않는다. 하지만 내가 이 이야기를 들려주는 이유는, 우리가 계획을 세운다 해도 우리에게는 여전히 결과에 대한 거부권이 없다는 점을 상기하기 위해서이다. 아이를 향한 사랑은 의도대로 계획이 실현되는 데에 달려 있지 않다는 점을 강조하기 위해 내 이야기를 들려준다. 그게 더 중요하지 싶다.

계몽주의는 이성과 그 축복받은 자녀인 과학이 인간 존재의 삶을 향상하리라는 확신을 가져왔다. 우리에게는 우리가 거주하는 우주에 관해 더 많이 배우고 이해할수록 자신의 운명을 통제할 수 있으리라는 희망이 있었다. 근대적 인간은 늪을 풍요로운 농장으로 바꾸는 파우스트였다. 우리는 배고픔, 질병, 전쟁마저 끝낼 수 있었다. 이런 비전 중 가장 거대한 것은 인간종을 '향상'시킬 수 있으며 재생산의 시간과 결과를 통제할 수 있다는 야심이었다.

선택은 그 자체로 중독적이며 자유와 권력의 증가를 약속한다. 존 로버트슨(John A. Robertson)이 이 느낌을 잘 표현한 바 있다. 그는 "최근까지 모든 인간 재생산은 성교의 결과였으며, 커플은 자연 복권(natural lottery)에서 운을 기대해야만 했다. 이제 강력한 신기술이 재생산의 풍경을 바꾸고, 출산, 부모됨, 가족, 자녀의 기본 관념에 도전하고 있다."라고 썼다.[6] 이런 승리주의에 맞서 마이클 샌델(Michael Sandel)은 추첨 운에 수긍할 것을 강조한다.[7] 자녀는 선물로 받아들여져야 하며 부모는 자녀를 향한 열망면에서 겸손한 태도를 지녀야만 한다. 샌델의 견해는 장애 관점에서 지지받을 만하다. 하지만 현대 재생산 기술은 인간이 항상 해오던 의식적 재생산 결정의 연장일 뿐임을 인정할 필요도 있다.

변화하는 재생산 풍경은 결과적으로 혼란스럽고, 오래된 여러 직관은 서로 충돌하고 있다. 가족 선택은 (계몽주의의 약속을 계승한 자이기도 한) 페미니스트에게 기쁨과 염려를 동시에 초래한다. 페미니스트는 자녀를 가질지, 가진다면 몇 명이나 가질지, 누구와 언제 가질지에 관한 여성의 결정력을 위해 싸워왔다. 이런 재생산 선택의 권리와 수단이 없었다면 여성의 성취는 이루어지기 어려웠을 것이다.

이혼, 비전통적 젠더 역할, 동성 결혼, 개방 입양[+]에 대한 수용 증가와 같은 진화하는 **사회기술**(social technology)은 다양한 성적 결합과 가족 형태를 정당화해왔다. 두드러진 재생산 기술(피임약과 피임 기구에서 시험관 아기, 착상 전 배아 선별, 정자·난자 기증, 세포질 이식, 정자·난모 세포·수정란 냉동 보존, 수정란 이식, 초음파 진단, 대리 임신, 다양한 조건에 대한 유전 선별 검사, 자궁 내 수술, 최신의 크리스퍼(CRISPR) 유전자가위 개입까지)[8]은 더 다양한 재생산 선택과 가족 되기 방법을 제시하는 사회적 결합과 함께 발전해왔다.

지식의 성장, 다양한 가족 형태의 수용, 재생산 결정의 행위주체성 증가가 우리 삶을 엄청나게 향상시킨 것은 분명하다. 앤드루 솔로몬은 자녀가 부모와 매우 다른 가족, 다시 말해 그가 "수평적 정체성"을 지니고 있다고 "나무에서 멀리 떨어진 사과"로 표현한 자녀가 속한 가족을 인터뷰한 대량의 자료를 통해 가족 내 다양성의 수용이 무척 풍부하게 이뤄진다는 것을 보여준다.[9] 동시에 부모는 자신의 "수직적 정체성", 조상으로부터 유래하는 정체성을 공유하는 자녀를 원한다는 것을 발견한다. 재생산의 통제는 이런 수직적 정체성의 전달과 보존에서 핵심적인 역할을 한다.[10]

그럼에도 불구하고 재생산 선택의 통제는 여전히 딱 떨어지게 규정되지 않는다. 우리는 재생산 기술이 제시하는 선택에 대한 승리주의적 반응을 다룰 필요가 있다. 또 우리는 열등한 것, 바람직하지 않은 것으로 여겨지는 인간 다양성의 여러 형태를 근절하려는 획기적 방법이 제기하는 더 불편한 질문들에 맞서야 한다. 운명의 여신은 여전히 우리와 함께 있다. 나중에 보겠지만, 그것이 나쁜 일만은 아니라고 생각할 이유도 있다.

＋입양 이전, 진행 과정, 그 이후 성장 과정에서 아이와 입양 부모, 친부모 사이의 정보 교환과 접촉을 허용하는 입양 형태.

Ⅲ. 아이 선택하기

선택의 가치화는 자율성과 자신의 방식에 따라 삶을 살 자유라는 자유주의적 가치의 표현이다. 솔로몬이 인터뷰한 한 어머니는 여러 사항을 고려했을 때 임신중지를 않기로 했다고 말한다. 비록 다운증후군 가능성이 나타났지만 자신에게 선택권이 있다는 사실만으로 기뻤다는 것이다.[11] 나는 여기에서 우리가 장애에 반대하거나 찬성하는 선택을 해야 하는지에 관해 논증하지 않을 것이다. 이 장에서 나는 어떤 선택인지에 관계없이 인식론적 겸손에 관해서만 논증하고자 한다. 이것은 선택 자체의 본성 및 우리가 선택을 내릴 때 무엇을 선택하는지 잘 모른다는 사실 때문에 필요하다. 선택이라는 사실 자체 그리고 선택을 결정하는 방식이, 그 선택이 지향하는 목표에 부합하는지는 특히 재생산 결정의 맥락에서 탐구할 만한 가치가 있다.

우리는 이미 재생산 선택이 기술만으로 이뤄지지 않는다는 것을 확인했다. 누군가가 내린 선택, 파트너나 커플이나 가족이 내린 선택의 결과물이 아닌 가족 같은 것은 없다고도 말할 수 있다. 결합과 연관된 선택은 아이의 인종, 민족, 체격, 재능, 건강에 관한(명시적이지는 않을 수 있으나) 암묵적인 선택을 반영한다. 선택하지 않는 것 자체가 선택인 경우도 있다. 어떤 대안도 실행 가능한 선택지가 아닌 상황에서 어쨌든 선택해야 하기에 약화된 의미의 선택을 하는 경우도 있을 수 있다. 새로운 가족은 누가 결정하는가에 크게 좌우되며 사회 규범의 문제다.[12] 여성과 성소수자 등 선택의 폭이 좁았던 이들의 선택지가 넓어지는 것은 긍정적으로 여겨야 한다.[13] 변화하는 사회기술과 연동하는 재생산 기술은 재생산 의사 결정에서 배제되었던 이들에게 자유를 부여하며, 심지어 아찔할 정도로 다양한 선택권을 제공하기 시작했다.

게이라는 사실을 내가 알고 있던 한 청년의 상황을 따져보자. 그는 다른 남성과 결혼했고, 그들의 자녀는 그들 중 한쪽의 누이(백인)가 기증한 난자와 파트너(동양인)의 정자의 유전적 결과물이다. 배아는 대리모에게 착상되었다. 이 인종 간 커플은 이제 이혼했고, 유전적으로 삼촌(이자 기독교인)인 백인 '아버지'는 막 아이를 입양한 그의 새 남자친구(유대인)와 함께 아들을 키운다. 이 청년들은 전통적인 환경을 지배하고 이 자녀가 누구에게 속하는지를 결정하던 젠더, 인종, 종교의 제한을 넘어선다. 우리는 이것을 선택에 의한 가족이라고 말할 수 있다.

이 사례는 내 아들의 전통적인 궤적과는 극명한 대조를 이룬다. 아들의 아이는 그와 배우자의 유전적 결과물이다. 그들에게 착상과 출생은 혁신적인 기술이 거의 필요치 않은 일로, 그들은 유전 검사, 산전 검사 등 오늘날 일반적인 출생의 장치들 없이 임신했다. 그러나 내 아들의 가족은 내 친구의 가족만큼 선택에 의한 가족이기도 하다. 그와 신부는 서로를 선택했고, 둘은 결혼하기로 선택했으며, 둘 사이의 결합을 통해 태어난 아이가 누구든지 받아들이기로 선택했다. 유전 검사와 산전 검사를 피했지만 임신의 여러 상황을 선택했다. 아들의 파트너는 임신을 앞두고 알코올, 약, 담배를 멀리했고, 주의 깊게 식사 메뉴를 선택했다. 내가 앞에서 언급한 청년은 내 아들이 선택한 방식으로 가족을 이루지 못했을 것이다. 선택권의 확장은 어렵게 이루어졌고 아직 많은 사람이 쉽게 접근하지 못한다.[14] 그러나 선택권의 확장에는 대가가 따른다.

IV. 선택의 문제

당신이 원하는 것을 얻지 못함이 때로 놀라운 행운임을 기억하라.

— 달라이 라마 14세의 말로 추정

재생산 기술이 점차 정교해져서 우리가 어떤 아이를 가질지 선택할 수 있게 되었다는 생각(여러 철학자, 생명윤리학자가 지지하는 견해)으로 이 절을 시작했다. 하지만 (잠재적 결과가 아니라) 선택의 과정 자체와 관련된 몇 가지 요소는 그런 승리주의가 완전히 보장되지 않음을 보여준다. 우리가 선택할 때, 대안 중에서 결정을 내릴 때, 우리는 선택이 우리의 목적에 부합한다고 믿는다.

그러나 여기에 나열된 요소들로 인하여 선택은 항상 보이는 것과 같지 않으며, 자주 그것이 제공할 수 없는 약속을 내세우곤 한다.

첫째, 선택의 기회 자체가 역설적으로 우리가 진정으로 원하는 것으로부터 우리를 멀게 만든다.

둘째, 우리는 우리가 선택하는 것의 바람직함을 과대평가 또는 과소평가하는 때가 많다. 의사 결정에서 판단의 본질에 그런 오류를 가져오는 잠재적인 심리적 기작이 존재한다.

셋째, 우리는 선택의 프레이밍[+]에 자주 영향을 받는다. 동일한 상황의 대안이 약간 다른 두 가지 프레이밍으로 제시되면 우리는 반대되는 결정을 내릴 수 있다. 문제의 프레이밍은 한쪽 대안에 관한

[+] 사안을 제시하는 방식에 따라 그 해석이나 결정이 변화하게 된다는 행동경제학의 개념.

선호에 상당한 영향을 미친다.

넷째, 우리는 다른 선택이 아닌 이 선택을 하는 것이 원하는 결과를 가져올 것이라고 가정한다. 그러나 결과에 대한 우리의 통제력은 미약하다. 우리가 아는 것이 많지 않으며 이후에 결정적이라고 판명되는 요소에 우리가 통제력을 가지지 못하기 때문이다.

둘째, 셋째 요소는 분명 환각이며, 시각적 환각과 마찬가지로 그것을 넘어서서 보기 위해 우리가 할 수 있는 일은 거의 없다. 우리는 곧은 막대가 물속에 들어간다고 해서 휘지 않는다는 것을 알지만, 물속에 넣은 막대를 휘지 않은 형태로 볼 수 있는 방법은 없다. 물속 막대 상의 잔존이 환각을 만든다. 그러나 이것이 시각적 왜곡임을 알고 있음에도 막대가 휘어 있다는 듯이 행동한다면, 우리는 의도적으로 자신을 속이는 셈이다. 첫째, 넷째 요소는 우리가 그 속임에 연루되어 있는 망상이다. 우리는 그렇지 않다는 걸 알면서도 어떤 것을 사실로 받아들이는 데 공모한다. 이 점들을 차례대로 설명해보자.

1) 너무 많은 선택지

우선 선택을 위한 기회 자체가 어떻게 우리가 정말 원하는 것으로부터 우리를 멀어지게 만들 수 있는가? 어떤 사람이 어떤 결정의 결과를 극대화하려는 경향을 지닌다면, 선택의 증가는 부정적 효과를 가져온다. 이런 '최대 추구자'에게는 선택지가 증가하면 포기한 선택지가 그의 필요에 더 잘 응답했을 가능성이 생기는 것을 뜻한다. 그는 대안이 없었다면 자신을 행복하게 만들었을, 어쩌면 더 많은 선택지 사이에서 결정하는 것보다 더 행복하게 했을 선택을 포기할 수도 있다.

"선택에 유혹"되면 얄궂은 결과가 나올 수도 있다.[15] 예를 들어 쥐는 두 개의 선택지를 제공하는 미로를 통과하는 경로를 선택한다. 반복적인 경험을 통해 추가 선택지가 있는 경로를 택해도 더 큰 보상이 없다는 것을 배운다 해도 말이다. 사람도 비슷한 방식으로 행동한다. 누군가가 「아메리칸 스나이퍼」보다는 「이미테이션 게임」을 보기 원한다고 해보자. 하지만 「아메리칸 스나이퍼」는 멀티플렉스에서, 「이미테이션 게임」은 단관 극장에서 상영한다. 이때 멀티플렉스를 선택하는 사람이 꽤 있는데, 멀티플렉스가 볼 만한 영화라는 선택지를 더 많이 제공한다고 생각하기 때문이다. 결국 그는 원하던 영화 대신 「아메리칸 스나이퍼」를 보게 된다. 멀티플렉스가 선택을 제공한다는 사실은 덜 선호하는 영화를 보도록 그를 "유혹한다."[16] 이 선택을 향한 선호는 비합리적인 행동이지만, 몇몇 심리학자는 이것이 자연환경에서 생존을 돕는 역할을 할 수 있다고 말한다.[17] 그러나 이것은 재생산 선택에 있어 나쁜 결과를 낳는다.

바라던 임신이 이루어지는 경우, 우리는 착상 전에 내렸던 여러 재생산 선택을 받아들이는 데 만족하는 경향이 있다. 그러나 선별·진단 검사가 도입되는 경우, 미로 속의 쥐가 선택에 유혹되었던 것처럼 우리는 선택을 최적화하도록 이끌린다. 추가된 선택지, 더 많은 선택은 누군가에겐 반갑지 않다. 내 아들의 경우로 돌아가면 부부는 모체 혈청 알파태아단백 (alpha feto-protein)[+] 검사를 포함한 산전 선별 진단 검사를 통해 유전질환

+ 태아의 간에서 생성되는 단백질로 임신부 혈청에서도 나타난다. 임신 15~20주에 다운증후군 등의 선별 검사를 위해 사용한다.

을 검사하는 게 좋겠다는 조언을 들었다. 내 아들은 어떠한 유전적 근거도 확인되지 않은[18] 매우 심한 지적장애, 뇌성마비, 경련장애를 가진 누나와 평생 살아왔다. 나는 아들 부부가 '완벽한' 아기를 가질 기회를 극대화하기 위해 가능한 한 많은 선별, 진단 절차를 진행하길 열망했으리라고, 또는 최소한 이런 절차의 제공을 반가워했을 것이라고 의사들이 가정했으리라 믿는다.

그러나 이런 선택지는 환영받지 못했다. 태아에게 손상이 있을 가능성 또는 공산으로 인해 매우 원했던 임신을 중지할지 따져보게 되는 일은 아들 가족이 기대하던 피어남에 대한 가장 달갑지 않은 침해였다. 이 침해는 이 아기가 괜찮지 않을 수 있다는, 불쾌한 가능성만이 아니었다.(내 아들은 누이를 무척 사랑하지만 자기 자녀가 모든 능력과 모든 가능성을 누리기를 원했다.) 버나드 윌리엄스(Bernard Williams)의 표현을 빌리자면 침해는 오히려 "너무 많이 생각함"+에 가깝다.[19] 이 불편한 생각이란 무엇인가? 그것은 내가 가치 있게 여기는 특징을 내 아기가 지녔을 때만 그 아이를 사랑하고 수용하겠다는 생각이다. 아들은 나와의 편지 교환에서 그 생각을 "가족을 회원제 클럽으로 여기는" 것이라고 표현했다.(4장의 논의를 참조하라.) 부모의 처치에 대한 자녀의 전적인 취약성은 차치하더라도, 우리는 최소한 자녀가 무조건적인 사랑을 받을 자격이 있다고 말해야 한다. 왜냐하면 가족에서 진정으로 선택권을 얻지 못한 유일한 이가 자녀이기 때문이다.

2) 소망과 공포

둘째, 심리학자들은 우리가 부정적인 결과에서 경험하는 불편과 긍정적인 결과에서 얻을 기쁨을 체계적으로 과대평가한다는 사실을 발견하였다. 이에 관해 잘 알려진 연구는 대부분의 가정보다 하반신 마비 환자는 훨씬 잘 적응하고, 복권 당첨자는 장기적으로 운명의 변화에 훨씬 덜 만족한다는 것을 보여주었다.[20]

장애에 관한 여러 문헌은 장애인이 경험하는 불이익의 일차적 원천이 손상 그 자체가 아님을 증거한다. 중요한 문제는 손상에 대한 사회적 반응과 장애인이 경험하는 차별이다. 많은 사람은 삶에서 단 한 가지를 바꿀 수 있다면, 그것은 장애와 무관한 결핍이나 상황이라고 말한다. 많은 회고록과 인터뷰에서 여러 예비 부모는 장애를 가진 자녀를 키우는 것의 즐거움을 과소평가하고 불편을 과대평가했다.[21]

반응을 정확히 예측하는 능력의 결핍은 대개 두 가지 심리학적 요인에서 기인한다. 첫째는 적응이다.(5장에서 설명하겠지만, 나는 이것을 '조정'이라고 표현하고자 한다.) 둘째는 쾌락의 정도가 어떤 상태의 특정한 '효용성의 부여'(즉 실제의 쾌락적인 순간)만큼이나 대비에도 크게 의존한다는 것이다. 이것은 우리의 기대에도 해당된다. 만약 복권 당첨이 우리의 문제를 해결하리라고 가정했는데 그렇지 못했다면, 우리는 한 번도 당첨되지 못했던 때보다 당첨에 따르는 결과에 훨씬 더 실망할 것이다. 미래의 자녀를 상상할 때도, 우리는 아이의 엄청난 재능을 예상하고, 그 예상은 우리의 경험을 형성한다. "나는 음악에 재능이 있지. 나는 음악에 재능이 있는 남자와 결혼하기로 결정했어. 내 아이는 우리의 음악적 재능을 물려받을 거야."

+ 부인과 낯선 사람이 물에 빠졌고, 남편이 두 사람 중 한 사람만 구할 수 있을 때 그가 도덕적으로 괜찮은지를 따져가면서 부인을 구했다면 그는 하나에 집중해야 할 때 "너무 많이 생각하는" 셈이라고 윌리엄스는 주장했다. 이를 그는 불편부당성을 강조하는 도덕성에 대한 반론으로 사용하였다.

이런 여성은 음감이 없는 아이를 가진다는 생각을 참을 수 없을 것이다. 그런데도 당신이 사랑하는 아이가 청각장애를 가진 것으로 판명된다. 당신은 다른 놀라운 특징들을 인정하게 될 것이고, 당신은 놀랍도록 잘 적응할 것이다.[22] 당신은 청각에 손상이 있는 아이의 부정적 효과를 과대평가하고 긍정적 효과를 과소평가했음을 알아채게 될 것이다.

3) 선택은 프레이밍 안에 놓인다

셋째, 우리는 결정 문제에서 프레이밍에 엄청나게 영향을 받는다. 대니얼 카너먼(Daniel Kahneman)과 아모스 트버스키(Amos Tversky)가 제시한 아래 두 문제가 이를 잘 보여준다.

문제 1:   당신에게 30만 원이 생겼다고 가정하자.

              이어서, 둘 중 하나를 선택해야 한다.

A.   10만 원의 확실한 추가 획득

B.   50퍼센트의 확률로 20만 원을 추가 획득하거나 아무것도 얻지 못함

많은 사람은 A를 선택해 최종 40만 원을 획득한다.

문제 2:   당신에게 50만 원이 생겼다고 가정하자.

              이어서, 둘 중 하나를 선택해야 한다.

A.   10만 원의 확실한 손실

B.　　　　50퍼센트의 확률로 아무것도 얻지 못하거나 20만 원을 잃음

많은 사람은 B를 택한다. 하지만 두 문제 모두에서 첫 번째 선택 A는 40만 원 획득을 가져온다.[23] 비슷하게 두 문제 모두에서 두 번째 선택 B는 50만 원을 얻을 확률 50퍼센트, 30만 원을 얻을 확률 30퍼센트를 제시한다. 선택의 차이를 설명하는 것이 문제의 프레이밍이다. 첫 번째 문제에서 선택 A는 확실한 이득을 제공한다. 두 번째 문제에서 선택 B는 확실한 손실을 제시한다. 프레임의 변화는 결과와 위험 감수에 대한 개인의 인식을 바꾼다. 다시 말하지만 최종 결과가 아닌 가능한 이득이나 손실이 선택을 결정하는 것처럼 보인다. 비슷하게 우리는 우리가 갖고 싶은 가족을 기대하며 시작한다. 이 기대를 확실히 실현하기 위해 우리는 획득(또는 선호하는 기대의 실현)이 결과로 주어질 것이라는 실제 가능성을 과대평가하는 위험을 감수한다. 손실이 있으리라고 생각하면 우리는 위험을 회피하려 하고, 손실의 가능성을 과대평가하곤 한다.

　　이런 프레이밍 효과는 산전 선별, 진단 검사를 받을 때 중요하게 고려해야 할 사항이다. 유전 선별, 진단 검사의 가능성과 위험이 어떻게 제시되는지 생각해보라. 임신 초기에 여러 유전질환을 검사하기 위해 사용되는 알파태아단백 검사를 보자. 이것은 상대적으로 비침습적인 검사지만 95퍼센트의 확률로 양성 결과는 부정확하다. 하지만 실제 문제를 확인할 수 있다는 작은 가능성 때문에 양성 결과가 부정확할 가능성이 크다는 사실은 무시된다. 장애를 가진 아이를 낳지 않으려는 사람들에게 검사 후 임신중지가 위험 회피 전략이 될 텐데, 이 경우 양성 결과의 정확성을 과대평가하는 셈이다. 손상이 없는 태아를 중절할 위험을 감수하는 것은 검사의 정확도에 따라 보장되지 않을 수 있다. 그러나 개인은 그것을 정당화

하는 쪽으로 쏠리는데, 다음 임신에서 건강한 아이를 가지는 것을 이득으로 인지하기 때문이다.

누군가는 조기에 중절하지 않고 나중에 더 정확한 검사를 받는 쪽을 선택할 수 있다. 그러나 이후에 검사를 받으면 유산의 위험이 커진다. 이런 위험은 우리의 심리학적 경향성에 따르면 과소평가되곤 한다. 또한 이후의 검사는 발달 중인 태아와 이미 강한 애착이 형성된 시기에 이루어지므로 임신중지 결정(그런 결정의 가능성이 낮다는 보장은 없지만)의 고통은 훨씬 증가한다.

우리가 임신을 겪는 방식에는 프레이밍과 약간 관련된 요소가 있다. 즉 모든 것이 잘되리라는 가정하에 임신을 경험하는 것이다. 예측력이 낮은 검사가 제시되면 장애가 없는 아이를 낳을 가능성을 높이는 데에 큰 도움을 주지 않는다. 반면 이것은 부모됨에 관한 즐거운 기대와 준비를 망친다. 누군가가 부정확한 조기 검사에 따라 임신중지를 결정하면 손상이 없는 태아를 중절했을 가능성으로 후회하게 될 수도 있다. 손상이 있는 태아라도 우리가 사랑하는 아기로 성장했으리라는 사실을 생각한다면 우리는 선택을 후회할 수도 있다. 그런 후회는 현재 아이와의 관계에 그림자를 드리울 수도 있다. 삶에서 늦게, 자신의 생식력이 감소하는 기간에 아이를 낳는 여성이 원하던 임신을 중지하는 것은, 이후 아이를 전혀 낳을 수 없는 결과를 가져올 수도 있다.

그러나 산전 검사, 선택적 임신중지와 관련된 선택의 딜레마는 곧 옛날이야기가 될 것이다. 임신 10주에 모체 혈액 표본만으로 DNA 검사를 할 수 있는 머터너티21(MaterniT21)이 개발되어 보급되고 있기 때문이다. 이 검사는 사례의 99.1퍼센트에서 다운증후군을 정확히 판별하고, 99.9퍼센트에서 질병이 없음을 정확히 판단한다고 자랑한다.[24] 그러나 프레이밍

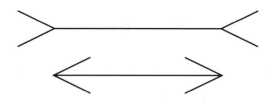

위 선분이 아래 선분보다 길어 보인다.

그림 3.1 환상: 두 선은 길이가 달라 보이지만, 실제로는 같다.

효과는 머터너티21로 검사하지 않는 질병에 대해서도 계속 영향을 미칠 것이다.

프레이밍 효과는 잠재적인 방식으로만 작동하지 않으며 더 거시적인 수준에서도 나타난다. 다운증후군 아기를 낳은 것을 네덜란드에 도착하는 것과 같은 것으로 프레이밍한 킹즐리의 이야기를 보자. 의도했던 곳보다 더 나쁜 곳은 아니지만 어쨌든 예상과 다른 장소에 도착한 사람에 관한 이야기는 자신이 낳은 아기의 놀라움을 인정하게 만든다. 그 아기는 적절한 프레이밍이 없었다면 자신이 선택하지는 않았을, 태어났을 때 계속 기르기로 선택하지 않을 수 있을 아기인 것이다. 카너먼과 트버스키가 보여준 선택의 심리학에서 나타나는 이런 행동은 우리가 프레이밍 효과에 관한 지식을 가지고 있을 때도 나타난다. 그림 3.1처럼 그것은 단순히 인지적 환상일 뿐이다.

대조적으로 선택의 현실과 관련한 오류의 네 번째 요소는 환상보다는 망상에 더 가깝다.

4) 우리가 무엇을 선택했는지 아는가?

넷째, 우리 대부분에게 전통적인 형태든 아니든 가족은 기쁨과 비참함의 가장 깊은 원천 중 하나일 것이다. 우리는 행사할 수 있는 한 최대한의 통제권을 원하지만, 그 통제권은 기껏해야 부분적이다. 그런 얇은 실에 우리의 행복이 매달려 있다. 운명이 아닌 우리가 주도권을 쥐고 있다는 망상에 우리는 집착한다. 사실 우리는 어떤 행동과 검사도 건강하고 손상 없는 아기를 보장할 수 없다는 것을 알고 있다. 온전한 가능성을 누리며 사는 삶을 보증하는 유전적 정상성 같은 것도, 우리의 숙원이 실현될 것을 보증하는 유전적 증강 같은 것도 없다. 이것은 확실하다.

유전 검사가 이상을 감지한다 해도 그것은 겨우 표현도[+], 즉 비정상적 조건의 심각도를 암시할 뿐이다.[25] 자폐성장애에 대한 검사를 개발해도 우리는 자폐의 어떤 특징이 아이에게 영향을 미칠지 알 수 없을 것이다. 양수천자를 통해 엄청난 정확성으로, 산전 초음파 검사와 목 투명대 검사를 통해 높은 정확도로, 머터너티21로 상당히 조기에 다운증후군을 진단할 수 있지만, 검사 양성이라는 사실이 이 아이가 돌봄에 얼마나 의존해야 하는지, 고등학교를 졸업할 수 있는지, 심지어 대학교에 가고 결혼도 할 수 있을지는 알려주지 않는다. 척추이분증의 조기 진단은 태어날 사람의 손상이 매우 심각할지, 그저 지속되는 요통 정도의 고통을 겪을지 말해주지 않는다.

게다가 사회적 수용과 교육학적 발달, 의학적 개입은 여러 장애의 예후를 근본적으로 변화시킨다. 오늘날 다운증후군을 가진 아이는 40년 전에 태어난 다운증후군을 가진 사람과 엄청나게 다른 삶을 산다. 몇몇 장애를 제외하면, 검사에서 양성 판정을 받았다 해도 그 결과가 우리에게 임신중지 여부를 알려주는 것은 아니다. 우리는 우리 후손이 가졌으면 하는 특징을 마음에 두고 배우자나 성적 파트너를 선택하곤 한다. 우리는 하버드 졸업생 대표의 정자를 선택하려 할 수도 있다. 하지만 평균으로의 회귀[++]는 자녀의 잠재적 능력이 부모의 것과 일치하리라는 보장은 없음을 알려 준다. 그런데도 많은 사람은 가족을 꾸릴 때 가정이 필요한 아이를 입양하기보다는 재생산 쪽을 고집한다. 우리는 사과가 나무에서 그리 멀리 떨어지지 않는다고 믿고 싶어 한다. 그러나 자신만의 이미지로 아이를 형성해 가는 과정은 복권만큼 불확실하다.

내 딸의 탄생을 둘러싼 조건은 거의 최적에 가까웠지만, 이것은 예상했던 결과를 보증하지 못했다. 킹즐리처럼 나는 이탈리아 여행을 계획했지만 다른 곳에 묶였다. 또 킹즐리처럼 통역자와 표지판이 적은 그 이상한 외국 땅에서 나와 남편, 내가 깊이 사랑하는 장애를 가진 아이와 살게 되었고, 나중에는 비장애인인 둘째가 함께하게 되었다. 내가 원했던 것은 아니었지만, 그것이 내게 주어졌을 때 나는 머무르기를 선택했다. 내가 한 번도 결정을 고려해본 적이 없는 선택지가 지금까지 내가 했던 가장 소중한 선택으로 남았다. 이 아이와 함께하기, 내가 주어야 할 사랑을 이 아이에게 모두 주기, 이 세계에서 이 아이의 길을 인도하기, 다른 자녀들에게 했을 것처럼 아이의 지속적인 웰빙을 위해 싸우기.

[+] 표현도란 같은 유전형을 가진 개인 간 표현형 발현의 차이를 뜻한다.
[++] 어떤 측정에서 결괏값이 높은 집단을 모아 다시 측정을 반복하였을 때, 두 번째 측정값의 평균이 전체 평균 쪽으로 가까워지는 현상. 이는 여러 요인이 작용하여 나타나는 결과에서 통계적으로 발생한다. 그러나 우생학을 창시한 프랜시스 골턴(Francis Galton)은 이를 잘못 해석하여 외부의 개입이 없다면 개인의 좋은 특성은 그 자손 대에서 점차 사라지게 된다고 이해했다. 이런 해석은 그에게 인간의 발전을 위해 재생산에 개입해야 한다는 우생학의 핵심 결론으로 나아가는 디딤돌이 되었다.

V. 그렇다면 '선택'은 무엇을 의미하는가?

선택의 명백한 바람직함에 의문을 제기한다는 것은 우리가 통제할 수 있는 것에 대해 책임을 지려고 하지 말아야 한다는 것을 의미하는가? 나는 임신했을 때 하루에 담배를 한 갑 반 피우는 습관을 그만두지 말았어야 했을까? 결국 아이에게 손상이 있었을 테니까? 당연히 아니다. 내 말은 전통적이든 매우 비전통적인 가족이든 간에 가족을 선택할 때 그 앞에 놓인 엄청난 불확실성 앞에서 겸손해야 한다는 것이다. 산전 검사와 선택적 임신중지에 놓인 위험 또는 함정은 선택의 결과로 모든 것이 우리가 바라던 대로 (또는 우리가 바란다고 생각한 대로) 될 것이라는 거짓된 보증이다. 우리는 운명을 통제하기 위해 노력했다. 그러나 여전히 추첨의 지배를 받는다는 것을 알게 되면 당황과 배신감을 느낀다.

우리가 결정할 수 있는 것은 우리 앞에 높인 선택을 프레이밍하는 방식이다. 다운증후군(또는 다른 장애, 심지어는 우리가 바라던 것과는 다른 특징)을 가진 아기의 탄생을 해악과 비참이 가득한 곳으로의 도착으로 보는 대신 우리는 네덜란드에 도착한 것으로 상황을 프레이밍할 수 있다. 튤립이 가득하고 맛있는 청어가 있는 곳. 날씨는 별로지만 위대한 렘브란트와 페르메이르의 땅 말이다.

4장
산전 검사와 선별의 윤리

I. 질문

지금까지 우리가 가질 아이의 형질 선택[+]에 우리가 참여할 수 있다는 생각과 관련된 심리학적 · 인식론적 질문만을 고려했다. 이런 고려가 선택을 거부하거나 장애로 인한 선별을 거부하도록 이끄는가? 나는 그렇지 않다고 생각한다. 앞 장에서 나는 우리가 얼마나 아는 게 없는지, 우리 앞에

[+] 여기에서 선택(selection for)과 선별(selection against)을 구분한다. 전자는 특정 형질 또는 그것을 가지고 있는 개체를 태어나게 하는 것을, 후자는 특정 형질을 가지고 있는 개체를 태어나지 못하게 하는 것을 의미한다. 전자가 꼭 유리한 형질에만, 후자가 꼭 불리한 형질에만 적용되는 것은 아니다.(예컨대, 농 배아를 선택할 때, 객관적 웰빙 기준에선 불리한 형질을 선택하는 것이다.) 둘 다를 포괄할 때에는 맥락에 따라 선택/선별을 사용하였다.

기다리고 있는 개념적이고 감정적인 함정이 얼마나 많은지 안다면[1] 우리의 결정에 겸손해야만 한다고 주장했을 뿐이다.

동시에 중요한 도덕적 고려 사항이 있다. 지금까지 이루어진 여러 생명윤리적 논증은 우리에게 가능한 최고의 아이를 선택할 도덕적 책무가 있다고 주장해왔다. 우리는 다음 장에서 이런 논증에 반박할 것이다. 이 장에서 나는 반대 견해를 살펴보려 한다. 장애공동체의 여러 구성원이 주로 제안해온 것으로, 산전 검사와 선별에 관한 질문은 장애를 가진 사람에 대한 차별이 되기 때문에 도덕적 질문이라는 것이다.[2] 그들은 우리가 특정 장애의 탄생을 막는다는 생각을 허용하는 것이 도덕적 해이를 불러올 것이라고 주장한다. 현재 그런 장애를 가지고 사는 사람들을 수용하지 못하게 만드는 도덕적 해이 말이다.

1) 선택할 것인가 선택하지 않을 것인가, 그것이 문제로다. 정말 그런가?

논쟁 양측의 여러 논증을 살피기 전에 이 장과 다음 장에서 다룰 논의의 개념적 지형을 살필 필요가 있다. 신기술이 열어준 재생산의 가능성을 직면하여, 우리는 상반된 도덕적 직관과 상관관계에 있는 주장을 마주한다. 상반된 관점은 다음처럼 요약할 수 있다.

노선 1은 선택의 도덕성 자체에 관한 대립하는 견해다. 선택 자체를 반대하는 사람은 어떤 아이든 가족으로 받아들여야 한다고 주장한다. 반면 반대편은 선택에 대한 도덕적 이의는 없다고 주장한다. 노선 2는 **장애 형질의 선별**에 대한 도덕성 논쟁이다. 누군가는 장애 형질의 선별은 허용

	허용 불가		허용 가능		책무
1	선택 자체	대	선택 자체		
2	장애 형질의 선별	대	장애 형질의 선별	대	장애 형질의 선별
3	장애 형질을 선택	대	장애 형질을 선택		
4	증강 형질을 선택	대	증강 형질을 선택	대	증강 형질을 선택

불가하다고 주장하지만, 반대편은 그런 선별은 허용 가능할 뿐만 아니라 도덕적 책무라고까지 주장한다. 노선 3은 **장애 형질을 선택**하는 것의 허용 가능성에 관한 논의로, 농인 커플이 농인 아이를 가지길 원했던 것이 그 예다.(누구도 우리에게 장애 형질을 선택할 도덕적 책무가 있다고 주장하지 않는다.) 마지막으로 노선 4는 증강 형질을 선택하는 것의 도덕성에 관한 다른 직관을 다룬다. 마지막 논쟁은 『누가 진정한 인간인가』를 위해 남겨두려 한다.

구분되지만 종종 함께 등장하는 두 가지 고려 사항이 있다. 하나는 장애를 갖게 될 아이의 탄생을 허용하거나 방지하는 것이 도덕적으로 허용 가능한가이다(노선 1). 다른 하나는 태어날 아이의 형질을 선택하는 것이 도덕적으로 허용 가능한가이다(노선 2). 선택에 반대하는 한 가지 주장은 부모는 어떤 아이든 가족으로 무조건 받아들여야 한다는 것이다. 그 변형은 부모는 예상 밖의 상황에 열려 있어야 하고, 아이가 지닌 형질을 결정하려 해선 안 된다는 주장이다. 다른 논증은 가족은 무조건적 사랑과 수용의 장소여야 하며, 선택은 특정한 형질을 지닌 아이만을 사랑하고 수용하겠다는 것을 의미한다는 생각에 초점을 맞춘다.

노선 3과 노선 4의 논쟁은 다음 논증에 반영되어 있다. 장애 자체를 선택하는 것은 허용 불가능하다는 관점은, 장애를 부여하는 형질을 선택하는 것은 허용할 수 있다. 이때, 이 형질은 예비 부모가 가치 있게 여기는 공동체로 아이를 귀속시킨다. 장애를 선별하는 데에 반대하는 핵심 논증은 그런 선별이 장애를 가진 삶은 살 가치가 없거나 열등한 삶이라는 관점을 표현한다고 본다. 이것은 표현주의자 논증으로 알려져 있다. 또 다른 논증은 장애 형질을 선별하는 것은 우생학의 한 형태이므로 우생학에 반대하는 일반적인 논증을 적용할 수 있다고 주장한다.

장애를 선별하는 것이 도덕적으로 허용 가능하다는(또는 책무라는) 논증은 우리가 온전히 피어나는 삶을 살 아이를 선택해야 하며, 장애는 그런 삶의 가능성을 줄인다는 생각을 고집한다. 또 다른 논증은 장애 아동은 다른 가족 구성원에게 부정적인 영향을 미칠 수 있기 때문에, 부모는 그 구성원을 위해 장애를 선별할 수도 있다고 (또는 해야만 한다고) 주장한다. 우리가 세세하게 검토할 논증 하나는 장애가 (살아 있는 것은 엄청난 이득이므로) 태어나지 않는 것에 비해 아이에게는 덜 해롭지만, 장애 아동은 비장애 아동보다 세계에 선을 덜 가져온다고 주장한다. 우리는 세계에 더 많은 선을 가져오도록 노력해야 하므로 장애를 가진 아이보다 비장애인 아이를 선택해야 한다는 것이다. 이러한 논증은 장애를 선별하지 않는 것이 도덕적으로 문제적이라고 주장할뿐더러 주어진 형질을 선택하는 것도 허용할 수 있다거나 심지어 책무라고 말한다. 일반적으로 이런 관점은 장애를 선별하는 것은 도덕적 책무이며, 증강 형질을 선택하는 것은 도덕적으로 허용 가능하다고 주장한다. 어떤 이들은 여전히 우리에게는 가능한 최고의 아이를 선택해야 할 도덕적 책무가 있다고 주장하며, 증강은 허용 가능할 뿐만 아니라 가능한 한 선택해야 할 도덕적 책무라고 고집한다.

다른 견해는 장애를 선별하는 것이 도덕적으로 허용 가능하지만, 특정한 제한 조건하에서만 그렇다고 주장한다. 태어날 아이의 중절을 왜 선택했는지 정당화할 수 있을 때만 주어진 장애를 선별하는 선택이 허용 가능하다는 것이다. 우리는 이 논증의 여러 변형 중 몇 가지만 직접 다룰 테지만 많은 논증이 서로 겹치거나 그 변형이다. 그렇지만 처음부터 선별의 문제와 장애를 갖게 될 아이를 세상에 데려오는 것의 허용 가능성의 문제가 별개라는 것을 알 필요가 있다.

재생산 선택의 문제를 다루려면 더 큰 분별력이 필요하다. 이 문제에 관하여 적어도 네 가지 다른 관점이 존재한다.

① 태어날 아이의 관점
② 장애공동체의 관점(사실과는 달리 통합된 장애공동체 관점이 존재한다고 가정한다.)
③ 부모의 관점
④ 불편부당한 자의 관점, 즉 전체로서의 사회나 우주로부터의 관점

각 관점은 이 논증의 이해 당사자를 보여준다. 비록 단일한 아이, 단일한 부모, 단일한 공동체의 관점이란 존재하지 않지만 말이다. 주어진 관점 안에 존재하는 다양한 견해를 대변하려 노력하겠지만 일반적으로 나는 느슨한 합의점으로 불릴 수 있는 견해를 선택할 것이다.

로즈메리 갈런드톰슨은 장애 선별을 허용하거나 이를 우리에게 강제하는 논증을 통합해 "우생학적 논리"라고 불렀다.[3] 그러나 우생학이라는 용어에서 제2차 세계대전 이전의 논의와 정책을 지배했던 강제적 우생학과의 부정적인 연상을 제거한다면, 모든 선별 찬성 논증 배후에 우생학적 논리가 있다고 주장할 수도 있다. 이 장에서 나는 우생학적 논리를 피하면서도 여성이 자신의 신체가 지닌 재생산 역량에 대한 통제권을 유지할 수

있도록 하는 길을 찾으려 한다. 이 미세한 경계를 따라 걷는 것이 가능하지 않을 수도 있겠지만 꼭 해봐야만 하는 작업이라고 생각한다.

Ⅱ. 산전 검사 논쟁과의 첫 만남

내가 장애와 관련해 전문적으로 글을 쓰게 된 것은 헤이스팅스센터가 산전 검사와 선택적 임신중지를 주제로 열었던 2년간의 워크숍에 초대받으면서부터였다. 초대장에는 장애를 가진 내 아이와 장애공동체와의 연대의 정신 속에서 내가 산전 검사와 선택적 임신중지에 반대하기를 기대한다는 내용이 담겨 있었다. 그러나 나는 그 기대를 실망시켰다. 산전 검사와 선택적 임신중지에 반대하는 견해를 여러 글과 논의, 성찰을 통해 이해하게 된 다음에도, 나는 초대장에 답변할 때 지녔던 견해를 대체로 고수하고 있다. 내가 산전 검사와 선별을 반대하지 않는 이유는 다음과 같다.

① 우리 사회처럼 아이와 가족의 필요에 반응하지 않는 사회에서는 내 딸보다 훨씬 덜 심한 장애를 가지고 있다고 해도 치명적일 수 있다. 이러한 현실에 직면하여 우리는 장애를 가진 사람의 권리와 존엄성을, 매우 심한 장애를 가지고 있는 사람의 삶에서도 가능한 기쁨과 선함을 공표하는 한편, 정서적, 신체적, 경제적으로 어려운 여정을 수행하거나 거부할 부모의 권리를 존중해야만 한다. 아이의 탄생 이전에 그러한 가능성이 존재하는데도 거부할 수 있는 부모의 자격을 부정하는 것은 자유 사회에서 용납될 수 없는 부당한 강요이다.

② 일부는 아이를 입양 보내는 선택지도 있다고 주장하지만, 많은 여성(과 남성)에게 아기를 포기하고 낯선 사람에게 보살핌을 맡긴다는 생각은 가슴 아프다. 그것은 평생 지고 가야 할 슬픔이기도 하다. 입양은 누군가에게 선택이지만, 그 대가가 너무 커서 누구에게도 강요되어선 안 된다.[4]

③ 결국 논증은 다음처럼 귀결된다. 어떤 이유로든 임신중지가 허용 가능하다고 믿는 한 그리고 여성이 스스로 재생산 결정을 할 권리를 지닌다고 믿는 한, 우리는 이 사례에서도 임신중지(또는 모든 형태의 산전 선별)를 허용해야만 한다.

이런 내 견해에도 주최 측은 워크숍에 참가해달라고 요청했고, 나는 불안한 마음으로 워크숍에 참석했다. 첫 모임 후에 나는 떨면서 집에 돌아왔다. 그곳에는 다른 부모들도 있었지만, 누구도 나처럼 느끼지 않았다. 그들 각각에게는 주치의가 자녀가 성취할 수 있는 것을 과소평가하여 예후를 내렸던 이야기가 있었다. 세샤의 초기 예후는 예상과 크게 다르지 않았다. 다른 게 있었다면 그들이 세샤의 능력을 과대평가한 것이었다. 워크숍에 참석한 부모들은 자녀의 '독립'에 대해 말할 수 있었다. 하지만 우리의 경우는 그렇지 않았다. 모임에 참석한 유명한 어느 장애학자는 세샤 같은 아이를 키우는 "부담"에 대해 발언하라고 나를 꾸짖기도 했다. 자녀가 없는 그 장애학자는 심한 장애를 가진 아이를 키우는 일에는 추가적인 부담이 없으며, 나의 "희생"에 대해 경의를 얻어내려 할 뿐이라고 주장했다.

나는 진심으로 당황했다. 게다가 세샤의 어린 시절에 관한 기억을 들추는 것은 힘들었다. 그 일은 고요한 물을 다시 뒤흔들어 옛 트라우마를 발현시켰다. 집에 와서 그날의 일을 남편 제프리와 아들 리오에게 이야기하면서, 나는 장애의 산전 검사와 선택적 임신중지에 대한 반대 의견, 특히 표현주의자 논증을 설명했다. 표현주의자 논증은 태아의 손상 가능성에 대한 검사를 선택하는 것과 검사 결과가 양성으로 나왔을 때 임신중지를 선택하는 것은 장애인을 무시하는 태도를 표출한다고 주장한다. 그런 태도는 장애를 가진 삶은 살 가치가 없다거나, 장애인의 삶은 비장애인의 삶만큼 가치를 갖지 못한다거나, 장애는 이 세계에서 환대받지 못한다는 메시지를 의도적으로 전달한다는 것이다. '전달된 메시지' 자체가 이미 존재하는 장애인에게 차별적이고 해로운 영향을 미친다. 따라서 비록 임신중지 자체가 윤리적 비난의 대상이 아니더라도 장애를 이유로 선택적 임신중지나 선별을 승인하는 것은 비윤리적이다.

내 경험으로 볼 때, 나는 장애 선별에 대한 표현주의자 반론은 옳지 않다고 믿었다.(그리고 여전히 그렇게 믿는다.) 나는 내 딸의 삶이 살 가치가 있다고 굳건히 믿지만, 산전 검사를 받아 손상이 있는 태아를 중절하는 선택을 상상할 수 있다. 이미 장애를 가진 내 아이에게 좋은 삶을 살기 위해 필요하다고 생각되는 것을 주면서, 장애가 가져올 수 있는 추가적인 필요를 지닌 다른 아이를 더 키울 수는 없다고 생각하기 때문이다. 놀랍게도 내 아들은 나와 반대되는 의견을 표했다.

내가 임신한 태아가 손상을 지닐 가능성이 있어서 임신중지를 선택했다고 가정하자. 그 행위가 세샤와 함께하는 우리의 삶이 분명하게 만든 모든 것을 거짓으로 만드냐고 아들에게 물었다. 우리가 장애인 딸의 모든 부분을 비장애인 아들만큼 소중히 여긴다는 것을, 딸의 삶도 아들의 삶만큼이나 우리에게 소중하다는 것을 우리가 세샤와 함께한 삶이 증명하는데, 어떻게 내가 장애를 가진 삶은 살 가치가 없다고 믿는다는 메시지를 받을 수 있냐고 나는 물었다. 하지만 아들은 물러서지 않았다. 막 철학 학사 학위를 받은 아들과 나는 이메일로 이와 관련된 대화를 계속 나누었고, 그 내용은 2년간의 워크숍을 통해 발간된 총서에 논문으로 게재되었다.

장애 문제에서 내 딸만이 나의 유일한 스승은 아니었다. 딸의 형제이자 비장애인 아들 또한 나에게 가르침을 줬다. 아들과 나는 워크숍 주최 측에 내가 보냈던 편지로부터 서신을 교환하기 시작했다. 내 첫 편지에 리오는 유전 선별에 반대하는 세 가지 설득력 있는 논증을 적어 답했다. 나는 그 논증에 "무언가가 상실된다' 또는 멸절 반론', '모든 아이는 짐이다 반론', '가족은 클럽이 아니다 반론'으로 각각 이름을 붙였다.

헤이스팅스 프로젝트 이후 몇 년이 흘렀고 이 주제에 관한 문헌은 점차 늘어나고 있다. 그러나 산전 검사와 선택적 임신중지에 관한 문제를 다시 살피기 위해 나는 아들과 내가 교환했던 서신을 활용할 것이다. 특히 리오가 내 견해에 제기했던 반론을 통해 이 이슈에 관한 논의의 틀을 잡아보겠다.

Ⅲ. '무언가가 상실된다' 또는 멸절 반론

내 견해에 대해 리오가 제기한 첫 번째 반론을 나는 멸절 반론이라고 부른다. 선별은 인지장애를 가진 집단을 멸절시킬 것이고, 따라서 무언가 귀중한 것을 잃으리라는 염려다.[5] 리오의 표현을 보자.

> 사람들은 [인지 손상이 있는 아이를 키우는 것이] …… 정상 아이를 키우는 것만큼 만족을 준다는 점을 깨달아야 합니다. 다른 방식의 만족이겠지만요. 그것이 더 만족스럽다면 …… 아마도 우리가 덜 만족

하리라고 기대했기 때문일 겁니다.[6]

리오는 많은 여성이 장애 아동을 키우는 경험이 만족스럽지 않거나 비장애 아이를 키우는 것만큼 만족스럽지 않을 것이라고 예상하기 때문에 임신중지를 택한다고 가정한다.[7] 이것을 반론 없이 수용한다면 특정 형태의 인지장애를 가진 사람은 멸절하거나 그 수가 현저히 감소하게 될 것이며, 애초에 인지장애를 가진 사람들의 제거를 막았던 바로 그것을 사람들이 경험하지 못하게 될 것이다. 이 반론에 대한 답변은 두 갈래로 나뉜다. 하나는 특정 종류의 장애를 가진 사람의 멸절이나 상당한 감소가 가능한지를 묻는다. 다른 하나는 장애인의 출생을 막아 어떤 종류의 장애인이 더는 태어나지 않거나, 모든 장애가 모두 제거된다면 결국 상실하는 것은 무엇인지 분간하려 한다.[8]

멸절 반론은 우생학에 대해 염려한다. 내 아들의 편지에 답하며 나는 인지장애가 완전히 제거될 수 있다는 가능성에 대한 회의를 피력했다. 유전·산전 검사의 최근 발전을 볼 때 나는 리오의 염려에 일말의 진실이 담겨 있음을 인정해야 했다. 무엇인가 상실되리라는 걱정과 관련해 나는 그럴 수 있음을 인정한다. 문제는 상실되는 가치가 무엇인지를 명확히 설명할 수 있는지, 그 상실을 수용하거나 정당화할 수 있는지 여부이다.

1) 우생학과 (특정) 장애의 제거

대체로 우생학은 미국, 스칸디나비아반도, 특히 나치 독일에서 세계에 '부적절한' 이들의 수를 줄여 인간종의 혈통을 향상하려는 시도로 도덕적 비난을 샀다. 강제 불임수술과 대량 학살의 저주로부터 '우생학'이라는 용어를 구해내려 한 사람도 있었다. 미국 인종차별과 나치의 대량 학살과 연관된 부정적 우생학과 추정상 좋은 우생학(putatively benign eugenics)⁺을 구분하는 두 가지 중요한 차이점이 있다. 부정적 우생학은 폭력과 강제적 행위를 사용하지만, '긍정적 우생학'은 부모가 스스로 추구하는 방식에 의존한다. 현재 미래 인구를 향상시키기 위해 부정적 우생학은 '바람직하지 않은' 형질이나 사람을 제거하려 하지만, 긍정적 우생학은 긍정적 형질을 퍼뜨리려 노력한다. 그러나 우생학의 좋은 형태라 해도 도덕적으로 의심스럽다고 말하는 사람들도 있다. 여러 이유에서 비롯한 개인의 '자유로운' 결정은 유전적으로 전해지는 질환을 전체 인구 집단에서 제거하는 결과를 동일하게 낳을 수 있다. 필립 키처(Philip Kitcher)는 이것을 "자유방임(laissez-faire)" 우생학이라고 불렀고,⁹ 톰 셰익스피어는 이것을 "창발적(emergent)" 우생학이라고 불렀다.¹⁰ 이런 선별을 반대하는 이들은 특정 유전 형질을 전체 인구 집단에서 제거하는 것이 강제성 여부와는 별개로 도덕적 이의를 제기할 만하다고 주장한다. '긍정적 우생학'이 효과적으로 인지장애를 제거할 수 있을까? 그렇다면 여기에 왜 반대해야 하는가?

자유방임 우생학은 다운증후군과 같은 염색체 이상을 사라지게 만드는 데 성공할 수도 있다. 유전 검사와 산전 진단은 이미 유아기 테이-삭스병, 중증 낭포성섬유증 및 다른 중증 유전질환을 가지고 태어나는 아기의 수를 매우 크게 줄였다.¹¹ 아마 유아기 테이-삭스병이 없는 세계가 더 낫다는 데에 대부분이 동의할 텐데, 이 병에 걸린 아기는 상대적으로 짧고 고통스러운 삶을 살기 때문이다.(성인기에 발병한 테이-삭스병은 그렇지 않다고도

⁺ 국가의 통제나 강제가 아닌 개인의 선택으로 이루어지는 우생학.

볼 수 있는데, 이 또한 소모적 질환이지만 치명적이지 않고 결과가 더 다양하다.)[12]

현재 추이를 볼 때 다운증후군도 제거될 가능성이 높다. 일반적으로 제2삼분기 임신중지로 이어지는 기술을 사용할 때에도 진단 후 임신중지 비율은 85~90퍼센트에 달할 정도로 높았다.[13] 35세 이후 검사를 받는 여성은 보통 다운증후군을 가진 아이를 낳을 '위험'을 지닌 것으로 본다. 오늘날 대부분의 다운증후군 아동은 검사받지 않은 젊은 여성의 아이이다. 제1삼분기 임신중지를 가능케 하는 현재의 정확도 높은 진단[+]과 35세 이하의 여성도 검사를 받을 것을 권장하는 상황은[14] 다운증후군이 점차 사라질 것이라는 견해에 신뢰도를 더한다. 오늘날 우리가 마주한 것은 다른 여러 장애에서도 반복되는 거대한 아이러니이다. 말하자면, 다운증후군을 가진 사람이 완전히 없어지진 않더라도 그 수가 상당히 줄어들 것이라고 믿을 이유가 점차 증가하면서, 다운증후군을 가진 사람의 기대 여명은 50대에 도달했으며 그들은 점차 풍성한 삶을 살고 있다. 솔로몬은 썼다. "의학이 발전하며 장애가 사라지고 있듯이 사회의 발전으로 장애를 가지고 살기가 더 쉬워지고 있다. 이런 합류에는 여주인공이 죽어가는 순간, 남주인공이 여주인공을 사랑하고 있음을 깨닫는 오페라와 비슷한 비극적인 무언가가 있다."[15]

다운증후군을 가진 사람의 삶이 향상하고 있다는 바로 그 이유로, 우리는 예후를 헤아릴 때 신중해야 한다. 임신중지에 관한 수치는 검사를 받은 여성들에 관해서만 말해준다는 것, 검사 결과로 아이가 중증 장애를 가지고 있음이 밝혀지면 임신을 중지하겠다는 결론을 이미 내린 경우가 많았다는 것을 기억할 필요가 있다. 이런 숫자는 젊다는 이유로 또는 태아가 다운증후군이 있다 해도 임신중지하지 않기로 결정했기 때문에 검사받지 않은 여성을 포함하지 않는다. 사실 미국에서 산전 진단에 근거한 임신중지 비율은 점차 낮아지고 있는 것처럼 보인다. 맨스필드(Caroline Mansfield), 호퍼(Suellen Hopfer), 마르토(Theresa M. Marteau)의 보고에 따르면 92퍼센트의 여성이 임신중지를 택한다고 했지만, 가장 최근에 진행된 연구에 따르면 선택의 비율은 67퍼센트로 감소했다.[16] 많은 다운증후군 아동과 성인이 텔레비전과 영화를 포함하여 삶의 모든 경로에 참여하고 있다고, 더 많은 여성이 산전 검사를 거부하거나 양성 검사 결과를 받아도 임신중지를 거부할 것이라고 생각하는 것도 가능하다.[17]

다운증후군을 가진 아이의 수가 줄어들 가능성에 대해 염려하게 되는 이유 중 하나는 숫자가 적어지면 다운증후군을 가진 사람의 기대 여명과 참여를 극적으로 증가시킨 변화를 만들 정치적 영향력이 줄어들 것이라는 우려다. 그러나 그 숫자가 줄어들었다고 해서 중절되지 않고 태어난 이들에게 더 나쁜 결과가 초래되고 있다는 징후는 찾아보기 어렵다. 한편 자폐성장애 진단이 늘어나며 자폐스펙트럼에 속한 사람의 삶을 향상시키는 데 더 많은 관심과 상당한 재정적 지원이 생겨났다. 자폐성장애의 높은 유병률(어린이 110명 중 1명이 자폐성장애로 진단된다.)과 발언이 가능한 자폐인 덕분에, 다른 유형의 발달·인지장애보다 자폐성장애에 대한 낙인은 줄어들 것으로 보인다. 그러나 이런 자금 지원이 다른 인지장애에 비해 자폐성장애가 더 잘 받아들여지리라는 표시인지는 분명치 않다. 대부분의 지원이 예방이나 '치료'에 할당되어 있다는 점 또한 주목할 필요가 있다.[18] 자폐의 원인을 찾기 위해 모금된 기금의 대부분은, 그들을 돌보거나 풍족한 삶을 위한 더 큰 기회를 그들에게 부여하는 것이 아니라, 자폐인을 없

+ 머터너티21 혈액 검사가 있고, 재태 연령을 확인하는 데 사용하는 초음파 또한 태아 목 두께를 평가하여 다운증후군 여부를 판단한다. 이런 방법은 양수천자에 비해 훨씬 덜 침습적이고, 태아 위험을 줄이며, 더 확실하고 빠른 결과를 제공한다.―지은이

애는 데 쓰이는 것으로 보인다.

장애의 한 형태를 제거하기 위한 노력을 기울일 것인가를 최종 결정하는 건 재생산 생명의학 기술이 아니다. 중매결혼이 여전히 지배적인 정통 유대인 공동체에서, 중매쟁이는 유전 정보를 요구하며, 둘 다 테이-삭스 유전자를 보유하고 있는 경우[+] 결혼은 성사되지 않는다.[19] 이것은 최소한의 진단적 방법을 사용해 정통 유대인 공동체에서 테이-삭스병을 거의 완전히 근절하는 결과로 이어졌다.

의학 기술은 특정 질병과 장애의 제거를 크게 보조하며, 우생학적 욕구는 진단과 검사 절차의 **정례화**를 통해 표현된다. 하지만 우생학적 욕구와 장애에 대한 부정적 시각은 의학 기술과 정례화된 진단 없이도 매우 강력하게 표현될 수 있다. 예를 들어 우리 사회가 장애인과 그 가족에게 거의 지원을 하지 않고 장애를 가진 아이를 기를 때의 추가 비용과 양육 책임의 타격을 온전히 부모에게만 지울 때가 그렇다. 그런 정책은 장애인이 세계로 들어오는 것을 환대하지 않는다.

1.1) 헛고생
톰 셰익스피어는 썼다.[20]

영국에서 지난 20년간 임신중지를 선택하는 예비 부모의 비율이 약 90퍼센트라는 상당한 숫자로 유지되고 있는 반면, 다운증후군 진단은 71퍼센트 증가했다. 선별에도 불구하고, 지난 15년간 다운증후군을 가진 아기의 탄생은 25퍼센트 증가했다.[21]

그 이유로 셰익스피어는 여성의 출산 연령이 늦어지고 있는 것을 주요 요인으로 꼽으며, 가임력이 낮아지므로 조력 재생산 기술(ART, Assisted Reproductive Technique)을 더 많이 활용하게 되면서 "임신의 기술화가 필연적으로 증가"했다는 점을 지적한다. 다운증후군 인구가 여전히 증가하고 있다는 사실은 이런 기술이 우리가 상상하는 것보다 장애를 제거하는 데 덜 효과적이라는 점을 시사한다. 유사하게, 제프리 브로스코(Jeffrey Brosco)가 발견한 것처럼[22] 조산아를 살리고 심한 뇌 손상을 입은 사람의 생명을 살리는 우리의 능력이 증가하게 됨에 따라 지적·발달장애를 가진 사람이 상당수 더해져 인지장애 유병률은 일정하게 유지되고 있다.[23] 브로스코와 셰익스피어의 관찰은 그 결과가 좋든 나쁘든 산전 검사는 특정 장애의 발생을 줄일 수도 있지만 모든 장애를 제거하려는 노력은 헛고생임을 보여준다. 그것은 모든 장애를 제거하려는 욕망이 어리석을 뿐만 아니라 그것이 가능하다고 생각하는 것도 어리석은 일이기 때문이다. 인간 신체의 내재적 허약성(당연히 뇌를 포함하여)을 고려할 때, 이런 유의 발전은 모든 인지장애를 제거하려는 시도는 헛고생이라고 말할 무수한 이유를 제공한다. 바람직하더라도, 그것은 불가능하다.[24]

1.2) 무엇이 상실되는가?

하지만 그것이 바람직할까? 왜 '자유방임' 방식의 '우생학적 논리'에 굴복하면 안 되는가? 서신 교환에서 내 아들은 가치 있는 어떤 것이 상실

+ 테이-삭스병은 상염색체 열성으로 나타나므로, 부모 양쪽이 모두 열성 염색체 한쪽을 가지고 있을 때 자녀에게 발병한다. 한편 테이-삭스병은 유대인 사이에서 높은 유병률을 보인다.

된다는 반론을 제기했다. 2장에서 나는 비장애인 부모가 '정상' 아이를 가지고자 하는 자명해 보이는 소망을, 정상이 가치 있는 것, 따라서 바람직한 것을 이미 지시한다는 점에서 부분적으로 설명할 수 있다고 주장했다. 하지만 우리는 또한 2장에서 바람직함과 정상성의 개념은 얽혀 있지만 등가는 아님을 확인하였다. 핵심적인 인간성은 세계에 존재하는 다양한 방법을 상상할 수 있어야 하며, 적어도 이런 측면에서 장애의 제거는 상실을 의미하게 된다.

내 아들이 제기한 질문, "무엇이 상실되는가?"는 다양성의 상실 이상의 의미를 내포한다. 그는 내 딸이나 마이클 베루베[25]의 아들 제이미, 도나 톰슨[26]의 아들 닉 같은 사람이 없다면 세계는 더 나쁜 장소가 될 것이라고 주장한다.(나도 동의한다.) 만약 이런 개개인이 가치를 지닌다면, 세샤, 제이미, 닉은 누구에게 가치가 있는가? 우선 우리는 가장 먼저 모든 사람은 그 자신에게 가치 있다고 말할 수 있다. 매우 심한 장애를 가졌다고 해도 좋은 삶이 주어질 수 있는 방식과 이유가 2장에서 충분히 드러났기를 바란다. 다시 말하지만 이는 이 책 전체에서 명확하게 드러날 주제이다. 모든 기쁨의 표현은 **세샤**에게 세샤의 삶이 지닌 중요성을 논증한다. 자녀의 가치는 또한 부모에게 매우 소중한 것이다. 지적 발달이 '정상적이지 않은' 아들, 딸을 직접 겪은 모든 부모처럼, 나의 경험은 인간이 무엇인지, 우리가 서로에게 지는 책무는 무엇인지, 이런 책무의 출처는 무엇인지, 슬픔을 가져오고 기쁨을 주는 것은 무엇인지, 삶에 그 의미를 부여하는 것은 무엇인지 깊이 생각하게 했다. 세샤와 같은 아이가 없었다면 이런 성찰은 다른 쪽으로, 훨씬 피상적으로 흘렀을 것이다.

리오는 우리의 기대가 낮기 때문에 이런 아이를 기르는 것이 자녀 양육의 평범한 경험보다 더 만족스러울 수 있다고 제안한다. 그럴 수도 있다. 나는 A로 가득한 성적표를 기대할 수 없다. 하지만 교사가 내 아이의 특별한 점에 대해 말하며 감사를 표하는 모습을 볼 순 있다. 나는 세계적인 성취를 기대할 수는 없다. 하지만 나는 훨씬 큰 노력을 들여 이룬 조그마한 성취에 기쁨과 자랑스러움을 느낀다. 나는 다른 아이들과 나누는 것과 같은 논의를 딸과 나눌 수는 없다. 하지만 딸과 앉아 산들바람을 느끼며 음악을 즐길 수는 있다. 연결의, 자아 확장의, 서로를 향한 사랑과 돌봄의 기쁨과 전율은 여전히 존재하며, 힘들게 성취해야 하는 것이므로 때로 더 강렬하기도 하다.

나는 아들과 서신을 교환하며 세샤와 비슷한 장애를 가진 사람들이 우리에게 많은 것을 가르쳐준다고 썼다.

> 세샤가 우리와 너무도 다르기 [때문이 아니야.] …… 세샤는 우리와 너무 비슷해. 본질적으로, 우리가 세샤와 매우 비슷하지.[27] 세샤를 감동시키는 것을 볼 때 우리는 우리 자신이 누구인지, 우리를 감동시키는 것은 무엇인지 더 잘 이해할 수 있어.[28]

아들에게 답하며 나는 덧붙였다. "나는 세샤를 사랑하는 것이 무엇인지 알게 되면서, 부모가 되는 것이 무엇인지, 너와 같은 아이를 사랑하는 것이 무엇인지 훨씬 잘 이해하게 되었어."[29] 예를 들어 우리는 부모로서 자녀의 성취를 소망하고 즐거워하지만, 부모의 사랑은 자녀의 성취와 별 관계가 없음을 배웠다. 나는 2장에서 좋은 삶의 구성 요소가 "사랑, 기쁨, 그저 존재함의 재능에 감사할 수 있는 능력"이라고 말했고, 이 교훈을 나는 다른 곳에서 배울 수도 있었을 것이다. 하지만 어디에서도 이보다 잘 배울 수는 없었을 터이다.

인지장애를 가진 사람은 그 사회의 구성원으로서 가치를 지닌다. 애니타 실버스와 레슬리 프랜시스는 우리 중에 세샤와 같은 사람이 있을 때 어떤 사람을 신뢰할 만한지 알게 되어, 우리 사회를 더 응집력 있게 만드는 데 도움을 준다고 주장했다.[30](그들은 여기에 진화적 이점까지 있다고 주장한다.) 모든 개인은 사회 협력에 이바지한다고 주장한 크리스티 하틀리(Christie Hartley)는 지적장애를 가진 사람의 사회적 가치는 "공정한 협력에 중요한 가치를 개발하도록 해 가족과 시민 사회에 더 일반적으로 기여하는 능력"에 있다고 제안했다.[31] 하지만 우리는 중증 인지장애를 가진 사람이 공동체에서 지니는 가치를 그들이 타인에게 가져올 수 있는 이점과 분리하여 숙고할 필요가 있다.

장애를 가진 사람은 종종 앤드루 솔로몬이 "수평적" 정체성이라고 부른 것을 지닌다.[32] 이런 수평적 정체성으로 인하여 장애인은 다른 장애인에게 가치를 지니는데, 서로가 없으면 수평적 정체성이 나타날 수 없기 때문이다. 누군가는 제거의 대상이 되는 바로 그 특성이 세계에 매우 중요한 것을 가져온다고 주장할 수도 있다. 그 장애를 가진 개인의 총합보다 더 큰 어떤 것 말이다. 농인이 제기한 논증이 여기에 속한다. 농인은 같은 장애를 가진 사람에게 농인이 지니는 가치를 매우 잘 알고 있다. 농 문화는 완전한 언어를 만들어냈으며, 수어를 통한 문화를 발달시켰다. 그들은 소리의 방해가 전혀 없는 곳에서 세계를 풍성하게 경험하며, 그런 경험을 청각에 손상이 있는 다른 사람과 공유한다. 나머지 사람들이 그런 가능성이 있다는 걸 아는 것만으로도 세계는 더 흥미로워진다.

나는 인지장애 문화가 존재한다고 생각하지 않지만, 인지장애를 가진 사람들 사이에 중요하고 귀중한 이해가 있을 수 있다는 사실은 의심하지 않는다. 구체적이고 생생한 경험의 충만함을 방해하는 추상적 사고 없이 사람들이 세계를 만날 때 무언가 고유하고 훌륭한 것이 있을 수 있다. 게다가 나와 세샤의 집에서 일하는 사람들은 장애인이 서로에게 진정한 동료애를 가진다는 사실을 분명히 느낀다. 나는 세샤가 자신의 장애를 공유하는 다른 사람들이 주변에 있으면 외로움을 덜 느끼는지 알 수 없다. 하지만 다른 장애인의 경험이 세샤의 경험이기도 하다면, 주변에 같은 장애를 가진 사람이 있을 때 세샤가 외로움을 덜 느끼리라고 추정해도 무방해 보인다. 즉 장애인은 서로에게 특별한 가치를 지닌다.

그러나 사람의 가치가 도구적 또는 관계적 고려를 초과하는 것처럼, 결국 세샤와 같은 사람의 가치는 그들의 부모, 사회, 장애인 공동체에 대해 그들이 갖는 모든 가치를 초과한다. 세샤의 가치는 그의 단독적인 체화된 주관성에 있으며, 그것은 (다른 존재와 마찬가지로) 각각의 인간 존재가 지니는 내재적 가치와 꼭 같다. 그것은 고유하며 대체 불가능한 인간의 삶이며, 우리 삶의 조화는 서로의 고유성 안에서 얽힌다. 장애는 그런 대체 불가능성과 얽힘을 덜하게 만들지도 더하게 만들지도 않는다.

내재적 가치의 영역으로부터 특정 장애를 가진 사람을 배제하는 것은 마치 목탄화를 제외한 모든 예술 작품이 가치 있다고 말하는 것과 같다. 목탄화를 제거하면 무엇이 사라지는가? 사라지는 것은 단지 목탄화로 완성되었을 수도 있는 모든 예술 작품뿐이다. 그 이상 구체적으로 들어갈 필요는 없다. 장애를 가진 사람에 대해서도 똑같이 말할 수 있다. 사라지는 것은 단지 그 사람들뿐이다. 그 예술 작품이 가치를 지닌다고 생각한다면, 실질적인 가치 손실이 발생한다. 마찬가지로 그 사람들이 가치 있다고 생각한다면, 실질적인 가치 손실이 발생하는 것이다. 나는 내가 몇 년 전에 말한 것을 여전히 믿는다. "그 자체로 가치 있는 어떤 것이 사라질 때마다 세계는 줄어든다." 나는 비트겐슈타인의 선언 "세계는 사실의 총체다."[33]를 수정하여 말한다. "세계는 내재적 가치의 총체다."

무엇이 상실되느냐는 질문에 대한 이런 답변은 다양성을 잃는다는 단순한 말처럼 회피에 불과한 것일까? 특유한 개인은 통증과 아픔의 삶을 완화하기 위해 어떤 것도 할 수 없는 고통받는 사람일 수도 있다. 세계에서 특유의 존재하는 방식이 피어나는 삶이 될 수 없다면 상실되는 유일한 것은 비참일 것이다. 우리는 그런 비참이 줄어들 때 더 많은 것을 할 수 있다. 하지만 중증 장애를 가지고 사는 삶도 좋은 삶일 수 있으며, 그때에는 그 특유의 좋음이 사라지게 될 것이다.[34]

본인이든 사랑하는 사람이든 그 삶에 장애가 없는 이에겐, 장애를 가지는 삶이 살 만한 가치가 높다는 주장은 어떻게든 역설적으로 들릴 것이다. 장애가 어떤 형태로든 불이익을 수반하지 않는데,[35] 왜 우리가 불이익의 좋음을 주장하는 고집을 부리는가? 이 질문은 세샤가 가진 것과 같은 종류의 장애 사례에서 극명하게 드러난다. 비록 불이익 중 어떤 것은 사회적 태도, 인간이 만든 구조, 장애에 적응하는 데 실패함으로써 나타나는 결과이지만, 세샤는 지적 제한 때문에 혼자 살아남기 힘들다는 분명한 불이익을 받고 있다. 그러나 내 딸이 가진 이런 유의 엄청나 보이는 인지 손상일지라도 우리 모두가 놓치고 있는 즐거움을 강화할 수 있다. 세샤의 기쁨이 없다면 세계는 더 빈곤한 곳이 된다.

리오의 질문은 지적장애인이 태어나지 않으면 무언가가 상실된다는 것을 가정하지만, 이 가정은 그런 장애를 가진 아이가 태어났을 때 귀중한 어떤 것이 상실된다는 더 일반적인 가정과 대립한다. 조너선 글러버(Jonathan Glover)와 같은 몇몇 철학자는 피어날 수 있는 아이를 선택해야만 하며, 되도록 우리는 피어날 가능성이 더 큰 아이를 선택해야 한다고 주장했다.[36] 대니얼 브록(Daniel Brock)은 장애를 가진 아이의 탄생을 막기 위한 개입의 기회를 놓친다면, 우리는 해악원칙(harm principle)[+]을 위반한 것이라고 주장함으로써 논증을 강화한다.[37] 나는 5장에서 이런 논증을 검토하려 한다.

　　나는 장애를 피하는 선택을 하는 부모의 권리를 옹호하고자 하지만, 우리가 인지장애의 모든 형태를 제거하는 데 성공한다면 무언가 가치 있는 것이 사라질 것이라는 리오의 도전에 일부 동의한다. 우리가 인간인 만큼 장애에 취약한 것은 확실하며, 인지장애로부터 자유로운 세상은 존재할 수 없다. 따라서 우리는 대신에 장애를 가진 생명도 장애가 없는 생명처럼 피어날 기회로 가득 찬 삶을 누리게 하는 조치가 취해지도록 관심을 기울여야 한다.

IV. '모든 아이는 부담이다'

리오의 두 번째 반론을 다음과 같이 표현할 수 있다. 인지장애를 가진 아이를 키우는 가족은 더 큰 부담을 진다는 전제는 미끄러운 비탈길(slippery slope)[++]로 이어진다. 왜냐하면 정상적인 양육 부담이 언제 부모가 감당하기 힘든 부담이 되는지를 명확하게 구분할 수 없기 때문이다.

[+] 존 스튜어트 밀이 주장한 자유 제한의 일반 원칙으로 "타인에게 해를 끼치지 않는다면, 내 자유는 침해되어선 안 된다."라고 명시한다.
[++] 첫 전제에 연속되는 여러 전제를 통해 받아들일 수 없는 마지막 결론까지 매끄럽게 이어짐을 보여, 첫 전제를 받아들여선 안 된다고 주장하는 논증. 논리적 미끄러운 비탈길(예로, 100만 개의 모래는 모래 더미다. 99만 9999개의 모래는 모래 더미다. …… 1개의 모래는 모래 더미다.)은 논리적 역설이지만, 본문에서 등장하는 것과 같은 실용적 미끄러운 비탈길은 충분히 검토할 필요가 있는 논리가 된다.

장애를 가진 아이를 키우는 '부담'에 대해 말할 때 당신의 아들이 다음처럼 대답하면 자랑스럽기도 하고 부끄럽기도 할 것이다. "하지만 엄마, 미끄러운 비탈길을 조심해야 해요. 모든 아이는 부담이 아닌가요?" 당신은 대답한다. "그렇지, 모든 아이는 부담이지. 너도 그랬고." 하지만 당신은 그 부담은 반가운 부담이라는 말을 더해야 할 것이다. 아마도 그게 핵심이다. 그 일이 어떻게 부담스러운지는 중요하지 않다. 혼자서 지기엔 너무 무거운 부담을 덜어줄 수 있는 도움과 지지가 있다면, 그 부담을 얼마나 기꺼이 질 의향이 있는지가 요점이다.

그 부담을 기꺼이 나누려는 타인의 의지가 있다면 책임을 지기로 한 결정이 원망과 억울함으로 바뀌지 않을 수 있다. 더 정확하되 덜 침습적인 기술이 가능해지면서, 지원을 받지 못하는 부모는 특정 장애를 가진 사람을 멸절하는 방향으로 결정을 내릴 가능성이 더욱 크다. 동시에 이런 질문이 떠오른다. "왜 사회가 제거할 수 있거나 피할 수 있는 장애의 비용과 부담을 져야 하는가? 장애를 가진 아이를 낳기로 결정한 부모가 아이가 초래하는 추가 비용과 책임의 타격을 다 감당해야 하지 않는가?" 이 질문에 온전한 답변을 하기 위해서는 정의에 관해 질문을 제기해야 한다. 하지만 내 아들의 "모든 아이는 부담이 아닌가요?"라는 가슴 아픈 질문은 분명히 부분적인 답변이 된다. 모든 아이는 부담이며 우리는 부모가 제공하는 자원을 아이가 누릴 자격이 있음을 인정한다. 그런데도 모든 사람은 자녀가 초래하는 비용의 일부를 사회 전체가 분담해야 한다는 점을 인정할 것이다. 매우 고집 센 보수 자유주의자를 제외한다면 말이다.

남은 질문이 있다. 임신한 아이를 출산할지에 대한 부모의 결정이 일부분이라도 자녀의 장애로 인한 부담에 따라 달라져야 하는가? 가장 주목해야 할 점은 여성에게 이미 어떤 이유로든 임신중지할 자유가 있다는 것으로, 여기에는 지금 또는 언제든지 자녀를 가지는 것이 너무 부담스럽다는 이유도 포함된다.[38] 왜 장애는 이유가 될 수 없다고 말해야 하는가? 다섯 번째 아이는 여러 사람에게 너무 큰 부담이겠지만, 누군가는 이를 마땅히 수용할 것이다. 둘째 아이를 참을 수 없는 한계로 느끼는 사람도 있을 것이고, 누군가에겐 한 아이도 너무 많을 수도 있다.[39] 두 번째로, 아이들이 부담이 되긴 하지만 결코 부담스러운 존재인 것만은 아니라는 점에 주목할 필요가 있다. 분만과 자녀 양육이 자신에게 부담인지 여부를 여성이 결정하는 것이 도덕적으로 허용 가능하다는 데에 우리가 동의한다면, 우리는 여성이 어떤 장애가 부담인지 여부 또한 결정할 수 있도록 허용해야 한다. 하지만 그 여성이 관련된 정보에, 그리고 비슷한 장애를 가진 아이를 기르는 가족에 접근할 수 있어야 한다는 전제가 따른다.

1) **이** 예비 자녀를 또는 **모든** 예비 자녀를 임신중지하는 것

여성이 임신중지를 선택하는 다른 다양한 이유와 아이가 장애를 가지고 태어날 것이기 때문이라는 하나의 이유를 구별할 수 있을까?[40] 페미니스트 장애인권 운동가는 아이를 가지지 않기로 결정하는 것(보편 임신중지, '모든 태아의 임신중지')과 이런 특성을 지닌 이 태아를 낳지 않기로 결정하는 것(선택적 임신중지, '이 태아의 임신중지')은 다른 일이라고 주장했다.[41] 그러나 적어도 어떤 의미에서 모든 임신중지는 선택적 임신중지이기도 하다. 선택을 규정하는 특성은 장애가 아닌 '이 남성의 자녀', '셋째 아이', '내 삶의 불행한 시기에 임신한 아이' 같은 이유일 수 있다.[42] 여성이 선택하는 이유가 무엇이든(자녀를 전혀 원하지 않는다고 결정하지 않는 한) 선택은 이 태아에 대한 것이다. 이런 옹호에 대한 반론으로 장애의 선별은 관계적 특성(즉 셋째 아이임)이 아닌 내재적 특성(즉 손상)에 근거해 이루어진다는 것을 들 수 있다. 그러나 이 구분은 대부분의 장애인권 옹호자가 지지하는 주장, 즉 장애가 관계적 특성이라는 주장에 반한다. 여기에서 장애는 개인의 신체(또는 정신)와 물리적·사회적 환경 사이의 관계(특히, 부적합)를 뜻한다.

'모든 자녀 대 이 자녀' 논증을 옹호하는 다른 방법은 차별에 호소하는 것이다. 장애를 가져올 수 있는 특성으로 선별하는 것은 이미 구조적 차별 행위의 대상이 된 집단에 반하는 선택이라는 것이다. 사회적·경제적·정치적 지표는 모두 장애인이 광범위한 차별을 겪고 있다는 주장을 입증한다. 표현주의자 논증은 이런 사회적으로 널리 퍼져 있는 차별의 맥락 안에서 장애를 부여하는 조건으로 태아를 선별하는 것은, 장애를 가진 삶은 살 가치가 없다는 메시지를 표현한다고 본다. 손상이 있는 태아의 선별은 장애를 가진 삶에 대해 경멸적 메시지를 표출한다는 논증은 진지하게 받아들일 필요가 있다. 그것은 모든 형태의 유전 검사, 산전 진단, 선택적 임신중지에 적용된다.

에이드리엔 아시와 데이비드 와서먼(David Wasserman)[43]은 단일 요소가 개인의 모든 것을 특징짓기 충분하다는 기본 가정을 거부하기에 선별 절차에 반대한다고 썼다. 제유는 단일 특징으로 전체를 나타내는 표현법이다. 이것은 차별에서 전형적으로 나타난다. 사람의 피부색을 그 특징 전체의 지표로 생각하는 것이 그 예가 된다. 장애 형질을 근거로 태아를 중절한다면, 개인의 손상에 근거해 장애인을 차별할 때처럼 우리가 '제유의 죄'를 범한다고 그들은 주장한다.

그러나 재생산 선택 사례에서 벌어지는 일은 더 미묘하다. 장애를 사회적 모델로 해석할 때, 자궁 안의 존재는 손상이 있지만 장애를 가지지는 않을 수 있다. 손상은 개인에게 부속된 것으로 이는 이론상 고쳐질 수 있다. 차별의 이유가 되는 다른 내재적 특징, 즉 변경 불가능한 특징인 (또한 인간 유기체의 손상이 아닌) 인종 등과는 다르다. 손상을 고치는 의료적 조치가 있을 수 있다. 따라서 자궁 안에서 손상이 치료될 수 있다면, 임신중지를 택했던 사람은 기꺼이 이 아이를 가질 것이다. 제유가 여기에서 인종차별이나 심지어 장애를 가지고 태어난 개인 모두에 대한 차별과 같은 방식으로 작동하지 않는다는 것이 요점이다.[44] 형질이 표적이 되는 것은 맞다. 그리고 그렇게 표적이 되는 건 이 개별 태아가 태어나지 못한다는 의미다. 그러나 그 형질이 개인을 대변하는 것으로 받아들여지는 것은 아니다. 그 형질이 바뀌거나 제거될 수 있다면 그 개인은 수용될 것이기 때문이다. 그 아이를 원치 않는 게 아니라 그 형질의 효과, 즉 아이가 태어났을 때 뒤따르는 장애를 원치 않는 것이다.[45] 이 아이의 고정 지시(rigid designation)는 이 임신에 대한 여성의 거부를 불러오는 요인이 아니다. 비록 여성의 선택의 결과로 이 아이가 존재하지 않게 될지언정 말이다.

2) 아이는 부담이기만 한 것은 아니다

아이를 가질 것인지를 선택하는 것은 부담의 문제인 것만은 당연히 아니다. 모든 아이는 부담이지만, 그 이상이기도 하기 때문이다. 리오에게 보내는 답변에서 나는 이 점을 지적했다.

아이들은 부담이지만 노예 생활 같은 가장 엄혹한 조건에서도 많은 여성은 아이를 낳아 길렀어. 젊은 노예 여성이었던 해리엇 제이콥스 (Harriet Jacobs)는 "아기들을 마음으로 껴안을 때, 속박 속에서도 살 만한 무엇인가가 있다는 느낌을 받았다."라고 썼지.[46] 난 세샤처럼 심한 장애를 가진 아이에게도 놀라운 보물이 숨겨져 있다고 덧붙이고 싶구나.

부담 논증과 '이 자녀 대 **모든** 자녀' 논증은 같이 생각해보는 것이 가장 좋은 것 같다. 선택할 수 있는 한, 모든 재생산 결정은 다른 부담이 아닌 바로 그 부담을 지고, 다른 희망과 기대가 아닌 바로 그 희망과 기대를 껴안으려는 결정이다. 우리는 희미하게나마 우리가 신청한 것을 얻지 못할 수도 있다는 걸 알면서 선택을 한다. 우리는 이탈리아가 아닌 네덜란드에, 하와이가 아닌 팀북투에, 심지어는 약속의 땅이 아닌 내전 중인 시리아에 도착할 수도 있다.

이것은 이 손상된 태아를 갖지 않기로 하는 선택이 진정한 '선택'이 되려면, 두 가지 문제를 정면으로 마주해야 한다는 것을 의미한다. 하나는 물질적 자원의 부족이며, 다른 하나는 낙인이다. 이러한 제약이 편향적으로 작동하는 한, 임신중지는 자유로운 결정이 아니다. 각각의 제약은 실제 손상이 요구하는 것보다 장애를 가진 아이의 양육을 훨씬 부담스러운 일로 만든다. 세계 여러 지역에서 이용 가능한 물적 자원은 충분하지 않다. 부유한 국가들 중에서 미국은 형편없는 축에 속한다.

인지장애를 가진 사람과 그 가족에게 충분한 보조와 지지를 제공하는 일에 대한 사회적인 실패는 장애에 찍힌 낙인이 지속되는 것과 관련 있다. 장애에 찍힌 낙인은 종국적으로 우리가 우리 자신의 취약성을 직면하기를 어려워 하는 데에 있다. 댄 구들리(Dan Goodley)는 이 점을 다음과 같이 표현했다.[47] "우리는 여러 형태의 낙인을 통해 우리 취약성을 부인한다." 인지장애는 여전히 가장 큰 낙인이 찍힌 장애이다. 인지장애 집단의 하나인 다운증후군을 가진 사람들은 매체에 더 많이 등장하지만[48] 노출 그 자체는 다운증후군 진단이 임신중지로 이어지지 않는다는 증명이 못 된다.[49] 인지 능력에 높은 가치를 매기는 세계에서, 지적 능력을 여러 형질 중 하나로만 보기는 어렵다. 최근의 두 가지 이야기는 다운증후군을 가진 사람들이 예전보다는 수용되고 있지만, 여전히 학대받는다는 사실을 알려준다. 첫 번째 이야기에서 종업원은 다운증후군 아이에 대해 무례한 말을 한 사람에게 나가라고 요청한다. 그는 영웅으로 대접받았다.[50] 두 번째 이야기에서 경찰관은 극장 직원의 지시에 따라 영화관을 떠나지 않은 다운증후군을 가진 남성을 매우 거칠게 다루어 사망에 이르게 한다.[51] 지난 25년간 많은 발전이 이루어졌지만 '저능아'라는 말은 여전히 학대의 흔한 형태이다.

또 하나의 자원에 관해서도 질문해야 한다. 개인과 가족의 정서적 자원이 그것이다. 중증 장애를 가진 아이를 키우는 일은 큰 기쁨을 주기도 하지만, 이미 밝혔듯이 돌봄의 추가적인 부담을 넘어 상당한 고통을 준다. 이런 아이들은 취약하여 아픈 경우가 많다. 지적·발달장애를 가져오는 여러 상태는 의학적 허약함을 동반한다. 내 딸의 경우, 언어로 의사소통할 수 없기에 조기에 질환을 파악하기가 무척 어려웠다. 아이가 놓칠 경험을 생각하지 않기, 피어나기 위해서는 말할 것도 없고 살아남기 위해서라도 아이에게 나 또는 다른 사람이 절실히 필요하다는 점을 걱정하지 않기, 딸보다 먼저 죽는 것을 두려워하지 않기는 어렵다. 부모(장애를 가진 사람도 그러리라 나는 추측한다.)는 다른 사람은 거의 필요로 하지 않는 정서적 자원을 자주 요청하게 된다. 중증 장애의 경우에 이는 당연하다. 낙인의 축소나 사회가 제공하는 물질적 지원으로 쉽사리 완화되지 않는 여러 어려움을 다루는 데는 감정적 자원이 필요하다. 이는 내가 장애의 선별에 도덕적 비난을 하지 못하게 만드는 고려 사항 중 하나이며, 여성이 스스로 선택하지 못하게 제약하는 모든 정책에 내가 강하게 반대하는 이유이기도 하다.

나는 아들에게 말했다.

아마 어떤 사람들은 부모가 되어서는 안 되고, 어떤 사람들은 장애 아동의 부모가 되어서는 안 될 거야. 적어도 그런 상황을 예견할 수 있다면 말이지. …… 나는 원했던 만큼 아이가 똑똑하지 않아서 아이를 향한 사랑이 줄어들었다고 말하는 부모들을 봐왔어. 아이는 얼마나 슬플까 생각했지. 사랑을 받지 못하고, 장애에 동반하는 …… 질환, 고통, 외로움을 견디는 데 필요한 특별한 돌봄을 받지 못하는 아이는 얼마나 황폐해질까. 우리 집을 방문하는 사람들은 자기를 너무 사랑하는 부모가 있어서 세샤는 운이 좋다고 말해. 우리는 보통 우리가 너무 사랑할 수 있는 세샤가 있어서 우리가 운이 좋다고 대답하지. 하지만 사실 그들이 옳아. …… 세샤를 그렇게 사랑할 수 있다는 것, 누군가 세샤를 그렇게 사랑하지 못한다는 것을 상상하기 힘들다는 것은 은혜겠지. 그런 은혜를 받은 것이 우리의 행운일 거야. 하지만 우리처럼 세샤를 사랑하는 사람이 없다면, 세샤의 삶은 어땠을까?[52]

이렇게 말한 다음, 나는 우리의 정서적 자원을 가장 크게 시험했던 부분을 언급했다.

얘야, 그게 가장 고통스러운 생각이지. 우리가 더는 세샤의 곁에 없을 때 세샤에게 어떤 일이 벌어질까 생각하는 것 말이야. 아니야, 이런 내용을 가족에게 말할 권리를 가진 사람은 없어. 당신은 그것을 받아들여야만 하고, 그렇지 않으면 당신은 비도덕적이며 장애가 있는 삶을 가치 있게 여기지 않는 것이라고 가족에게 말할 수 있는 권리를 가진 사람은 아무도 없다고.[53]

V. 재생산 선택을 하면 '가족이 회원제 클럽처럼 된다'

리오의 세 번째 반론은 다음과 같이 옮길 수 있다. 부모가 태아의 어떤 특성에 근거해 임신중지를 결정한다면, 가족은 무조건적인 사랑의 장소라는 생각이 의문에 부쳐진다. 이 반론에서 표현주의자 논제는 장애인이나 사회 전체가 아니라 지금이나 미래의 형제자매에게 메시지를 전하는 것으로 해석될 수 있다.

리오는 형제자매에게 두 가지 다른 메시지가 전해진다고 주장한다.

⑴ 그저 내가 그들의 자녀이기 때문이 아니라, 내가 정신적·신체적으로 이상이 없다는 조건하에서 부모가 나를 사랑하는 것이다. …… ⑵ 내 부모는 자신의 모든 아이를 그저 사랑하는 게 아니다. 나를 나답게 만드는 특성이나 성격이 바람직하기 때문에 부모는 나를 사랑한다.[54]

두 경우 모두 선택 자체가 부모의 무조건적 사랑이 지닌 확실성을 의

심하게 만든다. "가족은 가족이라기보다 클럽에 가까워지기 시작한다." 클럽에서는 선택의 특정 기준을 만족할 때 회원 자격이 주어진다. 만약 기준에 미달하게 되면 회원 자격이 박탈될 수 있으며 회원 자격으로 인해 수락된 것이 철회될 수 있다.

에이드리엔 아시의 산전 선별 비판은 비슷한 메시지에 주의를 기울이게 만든다.[55] 아시는 이런 기술이 어떤 아이는 세계에서 환대받지 못한다는 악독한 메시지를 보낸다고 주장한다. 가족이 모든 아이를 환대하는 데 실패한다는 것은 장애인에게 치명적인 메시지를 전한다. 마이클 샌델은 그것이 예상외의 것에 마음을 열지 못하고, 자녀의 탄생을 선물로 받아들이지 못한 것이라고 지적했다.[56]

"가족은 가족이라기보다 클럽에 가까워지기 시작한다."라는 생각을 정교화하면서 리오는 어머니인 내가 손상이 있는 태아를 중절했다면 자신이 받았을 두 가지 메시지를 제시한다. 하나는 명확히 부정적인 메시지이다.

① 내가 태아일 때 손상이 있었다면, 나는 세상 빛을 보지 못했을지도 모른다. 따라서 나는 손상이 있는 태아가 거부당한 것처럼 내 지적·신체적 능력의 손실을 두려워해야만 한다.

두 번째 메시지는 더 긍정적이지만, 부모-자녀 관계의 감정을 허약하게 만드는 독약을 품고 있다.

② 부모는 나를 선택했다. 내 지적·신체적 잠재력과 능력은 부모가 날 사랑하게 했다. 그러나 이 확언에는 방해물이 따라붙는다. 내가

이 잠재력을 발휘하지 못하거나 능력을 잃는 불행을 겪는다면, 나는 부모의 사랑을 받지 못할 것이다.

우리가 가족을 자녀가 무조건적 사랑을 느껴야 하는 장소로 여긴다면, 소유한 형질에 따라 사랑을 조건부로 받게 된다는 메시지를 받는 아이는 부모와의 최선의 관계를 놓친다. 선별 기술은 그 기술의 표적인 특정 형질에 따라 아이의 탄생을 막는 것을 목표하므로, 아이가 어떤 형질이나 특성을 지녀서가 아니라 존재 자체로 가치가 있어서 우리가 아이를 낳는다는 개념을 흔들게 된다. 아이로부터 특성을 분리하여 생각하려 해도 이를 피할 수는 없다. 따라서 선택적 임신중지는 아이의 가치가 어떤 내재적 특성을 소유하는지에 따라 조건적으로 결정된다는 메시지를 보낸다는 리오의 반론은 묵살할 수 없다.

선별이 가족의 구성과 의미에 관련된다는 점을 다루기 위해, 우리는 포괄적인 표현주의자 반론과 씨름할 필요가 있다. 두 사례 모두에서 우리는 메시지가 보내진다고 가정한다. 보내지는 메시지가 존재하는가?

얼핏 그렇다고 답하는 게 자명해 보인다. 만약 21번 삼염색체성[+]을 지닌 태아를 계속 중절한다면, 다운증후군을 가지고 사는 것보다 태어나지 않는 것이 나은, 바람직하지 않은 질환으로 여긴다는 것 말고 어떤 결론을 내릴 수 있단 말인가? 하지만 누가 이 메시지를 보내는가? 분명히 많은 사람의 의도는 이런 메시지를 보내는 것이 아닐 것이다. 여성의 선택에는 다양한 의도가 있다. 이런 기술이 '메시지를 보내는' 것도 하나의 가능성일 수 있다. 그러나 누군가 이런 기술의 사용을 '메시지를 보내는 것'

[+] 다운증후군을 말한다.

으로 해석한다 해도, 우리는 그 메시지, 즉 단일한 뜻을 지닌 메시지가 진짜로 보내졌는지 질문해야만 한다. 결국 타인의 행동이나 말을 읽는 행위에는 언제나 오해와 오독이 일어난다. 나는 당신이 나를 알아채지 못하고 지나치는 것을 경멸이나 혐오의 표시로 받아들일 수도 있다. 하지만 내 생각이 틀릴 수 있다. 당신은 그저 정신이 팔려서 나를 알아보지 못한 것일 수 있다. 나는 당신이 나에게 메시지를 보냈다고 생각하지만, 당신은 그런 적이 없다. 실제로 아무도 메시지를 보낸 적이 없을 때 이런 상상 속 메시지의 '전송'을 멈추려 한다면, 오해를 바로잡아야 한다. 오해를 촉발한 행동을 금지할 필요까지는 없다.

레이나 랩(Rayna Rapp)은 다운증후군에 관해 경험했으며 특수 교육 분야에서 일하기까지 했지만 임신중지를 한 여성들에 관한 연구 자료를 제시한다. 그들은 21번 삼염색체성을 가진 사람의 가치를 이해하지만, 그들은 경험을 했기에 자신이 다운증후군을 가진 어린이에게 필요한 돌봄을 제공하는 부모로서의 역할을 수행할 물질적 · 감정적 자원이 없다고 느낀다. 그러나 다양하고 각기 다른 동기가 누적된 산물인 의사 결정이 '메시지를 보내는' 효과를 갖지 않는다고 논증하기란 무척 어렵다. 하지만 메시지를 보내는 효과가 있는 것과 실제로 메시지를 보내는 것은 다르다.

'메시지를 보낸다.'라는 것은 무엇을 의미하는가? 발신자와 수신자, 주고받은 메시지가 있어야 할 것이다. 위대한 언어학자 로만 야콥슨(Roman Jakobson)은 더 많은 것이 필요하다고 지적한다.[57] 발신자와 의도된 수신자에 더하여, 우리는 메시지를 보내기 위한 소통의 열린 채널(예를 들어 의도된 메시지는 들리거나 읽혀야 한다.), 발신자와 수신자가 공유하는 공통 부호나 언어, 메시지를 이해하기 위한 맥락(예를 들어 관중이 아닌 무대에 있는 연기자가 "불이야!"라고 외치는 상황임을 아는 것)이 필요하다. 이런 필요 사항이 부재하거나 충족되지 못한다면, 메시지는 발송되지만 수신되지 않거나, 수신되었지만 발송되지 않았을 수 있다.

분명 여성은 이런저런 손상을 가진 아이가 좋은 삶을 살 수 없다고 믿거나, 그런 손상이 있는 삶은 살 가치가 없다고 믿기에 임신중지를 결정하기도 한다. 어떤 여성이 임신을 중지하거나 손상을 선별하려는 것은 그런 조건을 가진 아이를 키우는 것이 자기 삶을 힘들게 만들기 때문이고, 그들이 그런 고난을 가져올 아이를 환대하지 않기 때문이라는 점에는 의심의 여지가 없다. 이런 결정은 질환에 대한 무지를 반영할 수도 있고, 더 나은 정보를 제공받아 바뀔 수도 있고, 현실을 반영할 수도 있다.(예컨대 가끔은 장애인의 가족에게 더 나은 지원을 한다면 바뀔 수 있다.) 상황이 바뀐다면 계산도 달라질 것이다. 이런 결정이 장애를 가진 사람들을 향한 사회의 편견을 반영할 수 있지만, 그런 결정을 내리는 개인이 꼭 '메시지를 보내는' 것은 아니다. 만약 장애를 가진 삶에 대한 근본적인 태도가 상당히 바뀐 상황에서 누군가 다운증후군을 가진 태아를 중절하기로 결정한다면, 우리는 그들이 다운증후군을 가진 삶을 가치 없게 여긴다고 말하지는 않을 것이다. 오히려 어리둥절해 하거나, 그 결정이 다운증후군이 아니라 다른 상황과 관련 있으리라고 생각할 것이다.

장애 선별 조치가 보내는 메시지를 걱정하기보다는, 그런 결정 이면에 있는 것을 이해하는 게 더 중요하다고 나는 생각한다. 그것이 반영하는 태도나 오해, 불리한 현실 그리고 이것들을 다루기 위해 우리에게 필요한 것 말이다. 그러나 표현주의자는 선별 절차가 단순한 반영에 그치지 않고 억압에 이바지한다고 주장한다. 그것은 질병의 증상이 질병의 비참함에 이바지한다고 말하는 것과 같다. 사실이다. 하지만 증상을 치료하는 게 우리가 근본적인 문제에 접근한다는 의미는 아니며, 증상 치료 자체가 상태를 악화하는 경우도 있다. 사람들에게 최고의 부모가 될 수단을 제공하지 않는다면, 우리는 그들이 기르기를 원하지 않는 아이를 가지도록 법제화하거나 그들을 비난해서는 안 된다. 도덕적 판단에서 불충분한 소통은 불충분한 근거를 제공할 뿐이다.

비장애인 형제자매에게 부모와의 관계가 미치는 효과는 선택적 재생산 기술과 연결하여 논의되는 일이 거의 없다. 아들에게 답하면서 내가 명확히 하고자 했던 첫 번째 지점은, 이미 태어난 아이를 향한 헌신과 태아를 향한 헌신 사이에 차이가 있다는 것이다. 모두가 이런 도덕적 구분을 공유하고 있는 것은 아니다. 하지만 임신중지에 대한 여성의 권리를 주장하는 이에게 이것은 매우 중요한 차이다.[58] 이 밖에도 아들과 서신을 교환하며 나는 이런 교류의 채널을 열기 위해 우리 가족이 얼마나 노력을 기울이지 않았는지 알게 되었다. 내 아들의 염려를 성찰하면서, 나는 어느 정도는 내가 딸을 기르면서 아들에게 보내는 메시지가 분명하다고 가정했기에 그런 소통을 하지 않았다는 것을 깨닫게 되었다. 보통의 조건에서 성취의 가능성이 전혀 없는 딸을 사랑하면서, 우리는 부모로서 우리가 아이들에게 무조건적 사랑을 주고 있는 것이 자명하다고 생각했다. 하지만 그 대신 내 아들은 세샤가 성취할 수 없는 것을 자신이 보상해야 한다고 믿었다. 리오가 네 살이었을 때 아이는 우리가 세샤에게 애착을 더 많이 보이기 때문에 자신을 덜 사랑한다 생각한다고 말했다. 우리는 아들과 대화하고 다양한 일을 함께하는 등 다양한 방식으로 사랑을 표현하는 한편, 애착은 세샤와 나누는 유일한 언어이자 몇 안 되는 상호작용의 방식이라는 점을 분명히 했다. 우리는 그렇게 소통의 통로가 열렸다고, 공통 신호를 공유했다고 가정했지만, 우리의 노력은 부족했고 메시지는 뒤섞였다.

리오는 대답했다.

네, 소통의 통로는 열려야만 해요. 그리고 이것은 너무나 어렵죠. 우리 가족은 개방적이고 솔직하지만, 스물한 살이 된 지금에야 엄마, 아빠와 세샤를 가족으로 받아들이는 일의 고통스럽고 어려운 측면들을 진지하게 논의하는걸요. 저는 최근까지도 세샤에 관해 제 머릿속에 떠오른 생각을 놓고 건강한 대화를 해본 적이 없어요. …… 엄마는 다음 조건을 만족한다면, 장애를 가진 태아의 중절이 그 형제자매에게 사랑은 조건적이라는 해로운 메시지를 전달하지 않을 거라고 쓰셨지요. "우리가 장애를 가진 사람을 돌봄과 존중으로 대한다면, 우리가 그 사람의 필요를 보았을 때 그것에 주의를 기울이고 말하고자 하는 사람의 목소리에 귀를 기울인다면, 우리가 능력이나 성취와 무관하게 모든 사람을 도덕적으로 동등하게 대우한다면, 또 가정이 수행하는 모든 일에 이를 반영한다면 어떤 아이도 특정한 바람직한 형질을 지닐 때만 자신이 가치 있다고 생각하지 않을 것이다." 엄마, 그렇지만 문제가 있어요. 어떤 아이도 위의 조건을 모두 [만족하는] 분위기 속에 항상 있을 수 없어요. 사실 어떤 사람도 자기 가족이 항상 이런 방식으로 자신을 대한다고 생각하지 않을 거예요.[59]

우리는 손상이 있는 태아를 중절하지 않았지만, 리오는 장애를 선별할 때 비장애인 형제자매에게 발송되는 메시지에 대해 자신이 염려하는 바가 부모와의 관계에 있어 자신을 괴롭혔다고 말했다.

어머니는 세샤를 중절하지 않으셨지만, 선택적 임신중지의 결과로 그 형제자매가 겪을 수 있다고 우리가 논의한 모든 감정들을 저는 경험했어요. …… 저는 어린 시절 내내 그리고 성장하는 과정에서도 아버지와 어머니의 사랑은 내 신체적·정신적 능력에 따른 것이라고 자주 강하게 느꼈어요. 그런 능력이 없다면 나는 부모님의 사랑과 존중을 받을 수 없다고 어느 정도는 느끼곤 했지요.

편지를 통한 열린 논의는 문제가 어디에 있는 것인지 확인하는 데 도움을 주었다고 리오는 말했다.

제가 자라면서 평등한 것 이상으로 대우받았다고, 세샤보다 더 많은 관심을 받는다고 느꼈을 때, 또는 세샤와 같은 돌봄과 존중을 받지 못한다고 느꼈을 때, 제 어린 마음은 세샤를 똑같이 대하지 않는 것을 평등이 아닌 불평등으로 해석하곤 했어요. 저는 제가 세샤보다 할 수 있는 게 많기 때문에 더 관심을 많이 받는다고, 또는 세샤가 더 많은 것을 필요로 하기에 제가 관심을 덜 받는다고 여겼어요. 저는 이런 현상이 모든 형제자매 사이에 어느 정도 존재하리라 생각해요. 부모의 일과 아이 사이에도, 아이와 다른 배우자 사이에도 있을 거예요. 부모의 에너지가 공정하게 분배되어야 하는 곳 어디에서든지요. 자기 위치가 바뀌었다고 느끼면 아이는 변화의 원인을 계속 찾습니다. 완전히 열린 소통의 끈이 있어 모두에게 똑같이 높은 가치를 부여한다는 메시지가 지속적으로 전해질 때만 뒤섞인 메시지를 물리칠 수 있어요. 네, 엄마. 임신을 중지하려 할 때 자신의 아이에게 잘못된 메시지를 보내지 않을 방법의 비결을 어머니께서 찾아내셨다고 생각해요. 저는 이것이 일반적인 자녀 양육의 비밀이기도 하다고 생각합니다.[60]

VI. 세계를 장애를 가진 사람을 더 환대하는 곳으로 만들기

비하의 메시지는 우리 사회의 타인에게, 영향받는 집단에게, 우리 자녀에게 항상 전달된다. 다시 말하지만, 나는 전달되는 메시지보다 우리의 추론을 낳는 조건에 더 초점을 맞추어야 한다고 본다. 다운증후군을 가진 딸의 어머니이자 다운증후군 태아의 높은 임신중절률을 염려하는 엘리슨 피프마이어(Alison Piepmeier)는 장애로 인한 임신중지를 불법화한 노스다코타주의 결정을 놓고 다운증후군을 가진 자녀의 부모들이 축하했던 일에 대해 썼다.

> 노스다코타주가 정말로 "노스다코타의 아기들을 위한 위대한 하루"[61]를 원한다면, "성별과 장애로 …… 사람을 차별하지 않는 사회임"[62]을 증명하고 싶다면, 노스다코타는 장애를 가진 사람을 환대하는 곳이 되어야 한다. …… 주는 법 개정 비용을 아껴 공립 학교에 투자하여 차별을 없애고 …… 의료 서비스와 조기 개입의 접근성을 높이며 …… 지적장애를 가진 성인을 위해 독립적이면서도 지원이 뒷받침되는 주거를 제공하고 …… 강간에 대한 형사 사법 제도의 대응을 개선해야 한다. …… 여성은 어떤 이유로든 임신중지를 하게 놓아두고, 세계를 아이를 낳을 만한 곳으로 만들자. 심지어 지적장애를 가진 아이라 해도 말이다.[63]

이것이 모두가 충분한 정보를 얻고 사회적 지원이 풍부하고 후하면, 누구도 선별 기술을 사용하지 않을 것이라는 의미인가?[64] 나는 그렇지 않다고 생각한다. 어떤 예비 부모는 여전히 모든 예견되는 고난을 피하길 원하며 '완벽한 아기'라는 생각에 매달리거나, 중증 손상을 가진 삶이 좋은 삶일 수 있다는 생각을 받아들이지 못할 것이다. 어떤 가족은 자신을 고급 클럽으로 여겨 다른 방식으로 가족을 이룰 상상조차 하지 못할 것이다. 내 아들처럼, 나는 그런 육아의 태도를 불행한 것으로 생각한다. 모든 아이를 환대할 수 있을 때 아이에게도, 사회 전체에도 더 나을 것이라고 믿는다. 그렇게 할 수 있을 때, 육아의 지뢰밭을 헤쳐나가면서 맞닥뜨리게 되는 뜻 밖의 상황에 더 잘 대처할 수 있을 것이다.

5장
선택적 재생산 조치에 대해
논쟁하지 않는 방법

앞 장에서 다룬 논증은 선별 조치를 걱정하는 장애공동체 구성원에게서 나온 것이다.[1] 살펴보았듯이 가장 두드러진 반론은 표현주의자 반론의 변형이었다. 다시 개요를 살펴보면, 표현주의자 반론의 가장 강한 형태는 다음과 같다.

> 강한 표현주의자 반론: 장애 아동의 탄생을 막는 것은 장애를 가진 삶이 살 가치가 없다는 견해를 표현한다.

약한 형태는 다음과 같다.

> 약한 표현주의자 반론: 장애 아동의 탄생을 막는 것은 장애에 따르

는 낙인을 영속시키거나, 장애를 가진 사람은 세계에서 환대받지 못한다는 메시지를 보낸다.[2]

여기에서 논란의 핵심을 이루는 장애는 유전 검사, 배아 선별, 산전 검사, 선택적 임신중지 같은 기술을 통해 진단하고 방지할 수 있는 것이다. 장애공동체는 일반적으로 장애를 선별하는 행위가 도덕적으로 문제가 있다고 전제하지만, 장애를 선별하지 않는 것 또는 능력에 따라 선택하는 것을 비난하는 논증은 장애를 고르는 선택이 도덕적으로 잘못되었다고 주장한다.

중증 장애를 피하기 위한 재생산 선택을 지지하는 생명윤리학자 일단은 표현주의자 반론에 대응하는 방식으로 논증을 펼쳐왔다.[3] 이들은 표현주의자 반론이 유의미하며 장애를 가진 사람을 향한 낙인이 늘어나지 않도록 해야 한다는 데 동의한다. 또한 그들은 장애를 가진 사람들이 자신의 삶이 좋다고 말하는 글을 읽으며 이를 수용한다. 이들은 자신들의 관점이 장애를 가진 삶이 살 가치가 없다는 주장을 함의하지 않으며, 따라서 표현주의자 반론의 대상이 되지 않는다고 주장한다. 그럼에도 이들은 장애가 없는 아이를 낳을 수 있다면 예비 부모는 장애를 가진 아이의 출산을 피할 책무가 있다고 주장한다. 그들은 예비 부모가 가능한 최선의 아이 또는 더 나은 삶의 기회를 지닌 아이를 선택해야 한다고 주장한다. 여기에서 '더 나은' 또는 '최선'은 자녀의 웰빙 측면에서 이해된다. 물론 학자들마다 최선의 아이나 더 나은 삶에 관한 개념은 어느 정도 차이가 나지만 말이다. 대부분에게 이는 도덕적인 책무다.[4]

나는 예비 부모에게 장애를 **선별**할 (또는 가능한 결과 중 '최선'을 가져올 아이를 선택할) 도덕적 의무가 있다는 것 **그리고** 장애에 낙인을 더하지 않고 이 논증을 할 수 있다는 것, 즉 심지어 약한 형태의 표현주의자 반론에도 저촉되지 않으면서 이렇게 주장할 수 있다는 견해에 이의를 제기한다. 이런 주장을 하는 이들 중 대니얼 브록은 예비 부모가 장애, 특히 '중증 장애'[5]를 선별하지 않을 때, 즉 예비 부모가 중증 장애를 선별할 도덕적 책무를 이행하지 못한 경우 발생하는 결과가 낳는 해악에 초점을 맞춘다.[6] 브록은 연구의 초점을 해악에 맞추면서, 예비 부모가 지고 있다고 그가 주장하는 도덕적 책무가 표현주의자 반론을 회피할 수 있는지 아주 세밀히 검토한다. 따라서 내 비판은 브록의 입장에 초점을 맞출 것이다.

나는 여러 형태의 표현주의자 반론이 제기한 장애 선별에 대한 반박과 장애의 선별에 관하여 브록이 취하는 견해가 양립 불가능함을 보이고자 한다. 장애 선별의 도덕적 책무를 옹호하는 논증은 장애에 대한 가정을 그대로 수용하는데, 이 가정은 표현주의자 반론이 제기되게 만든 바로 그 가정이다. 이 점은 많은 장애인이 거짓이나 오해의 소지가 있어 거부하는 관점, 그들의 삶을 덜 좋게 만드는 의식적·무의식적 편향을 표현하는 관점을 포함하는 브록의 논증에서 명백하게 드러난다. 여기에는 다른 모든 조건이 동일하다면 장애가 없는 삶보다 장애를 가진 삶의 웰빙이 덜하다는 견해, 더 많은 능력이 필연적으로 더 많은 웰빙의 기회로 이어진다는 견해, 따라서 예비 부모는 장애를 가진 아이 대신 장애가 없는 아이를 택할 도덕적 책무가 있다는 결론이 포함된다.

반복해서 확인한 것처럼 장애인은 자기 삶이 반드시 나쁘다고 생각하지 않으며 삶의 좋음을 자신이 온전한 능력을 얼마나 많이 지녔는지에 따라 판단하지 않는다. 대신 그들은 수용적인 환경이 주어졌을 때, 자신이 가진 능력으로 할 수 있는 일과 될 수 있는 것에 따라 삶의 좋음을 판단한다. 많은 장애인 당사자는 장애를 가진 아이를 낳지 않는 것을 장애인이 이 세계에서 환대받지 못한다는 메시지를 보내는 것으로 이해한다. 그들은 신체와 정신의 다양성이 세계를 더 풍성하게 만든다는 점을 받아들일 것을 촉구한다.[7] 브록이 이처럼 많은 장애인이 거부하는 가정에 의존하는 한, 브록은 부모가 장애를 가진 아이 대신 비장애 아이를 낳을 도덕적 책무가 있다고 주장하는 동시에 표현주의자 반론에 저촉되지 않는다고 주장할 수 없다.

I. 인격비영향 해악원칙

브록은 표현주의자 반론을 수용해 장애인이 좋은 삶을 살 수 있다는 점을 인정한다면서도, 비장애 아이를 가질 수 있다면 아이가 중증 장애를 가질 가능성이 있다는 사실이 그 아이를 낳지 말아야 할 도덕적 이유라고 주장한다. 예비 부모가 ('정상 아이'가 대신 태어날 수 있다면) 장애를 가진 아이의 탄생을 막지 못하는 것은 잘못이라는 우리의 직관에 호소하기 위해 브록은 가상 사례를 제시한다.[8] 이것은 데릭 파핏(Derek Parfit)이 처음 소개한 것이다.[9] 브록의 이야기를 보자.

> 한 여성에게 주치의가 지금 임신을 시도하면 안 된다고 말했다. 지금 아이를 가지면 중증 정신박약이 발생할 가능성이 큰 질환이 여성에게 있다는 것이다. 한 달 동안 안전한 약을 복용하면 이 질환은 쉽게, 완전히 치료된다. 만약 여성이 약을 먹고 한 달간 임신을 미루면, 아이에게 초래될 위험은 제거되고 여성은 정상 아이 출산을 당연히 기대할 수 있다. 그러나 임신 지연이 여성의 휴가 계획을 방해하므

로, 여성은 약을 먹지 않았고 임신했으며 중증 박약이 있는 아이를 낳았다.[10]

브록은 이 여성이 잘못했다는 데 우리가 동의한다고 가정한다. 의심할 여지 없이, 예비 자녀의 웰빙 대신 휴가를 우선한 여성의 선택에 공감하긴 어렵다. 브록은 더 현실적인 사례에선 도덕적으로 관련된 다른 사항들이 있을 수 있으므로, 여성에게 장애 아동의 출산을 막아야 할 도덕적인 책무가 없을 수도 있다는 점을 인정한다.[11] 그런데도 브록은 "문제는 장애를 가진 아이의 출생을 막거나 막지 않는 것 둘 다 도덕적으로 허용된다고 해도, 아이가 가지게 될 장애가 출생을 막아야 할 도덕적 이유가 조금이라도 되느냐에 있다."라고 주장한다. 그리고 그가 제시하는 답은 분명하다. 사실상 장애는 막아야 할 사유에 해당한다. 만약 이 사례에 그런 사유가 존재한다면, 여성에게 예방 가능한 장애를 예방하라고 요구하지 않는 도덕적으로 관련된 사항이 있는 사례에서도 장애는 예방해야 할 도덕적 이유에 해당한다.[12]

브록은 모든 것을 고려할 때 중증 장애와 함께하는 삶은 중증 장애가 없는 삶보다 기회가 적고 웰빙을 누리기 힘들다고 가정한다. 나는 이것을 '다른 모든 조건이 동등함(ceteris paribus)' 가정이라고 부르고자 한다. 이 가정을 염두에 둘 때 장애 아동을 낳는 것은 태어날 아이에게 잘못을 저지르는 행위처럼 보인다. 하지만 이 가정은 옳지 않다. 파핏이 비동일성 문제(nonidentity problem)라고 부른 것에서 그 이유를 찾을 수 있다. 비동일성 문제는 장애가 없이 태어난 아이가 장애를 가지고 태어난 아이와 동일하지 않기에 발생한다. 모든 아이는 두 개의 다른 생식 세포가 고유하게 결합해 탄생한다. 장애를 가지고 태어난 아이와 그 대신 태어난 아이는 다른 존재이기 때문에, 여성의 [임신중지 — 옮긴이] 행위로 상황이 악화된 개인은 존재하지 않는다. 탄생은 아이에게 삶이라는 선물을 주며(조기 사망이나 참을 수 없는 고통으로 가득한 삶은 일단 제외하고) 장애로 인한 불이익이 무엇이든 삶이라는 선물은 훨씬 더 큰 선이므로[13] 사례에서 여성의 행위는 누구에게도 잘못을 행하는 것처럼 보이지 않는다. 만약 태어난 아이에게 잘못한 것이 아니라면 우리에게 난제만이 남는다. 누구에게도 잘못하지 않았다면 왜 우리는 여성이 도덕적으로 행동하지 않았다는 강한 직관을 가지는가? 브록은 여기에서 잘못을 인격영향 해악원칙(person-affecting harm principle)이 아닌 인격비영향 해악원칙(*non*person-affecting harm principle)으로 설명해야 한다고 제안한다. 설명을 위해 브록은 인격비영향 해악원칙을 다음처럼 제시한다.

> 개인이 (이후에 존재할 사람의 숫자에 영향을 미치지 않으며, 자신이나 타인에게 상당한 부담, 비용 또는 이득의 손실을 부과하지 않고) 자신이 복지를 책임지는 아동이나 의존인이 심각하고 충분히 보상받을 수 없는 해악 또는 이득의 손실을 경험하지 않도록 행동할 수 있다면, 그는 자신이 복지를 책임지는 어떤 아동이나 의존인이 심각하고 충분히 보상받을 수 없는 해악 또는 이득의 손실을 경험하지 않도록 할 도덕적 요구를 받는다.(또는 도덕적 이유를 지닌다.)[14]

이 진술이 투명하지 않다는 점은 눈감아주자. 진술은 이렇게 말한다. 태어날 장애 아동이 (태어난 것이 더 나쁠 수 있다는 의미에서) 해악을 입지는 않으나[15] 장애를 가진 아이는 장애 없이 태어날 아이와 비교할 때 적은 기회와 웰빙을 누리는 삶을 살 것이다.[16] 장애를 가지지 않은 아이를 세계에

들이는 것이 도덕적으로 우월한 일이라는 것과 그 대신 장애 아동이 태어 난다고 하여 누구에게도 잘못하는 것이 아님을 동시에 말하려는 욕망이 정의의 불투명성을 초래하는지도 모르겠다. 이 견해는 받아들이기 까다 로운데, 우리는 그를 위하여 장애가 예방되어야 할 **누군가**가 있어야 한다 고 가정하기 때문이다. 그러나 브록은 이 원칙을 통해 우리가 누군가를 위 해 해악을 예방해야 하느냐고 물을 필요는 없다는 점을 말하고자 한다. 대 신 그는 **무엇을** 위하여 장애를 막아야 하는지 질문해야 하고, 그에 따른 답 또한 제시할 수 있다고 본다. 브록은 다음처럼 단언한다. "웰빙의 위축 이나 기회의 제한이 더 적은 세계를 위해, 여성은 약을 먹고 임신을 한 달 미루어야 한다."[17]

II. 브록 논증의 구조

브록의 주장이 장애를 가진 **사람**이 태어나면서 더 나빠졌다는 것이 아닌 한(즉 인격영향 해악원칙 대신 인격비영향 해악원칙을 채택하여), 그는 장애공동 체의 표현주의자 반론을 거스르지 않으면서도 여성이 저지른 잘못을 설 명하려 한다. 그의 표현을 보자.

> 인격비영향 원칙이 명확히 드러내듯, 행위는 세계에서 웰빙이나 기 회를 덜 줄이는 쪽으로 이루어져야 한다. 우리 행위는 질병과 그 나 쁜 영향을 대상으로 하지, 그것이 예방되지 않았을 때 그것을 경험 하는 사람을 대상으로 하지 않는다.[18]

브록의 논증이 강한 표현주의자 반론을 피한다는 결론을 내릴 수밖에 없다. 그는 장애를 가지고 태어나는 것보다 차라리 태어나지 않는 것이 낫다고 노골적으로도, 암시적으로도 말하지 않는다. 즉 장애를 가진 삶이 살 가치가 없다고 표현하지는 않는다. 그러나 그가 약한 표현주의자 반론을 피한 것은 아니다. 인격비영향 해악원칙을 도입한다고 하여 장애인을 향한 낙인을 피할 수는 없다. 논증을 세세하게 검토해보자. 브록의 논증은 명시적 가정과 암묵적 추정 몇 가지에 호소한다. 명시적 가정은 전제에서 그가 '다른 모든 조건이 동등함'에 의존한다는 것에서 분명히 드러난다. 이것을 웰빙 감소 가정(LWS, lesser well-being supposition)이라고 부르자.

웰빙 감소 가정: 다른 모든 것이 동등하다면(즉 다른 모든 조건이 동등함), 장애를 가진 삶보다 장애가 없는 삶에 더 많은 기회가 주어지며 웰빙은 더 적게 감소한다.

브록은 더 나은 삶의 질을 위해 더 많은 기회가 주어지는 것이 중요하다고 믿으며, 이는 우리가 가산 가정(AS, additive supposition)이라고 부르는 것에 기반한다. 개인의 삶을 고려할 때 우리는 다음처럼 말할 수 있다.

개인 가산 가정: 기회의 이득을 얻을 수 있는 능력을 더 많이 갖춘 사람은 웰빙을 더 많이 누린다.[19]

두 번째 가정은 가산 가정을 세계 단위에서 합산한다.

합산 가산 가정: 세계는 더 많은 기회가 주어지고 웰빙이 더 적게 감

소할 때 더 나은 곳이 된다.

여기에서 두 가지 전제가 나온다.

전제 1. 다른 모든 조건이 동등할 때, 장애를 가진 삶보다 장애가 없는 삶이 기회와 이득이 덜 감소하거나 증가한다(웰빙 감소 가정과 가산 가정의 적용).
전제 2. 사람들의 웰빙이 덜 감소하여 사람들이 더 많은 기회를 누리면, 세계는 더 나은 곳이 된다(합산 가산 가정).

여기에서 우리는 브록 논증의 첫 번째 결론을 도출할 수 있다.

결론 1. 장애를 가진 아이가 태어났을 때보다 장애가 없는 아이가 태어났을 때 세계는 더 나은 곳이 된다.

우리는 브록이 표현주의자 반론을 피했는지뿐만 아니라, 결론 1이 옳은지도 확인해야 한다. 여기에 인격비영향 해악원칙을 더하면 전제 3을 도출할 수 있다.

전제 3. 어떤 행동으로 인해 누구도 해를 입지 않았지만 우주 자체가 더 나쁜 곳이 된다면(즉 '세계의 웰빙이나 기회의 감소'가 있다면) 잘못을 행한 것이다(인격비영향 해악원칙의 적용).

전제 3을 전제 1, 2와 결합하면 결론 2가 나온다.

결론 2. 가상 사례에서 여성이 잘못했다는 우리의 직관은 전제 1, 2, 3으로 설명된다.

우리는 여성이 잘못했다는 직관을 다른 방식으로 설명할 수 있는지 물어야 한다. 결론 2에서 브록이 왜 표현주의자 반론을 피했다고 생각하는지 확인할 수 있다. 그의 논증은 **간단히 말해** 장애의 바람직하지 않음에 의존하지 않으며(그는 장애를 가진 삶이 좋은 삶일 수 있다는 점을 수용할 의지가 있다.) 아이가 장애를 가지고 태어나면서 더 나쁜 상태에 처한다고 주장하지도 않는다. 따라서 브록은 자신의 논증이 장애에 대한 낙인을 강화하지도 않으며, 장애인을 그 자체로 낙인찍지도 않는다고 믿는다. 이리하여 브록의 세 번째 결론이 나온다.

결론 3. 인격비영향 해악원칙을 사용해, 표현주의자 반론을 위배하지 않으면서 장애 없는 아이가 대신 태어날 수 있다면 장애를 가진 아이의 탄생을 막아야만 한다는 주장을 펼 수 있다.

나는 브록의 논증이 강한 표현주의자 반론을 피했다고 말했다. 하지만 우리는 그가 약한 표현주의자 반론의 비판을 피하는 데 성공했는지 살펴야 한다.

그의 전제를 검토해보자. 나는 인격비영향 해악원칙을 간접적으로만 언급할 것이다. 이 장 뒷부분에서 보겠지만 적절한 사례가 있을 수 있다. 우리는 비장애 아동이 대신 태어날 수 있었다면 장애 아동의 탄생을 막아야 하느냐는 질문에 직접 답하는 세 가지의 전제에만 초점을 맞출 것이다. 우리는 전제 1로 시작해 다음처럼 질문할 것이다. 다른 모든 조건이 동등할 때 장애가 없는 삶이 장애를 가진 삶보다 더 많이 웰빙을 누린다는 것은 사실인가, 아니면 그것은 장애의 낙인을 강화하는 편견일 뿐인가? 다음 전제 2와 전제 3으로 넘어가자. 우리는 장애 아동이 태어났을 때보다 비장애 아동이 태어났을 때 세계는 더 나은 곳이 되며 그에 따라 행동하지 않으면 도덕적 잘못을 저지른다는 주장이 정당한지 묻는다. 아니라면 이것은 엘리자베스 반스(Elizabeth Barnes)가 "소수자 신체(minority body)"[20]라고 부른 것에 대한 편견을 표현하고 강화하는 사례인가? 그렇다면 이것은 장애를 가진 아이는 비장애 아이보다 세계에서 환대받지 못한다는 관점을 반복하고 있는 것처럼 보인다.

1) 영향받는 사람에게 장애의 상대적 나쁨(전제 1)

브록은 장애가 삶의 여러 중요한 활동을 추구할 능력을 제한하며, 반박할 여지 없이 그런 제한은 신체적 · 정신적 통증이나 괴로움의 원인이 될 수 있다고 본다. "주요한 삶의 활동을 한 가지 이상 상당히 제약하는 신체적 · 정신적 손상"이라는 미국장애인법(Americans with Disabilities Act)의 장애에 대한 정의에 의거해 브록은 말한다.

이 설명에서 다른 모든 것이 동등할 때 장애는 개인에게 나쁜 것이다. 장애가 그것이 없을 때와 비교해서 삶의 주요한 활동을 추구할 능력이나 기회를 감소시키기 때문이다. 또한 삶의 주요한 활동을 성공적으로 추구한다는 것은 개인의 웰빙을 구성하는 요소이기에 장애는 개인의 웰빙을 감소시키기 때문이다. 이처럼 중증 장애는 여러

삶의 목표를 성취하는 것을 더 어렵게 또는 덜 성공적으로 만드는 경향이 있다.[21]

결론적으로 장애는 '다른 모든 것이 동등하다면, 개인에게 나쁘다.' 비동일성 문제는 아이 자신에게 해롭기 때문에 장애가 아이를 세계로 데려오지 말아야 할 이유가 될 수 없다는 뜻이지만, 우리는 여전히 현실과 다른 상황을 가정하는 반사실적 조건문을 취해 그 아이가 장애 없이 태어났다면 더 낫지 않았겠냐고 물어볼 수 있다. 이 주장이 논증의 첫째 전제인 웰빙 감소 가정이다. 웰빙에는 주관적인 느낌과 삶의 질에 관한 객관적인 척도가 있다는 점에서 이 주장에는 두 측면이 있다.

주관적 웰빙을 먼저 살펴보자. 장애를 가지고 태어난 개인은 장애의 유무에 따라 자신의 삶을 비교하는 것이 불가능하므로(물론 '치료법'을 발견하지 못한다면), 후천적 장애의 사례를 고려하는 것이 더 쉽다. 코미디언 리처드 프라이어(Richard Pryor)는 중년에 다발성경화증에 걸려 한창 인기 있을 때 경력을 마쳐야 했다. 그러나 그는 인터뷰에서 말했다. 다발성경화증에 걸린 것은 "축복입니다. …… 그것은 나를 느긋하게 그리고 여러 가지를 생각하게 했기 때문입니다." 그는 자신의 상황을 이렇게 설명한다. "익숙한 방식으로 걸을 수 없고, 걷기 위해 다른 사람에게 의존해야 합니다. 누군가를 믿고 의지해야 합니다. 다른 사람에게 의존하는 것, 그것은 배우기 가장 어려운 일이었습니다."[22] 그는 삶에서 누구도 신뢰해본 적이 없으며, 신뢰를 배우는 것은 놀라운 일이었다고 말한다. 누군가는 다발성경화증이 도구적 선(instrumental good)[+]에 불과하다고 답할 수도 있다.[23] 프라이어가 다발성경화증 없이 신뢰를 배웠다면 더 나았을 수 있고, 그렇다면 이 경우엔 적어도 장애는 "다른 모든 것이 동등하다면, 개인에게 나쁘다."

라고 말한 브룩이 옳을 수 있다. 그런데도 삼인칭 시점이 우리에게 부여하는 믿음과 달리, 프라이어는 다발성경화증이 없었을 때보다 지금 더 나은 삶을 살고 있다고 생각했다. 프라이어의 설명은 전체의 경험과 분리 가능한 특정 기술을 습득했다는 뜻이 아니다. 그가 가치를 부여한 신뢰는 의존이라는 경험 그 자체로부터 온다. 다른 경험이 제공하기 어려운 의존 말이다. 그는 변혁을 경험한 사람처럼 자신을 설명한다.

로리 폴(Laurie Paul)은 변혁의 경험을 인식적 변혁 또는 사적 변혁 또는 둘 다로 설명한다. 인식적 변혁은 "미래에 일어날 수 있는 그런 종류의 경험을 상상하고, 인식하며, 인지적으로 모형화하는 새로운 능력을 주는 경험"에서 온다. 프라이어가 타인에 대한 신뢰와 의존을 배운 것은 인식적 변혁의 하나다. 폴은 이에 덧붙인다. "사적 변혁의 경험은 깊고 사적으로 근본적인 방식으로 당신을 변화시킨다. 예를 들어 당신의 핵심적인 사적 선호를 바꾸거나 당신이 자신의 욕망, 스스로 정의하는 내재적 특성이나 자기 관점을 이해하는 방식을 변화시킨다."[24] 다발성경화증이 생긴 다음 우리가 본 프라이어는 자신만만하고 냉철한 코미디언이 아니라 더는 명성이나 부를 추구하지 않고 변혁 그 자체(자신의 욕망과 취향의 변혁)로 만족하는 부드럽고 성찰적인 사람이다. 이것은 근본적인 변혁의 경험으로, 도구적 가치일 뿐인 특정 기술의 습득이나 질환으로부터 얻은 지식을 넘어선다.

프라이어의 일화는 여럿 중 하나일 뿐이다. 장애공동체에는 장애가

+ 그 자체로 선한 것, 또는 그 자체로 목적을 실현하는 것을 내재적 선(intrinsic good)을 지닌다고 말한다. 그 자체로 선을 지니지는 않지만, 선의 실현을 위해 활용되는 것을 도구적 선을 지닌다고 말한다. 다발성경화증 자체가 선한 것은 아니지만 그것을 통해 선이 이루어질 수 있기에(프라이어의 경우 신뢰라는 미덕을 배움), 다발성경화증이 선을 지닌다고 말하는 것이다.

개인의 삶에 미치는 영향에 관한 다양한 견해가 존재한다. 자폐자기옹호 네트워크(Autistic Self-Advocacy Network)의 아리 네이어만(Ari Ne'eman)[25]과 선천적 시각장애 여성인 데버라 켄트[26]는 자신의 장애가 세계를 경험하는 다른 방식이지만 똑같이 좋다고 주장한다. 그들을 포함한 여러 사람은 장애를 능력의 결핍이나 부재로 보지 않는다.[27]

장애는 같거나 비슷한 재화를 즐기기 위해 자신이 소유한 능력을 사용하고, 우리가 누리는 경험을 강화하도록 유도할 수 있다.[28] 장애를 결핍이 아닌 비전형성으로 본다면 '중증 장애'라고 할지라도 웰빙을 상당히 감소시킨다는 결론은 더는 자명하지 않다.

브록이 인정한 것처럼 손상이 **주관적 의미에서** 만족스럽고 가치 있는 삶을 사는 데 장애물이 아니라는 양적이고 일화적인 증거가 상당히 존재한다. 그러나 웰빙이 좋은 삶의 질에 관한 객관적인 척도인 만큼, 브록은 이런 주관적 보고에 문제를 제기할 필요가 있다고 믿는다. 우리는 '행복한 노예'를 염려해야 한다. 이것은 '적응적 선호(adaptive preference) 형성', 또는 훼손된 선호로 일컬어지는, 자신을 훼손하는 것으로 보이며 불만족스러운 조건에 만족하도록 유도하는 선호에 대한 염려이다. 예를 들어 빈곤과 기회의 제한이 자기 운명이라고 믿거나 자신이 더 많은 것을 누릴 자격이 없다고 생각하여 그것을 수용하는 사람이 있을 수 있다. 빈곤에 시달리는 주부가 다른 가족들이 충분히 배를 채운 다음에야 식사할 수 있어서 수준 이하의 식사를 하는 사례가 그 전형이다. 그 주부는 스스로 만족한다고 느낄 수도 있으나, 객관적으로 그는 영양 결핍 상태이다. 장애인 또한 적응적 선호 형성의 대상일 수 있다. 따라서 웰빙의 객관적 기준이 필요하다.[29]

객관적 기준 중에서 브록은 "성취, 인간관계, 자기 결정권, 자기 결정에 필요한 합리적인 기회"를 나열한다.[30] 이런 '객관적 요소'는 정량화하기 쉽지 않다. 그러나 이런 요소들이 (브록이 말하는 중증 장애를 가진 사람이라 해도) 장애를 가진 사람이 스스로 좋은 삶의 질을 누리고 있다고 주장하게 하는 요인에 포함되지 않는다고 가정할 이유는 없다. 중증 장애를 가진 사람이라 해도, 성취, 인간관계, 자기 결정권이 좋은 삶의 일부라고 주장할 수 있다.(그리고 주장해왔다.) 그래도 자기 결정권, 인간관계, 성취에 필요한 기회는 웰빙의 다른 객관적 척도에 크게 영향을 받으며, 장애인의 경우 이런 척도는 매우 나쁘다.

장애를 가진 사람은 빈곤하게 살고, 실업 상태이며, 결혼 기회가 적고, 더 이른 나이에 사망할 가능성이 크다. 이는 부정할 수 없다. 그러나 억압받는 소수자 집단에 대해서도 똑같이 말할 수 있다. 브록이 이미 동의했듯이, 우리가 특권을 누리는 생이 아닌 부정의에 종속된 생을 세계에 들여왔다고 하여 잘못을 저지르는 것은 아니다. 부당한 조건은 이런 통계에 반영될 것이다. 그러나 부정의가 여전히 존재하는 한, 내재한 불편과 부정의를 깔끔하게 분리할 확실한 방법은 없다. 따라서 비장애의 삶이 장애를 가진 삶보다 나을 확률이 높다는 점을 지적하는 것, 심지어 자녀가 장애를 갖지 않도록 부모가 노력해야 한다고 말하는 것은, 장애인이 당면해 있고 앞서 인용한 객관적 척도에 이바지하는 부정의한 문제들과 쉽사리 분리될 수 없다.[31]

부정의한 조건에서 누군가 살아갈 때 웰빙의 주관적 의미는 의심스러울 수 있다.[32] 하지만 부당한 상황에서도 손상을 가지고 사는 것에 대한 자기 본위적 선호가, 성차별적 조건에서도 여성으로 살고자 하는 나의 선호보다 이상하다고 말할 수는 없다. 우리는 외적 제약과 내적 한계가 무엇인지 알면서도 살아간다. 우리는 그것들에 따라 우리의 선호를 형성한다.

부정의를 알아채고도 침묵해서는 안 되지만 한계를 받아들이는 것 자체를 의심할 필요는 없으며, 장애를 가진 사람이 자기 삶에 만족한다고 계속해서 주장할 때 이를 의심할 이유도 없다. 장애는 중립적이거나 긍정적일 수 있는 삶의 방향 전환을 수반할 수 있다. 그러므로 장애는 더 많은 능력을 사용할 수 있는 것만큼 주관적으로도 객관적으로도 이득을 제공할 수 있다.

더 나아가 누군가는 장애를 가진 사람의 자기 보고를 수용하지 않는 것은 그들의 목소리를 빼앗는 일이라고 주장할 것이다. 누군가가 자기 삶이 만족스럽다고 말하는 걸 부정하는 것은 인식적 부정의의 한 형태, 즉 '증언적 부정의(testimonial injustice)'로 이해할 수 있다. 증언적 부정의는 "편견 때문에 청자가 발언의 신뢰도를 낮게 평가할 때 일어난다."[33] 장애인의 삶에 이미 주어진 억압적 조건을 한층 더 심화하지 않고서 웰빙 감소 가정을 유지하는 것은 불가능해 보인다.

선천적 장애를 가진 사람은 비교의 근거가 부족하므로 그들의 주관적 평가가 지닌 신뢰성에 의문을 제기하는 것은 증언적 부정의의 사례에 해당하지 않는다는 반론을 제기할 수 있다. 장애 없이 그들이 얼마나 더 나은 삶을 살 수 있는지 어떻게 아는가? 그러나 선천적 손상을 가진 사람의 웰빙에 관한 주장에는 장애를 가지게 된 사람들, 그래서 과거와 현재 상태를 비교할 수 있는 사람들과 공유할 수 있는 지점이 더러 있다. 처음에는 잃어버린 능력을 애석해하지만, 이후 새로운 환경에 적응하고 다른 열망과 능력을 개발하는 경우가 드물지 않다.

브록은 긍정적 평가를 세 가지 심리학적 기제로 설명할 수 있다고 추측한다. 적응, 극복, 순응이 그것이다.[34] 브록이 여기에서 시사하는 바는 이 도식이 삶의 만족도에 대한 자기 보고가 지닌 난점을 **설명해 치워버릴**

수 있다는 것이다. 물론 능력을 잃었을 때 상실을 애석해하는 대신 삶을 살아가려면 심리학적 변화가 있어야 한다. 그러나 이런 심리학적 기제(또는 아마도 명령법)는 그가 생각하는 만큼 설명을 해내지 못하는데, 장애에 대한 부정적 가정이 이미 단어에 포함되어 있기 때문이다. 우리는 좋은 상황이 아닌 나쁜 상황에 적응한다. 우리는 새로운 가능성이 아닌 어려움을 극복한다. 우리는 이전에 선호하던 것을 포기해야만 할 때 순응한다. 누군가는 '재조정', '재측정', '새로운 기술 습득'이라는 표현으로 이를 대체할 수도 있겠지만, 나는 장애를 초래하는 사회적으로 구성된 불이익, 즉 부당한 상황을 무시한 채 중증 장애를 내재적으로 바람직하지 않은 것이라고 말할 수 있는 방법이 존재하는지 의심스럽다. 브록이 인정하듯, 부정의는 장애인을 세계에 들이지 않을 도덕적 이유가 되어서는 안 된다.[35]

'능력의 지평'에서 볼 때, 개인의 장애가 실제로 좋은 삶을 살 능력을 저해하지 않고, 장애 없는 삶이 더 낫지 않은 객관적 상태를 상상하기는 어렵다. 장애를 가진 사람이 '장애를 갖는 불운'에 정말 사로잡히지 않았다는 것을 브록(과 여러 다른 사람)이 믿기 어려워하는 것은 체계적 예측 오류의 결과일 수 있다.[36] 이런 예측 오류는 이득에 수반되는 좋음을 과대평가하거나, 손실에 수반되는 나쁨을 과대평가한 결과일 수 있다. 즉 이전과 이후 상태의 객관적 좋음이나 나쁨에 대한 잘못된 판단과 연결된다. 따라서 비장애인은 능력의 상실이 얼마나 나쁜지를 과대평가하는 경향이 있다. 장애인의 자기 보고가 주관적 증거로 받아들여진다 해도, 비장애인은 객관적 나쁨이 여전히 틀림없이 존재하며 장애인은 그 존재에 대해 자신을 속이고 있다고 가정한다. 그러나 속은 사람은 흔한 예측 오류에 사로잡힌 비장애인일 가능성이 더 높다.

그런 상상의 실패는 장애를 가진 삶의 좋음과 나쁨을 넘어선다. 어려운 일이지만 나는 때때로 딸 세샤에게 장애가 없다면 어떠할지 상상하곤 한다. 하지만 내 상상은 금방 막혀버린다.[37] 나는 세샤의 성격, 외모, 감정적 기질 등의 어떤 측면을 장애 없는 세샤가 가질 수 있을지 알 방법이 없다. 내 아이는 태어났을 때부터 장애를 가지고 있었다. 후천적 장애라 해도 장애는 삶의 궤적을 형성하는 데 크게 영향을 미치며, 따라서 그의 핵심적인 부분을 차지한다. 장애가 없다면 삶이 어떠할지 상상하는 일은 헛되고 무익할 것이다.

그러나 이런 상상은 동일한 사람의 장애 유무를 상상하는 사고실험에 왜 문제가 있는지에 대한 실마리를 준다. 누군가가 자기 장애를 정체성의 핵심으로 본다면, 그것 없이는 자신을 자신으로 생각할 수 없다면, '다른 모든 것이 동등함' 조건은 추상적일 뿐만 아니라 아예 그 내용을 결여하게 된다. "(다른 모든 것이 동등할 때) 나에게 장애가 없었다면 나는 더 좋은 삶을 살았을 것이다."라는 명제는 아무것도 의미하지 않는다. 전제의 나와 결과의 나가 구분되기 때문이다.

"만약 나에게 장애가 없었다면 나*(내가 되었을 그)는 지금 나보다 더 나은 상황에 있었을 것이다."라는 문장이 유의미하다고 대답하는 사람도 존재할 수 있다. 장애가 없고 지금보다 더 나은 삶을 사는 나*의 가능세계가 있을 수 있는 것은 사실이다. 그러나 현실세계의 나보다 열악한 조건에서 살아가는 나*의 가능세계도 얼마든지 존재할 수 있다. 따라서 '다른 모든 것이 동등함' 조건에 어느 정도 의미가 있다 해도, 그것이 다른 모든 것이 동등할 때 장애가 없는 삶이 장애를 가진 삶보다 낫다는 웰빙 감소 가정에 호의적인 결론으로 이어지지 않는다. '다른 모든 것이 동등함' 조건은 너무 추상적이어서 확정적이기 어렵다. 삶에는 우연이 흩뿌려져 있으며 장애의 존재나 부재는 그 삶이 더 나은 삶인지를 예측하기에는 충분치 않다. 심한 손상이 없는 아이는 심한 손상이 있는 아이보다 사랑과 자원, 수용을 충분히 제공해주지 않는 가정에서 태어났을 수도 있다. 심한 손상이 있는 아이가 사랑하는 부모, 뒷받침해주는 환경의 축복을 누리며 손상이 가져오는 도전에 굴하지 않고 피어나는 멋진 삶을 살 수도 있다. 한쪽이 태중에서 또는 아주 어릴 때 손상을 입은 일란성 쌍둥이의 경우(이것이 아마 '다른 모든 것이 동등함' 조건에 가장 가까운 것일 텐데) 손상을 입지 않은 아이가 더 나은 대접을 받으리라는 보장은 별로 없다. 손상을 입지 않은 쪽이 학대하는 배우자와 결혼하고 손상을 입은 쪽이 멋지고 행복한 결혼을 할 수도 있으니까. 그들이 서로 다른 삶을 살아가는 데 있어 손상은 삶의 행복과 충족의 기회를 결정하는 여러 요인 중 하나일 뿐이다.[38] '다른 모든 것이 동등함' 조건은 비어 있는 추상, 우리의 이상적이지 않은 세계와 별로 관련이 없는 이상적인 조건만을 남긴다. 그것은 모든 것을 고려할 때 장애 없는 삶보다 장애를 가진 삶이 더 나쁘다는 주장을 지지하지 못한다.

2) 가산 가정은 어떤가?

만약 우리가 모든 것을 고려할 때 장애가 없는 삶이 장애를 가진 삶보다 낫다고 말할 수 없다면, 예비 부모가 장애 없는 아이를 낳을 수 있는 경우 장애를 가진 아이를 낳는 것을 피할 **도덕적 책무**가 있다는 주장은 힘을 상당히 잃는다. 그것은 도덕적 명령보다는 장애에 낙인을 찍는 견해처럼 보인다. 그러나 우리에게 그런 도덕적 책무가 있다는 관점은 표면상으로 부인하기 어려운(내가 개인 가산 가정이라고 부른) 또 다른 가정에 기초한다. 기회를 활용할 능력이 더 클 때 사람은 더 많은 웰빙을 누린다.

더 많은 기회는 더 큰 능력에 달려 있으므로 능력이 작은 것보다 큰 것이 더 낫다고 주장한다면, 우리는 장애 아동의 출산을 피하는 것이 도덕적으로 더 낫다는 관점을 유지할 수 있다. 하지만 더 작은 능력보다 더 큰 능력이 삶을 더 낫게 만든다는 주장에는 경험적 요소가 있는데, 이를 뒷받침하는 증거는 거의 없다. 만약 단지 더 크니까 더 좋다고 주장하는 것이라면 이 주장은 그저 동어반복일 뿐이다. 바람직한 형질을 가능한 한 많이 가지고 싶다고 말하는 것이라면 이런 주장은 어리석다. 큰 키는 바람직하지만, 키가 3미터라면 단점을 상쇄할 만큼의 장점은 별로 없을 것이다. 뛰어난 지능은 바람직하지만, 적당한 범위 내에서만 그렇고 다른 능력이 받쳐주어야 한다. 지능이 뛰어나지만 사회 친화적 태도가 결여되어 그것을 견제하지 못한다면 모든 생명체와 인류를 위기에 빠뜨릴 수 있다. 천재적인 음악 재능은 그 소유자에게 축복이라기보다 저주처럼 느껴질 수 있다. 천재에 대해 솔로몬은 다음과 같이 적었다. "이 사람들이 지닌 명백한 차이는 선천적 결함과 비슷하다."[39] 그는 피아니스트 로린 홀랜더(Lorin Hollander)의 말을 인용한다.

재능은 지옥과 함께 온다. 누구도 이것을 말해주지 않는다. 음악은 점점 더 빨라지는 경주를 시작하고, 당신은 그것을 붙잡을 수 없다. 나는 공연 후에 숨고 싶다. 나는 콘서트가 끝난 다음에 관객이 일어서서 환호하는 무대를 떠난다. 나는 뒷문으로 나가 수치심에 빠져든다.[40]

솔로몬은 결론짓는다. "천재와 함께 일해본 사람은 그가 비동기적일 때, 즉 지적·정서적·신체적 연령이 맞지 않는 상태일 때 뒤따르는 폐해를 경험한 적이 있을 것이다."[41] 비슷하게, 많은 재능을 가진 이는 하나에 집중하지 못해 한 가지 재능을 충분히 계발하지 못한다. 딱 하나의 재능만을 가지는 것은 삶에 방향성을 준다. 장애를 공부하는 장점 하나는 무엇이 낫고 나쁜지가 우리가 생각하는 것만큼 자명하지 않다는 통찰을 준다는 것이다.

다른 모든 조건이 동등할 때, 장애 없는 삶이 장애를 가진 삶보다 더 나은 삶이라는 브록의 가정이 그렇게 자명하지 않다는 결과를 이런 고려에서 도출할 수 있다. 웰빙 감소 가정을 유지한다면, 자신의 삶이 좋다는 장애인의 증언을 신뢰할 수 없게 되며, 표현주의자 반론이 말하는 장애인을 향한 편견이 깃든 태도를 영속시킬 수 있다. 그러므로 개인 가산 가정과 웰빙 감소 가정을 결합함으로써, 브록이 표현주의자 반론에 저촉되며 장애인이 경험하는 부정의에 이바지하는 가정을 활용했음을 알 수 있다.

3) 더 나은 세계를 위해 장애를 막는 일

그러나 브록이 아이에게 잘못을 저지르는 것이기 때문에 장애 아동의 출산을 피해야 한다고 말하지 않는다는 점을 기억해야 한다. 우리에게 도덕적 책무가 있다고 브록이 믿는 이유는 그것이 더 나은 세계를 위한 것이기 때문이다. 브록은 더 많은 기회와 웰빙의 더 적은 감소가 있는 세계가 더 나은 세계라는 합산 가산 가정과, 더 많은 장애인이 있는 세계는 더 적은 기회와 웰빙의 더 큰 감소를 가져온다는 전제 1은 버릴 수 없다고 생각한다. 비록 우리가 전제 1을 반박했지만, 그것이 맞다고 가정해보자. 그렇다면 장애인이 더 적어서 더 많은 기회가 있고 웰빙이 더 적게 감소하는 세계가 더 나은 세계일까?

전제 1이 사실이고 비장애인 대신 장애인이 태어난 경우처럼 A로 인해 누구도 나빠지지 않을 때, B 대신 A가 일어나면 세계가 더 나빠진다는 명제를 어떻게 이해해야 하는가? 적어도 장애의 경우 인격비영향 해악원칙을 이해하기는 어렵다.

우리 생각을 바로잡기 위해 소아마비를 근절하기 위한 전 세계적 노력을 떠올리자. 누구도 소아마비가 없는 세상보다 있는 세상이 더 낫다고 생각하지 않는다. 이런 합의는 소아마비 근절 캠페인의 성공을 어느 정도 설명한다. 소아마비 생존자는 접근성과 포함을 위한 장애인권 운동에 적극적으로 참여했다. 하지만 내가 아는 한 그들은 전 세계적인 소아마비 근절 캠페인에 반대한 적은 없다. 소아마비 근절이 그들의 가치를 낮춘다고 주장하거나 미래의 생존자 수 감소가 그들의 정치적 영향력을 약화한다고 항변하지도 않는다.[+] 미래 사회에서 소아마비와 같은 질환(천연두, 발진티푸스 등)의 희생자 수가 줄어든다는 것은 슬퍼할 일이 아니라 축하할 만한 일이다. 이 경우 소아마비(또는 천연두, 발진티푸스)가 없는 세계가 더 낫다는 말의 의미는 분명하다.[++]

하지만 그런 합의는 모든 조건에 적용되지 않는다. 토빈 시버스(Tobin Siebers)가 "능력 이데올로기(ability ideology)"[42]라고 부른 것에 동의하지 않는 사람은 다운증후군을 가진 사람이 없는 세계가 더 나은 세계라고 생각하지 않는다. 한 사례는 논쟁이 되고 다른 사례는 그렇지 않은 이유는 무엇인가? 한 가지 답변은 세계에서 소아마비 발생을 없애는 것이 소아마비를 가진 개인의 탄생을 막는 것이 아니라는 것이다. 그것은 사람이 아니라 질병을 퇴치한다. 브록은 실명이나 지적장애 같은 '중증 장애'를 유발하는 다른 장애의 경우에도 동일한 방식으로 인격비영향 해악원칙이 질병과 사람을 구분하게 해준다고 말한다. 하지만 일은 그렇게 돌아가지 않는다. 소아마비의 경우 장애를 일으킨 질병과 그 결과를 가지고 살아가는 사람을 구분할 수 있지만, 일반적으로는 그렇지 않다. 예를 들어 21번 삼염색체성(다운증후군)이라는 상태와, 이런 이상을 가지고 태어난 아이를 어떻게 구분할 수 있는가? 세계에서 다운증후군을 몰아낸다는 것은 다운증후군을 가진 아이의 탄생을 막는 것 또는 더 극단적으로 다운증후군을 가지고 태어나는 아이를 죽이거나 죽도록 방치하는 것을 의미한다. 척추이분증의 경우는 두 사례의 중간에 위치한다. 척추이분증은 선천적 질환이지만 임신한 여성이 엽산을 복용해 이 질환을 가진 사람의 탄생을 막지 않고도 예방할 수 있기 때문이다. 임신 전과 임신 기간에 엽산을 복용하는 것은 척추이분증 외의 다른 질환의 발생률을 줄이는 데에도 도움이 되는 등 다른 방식으로도 이득이 된다. 따라서 척추이분증을 가진 태아의 중절에 이의를 제기하는 사람이 엽산을 포함한 산전 관리에는 아무런 이견이 없을 수 있다.[43]

제시된 사례들의 차이는 때때로 개인을 단일 형질, 특히 장애를 가져오는 형질로 환원하는 것과 관련된다고 한다.[44] 체외 수정에서의 선별은 이 점을 극명하게 보여준다. 모든 배아를 착상할 수 없으므로 남은 배아는 체외 수정을 통한 재생산에서 보통 폐기된다. 개인을 하나의 형질로 환원한다는 이유로 선별에 반대하는 사람은 도태될 형질을 식별하여 배아를

+ 세계보건기구에 따르면 소아마비 생존자는 장애인 중 가장 큰 집단이다.—지은이
++ 출생 후 아이를 공격하는 소아마비와 비슷하게 자궁의 태아를 공격하는 지카바이러스의 경우에도 거의 같은 방식으로 말할 수 있다. 태아는 지카바이러스 이전의 존재 또는 지카바이러스와 독립적인 존재이다.—지은이

선별하는 것을 경계한다.

하지만 이 논증은 모든 장애인이 자신에게 형질(또는 형질군)로 정체성을 부여하는 것에 반대한다고 가정한다. 일부 커플, 예컨대 샤론 듀세스노와 캔디 매컬로 같은 레즈비언 커플은 유전적 청각장애를 자녀와 공유할 가능성을 높이고자 농인 공여자의 정자를 구했다. 이 사례는 장애를 선택하고자 했기에 상당한 논란을 불러일으켰다. 이러한 선택을 반대하는 이유는 개인이 형질로 환원되기 때문인가 아니면 개인이 바람직하지 않게 여겨지는 형질로 환원되기 때문인가? 만약 장애를 가져오는 형질이 불운이 아니라 바람직한 정체성의 역할을 한다면, 그런 정체성을 상정하는 이들은 그런 장애를 가진 (또는 그런 장애 때문에) 아이가 태어나는 것을 막는 일이 세계에 이득을 가져온다고 믿지 않을 것이다. 농인 공동체의 다수는 농이 제지되는 세계를 염려하고 그런 세계가 훨씬 덜 바람직한 세계라고 본다. 비록 다수의 청인이 청각장애의 원인을 제거하기 위해 노력해야 한다고 믿지만 말이다.

자폐성장애도 논쟁의 영역이다. 자폐 아동의 부모 다수는 자녀가 자폐성장애가 없기를 바라며 자폐성장애가 사라진 세상을 원한다. 그러나 많은 자폐인은 이 관점을 공유하지 않는다. 그들은 자폐성장애의 '치료법'이나 자폐성장애만을 대상으로 한 예방법을 찾는 데 관심이 없으며 자폐성장애가 제거된 세상이 더 낫다는 관점을 받아들이지 않는다.[45]

우리가 장애를 제한이나 능력의 부재로만 여겨 장애를 고통의 원인으로만 이해하면, 비장애중심주의 이데올로기에 묶여 있지 않은 사람조차 그런 고통과 제한의 원인이 없는 세계가 더 낫다고 생각하게 될 것이다. 끊임없는 심한 고통을 가져오는 무능력 또는 형질은 그처럼 제한을 가져오는 형질일 수 있으나, 이것은 선별의 도덕성과 관련해 우리가 지금 논의하는 것과 같은 장애가 아니다.

브록이 고려하는 **중증** 장애는 그저 고통과 제한의 원인이기만 할까? 브록이 사용하는 두 패러다임은 실명과 인지장애[+]이다. 블로그 '시각장애인의 행성' 운영자 스티븐 쿠시스토(Stephen Kuusisto)는 결코 능력의 부재가 아닌 방식으로 자신의 실명을 보여준다.[46] 그는 썼다.

> 우리 내면의 풍경이 있다. 내향성인 사람은 안다. 예술가는 볼 수 있다. 당신이 실명한 사람이라면 이런 풍경은 지속적이면서도 기묘하다. 어디에 있었는지, 어디로 가는지가 상상에나 나올 법해진다. 나는 네 살 때 한 소녀가 초원에서 피리를 연주하는 것을 보았다. 우리는 핀란드에 있었다. 나는 색깔과 형태만 볼 수 있는 시각장애 아동이었다. 초원은 소녀의 음악이었다. 음악은 하늘이었다. 나는 미나리아재비 빛깔[++] 자작나무 주위를 빙빙 돌았다. 피리 소리를 들을 때마다 노란색 공기와 노란색 소녀가 생각난다. 여러 시각장애인 친구도 비슷한 이야기를 한다. 우리 앞과 뒤의 공간은 풍요로우며 살아 있다. 기억과 창의력으로 우리는 항해한다.

내 딸이 가진 것처럼 치명적으로 보이는 인지장애라 해도, 우리 대부분이 놓치고 있는 아주 강렬한 즐거움을 가능케 할 수 있다. 우리 딸은 음악을 감상하다가 때로 기쁨을 억제하지 못하기도 한다. 딸에게 음악이 어떻게 구성되는지 정확히 이해할 수 있는 지적 능력이 있다면, 그래서 이것

[+] 브록은 '정신박약'이라는 표현을 쓴다.—지은이
[++] 작은 컵 모양의 노란 꽃을 피운다.

은 소나타고 저것은 푸가의 구분된 선율이라는 것을 안다면 더 큰 기쁨을 느낄까? 그럴 수도 있고 아닐 수도 있다. 피어나는 삶에서 음악이 하는 역할이라는 측면에서, 세샤는 (내가 상상할 수 있는 한) 그 요소 중 적어도 하나는 아주 풍부하게 지니고 있는 셈이다. 요점은 사회적 환경이 적절하게 받쳐주지 않는다면 그 능력은 인식되거나 장려받지 못할 수 있다는 것이다. 세샤는 음악을 틀어줄 나를 필요로 한다. 따라서 세샤의 피어남은 더 불안정하지만 풍성하지 않은 것은 아니다. 장애를 가진 사람들이 보여주는 삶을 향한 방향 전환은, 브록이 장애를 그저 결핍, 웰빙의 감소, 기회의 축소로 보는 것이 잘못이라고 알려준다. 장애가 무엇보다 사회적인 것으로 여겨질 때, 비장애중심주의 이데올로기에서 벗어난 사람들은 비정상적인 조건이 선사하는 다양성에 기뻐하며, 이런 다양성을 가진 세계가 덜 바람직한 세계라는 생각을 수용하지 않는다.

해당 장애를 가진 사람이 다음과 같이 물을 수 있다. "만약 당신이 옆 사람만큼 나를 소중히 여긴다면 더 나은 세계를 위해 나 대신 비장애인을 환대해야 한다고 말하는 이유는 무엇입니까?" 특히 문제가 되는 것은 잘못의 대상이 되는 사람이 없는데도 도덕적 잘못이 저질러진다는 주장이기 때문이다. 이것은 중요한 질문을 제기한다. 우리가 장애를 선별해야 한다고 믿는다면 그 세계는 누구에게 더 나은 장소가 되는가. 세계는 비장애인이 더 선호할 만한 장소가 될 수도 있다. 그러나 장애인을 환대하지 않는다면 그 장소는 장애인이 선호하는 곳은 아닐 것이다.

독자들은 내가 딸이 가진 장애가 없는 세계가 더 나을 거라고 생각하는지 궁금할 것이다. 의심의 여지 없이 내 딸이 살고 있기 때문에 이 세계는 더 나은 곳, 더 풍성한 곳이다. 내 딸의 자리에 다른 아이가 태어난 세계보다 지금 이 세계는 더 좋은 곳인가 아니면 나쁜 곳인가? 내 딸이 지금의 손상 없이 존재하는 세계는 더 나은 곳인가? 이 질문은 나를 혼란스럽게 만든다. 더 나은 세계일 수도 있다. 더 나쁜 세계일 수도 있다. 비슷하게 좋지만 그 방식은 다를 수도 있다. 하지만 어떤 기준으로 판단하란 말인가? 브록은 웰빙과 기회를 고려하라고 말한다. 하지만 무엇을 위한 기회인가? 나쁜 짓의 기회가 더 많아지는 것은 세계를 더 좋은 곳으로 만들지 않는다. 내 딸에게 사랑, 아름다움, 환희를 건네주는 기회는 삶이 줄 수 있는 여러 이득만큼이나 대단하다. 더 많은 웰빙은? 비장애인의 추상적인 삶과 능력을 모델로 삼아 웰빙에 접근한다면 정의상 내 딸이 누릴 수 있는 웰빙은 더 적다. 하지만 웰빙이 더 많은 능력의 수행이 아니라 삶에서 누리는 기쁨으로, 삶과 사랑, 공동체라는 선물에 감사할 수 있는 정도에 따라 결정된다면, 내 딸은 더 높은 지적 능력과 성취를 가진 많은 사람보다 더 많은 웰빙을 누리고 있다.(그리고 다른 사람들의 웰빙을 증진시킨다.)

이것이 내가 자녀를 위해 지적장애를 가진 삶보다 지적장애가 없는 삶을 선택하기를 거부한다는 의미일까? 내가 할 수 있는 최선의 답은 장애 유무와 관계 없이 나는 내 아이를 선택할 것이라는 것이다. 심지어 딸이 장애를 가진 것이 어떤 식으로든 세계를 더 나쁘게 만든다 해도 말이다. 내가 태아에게 헌신하기로 결정한 순간, 이 존재가 내 아이가 되었을 때, 나는 세샤가 지닌 능력, 재능, 관심, 성향에 따라 최선의 삶을 살 가능성을 딸에게 줄 책무를 지게 되었다.(그것은 모든 부모가 자기 자녀에 대해 지는 동일한 책무다.) 이 대답의 도덕적 근거는 이 아이를 내 아이로 만드는 부모 자식 관계가 자녀의 내재적 형질이나 능력에서 발생할 수 있는 어떤 책무보다 내 관계를 도덕적으로 우선하도록 만든다는 믿음에서 나온다.[47]

이것이 세계를 위해 중증 장애를 가진 아이의 탄생을 막아야 하느냐는 질문과 관련해 우리를 어디로 이끄는가? 우리가 끌어낼 수 있는 결론은 없는 것이 세계에 더 나은 장애가 분명히 있다는 것이다. 그러나 일반적으로 우리는 장애와 장애를 가진 사람을 나눌 수 없다. 그러므로 세계에서 장애를 제거하려면 우리는 그 장애를 가지고 태어난 사람 또한 제거해야 하며, 우리는 소아마비 같은 장애를 가져오는 질병이 없는 세계가 더 낫다는 것을 승인하는 것과 같은 방식으로 이 명제를 승인할 수 없다. 또는 우리는 (예비) 부모는 (자녀보다) 세계에 대한 책임이 있어 아이가 중증 장애를 가지고 태어나지 않도록 해야 한다는 관점을 받아들일 수 없다. 소아마비나 천연두처럼 그것이 없는 세계가 거주하기에 더 나은, 장애를 가져오는 질병도 있지만, 그 존재로 인해 다른 방식으로는 얻을 수 없는 중요한 선과 가치 있는 다양한 존재 방식을 불러들이는 장애도 있다.[48] 물론 세계를 거주하기에 더 좋게 만들지도 더 나쁘게 만들지도 않는 장애도 존재한다. 이것은 장애와 질병의 첫 번째 범주를 제외하고(나는 이것이 브록의 범주와 일치한다고 생각하지 않으므로 이 제외는 조건부이다.) 중증 장애를 가지고 태어난다는 사실만으로 부모가 아이의 탄생을 막을 **도덕적** 이유가 뒷받침된 브록의 주장이 틀렸다는 것을 보여준다. 브록의 주장은 틀렸을 뿐만 아니라, 이 주장을 위한 논증은 장애인이 세계에서 환대받지 못한다고 느끼게 만드는데, 이것은 표현주의자 반론의 한 형태가 주장하는 바에 해당한다. 다시 말하지만 브록의 논증은 표현주의자 반론을 피하지 못할 뿐 아니라, 표현주의자 반론이 식별하는 바로 그 잘못을 저지른다.

4) 잘못을 저지른 여성

지금까지의 논증은 예비 부모가 비장애 아동을 낳을 수 있다면 장애를 선별할 책무가 있다는 주장에 의문을 제기하는 것이었다. 여기에서 우리는 가상 사례의 여성이 잘못을 저질렀다는 직관을 설명하려는 결론 2도 의심할 수 있다. 브록이 여성에게 귀속시키려 하는 인격비영향 해악을 여성이 일으킨 것은 아니다. 장애 아동의 탄생을 피하기를 선택한 것은 (브록이 논증의 시작에서 밝힌 것처럼) 인격영향 해악도, 인격비영향 해악도 아니기 때문이다. 장애 아동의 출생이 참을 수 없는 통증, 고통, 짧은 삶을 동반할 때만 해가 가해진 것이며, 그것이 해악인 이유는 태어난 아이에게 주어진 고통이 삶이라는 선물로 보상될 수 있는 것보다 더 크기 때문이다.

잘못을 행하지 않았다면, 여성이 잘못했다는 강한 직관을 어떻게 설명할 수 있는가? 장애 아동을 낳는 것이 사회에 부담을 초래한다 해도 여성에게 아이의 출생을 막을 도덕적 책무가 있다고 주장하기에는 충분하지 않다. 할바드 릴리해머(Hallvard Lillehammer)는 다음처럼 썼다.

> 커플 각각은 아이를 가질지, 누구와 아이를 가질지, 몇 명이나 가질지 등을 결정할 때, 모든 시민의 이해를 동등하게 고려하지 않았다는 이유로 일반적으로 윤리적 비판의 대상이 되지 않는다.[49]

왜 장애를 가질 가능성이 있는 아이를 낳겠다는 선택이 달리 취급돼야 하는가? 재생산 결정에 대한 질책은 보통 그 사람의 시민으로서의 역할이 아니라 부모로서의 역할로 향한다. 이는 위의 직관을 이해하는 가장 자연스러운 방식이 여성이 아이에게 잘못을 행했다고 보는 것임을 시사한다. 그러나 이런 비난은 비동일성 문제의 반박을 피할 수 없다. 그의 아이가 될 사람(그 한정 기술구(definite description)가 누구를 가리키든 간에)이 피어나는 삶을 살 최선의 가능성을 바라는 예비 부모로서의 역할에도 같은 비난이 적용될 수 있을까? 우리는 이 여성이 장애가 자녀의 삶에 어떻게 영향을 미칠지 무관심할뿐더러 부모로서 자신의 미래가 자녀의 장애에 어떤 영향을 받을지 전혀 모른다는 점을 알 수 있다. 이런 고려는 브록의 논증에서 전혀 다뤄지지 않는다.

마지막 논의는 왜 우리가 여성이 잘못을 저질렀다고 생각하는지에 대한 다른 이유를 제시한다. 이 여성이 여러 결과를 낳을 수 있는 문제에서 생각 없이 행동했다고 보는 것이다. 만약 누군가 중대한 문제(재생산 결정, 아이의 건강과 복지에 영향을 주는 문제, 추가 돌봄과 관심이 필요할 아이 양육에서의 특별한 책임)와 관련해 무책임하게 행동한다면, 이 사람은 미덕에 따라 행동하지 않은 것이며 장애 및 기타 조건을 고려하든 아니든 이에 대해 비난받을 수 있다.[50] 이 여성의 생각 없음은 자신을 포함해 관련된 모두의 웰빙에 대한 존중과 고려가 없음을 보여준다. 제시된 사례에서 도덕적 실패가 있다는 우리 직관은 실제 해악이 발생하지 않아도 누군가가 미덕에 따라 행동하는 데 실패했다는 것만으로도 성립한다.[51] 중요한 약속으로 서두르다가 나는 빨간불에 부주의하게 운전했다. 내 앞을 가로지르는 행인이나 차는 없었고 나는 누구도 해치지 않았다. 반면 내가 파란불이 들어올 때까지 기다렸다면 내가 늦어서 누군가 고통받을 수도 있으며 나는 결과적으로 세계에 더 많은 고통을 초래했을 수 있다. 이것은 인격비영향 해악도 아니다. 내 교통 법규 위반으로 세계는 더 나빠지지 않는다. 그러나 빨간불에 부주의하게 운전했기에 나는 미덕에 따라 행동하지 못했다. 책임감 있는 운전자로서 나는 파란불로 바뀔 때까지 기다려야 했다. 정지 신호에 모두가 부주의하게 운전한다면 더 많은 사고가 발생할 것이기 때문이다.

이 장 맨 앞에 제시된 사례에서 예비 어머니가 약을 먹지 않기로 의식적으로 결정한 이유를 휴가 때문이 아니라 지적장애를 가진 아이의 탄생을 막으려는 행위에 반대하기 때문이라고 생각해보자. 그렇다면 우리의 도덕적 직관에는 차이가 나타난다. 이 예비 어머니가 지적장애를 포함해 장애를 가진 사람들과 함께 일해왔으며 선별에 대한 장애 관점의 비판에 설득되었다고 상상해보자. 그는 자신이 약을 먹을 수 있음을, 출산을 늦춰서 정상 지능을 가진 아이를 가질 가능성을 높일 수 있다는 것을 안다. 하지만 여성은 지적장애를 가진 아이의 돌봄에 무엇이 수반되는지 알고 이런 전망이 두렵지 않다. 그는 인지장애를 가진 사람들과 상호작용하며 큰 사랑과 가치를 얻고, 자신이 이런 관계에 재능이 있다고 생각하고, 인지장애를 가진 사람이 무궁무진한 가치를 세계에 더한다고 믿는다. 여성은 약을 먹고 출산을 늦춰 지적장애를 가진 아이의 출산을 피하는 일이 모든 사람은 동등한 가치를 지닌다는 자신의 반복적이며 깊은 신념을 저버리는 것이라고 생각한다. 그는 지적장애를 가진 사람이 웰빙을 더 누릴 수 있을 뿐만 아니라, 많은 사람이 장애가 없는 아이에게 할 수 있는 것만큼의, 또는 그보다 큰 웰빙을 장애를 가진 아이가 누리게 할 수 있다는 것을 안다.

이 예비 어머니는 대부분의 사람이 지적장애를 가진 삶을 기회가 제한된 삶으로 여긴다는 것을 안다. 그러나 그는 문제가 되는 것이 기회라면 중요한 것은 피어나기 위한 기회라고 생각한다. 자신이 지적장애인이 더 잘 수용되도록 싸우는 한, 자신의 자녀는 피어나기 위한 충분한 기회를 누릴 수 있으리라고 믿는다. 깊게 숙고한 뒤 여성은 치료를 받지 않기로 선택한다. 이런 행동이 도덕적 잘못이라는 우리의 직관은 이제 상당히 약화되었으리라고 나는 생각한다. 여성이 잘못을 저질렀다는 직관을 설명해서 우리는 결론 2를 확실히 부정할 수 있으며, 장애인의 삶에 대한 부정적이고 편견에 찬 시각이 왜 여성이 잘못했는지에 대한 브록의 설명을 구체화하는 여러 방식 또한 확인할 수 있다.

예비 어머니가 결정을 내린 이유에 대한 이런 대안적 그림은 통념에 어긋나는데, 대부분의 사려 깊은(자녀의 웰빙에 진정으로 마음을 쓰는) 여성은 자녀가 중증 장애를 가질 가능성을 미연에 방지할 치료를 유보하지 않을 것 같기 때문이다. 중증 장애를 가진 아이를 키우는 것은 훨씬 부담이 크고, 어떤 장애는 질병 및 조기 사망의 취약성, 즉 사회가 유발하는 것이 아닌 고통을 함께 끌고 온다. 게다가 아이를 갖고 키운다고 생각할 때, 우리는 삶에서 내가 가치 있게 여기며 하고 싶었던 경험을 상상한다. 자신의 삶을 좋은 것으로 경험하는 많은 장애인 역시 자기와 같은 장애를 가진 자녀를 선호하지 다른 장애를 가진 아이를 바라지는 않는다. 자신의 상황을 일반화하고 그것을 삶을 경험하는 바람직한 방식으로 여긴다.

비장애 아동이 대신 태어날 수 있다면 장애 아동의 출산을 피하려는 관습적 선택의 기저에 깔려 있는 것으로 보이는 정상성을 향한 욕망을 잠시 생각해보자. 왜냐하면 이것이 브록의 세 번째 결론, 즉 인격비영향 해악원칙의 사용이 표현주의자 반론을 피할 수 있는지 여부를 평가하는 데에 도움을 주기 때문이다. 이런 선택을 내리는 것이 도덕적이라고 주장할 때, 브록은 좋은 삶의 질을 누릴 최선의 기회를 갖는 것이 아이를 위해 나은 선택이라고 믿는다. 결과적으로 그는 이것이 최고의 웰빙을 가지는 삶이라고 정의한다. 그러나 그는 비장애 아동에 비해 상대적으로 불이익을 받는다고 가정되는 장애 아동의 탄생을 막는 데에만 관심이 있다. 즉 그는 더 나은 아이(웰빙의 기회가 더 많은 아이)를 향한 열망에 정상성이라는 상한을 설정한다.[52] 브록의 관점에서는 비장애 아동을 낳을 수 있는데도 장애 아동, 즉 '정상' 이하의 존재를 의도적으로 낳는 것은 해악을 끼쳤다고 의

심하게끔 하는 행위다. 그러나 비장애 아동의 기회를 증진할 도덕적 책무는 없다. '정상'을 한도로 설정하는 것은 특히 유병률과 사망률이 관련될 때는 유용하지만, 인격비영향 해악원칙에 기초해 탄생의 조건으로 이런 표준을 고집하는 것은 매우 문제적이다. 사블레스쿠(Julian Savulescu)와 칸(Guy Kahane)의 지적처럼[53] 표준은 브록이 피하고자 하는 편견에 찬 태도를 다시 들여온다.[54] 다른 모든 조건이 동등할 때 자원이 '정상 기능'이나 '정상 건강'을 회복하기 위해 주어진다면 개인은 더 나아진다고 말할 수 있다. 그러나 무엇을 '정상'으로 여길지, 어디까지 '정상'이 필요하거나 바람직한지와 같은 질문은 모두 논쟁적이다. 한편 정상성의 표준을 만족시키지 못하는 개인을 만들어내는 것이 해로운 일이며 우주에서 그의 자리가 표준을 만족하는 다른 사람에게 주어져야 한다는 주장은 전혀 다른 말이다. 그것이 사실상 장애인이 세계에 존재할 권리가 없다는 말은 아니라해도, 장애인의 권리가 비장애인이 세계에 존재할 권리보다 덜 중요하다고 말하는 것임이 분명하다. 이러한 관점을 고수한다면 우리는 특히 자원의 희소성이라는 측면에서 논의할 때 장애인의 권리를 비장애인의 권리보다 경시하는 여러 정책을 지지하게 된다. 이것은 브록이 수용하려는 결론이 아니며, 표현주의자 반론을 전개하며 장애를 선별하는 재생산 선택에 반대하는 이들이 염려하는 것이기도 하다. 이제 인격비영향 해악원칙을 통해 표현주의자 반론의 약한 형태마저 위배하지 않고 장애를 선별하는 재생산 선택을 지지하는 주장을 내놓을 수는 없게 된 것 같다.

III. 논증하지 않기: 가상, 이상화, 사고실험

논증을 구축하면서 브록은 가상 사례라는 유명한 철학적 도구를 충분히 활용한다. 가상이 성취하려는 것은 무엇인가? 그것은 논의에서 난문제(예컨대 비동일성 문제)를 뽑아내기 위한 것이다. 가상 사례는 현실 삶의 질문이 지닌 지저분한 본성을 무시하기 위해 구축된다. 우리의 직관을 검증하고, 익숙하지 않은 맥락에 우리 문제를 위치시켜 선입견을 없애기도 한다. 최소한 가상 사례는 이런 것을 의도하며 때로 가상 사례의 사용은 이해를 돕는다. 가상은 고려가 필요하다고 생각되는 요소로 문제를 축소한다. 이 과정에서 더 나은, 참된 직관을 가져올 수 있는 요소는 생략되기도 한다. 브록이 파핏에게서 차용한 사고실험을 통해 우리는 매우 중요한 상황에서 여성이 생각이 없는 것이 문제일 때 장애 아동을 낳는 것은 나쁘다는 결론에 도달했다. 사례가 제거하려 했던 편견은 몰래 다시 도입되는데, 이는 우리가 우리의 직관을 다르게 이끌 수도 있는 문제의 측면들을 생략했기 때문이거나(선입견이 우리가 관련 있다고 생각하는 것을 제한해서 발생하는 생략) 편견이 우리가 미처 알아채지 못한 전제 조건에 들어 있기 때문이다. 논쟁 중인 예시에서 사례의 서사는 장애를 예방하지 않는 것의 잘못에 대한 우리의 직관을 검증하는 대신, 이미 장애의 나쁨을 가정하여 이 결정을 내린 사람을 명백히 부정적으로 묘사한다.

논증에서 큰 역할을 하는 가상의 다른 형태로는 가상의 장애 없는 삶과 (실제 또는 가상의) 장애를 가진 삶 사이 비교이다. 이것은 '다른 모든 것이 동등함' 조건을 사용하는 논증이다. 가상이 현실과 전혀 닮지 않은 이상화(idealization)를 야기할 때, 우리 직관은 날카로워지기는커녕 오히려 혼란스러워진다. 장애를 가진 가상의 삶과 장애가 없는 가상의 삶을 비교하는 경우, 우리는 장애를 제외한 모든 것을 불변항으로 놓을 수 있는 것처럼 두 결과를 판단하게 된다. 현실에서 삶의 결과는 그 사람이 가진 능력 자체보다 그 사람이 가진 능력으로 무엇을 하느냐에 따라 결정되기에 이 비교는 부조리하다. 한 사람이 가진 능력을 통해 무엇을 할 수 있는지는 사회적 지원과 물질적 자원의 접근성에 크게 의존한다. 즉 장애 또는 비장애의 삶이 낳는 다른 결과는 그가 가진 능력의 숫자보다는 구체적인 사회적·정치적·경제적 조건이 크게 좌우한다. 이런 이상화는 다른 결과를 제대로 파악하지 못하게 만든다.[55]

알 수 없고 실현되지 않은 능력, 삶의 불확실한 상황, 사람들이 처한 상황에서 그 능력을 발달시키는 여러 방법에 대해 '만약에'라는 비교가 우리에게 알려주는 것은 무엇인가? 장애(와 그 잠정적 불이익)를 가졌을 뿐인 미래의 아이 그리고 미래에 어떤 불이익을 받을지 예측할 수 없는 다른 아이를 이상화해 비교할 때, 우리가 아는 것이라고는 비장애 아이가 항상 이길 수밖에 없다는 점이다. 충분히 기술되지 않은 사고실험의 경우와 마찬가지로, 가상적 비교의 이 비현실적이고 추상적인 본성은 우리의 직관을 날카롭게 할 것으로 기대된다. 그러나 앨프리드 노스 화이트헤드(Alfred North Whitehead)가 쓴 것처럼 "추상화는 진실의 부분을 생략한 것일 뿐이다. 추상화는 그것으로부터 도출된 결론이 생략된 진실에 의해 훼손되지 않을 때만 충분한 근거를 지닌다."[56] 가능한 두 삶의 바람직함을 가늠하기 위해 필요한 정보는 생략되어 있으며, 가상적 비교와 사고실험의 결론은 "생략된 진실에 의해 훼손"된다. 명료성과 진실은 조각나 있다. 더 나쁜 것은 그것이 기존의 편견을 강화한다는 것이다. 가상 사례를 통해, 우리는 논증의 가닥을 따라서 거미줄을 엮는다. 하지만 그 가닥들은 실제 세계에서 주어지는 수많은 우발적인 현실의 무게를 감당하기엔 너무 섬세하다.

IV. 결론

장애가 피어날 가능성을 더 위태롭게 만든다는 점을, 장애는 특히 개인을 자신의 피어남에 적합한 조건에 더 의존하게 만든다는 사실을 부정할 필요는 없다. 그러나 위태로움은 장애로 인해서만 증가하지는 않는다. 경멸받는 소수자 집단에서 태어난 아이, 매우 성차별적인 사회에서 태어난 여자아이, 경제적으로 힘든 시기에 태어난 아이 등 여러 상황이 이런 위태로움을 만든다. 그런 어려움이 존재한다는 것, 장애를 가진 누군가의 삶이 더 위태롭다는 것은 장애 아동을 세계로 들이는 것을 막아야 할 도덕적 이유를 제시하지 않는다. 우리는 성차별적 세계에서 딸을 낳지 말아야 할 도덕적 의무가 있다고, 계속되는 차별에 노출될 세계에서 경멸받는 소수자 집단의 아이를 낳으면 안 된다고 말하지 않을 것이다.

부모는 합리적으로 장애를 **선별**할 수도, **선택**할 수도, 선택을 아예 거부할 수도 있다. 이런 선택 각각에는 여러 이유가 있다. 그러나 개개의 입장을 지지하는 **방식**은 도덕적으로 문제가 될 수 있다.

브록의 세 번째 결론은 타당하지 않다. 장애를 선별할 도덕적 이유가 있다고 주장하는 그의 논증은 그의 관점이 장애가 개인에게 내재적으로 나쁘다는 시각을 수용하므로, 장애를 가진 사람의 삶이 손상 그 자체로 나쁘지 않다는 그들의 관점을 온전히 받아들이지 못하므로, 비장애 아동을 대신 낳을 수 있을 때 장애 아동을 낳는 것은 세계를 더 나쁜 곳으로 만드는 결과를 가져온다는 견해를 유지하므로 표현주의자 반론을 위배한다. 표현주의자 반론에 민감해야 한다고 생각하는 연구자는 장애를 선별하는 것을 지지하는 논증에 있어 이런 방식을 포기해야 한다. 이런 관점은 경험적 증거로도, 논증의 건전성으로도 뒷받침되지 않는다. 그런 논증은 그저 장애인의 삶이 열등한 삶이며 장애인이 세계에서 덜 환대받는다는 견해를 표출할 뿐이다.

부록 * 어머니의 선택

5장의 결론은 장애 선별이 허용 가능하다는 것도, 허용 불가능하다는 것도 아니다. 그저 장애의 선별을 주장해선 안 될 이유들이 있다는 것뿐이다. 장애를 가져오는 손상이 없는 아이가 장애를 가진 아이보다 더 나은 삶을 살 수 있다며 장애가 없는 아이의 출산을 옹호하는 주장에는 문제가 있다. 결국 그런 주장은 장애인의 삶이 내재적으로 차선이라는 관점에 이르기 때문이다. 장애인 대부분은 그런 주장을 수용하지 않으며 장애 여부와 무관하게 우리 모두 또한 그런 주장을 수용해선 안 된다.

4장에서 논증한 내 견해, 즉 아들에게 보낸 편지 속 주장은 최근 몇 년 동안 내가 계속 견지해온 것이다. 선별에 반대하는 논증은 설득력이 있지만, 그것은 재생산 과정 중 너무 이른 시점에서 출발한다. 만약 우리가 임신 유지 여부에 관한 여성의 선택권을 인정하려면, 임신한 배아나 태아가 아니라 태어난 아이의 수용이 논점이다.

평등의 자유주의적 관점을 긍정하는 이는 각양각색의 모든 사람이 세계에 존재할 동등한 권리를 지닌다는 점을 인정해야 한다. 그러나 재생산 선택 사례에서 문제가 되는 것은 모든 사람이 세계에 진입할 동등한 권리를 지니고 있는지다. 세계에 진입할 권리는 예비 어머니가 낳고 먹여 키우며 이 개인을 감당하기를 원하는지와 뒤섞인다. 그것은 평생 지속하는 엄청난 헌신이다. 자유주의 사회에서 극악무도한 행동을 하지 않는다면(그리고 우리가 범죄를 저지른 사람을 포함하여 모든 사람에게 재생산을 허용한다면), 누구나 출산 여부를 결정할 권리를 지닌다고 우리는 일반적으로 믿는다. 그런 재생산 자율성은 포괄적이지만 절대적인 것은 아니다. 우리 모두가 임신중지 논쟁에 관해 잘 알고 있듯이 일단 우리가 태아를 임신한 여성과 동등한 기본권을 지닌 존재라고 본다면, 권리의 결정은 단순히 예비 어머니만이 단독적으로 행사할 수 있는 것이 아니게 된다. 이때 임신중지의 질문은 어떤 권리가 우선하는지의 문제로 바뀐다. 주디스 자비스 톰슨(Judith Jarvis Thomson)은 태아가 사람이라 해도 임신한 여성이 9개월의 임신이라는 신체적 부담을 감수할 책무는 없다고 주장해서 이 질문에 답하려 했다.[1]

그러나 재생산 결정은 본질적으로 관계적이다. 오노라 오닐(Onora O'Neill)은 다음처럼 지혜롭게 표현했다. "개별 또는 개인 자율성의 이상은 …… 재생산 사고의 출발점으로 가망성이 별로 없다."[2] 재생산의 경우 제삼자를 존재하게 만들기 때문이다.[3] 재생산 자유에 제한이 있어야 한다는 점에서 오닐은 분명 옳다. 그러나 제삼자는 단순히 자신의 권리를 가진 개인이기만 한 것은 아니다.(물론 권리를 가진다.)

그는 부모와의 관계에 완전히 의존하는 존재다. 만약 관계 자체를 재생산 결정을 검토할 또 다른 입장으로 삼는다면, 재생산 자율성은 제한되기 보다는 관계에 대한 고려를 포함하도록 확장된다. 누군가는 내가 주장하려는 것이 관계적 재생산 자율성이라고 말할 것 같다.

톰슨의 사고실험이 진짜 중요한 이유는, 자신의 목적을 위해 당신의 신체를 사용해야 하는 타인이 당신과 아무 관계가 없다면, 그 타인은 당신의 신체를 사용하겠다고 주장할 수 없다는 데에 있다. 타인과의 관계가 존재하고 그 관계가 인정받는다면 도덕적 지평은 변화한다. 관계는 자기 신체, 정서, 돌봄노동에 관한 여성의 의지에 달려 있다. 따라서 임신한 여성에게 첫 번째 질문은 막 발생한 존재와의 관계를 여성이 인정하고 승인할 것인가가 된다.

만약 우리가 관계를 고려한다면 숙고할 입장은 두 가지가 아닌 세 가지가 된다.(공리주의자가 강조하는 불편부당한 자의 선의는 제쳐두자.) 부모(특히 어머니)의 재생산권, 그 결과로 태어나는 아이의 권리, 부모(특히 어머니)와 존재하게 될 아이와의 관계 및 그에 수반하는 책임이다. 어머니와 아이의 관계를 무시하면 다른 모든 관계의 기초가 되는 관계에 폭력을 휘두르게 된다. 재생산 문제에서 자기 신체를 빌려주기로 결정할 여성의 권리를 존중하는 것은 여성과 태아 사이 관계의 유무를 존중하는 것을 포함한다. 이 관계를 받아들일지 여부는 전적으로 여성에게 달려 있다. 재생산 선택의 찬반 논증은 어느 쪽이든 강제를 정당화할 수 있을 만큼 도덕적으로 충분한 결정력을 지니는가? 지금까지 검토한 폭넓은 논쟁을 볼 때, 답은 '아니오.'다. 어머니가 장애 가능성에 따라 아이를 선택 또는 선별해야 한다고 주장할 수 있는 사회적으로 효과적이고, 비강제적이며, 도덕적으로 허용 가능한 방법은 없다. 그렇게 하는 것은 출생에 참여하는 여성을 다른 사람보다 열등한 존재로 위치시킨다. 여성은 도덕적 동등성의 지위를 박탈당한다. 따라서 결국 어느 쪽을 선택하든, 가능하다면 여성이 선택해야만 한다.

　　내 주장은 예비 어머니의 선택을 돕기 위해 사회가 교육을 제공할 필요를 배제하지 않는다. 게다가 어머니의 선택권을 주장하는 것은 한 선택이 다른 선택보다 도덕적으로 옳은지 구별하는 것을 배제하지 않는다. 그러나 그것은 여성이 주어진 상황에서 왜 그리고 어떻게 자기 결정을 내리는지, 얼마나 사려 깊고 지혜롭게 숙고하는지에 달려 있다. 이미 장애 아이를 키우고 있기 때문에 장애를 가진 아이 여럿을 키울 방도가 없는 커플이 다운증후군을 가지고 태어날 가능성이 있는 태아를 중절하기로 선택하는 것. 농인 커플이 농인으로 태어날 가능성이 높은 배아를 착상하기로 선택해 아이가 풍성한 공동체와 문화의 일부분이 되기를 원하는 것. 이 두 사례는 장애와 선택 과정에 대해 다른 태도를 지닌 사람들을 어렵게 한다. 하지만 아이를 구걸에 활용할 때 '정상' 아이보다 더 두둑한 돈을 받을 수 있으리라고 생각하여[4] 또는 임신중지를 하면 동정을 받으리라고 생각하여 장애 아동을 갖기 위해 의도적으로 약을 먹기로 한 여성의 권리가 재생산 자유에 포함되지 않는다는 점에 모두가 동의하리라고 나는 믿는다. 임신 결과에 대한 도구적 태도는 언제나 도덕적으로 부끄러운 일이다.[5]

　　장애를 가진 사람도 비장애인처럼 피어나는 삶을 살 수 있다고 믿을 충분한 이유가 있다. 그러나 장애를 가진 사람은 그들의 피어남을 위태롭게 만드는 의학적·사회적 조건을 마주할 수도 있다. 물론 피어나는 삶을 성취하고 이를 유지하는 능력을 갖기란 모두에게 쉽지 않고 우연적이다. 그러나 우연 중 일부는 비장애인 다수보다 장애를 가진 사람에게 더 규칙적으로 그리고 큰 힘을 발휘해 더 불리하게 작동한다. 따라서 자녀의 피어남을 촉진하기 위한 부모의 노력은 장애가 끼어들 때 부담이 더 커진다.

어떤 자녀든 낳기로 했다면 부모는 엄청난 책임을 지게 된다. 그들에게는 장애를 가진 아이의 삶을 피어나게 하는 데 필요한 요구를 충족할 의지와 능력을 지니고 있는지를 고려할 큰 책임이 있다. 여성이 이런 책임을 지지 않는다고 수치를 느끼게 하거나 비난해선 안 되며 누구도 여성에게 이런 책임을 강제할 수 없다. 장애를 가질 것이라고 예측되는 아이를 낳기로 결정한 어머니(또는 부모)가 자녀의 피어남을 촉진하는 데 헌신하는 한, 그런 결정에 수치를 느끼게 하거나 그 결정을 비난해서도 안 된다.

논증에 참여하는 대부분이 장애를 가질 아이의 출산 여부에 대한 주장을 펼치지만, 나는 장애로 인해 부모가 겪을 어려움과 장애가 부모에게 줄 추가적인 책임을 고려할 것을 강조했다. 이런 책임에 관한 명쾌한 분석은 장애를 가진 여성이 같은 장애를 가진 아이를 낳을 때 가장 확실히 주어질 것이다. 예비 부모는 좋은(충분한) 부모가 되어 자신의 아이, 그리고 그들이 가지게 될 수도 있는 다른 아이와 좋은(충분한) 삶을 살 수 있는 능력이 자신에게 있는지 평가해야만 한다.

이것이 이미 조건을 아는 상황에서 장애를 가진 아이를 입양할 준비가 되어 있는지에 관한 질문과 닮았다고 생각하는 사람도 있을 것이다.(세라 러딕은 아이를 입양하든 낳든 모든 부모는 사실상 입양 부모라고 지적한 적이 있다. 부모가 된다는 것은 아이를 기르는 선택을 확증하는 것이기 때문이다.)[6]

어떤 부모는 산전 검사와 선택적 임신중지라는 선택지 앞에서도 그런 검사의 결과와 무관하게 임신을 선택하거나 아예 검사 자체를 포기하는 결정을 내린다. 그것은 내 아들과 며느리가 했던 선택이기도 하다. 그렇지만 나는 셋째를 임신할 때 산전 검사를 고려했다. 나는 '특별한 필요'가 있는 두 명의 아이를 돌보고 관심을 기울이면서도 나의 중요한 성취에 헌신할 만큼 충분한 시간이 없을까 염려했다. 말할 필요도 없지만, 우리는 아이가 장애를 가지고 태어났다는 사실 앞에서 우리의 능력이나 의지를 과소평가하곤 한다. 내가 중증 장애를 가진 아이에게 좋은 엄마가 될 수 있으리라고는 생각도 못 했지만 나는 세샤와의 삶을 소중히 여긴다. 그렇지만 내게 장애를 가진 아이를 두 명 키울 만큼의 수단이 있는지 의심스러웠다. 오늘 나는 한 명 이상의 장애 아동을 키우는 부모를 만나는데, 그들은 나만큼이나 자녀와 자신의 삶에 감사한다. 그들은 삶에 패배하거나 열정을 잃어버리지 않았다. 내가 장애를 가진 아이 둘을 가졌더라면 이 문장이 나를 잘 묘사하는 표현이 되었을지도 모르겠다.

여러 방면으로 우리 중 누구도 장애를 가진 아이를 양육할 자신의 능력을 적절히 평가할 수 없다. 스스로 같은 장애를 가지고 있는 경우가 아니라면 말이다. 우리는 자기 평가에서 틀릴 수 있지만, 부모됨과 관련된 다른 상황과 마찬가지로 이 경우에도 우리 자신을 살펴보는 것은 중요하다. 파트너 없이 양육할 수 있을까? 내 경제적 상황이 우리 가족에 적절한가? 이 파트너와 아이를 가지기를 원하는가? 다른 아이를 원하는가? 지금 나는 부모됨을 감당할 수 있는가? 말할 필요도 없이 어떤 식으로 평가하든 아이가 태어난 다음 우리의 재정 상황은 극적으로 변할 수도 있고, 결혼이 깨질 수도 있으며 또는 임신하게 되었지만 임신중지하거나 입양 보낼 마음이 들지 않을 수도 있다. 비슷하게 우리 아이는 장애를 [후천적으로—옮긴이] 가질 수도 있으며, 예기치 않았던 장애에 대해 알게 될 수도 있다. 2부 시작에서처럼 행운의 여신은 여전히 우리와 함께하며 그것은 항상 나쁜 일은 아니다. 재평가와 재측정을 위한 회복탄력성을 지녔다면, 아들 제이미가 태어났을 때 재닛 라이언스가 당황한 남편 마이클 베루베에게 한 말을 마음에 둘 필요가 있다. "우리는 감당할 수 있어."[7]

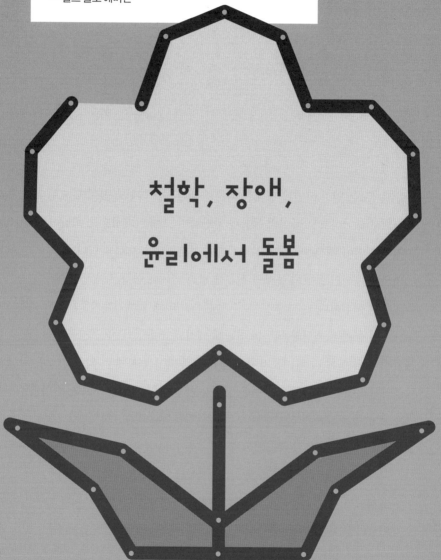

인간은 관계의 다발, 뿌리의 매듭이며, 그 꽃과 열매 맺음이
세계이다.
　　─랜프 월도 에머슨

철학, 장애,
윤리에서 돌봄

개관 * 돌봄의 교훈

2부는 모든 인간 아기가 명백한 의존 속에서 양육자의 돌봄이 필요한 상태로 태어나므로 아이의 돌봄을 감당하며 그에 일차적으로 책임이 있는 개인이 재생산문제를 결정해야만 한다는 결론으로 끝났다. 의존하는 이의 운명이 돌봄의 질문에 달려 있기에 돌봄은 재생산권 질문의 핵심이다. 누가 돌보는가? 돌봄은 어떻게 행해지는가? 돌봄에 내재한 윤리적 책임과 책무는 어떻게 배정되고 수행되는가? 장애를 가진 이의 삶이 더 위태롭기에 그들은 삶에 있어 돌봄에 더 의존적이다. 돌봄윤리에서 특히 중요한 것은 장애를 가진 삶의 진정한 필요와 적법한 요구가 돌봄 관계에 참여하는 모두의 존엄을 보존하며 평등한 인격성을 인정하는 방식으로 충족되어야 한다는 것이다.

　3부에서는 우리의 인간적 의존이 돌보는 자와 돌봄받는 자를 위축시키지 않고 의존에 대한 필요를 다루기에 충분한 돌봄윤리를 요청한다는 것을 증명할 것이다. 내가 여기에서 완전한 돌봄윤리를 제공한 것으로 이해해선 안 된다. 돌봄윤리가 완벽한 윤리라고 주장하려는 의도도 아니다. 돌봄윤리가 완전히 독립적인 윤리인지, 더 큰 윤리 이론의 일부인지 다 결정되지 않았다고 본다. 나는 돌봄윤리가 독특한 염려, 개념, 가치를 도입하며, 이처럼 현재 윤리 이론에 부재하거나 전개가 덜 되어 있는 내용을 다룬다고 믿는다. 그럼으로써 돌봄윤리는 윤리 이론에 독특한 기여를 하게 된다. 게다가 돌봄윤리는 장애인과 그 가족의 삶에 특별한 관련성과 중요성을 지닌다. 그리고 내 장애를 가진 딸로부터 배운 것을 설명한다는 목표에 더 중요하며 타당한 것은 다음과 같다. 장애인과 관련해 밀접하고 책임 있는 돌봄윤리를 만들려면 도덕적 책무를 세우는 데에 대한 페미니즘의 기여를 강화하고 증폭해야 한다.

좋은 삶, 윤리적인 삶을 구축하는 데에 돌봄이 위치해야 한다는 것은 명백해 보인다. 그러나 돌봄은 철학적 사고에서 많이 전개된 개념은 아니다. 다른 윤리적 관점(특히 정의의 덕을 중심으로 하는)과 구분되는 돌봄윤리가 있다는 생각은 심리학자 캐럴 길리건(Carol Gilligan)[1]이 도입한 것으로, 그는 이를 통해 소녀와 여성에서 주로 나타나는 발달 과정을 설명하고자 했다. 하지만 돌봄윤리는 다수 여성의 도덕적 관점을 기술하는 윤리 이상이다. 나는 돌봄윤리가 불가피한 의존성을 다루며 장애인과 그 가족, 돌보는 자를 윤리적 탐구 영역에서 온전히 다루기 위해 필요한 바로 그 도덕철학이라고 생각하게 되었다.

장애학자들이 돌봄 이슈를 항상 포용하는 것은 아니며, 이들은 때로 권리 중심 윤리에 대해 말하기를 선호하기도 한다. 권리 담론,

특히 개입으로부터의 자유에 관한 소극적 권리(negative rights)에 초점을 맞춘 담론은 일반적으로 독립적이고, 온전히 기능하며, 합리적이어서 서로에게 권리 주장을 할 수 있는 행위자를 가정한다. 그러나 '인권' 목록에 포함된 권리들을 돌봄의 정반대에 있는 것으로 볼 필요는 없다. 여러 개인의 권리(특히 식량, 쉼터, 애착적 관계의 권리 등 적극적 권리(positive rights))는 타인의 돌봄을 통해서만 실현된다. 내 딸과 같이 온전히 의존적인 인간은 음식 제공과 식사를 보조하는 돌보는 타인이 있을 때만 먹을 권리를 실현할 수 있다. 사지마비 성인은 개인 돌봄보조인의 조력이 있을 때만 이동권과 노동권을 실현할 수 있다. 우리 모두는 삶에서 타인의 돌봄에 의존하는 시기를 거치기에, 우리 권리의 실현은 때로 돌봄에 의존해야 한다.

돌봄받아야 하는 사람의 필요를 축소시키는 방식, 즉 개인, 기관, 국가가 의존적이고 장애를 가진 사람의 필요에 응답하는 대신 행위주체성을 함부로 다루는 식으로 응답하는 것은 당연히 폄하이다. 그런 돌봄은 온전한 규범적 의미의 돌봄이 아니다. 온전한 규범적 의미의 돌봄은 돌봄이 해야 할 일을 하려면 실천되어야 하는 돌봄이다.[2] 이는 현재의 방식을 그저 기술하는 것을 넘어 규정적이다.[+] 돌봄의 요점은 필요를 다루는 데에만 있지 않다. 그것은 목적을 위한 수단이다. 목적 그 자체는 보살핌받는 이의 피어남을 촉진하는 것이다.

만약 우리가 목적을 궁극적 가치로 여긴다면, 그것은 모두의 가치, 즉 돌보는 자와 보살핌받는 이 모두를 위한 가치이다. 따라서 돌봄이 촉진하는 가치와 일치하는 방식으로 실천되는 돌봄에서는 돌보는 자가 무시, 착취, 학대로 고통받지 않으며 타인을 돌볼 수 있어야 한다. 게다가 온전한 규범적 의미의 돌봄은 돌봄의 2자 관계 바깥에 있는 타인을 그 수용으로부터 제외해선 안 된다. 타인을 향한 돌봄 행동이 타인의 돌봄에 끼치는 부정적 영향을 모두 피하는지 확인하는 것은 불가능할지 모르지만, 예측 가능한 범위에서 해악을 피하는 방식으로 행동하는 것은 가능하다.

　　나는 돌봄 개념의 철학적 사용을 지시하기 위해 <u>배려</u>(CARE)[++]를 그리고 더 일반적인 개념인 돌봄윤리와 구분하기 위해 <u>배려윤리</u>(ETHICS OF CARE)를 사용할 것이다.[+++] 돌봄 개념 그리고 돌봄윤리는 7장과

[+] 윤리학을 크게 세 범주, 기술윤리학, 규범윤리학, 메타윤리학으로 분류할 때, 기존의 돌봄윤리가 기술윤리학에 가깝다는(즉 여성이 지닌 윤리적 관점을 기술한 것이라는) 이해를 넘어 돌봄윤리 자체가 규범윤리학, 즉 규정적인 내용을 가지고 있는 윤리라는 주장이다.

[++] 저자가 care와 CARE로 표현한 것을 전자는 돌봄, 후자는 **배려**로 번역했다. 우리에겐 돌봄보다 배려가 더 넓은 개념으로 다가오기에, 둘을 바꿔야 할지도 모르겠다. 하지만 철학적 개념으로 돌봄보다 배려(특히 하이데거 철학에서)가 이미 다루어진 바 있다는 점, 돌봄이 주로 행동만을 의미한다면 배려는 행동(보살핌)과 정동(마음 씀)을 동시에 의미한다는 점에서 저자의 온전한 규범적 개념을 지칭하는 데에 배려가 적절한 역어라고 생각했다. 뒤에 더 전개되겠지만 저자의 개념을 다른 철학적 개념과 구분하고, **배려윤리**에 관한 논의가 촉발되기를 바라는 마음에서 강조해 표기했다.

[+++] 나는 '돌봄(care)'을 더 일반적인 의미로 사용하기도 한다. 그런 사용은 **배려**와 매우 유사할 때도 있다. 온전히 규범적인 의미의 돌봄을 구체적으로 언급하려는 경우가 아니라면 돌봄이라고 적을 것이다. 엄밀히 철학적으로 용어를 사용하고자 할 때에만 **배려**를 쓸 것이다. 나는 나를 포함한 페미니즘 철학자가 설명하는 이론을 언급할 때는 돌봄윤리(an ethics of care/a care ethics)라고 말한다. 돌봄의 도덕 이론이 아니라 윤리적 만남에서 돌봄을 향한 일반적인 경향성을 언급할 때는 돌봄의 **윤리**(an ethic of *care*)라고 말한다. 돌봄의 온전한 규범적 개념, 즉 **배려**를 활용하는 이론을 위해 **배려윤리**라는 용어를 남겨둔다. — 지은이

8장에서 전개된다. 이런 예비적 언급에서 나는 돌봄의 온전한 규범적 개념은 규제적 이상, 즉 우리가 온전히 실현할 수 없지만 그럼에도 실현하려 애써야 하는 이상에 의해 인도된다고 제안하고 싶다. 돌봄의 온전한 규범적 개념, 즉 배려는 돌보는 자와 보살핌받는 이를 포함한 모든 당사자의 피어남에 기초하며, 돌봄 관계 바깥에 있는 타인의 피어남에 부합한다. 이 개념을 파악하는 하나의 방법은 다음과 같다. 배려가 타인, 특히 영구적이든 일시적이든 불가피한 의존(사회적 구조와 편견에 의한 결과가 아니라 생물학적 요인에 의한 의존)에 처한 타인의 진정한 필요(needs)와 적법한 요구(wants)를 존중하며 다룬다고 말하는 것이다.[+] 나는 돌봄이 필요와 요구를 만족시킬 수 있다고, 특히 생존하고 성장하는 데 필요한 요청을 만족시키려면 타인에 의존해야 하는 사람에게 그러하다고 말했다. 내가 말하는 진정한 필요란, 관심을 기울이지 않으면 그것을 필요로 하는 이에게 해악이 가해지거나 그의 피어남을 저해하는 필요이다. 나는 돌봄이란 필요처럼 긴급하거나 절실하지 않더라도 개인의 피어남을 위해 중요한 욕망도 다루며 또 다루어야 한다고 믿기 때문에 요구, 특히 적법한 요구를 포함한다.[3] 그것은 보살핌받는 자가 타인에게 해악을 끼치지 않는 한에서 만족시킬 수 있는 요구다.[4] 타인이 피어나도록 돕기 위해서는 개인선(個人善)을 촉진해야 하며, 그 선은 보살핌받는 이의 관점으로 보아진 것이라고 나는 이해하고 있다.[5] 이어지는 장에서 내가 주장할 돌봄윤리 개념을 특징짓는 규제적 이상의 정의와 원칙을 요약해보자.

정의 1. 돌봄 실천의 텔로스(telos, 목적)는 돌봄을 필요로 하는 이의 피어남이다.

정의 2. 돌봄을 필요로 하는 이는 그 돌봄이 제공되지 않으면 해악을 입는 이다.

원칙 1. 돌봄의 규제적 이상은 다음 사항에서 돌봄을 필요로 하는 이를 지원하여 돌봄을 제공하는 것이다.

　　첫째, 진정한 필요(즉 객관적·주관적 근거를 모두 지닌 필요)의 충족.

　　둘째, 적법한 요구(즉 타인(돌보는 자를 포함하여)이 요청하는 돌봄을 받을 가능성을 좌절시키지 않으면서 충족될 수 있는 요구)의 충족.

원칙 2. 돌봄을 필요로 하는 이의 피어남은 보살핌받는 이에게서 (내재적 또는 명시적으로) 승인된 피어남이다.

3부에서 나의 목표는 일단 장애인과 돌봄노동을 하는 사람 모두가 수용할 수 있는 돌봄과 윤리 개념을 그리는 것이다. 배려에 기초한

＋ 나는 필요와 요구 모두에 관해 말하려 한다. 생존 또는 잘 쳐도 웰빙의 기초 수준에 필요한 최소한의 핵심 재화 집합의 제공으로 돌봄의 이해를 제한하는 것을 피하기 위해서다. 필요는 객관적으로 결정될 수 있는 것으로 가정되곤 한다. 요구는 분명히 주관적이다. 요구는 개인이 자신에게 중요하거나 좋다고 믿거나 느끼는 것으로, 그것이 타인이 원하는 재화인지 여부와 무관하다. 스스로 중요한 요구를 충족한 수 있는 이들만큼, 돌봄에 상당히 의존하는 이들도 요구의 충족을 원한다. 내가 말하려는 것은 보살핌받는 이의 관점에서 이해된 필요와 요구다. 돌보는 자는 개인의 선에 관한 이해를 지니며, 그런 이해는 합리적일 수 있지만 보살핌받는 이에게 가장 중요한 것을 고려하는 데 실패할 수 있기 때문이다.(8장의 논의를 참고하라.)—지은이

윤리와 배려윤리의 규제적 이상은 이런 계획에 잘 맞는다. 이 임무를 달성할 수 있기를 바라며 나는 다음 네 개 장을 통해 돌봄윤리에 관한 나의 비전을 전개할 것이다.

6장에서는 세샤와의 삶과 돌봄의 시간을 돌아보며 의존에 관해 무엇을 이해하게 되었는지 살핀다. 이제 나는 의존이 세샤의 손상에서 오는 조건일 뿐만 아니라 인간 조건의 불가피한 요소라고 생각한다. 부모 대부분은 순전한 의존 상태에 있는 존재를 상대적으로 짧은 기간 돌본다. 아이가 기량을 계발하고 더 나아가면서 부모들은 이전 시기를 잊어버리고 아이나 성인이 전적인 돌봄을 필요로 하는 질환의 시기에만 이를 다시 경험한다. 나는 오랜 시간 딸의 순전한 의존과 함께 살아올 수 있었다. 그 시간의 길이는 나에게 의존, 그리고 의존이 우리 모두의 삶에서 하는 역할에 관해 생각할 기회를 주었다. 6장은 의존을 특히 장애의 맥락에서 고려하며 논의한다.

비록 나는 돌봄의 윤리가 삶의 모든 부분에 스며들고 스며들어야 한다고 믿지만, 그것은 내 딸과 같이 취약하고 의존적인 누군가의 돌봄에서는 실존적으로 중요하다. 돌봄 없이 세샤는 신생아가 그렇듯 며칠 안에 죽을 것이다. 좋은 돌봄 없이 세샤는 뻗어나갈 수도 있었던 삶을 전혀 살지 못할 것이다. 내 딸의 돌봄을 맡았던 기량 있는 돌봄제공자와 그렇지 못한 이를 모두 보면서, 나는 내 생각에 배려를 나타내는 돌봄의 중요한 특징을 깨닫게 되었다. 따라서 7장에서는 페미니즘 철학 및 내 딸과 함께한 경험에서 나온 배려윤리의 개요를 전개한다.

내 딸이 얼마나 많은 돌봄을 필요로 하는지, 돌봄제공자가 얼마나 큰 영향을 딸에게 미치는지를 보면서, 나는 다른 사람들이 돌봄제공자에게 진 책무를 생각할 뿐만 아니라 돌봄을 감싼 중첩된 의존에서 무엇이 잘못될 수 있는지를 살피게 되었다. 돌보는 일을 잘하지 못하는 사람은 자신의 이익과 욕망을 우선하기 때문일 수도 있다. 그것이 자신이 맡은 바에 해가 된다 해도 말이다. 그는 부주의하고, 무관심하고, 태만할 수도 있다. 그는 취약한 개인에게 지배력을 행사할 수도 있다. 태만이나 학대 행위만이 돌봄을 방해하는 게 아니다. 돌보는 자 자신의 필요와 욕망에서 나온 도우려는 선한 의도, 보살핌받는 이가 이런 원조를 거절할 타당한 이유가 있음에도 좋다고 확신하여 행동하는 것 또한 진정한 필요에 대한 돌봄을 방해할 수 있다. 돌봄제공자와 보살핌받는 이 사이의 권력 비대칭성은 (반드시 그런 것은 아니지만) 돌봄의 남용과 실패로 이어질 수 있다. 그런 실패는 돌봄의 "유혹"이다.[6] 이것에 반대하는 <u>배려</u> 개념은 힘이 지배로 바뀌는 대신, 보살핌받는 이와 돌보는 자 모두를 풍성하게 할 방법을 묻는 돌봄윤리의 질문을 검토할 수 있게 해준다.

내 딸의 의존, 딸의 명백한 상호작용할 수 없음, 말할 수 없음(따라서 우리의 돌봄에 언어로 반응할 수 없음)은 돌봄의 수용을 버니스 피셔(Bernice Fischer)와 조앤 트론토(Joan Tronto)가 말한 "돌봄의 단계"로 보는 것에서 벗어나도록 했다.[7] 넬 노딩스는 타인을 통한 돌봄의 완성을 이야기했다.[8] 나이 들고 병든, 자주 내 돌봄을 거부했던 엄마를 돌보아야 했을 때, 나는 딸이 내 돌봄에 매우 수용적이었다는 사실을 깨달았다. 세샤가 우리의 돌봄을 완성했던 것이다. (이 경험에서 나는 개인이 돌봄 경험의 개별성에서 얼마나 쉽게 잘못된 배움을 끌어낼 수 있는지 알게 된다. 그것은 돌봄의 다른 사례를 관찰하면서 고쳐진다.) 나는 이 완성이 돌봄의 온전한 규범적 개념을 구분하는 데에서 중요하며, 배려윤리의 전개에서 분리할 수 없음을 믿게 되었다. 8장에서는 돌봄의 윤리를 논의하면서 딸이 돌봄의 완성에 대해 가르쳐준 것을 결합한다.

　마지막 장인 9장에서 나는 중증 인지 손상 및 이동 불능인 사람을 돌보는 표준을 둘러싼 특정 논란을 다루는 데 돌봄윤리를 적용한다. '애슐리치료'로 알려진 개입은 애슐리 엑스를 돌보기 쉽게 작은 상태로 유지하여 가족의 품에 계속 남아 있도록 한다. 나는 애슐리치료가 좋은 돌봄인지 문제를 제기한다. 중증 인지장애를 가진 사람을 대상으로 하는 돌봄을 배려윤리에서 제시하는 가치로 이해할 때, 나는 그것이 좋은 돌봄이 아니라고 답할 것이다. 동시에 이 사례는 주체를 관계적인 것으로 이해하는 일이 도를 지나칠 가능성을, 개별 주체들의 분리와 연결을 함께 이해할 필요를 보여준다.

　애슐리치료를 숙고하는 일은 내 딸의 몸이 지닌 가치와 온전성에 관해 생각하게 한다. 3부는 타인을 앎에 있어 몸, 그 고유한 형상과 형식, 운동, 느낌의 중요성을 입증하려는 열망에서 나온 성찰이다. 역설적이게도 나는 딸의 몸을 이해하려 할 때 영혼이 무엇인지에 관해 가장 가까이 나아간다.

6장
의존과 장애

I . 의존, 피할 수 있는 것인가 아니면 불가피한 것인가?

나는 평등을 생각하다가 의존에 관한 질문을 처음으로 숙고하게 되었다.[1] 평등은 여성에게 여전히 달성하기 힘든 열망이다. 제2물결 초기 페미니스트들은 남성에 대한 여성 의존을 폄하하고 평등을 향한 여정을 추구했으며, 당시 해방이란 이런 의존으로부터의 자유를 의미했다. 여성 평등을 위한 노력 덕에 많은 법적 · 사회적 장벽이 허물어졌다. 시몬 드 보부아르가 통렬하게 언급했던 감정적 의존마저도[2] 여성의 노동과 성적 기회가 확장되면서 사그라들었다. 그러나 여전히 여성은 남성과 세계를 평등하게 공유하지 않는다. 내가 다른 곳에서 논증했으며 여러 경험 연구가 증명하고 있듯[3] 아직 해결되지 않은 의존은 여전히 돌봄제공자가 여성이라는 사실에 크게 기인한다. 스스로 부양할 수 없는 개인의 필요를 다루어야 하는 여성은 **파생적 의존**(derivatively dependent) 상태가 되어 직장에서 동등하게 경쟁할 수 없고, 자신과 의존인을 지지하는 데 필요한 자원을 얻으려면 남성의 애정이나 국가의 얻기 힘든 부조에 의존해야 한다.

딸의 확장되고 극단적인 의존을 통해 뚜렷하게 의존을 바라보면서, 나는 많은 의존이 사회적 구성물인 만큼 독립 또한 사회적 구성물로 이해하게 되었다. 게다가 세샤의 의존은 단순한 부담이나 문제가 아니었다. 때로 특별한 종류의 상호작용이자 친밀감의 계기였다. 이 극단적인 의존은 우리 모두가 삶의 어느 순간에 경험하는 의존을 새롭게 조명했다. 그것은 내 딸의 가르침 중 가장 소중한 것에 속한다.

하지만 의존을 이런 식으로 생각하는 것은 내가 옹호하는 사회 운동의 조류를 거스른다. 독립을 주장하고 모든 형태의 의존을 거부하는 자들은 여성뿐만이 아니다. 장애인 또한 변혁적 사회 운동에서 독립을 중심적인 요구로 놓는다.[4] 마이클 올리버(Michael Oliver) 같은 작가는 장애가 "특별한 종류의 사회적 문제"로 경험되는 현실에는 의존 자체가 중심이 된다는 견해를 유지하고 있다.[5] 예컨대 의존은 장애를 가진 사람의 사회적 삶을 형성한다.[6] 이 견해에 반대하는 다른 장애학자들은 피어나기 위한 장애인의 능력을 저해하는 것은 자족과 자립을 규범이자 개인의 가장 중요한 욕구로 여기는 자유주의 사회의 강요라고 주장해왔다. 이들 학자는 의존을 인정하는 것이 비장애와 장애의 이해와 경험에 대한 새 국면을 개척하는 데 도움을 줄 것이라고 주장해왔다.[7]

권리를 최대로 확보하기 위한 집단 투쟁에서 의존을 거부하는 일은 의존에 찍힌 낙인을 볼 때 전혀 놀랍지 않다. 이 낙인은 최근 미국 역사, 특히 신자유주의의 부상에서 생생하게 드러난다. 의존은 보수 우파가 극히 싫어하는 표현이자 복지국가를 쓰러뜨리기 위한 공성 망치로 활용되었다. 로널드 레이건(Ronald Reagan)은 "복지 여왕"이라는 잊기 힘든 용어를 만들어내 자신과 자녀의 생계를 위해 정부의 현금 보조에 의존하는 여성들이 비난받게 만들었다. 한편 진보주의자도 의존을 옹호하지 않는 것은 마찬가지다. 상원의원 패트릭 모이니핸(Patrick Moynihan)은 의존에 관해 이렇게 썼다. "삶의 불완전한 상태, 아동기에는 정상이지만 성인에게는 비정상이 되는 것. 온전한 남성과 여성이 스스로 서는 세상에서 의존(단어의 숨겨진 이미지에서 알 수 있듯)하는 사람은 매달린다."[8] '의존'은 1997년 '복지 개혁' 논쟁에서 다시 등장했다. '복지 의존'은 보수와 진보 모두의 걱정거리였다. 2012년 대통령 선거 후보자였던 밋 롬니(Mitt Romney)는 미국 인구의 47퍼센트가 "의존적"이라고 말했는데, 이 발언은 광범위한 유권자 집단에 대한 조롱으로 인식되어 이후 그의 당선 실패에 결정적인 영향을 미쳤다.

한 걸음 물러서서 완전히 사회적인 종에 속하는 우리 인간이 왜 그렇게 의존을 경멸하는지 질문해보자. 모든 세대 인간의 삶에서 필수 요소인 돌봄, 지식, 문화, 기술, 정치적 · 사회적 · 경제적 재화는 오로지 우리가 다른 사람에게 의존할 수 있으며 의존해야만 하기에 가능하다. 인간이 전적으로 자족적이어서 의존에 기반한 조직 체계를 만들지 않았다면 이 중 어느 것도 가능하지 않았을 것이다. 정부 서비스에 대한 의존은 현대의, 상대적으로 질서가 잘 잡힌 국가의 주된 이점으로 여겨진다. 우리는 상상 속 의존을 매도하고 있는 것일지도 모른다.

II. 의존의 영역들

우리 자신의 의존성을 인정하기를 거부하는 데에는 역사적 · 이데올로기적 · 구조적 이유가 있다. 미국 복지국가에서 의존이라는 키워드를 검토한 연구에서 철학자 낸시 프레이저(Nancy Fraser)와 사학자 린다 고든(Linda Gordon)은 "의존의 계보학"을 추적한다.[9] 모이니핸과 롬니는 적어도 성인에게는 독립이 자연 상태이며 의존은 결함 있는 성격의 증거라고 가정한다. 프레이저와 고든은 독립이 타인에게 서비스를 명령할 수 있는 엘리트만 보유했던, 한참 시간이 지나서야 많은 사람에게 할당된 지위임을 상기시킨다. 임금 노동이 부상하고, 참정권이 확산하고, 혈통 기반 지위가 덜 중요해지면서, 독립은 자신과 가정을 부양하기에 충분한 수익을 벌어들일 능력과 함께 주어졌다. 여성은 법과 전통으로 인해, 극빈자는 임금 노동자가 될 수 없는 무능력으로 인해, 식민지 주민은 정치적 제약으로 인해 경제적 독립에서 배제되었다. 보부아르 같은 페미니스트가 여성이 내면화한 제약으로 이해한 남성에 대한 여성 의존은, 여성이 남성 지배로부터 해방되기 위해 극복해야 할 것이었다.

미국에서 복지국가 제도가 발달하면서 이런 내면화된, 이제 기질화된 여성의 특징은 '그들의 남성'에게 의존해야 **마땅했던** 백인 중산층 여성에게 계속해서 고무되고 상찬받았다. 한편 남성과 다름없는 노동을 기대받은 흑인 여성 및 다른 저소득층 여성에게는 개탄스럽게 여겨졌다.[10] 국가 복지 서비스에 의존하는 여성은 도덕적이거나 심리학적인 결함을 지녔다고 간주되었고(간주될 것이고), 복지 서비스를 필요로 하거나 독립 상태에서 배제된 다른 사람들도 마찬가지였다. 의존 자체가 이제 낙인이 되었다. 복지 의존은 나태나 내재화된 문화적 가치의 결핍을 시사하는 것으로 간주된다. 정서적 의존은 나약함을 드러내는 것으로, 약물 의존은 의지 결핍의 증거로 여겨졌다.

흥미롭게도 의존의 원천으로서 장애는 프레이저와 고든의 설명에 등장하지 않는다. 의존의 네 가지 영역을 경제, 정치, 법사회학, 성격학으로 구분한 프레이저와 고든은 생활 필수품을 얻기 위해 타인에게 의존하는 상황이 피할 수 없는 생물학적 한계와 긴밀하게 얽혀 있음을 간과했다. 모든 사람은 생애 초기에 길어진 의존의 기간을 지닌다. 다쳤거나 아플 때, 스스로 삶을 꾸릴 수 없을 만큼 노쇠했을 때도 마찬가지다. 따라서 프레이저와 고든의 네 가지 영역에 우리는 다섯 번째 영역, **불가피한 인간 의존의 영역**을 더해야 한다. 죽음처럼 우리가 몹시 두려워하는 불가피함도 있지만, 우리는 피할 수 없는 조건 대부분을 수용하고 회복탄력성으로 극복한다. 음식에 대한 필요는 피할 수 없지만, 우리는 이것을 삶의 조건으로 수용한다. 이 피할 수 없는 필요는 문화적 정체성, 가족의 온기, 예술성, 사회성의 장소가 된다. 다섯 번째 영역의 의존은 늘 구미에 맞는 건 아니지만 늘 달갑지 않은 것도 아니다. 그럼에도 우리는 다른 의존 형태 못지않게 불가피한 의존에 도덕적·심리학적 낙인을 찍는다. 아마 유일한 예외는 영아기일 것이다.

제대로 된 사회는 불가피한 의존 상태에 있는 사람들의 필요를 충족할 책임을 (충분치 못하다 해도) 져야 한다. 필연적으로 각 사회에는 이런 필요를 돌보아야 하는 타인들이 있다. 이런 **의존노동자**에는 가족이나 돌봄노동자, 간병인 등이 속한다. 그들은 사적으로 돌보기도 하고 국가를 통해 고용되기도 한다. 타인의 필요와 요구에 봉사하는 데에 노력과 주의를 기울여야 하므로, 그들은 자신의 필요에 집중하거나 독립적인 행위자로 행동하기 어려우며, 따라서 (내가 앞서 지적한 것처럼) **파생의존** 상태에 처한다.[11] 그들이 무급으로 가족 구성원을 돌볼 때 특히 그렇다.[12] 다섯 번째 영역을 고려할 때 의존은 항상 사회적으로 구성되지는 **않는다**는 점이 우선 드러난다. 그러나 그 외에도 드러나는 점은 더 많다.

불가피한 인간 의존에서 발생하는 인간의 필요를 충족하는 것은 그 자체로 충분히 복잡한 임무로, 상당한 시간과 물질적 자원이 들어간다. 의존의 정도가 매우 심하면 노동 분업이 필요하다. 이런 필요를 충족하기 위한 자원을 제공하는 데 책임이 있는 자, 즉 **공급자**는 독립적인 것처럼 여겨지곤 한다. 직접 돌봄노동을 하는 의존노동자는 파생의존에 처한다. 자신과 그들이 돌보는 의존인의 생활을 유지하는 데 필요한 자원을 제공하는 누군가에게 의존해야 하는 것이다. 돌봄제공자는 자기 유지를 위한 필요뿐만 아니라 의존인으로부터 오는 필요 또한 충족해야 한다.[13] 돌봄의 복잡성에 연관된 모두의 **상호의존**으로 이 문제를 이야기하기를 선호하는 이들도 있다.[14] 상호의존, 특히 내가 **불가분한** 인간 상호의존이라고 부르고자 하는 것을 강조하는 데에도 할 말이 참 많다. 그러나 그저 의존 상태에 처해 타인의 필요에 반응할 수 없거나 다른 사람의 돌봄에 보답할 수 없는 경우들도 있다. 그런 의존 또한 타인들과 얽혀 살아가는 정상적인 인간의 삶 일부이다.

다섯 번째 영역의 대표적 점유자는 아동이다. 어린아이의 의존은 보편적이며 우리라는 다른 종을 만들어낸 진화 과정의 요소다. 어린이, 특히 매우 어린 아이는 의존에 대한 낙인을 경험하지 않는다. 유아기와 아동기는 불가피한 의존의 대표 시기이기에, 그와 비슷한 의존에 처한 성인은 어린이 같다고 여겨진다. 그들은 유아화된다. 즉 능력 없고, 무성(無性)이며, '귀엽고', '이차 아동기에 있는 것'으로 여겨진다. 그리고 후견주의적 관심의 대상이 되기 적절한 것으로 간주된다. 성인의 의존에 대한 공격적인 반응은 감정적 공포와 개념적 오류에서 나오는 것으로 보인다. 우리는 의존 상태에 있는 성인을 보면서 우리 자신의 취약성을 상기한다. 우리는 그들이 우리와 같고 우리가 그들과 같다는 것을 인정하기를 거부한다. 그들처럼 경고 없이 의존 상태로 던져질 수 있음을 부정한다.

모든 종류의 의존에 대한 이런 일반적인 반응 너머에는 개념적 혼동이 작동한다. 우리가 저지르는 실수는 한 집단의 대표 사례가 지닌 특성을 집단 모두에게 부여하는 개념적 오류와 연관되어 있다. 의존의 대표가 아동이라면, 의존하는 모든 사람은 아동과 비슷하다는 것이다. 그러나 대표의 특징을 집단의 모든 구성원에 부여하는 것은 그저 실수일 뿐이다. 미국에서 개똥지빠귀는 대표적인 새다. 한편 펭귄도 새다. 그러나 펭귄을 가슴에 붉은 털을 지니고 있는 개똥지빠귀와 똑같이 대하는 것은 심각한 실수일 것이다. 두 종이 공유하는 특징 또한 두 새의 삶에서 다른 역할을 한다. 개똥지빠귀와 펭귄 모두 이동성을 위해 날개를 지니고 있지만, 개똥지빠귀의 날개는 물속에서 쓸모가 없다. 펭귄의 날개가 공중에서 쓸모없는 것과 마찬가지다. 유아, 내 딸과 같은 사람, 진행된 알츠하이머병을 가진 환자는 다른 사람의 부양에 의존하지만, 그들이 먹는 것, 그들을 먹이는 적절한 방식, 음식에 대한 반응은 마치 개똥지빠귀와 펭귄의 날개가 다르듯 차이를 보인다.

여전히 개념적 혼동은 남아 있다. 독립을 성인의 표지로 여기는 현대 산업사회 그리고 후기 산업사회에서 의존이 삶의 영구적인 요소일 수 있으며, 삶 전체에서 의존이 (다양한 정도와 다른 방식으로) 계속 반복될 수 있고, 다시 완전히 의존하게 될 만큼 우리는 늘 취약하다는 점을 인정하기란 어렵다.

토빈 시버스는 "장애가 소란을 피운다."라고 말했다.[15] 의존의 필연성과 장애에 대한 취약성을 받아들이려는 의지가 없기에 우리는 이런 것을 투명 망토로 가리거나 반대로 낙인을 찍어 초가시화한다. 현대 사회는 '건강하고 원기 왕성한' 노동자의 독립을 가치 있게 여기는 대가를 치르고 있다. 온전히 기능하는 독립적인 성인 노동자에 엄청난 가치를 두는 사회의 이면에는 낙인찍히고 유아화된 장애인 개인이 위치한다.

Ⅲ. 독립의 구성

장애인을 후견주의적 관심의 유아화된 대상으로 그리는 것과 의존이 필연적이고 당연하게 한 개인에게 내재한 특성이라고 가정하는 것에 맞서, 장애학자와 운동가들은 장애인의 의존 필연성 서사를 대항서사(counter narrative)⁺로 받아치고자 했다.[16] 손상을 가진 사람은 의존적으로 된다. 그것은 자신의 신체에 맞지 않는 사회적 환경으로 인하여 장애를 가지게 되는 것과 같다. 적절한 도움과 그들의 지시를 따르는 개인 보조인이 있을 때, 장애인은 독립적으로 살 수 있다. 미국에서 일찍이 "독립적인 삶(independent living)"을 옹호한 주디 휴먼(Judy Heumann)은 "정상 신체를 조건으로 하지 않는 정신적 과정"으로서의 독립을 주장했다.[17]

　대항서사는 독립을 자족에서 자기 결정으로 바꾸어 이해할 것을 요청한다.[18] 이런 전환은 독립생활운동(ILM, Independent Living Movement)에서 찾아볼 수 있다. 이 운동은 미국장애인법(1990), 장애인교육법(2004)의 통과로 절정에 이르렀다. 독립생활운동은 1960년대 후반에서 1970년대 초반에 미국에서 생겨나 다른 나라로 퍼져갔다. 주창자들은 상대적으로 젊었으며 그들의 장애는 신체적이었다.[19] 그들은 신체적 장애가 없는 사람과 마찬가지로 자신의 상황을 통제할 수 있도록 이동 접근권, 주거 환경, 교육, 고용, 사회 및 가정생활에의 포함을 요구했다.

독립생활운동이 추구한 독립의 여러 의미를 정리하기란 장애인 당사자에게도 쉽지는 않다. 의료사회학자이자 장애인권 운동가인 어빙 졸라(Irving Zola)는 다음과 같이 썼다.

> 중요한 것은 내 힘으로 어딘가에 도착한다는 것, 신체적으로 독립되어 특별한 취급을 받지 않는다는 것이었다. 하지만 내가 지불해야 하는 비용은 무척 컸다. …… 나는 너무나 오랫동안 나 자신의 사회적·심리적 독립의 소멸에 이바지해왔다.[20]

"자기 힘으로" 어느 장소에 가는 것은 도착했을 때 육체적으로 기진하게 만들어 중요한 일을 수행하기 어렵게 했다. 대신 그는 그가 열망한 독립이 "도움받으며 살 수 있는 …… 삶의 질"이었음을 발견했다.[21]

다른 집단을 억압하여 물질적 이득을 얻어온 특권 계급과 맞서 싸운 민권 운동에서 힌트를 얻은 "전 세계적 장애운동의 영국 내 조직", 영국장애인회의(BCODP, British Council of Organisations of Disabled People)는 다음과 같이 말했다.

+ 서사학의 개념이다. 사람들이 어떤 사건이나 상황을 이해할 때 끌어들이는 일반적인 설명이 이야기의 형태로 구조화되어 있다는 점과 사람들은 항상 비슷한 서사를 참조한다는 점을 결합하여 한 사회에서 보편적인 설명 방식으로 활용되는 서사를 지배서사라고 부른다. 이런 지배서사가 특정 집단을 차별, 억압하거나 낙인을 찍을 때(여기에 등장하는 '항상 의존하는 장애인' 서사가 대표적으로, 이는 다양한 매체에서 반복적으로 등장한다.) 이 효과에 대항하기 위하여 만들어내는 것이 대항서사다. 대항서사는 같은 사건을 지배서사와 다른 방식과 틀로 설명해 사람들의 인식을 바꾸는 역할을 한다.

의존을 만들어내는 것과 수동성이 서비스 제공자의 업무에는 좋을 지 몰라도 장애인과 공공 재원에는 나쁜 소식이다. 우리 조직은 그런 관점에 강하게 저항한다.[22]

의존 거부는 의존이 장애인을 비장애인 인구로부터 분리한다는 관점에 기반을 두고 있기도 하다.

이런 대항서사는 독립을 "현대적 삶을 가능케 하는 보조와 공급의 광대한 네트워크"를 포함한 것으로 재정의한다.[23] 이때 문학 연구자이자 장애학자 레너드 데이비스가 말한 것처럼 "장애의 외견상 예외적인 상태는 존재의 예외적이지 않은 상태인 것으로 밝혀진다." 독립에의 요청은 신체적·감각적 장애를 가진 사람들의 이익을 촉진하고 삶의 전망을 증진하며, 인지장애를 가진 사람 일부에게도 성공적으로 확대되어왔다. 장애인이 필요로 하는 지원을 현대적 삶의 "보조와 공급의 네트워크"에 동화시키려는 데이비스의 시도는 여러 장점이 있다. 그러나 나는 독립과 자기 의존의 허구를 드러내는 데 관해 아직 할 말이 많이 남았다고 생각한다.

우리가 이 허구를 유지하는 한, 의존 필요가 충족되지 않는 사회적 최약자들은 계속 사회의 주변부 구성원으로 남을 것이다. 돌봄과 보조에 대한 공적 접근은 계속 궁색할 것이며, 장애를 가진 사람들의 온전한 참여와 통합은 방해받을 것이다. 게다가 '독립생활'의 적용 가능성도 제한될 수 있다. 영국장애인회의는 장애인이 '보살핌받아야 한다'는 생각을 경멸하지만, 장애를 가지고 있고 허약한 사람들 중에는 보살핌이 필요한 이들이 있다. 물론 모든 사람은 삶에 대해 최대한 자기 결정과 통제를 할 수 있어야 한다. 그러나 어떤 손상은 자기 결정의 능력에 영향을 미친다. 어떤 손상이 이동력이나 감각 지각에 영향을 미치는 것처럼 말이다.

독립을 옹호하는 논증의 다른 문제는 장애인 독립의 허용이 궁극적으로 공적 지출을 절약할 수 있다는 생각과 관련 있다는 것이다. 이 생각은 독립생활을 제공하는 데 드는 비용이 시설 거주와 견줘 더 적다는 데 기반한다. 게다가 보조를 통해 장애인은 사회의 생산적 구성원이 될 수 있으며, 필요한 서비스의 비용을 상환하고 중요한 물질적 기여를 할 수 있다. 이런 공리주의적 논증은 장애인이 사회의 '부담'이라는 이미지를 전략적으로 받아치지만, 스스로 비용을 낼 수 없는 의존인을 공공이 책임져서는 안 된다는 감정을 일으키기도 한다. 이런 관점은 스스로를 돌보기 가장 힘든 이들에게 불이익을 주고 어려움을 겪는 가족에게 비용과 돌봄을 전가할 뿐만 아니라, 자기 결정 능력에 관한 지출을 줄이는 게 아니라 오히려 늘릴 것을 요구하는 이들에게 피해를 줄 수 있다. 이와 관련하여 독립을 생산성과 묶는 논증은 대부분의 사람이 의미 있는 일을 욕망하는 한에서만 유용하다. 그러나 아무리 많은 편의를 제공해도 그런 욕망을 가질 수 없는 사람도 있다. 일에 대한 기대가 그것을 성취할 수 없는 이들에게 부여되면, 무의미한 업무가 더 성취감을 주는 활동의 자리를 대신 꿰찬다.[24] 나이가 들면서 생산적인 노동 능력이 감소하는 이들에게 이런 관점은 특히 혹독하다.[25]

마지막으로 장애인의 독립 요구는 돌봄제공자를 이용할 수 있는 가능성과 협조에 크게 의지한다. 그러나 '독립'이 개인 보조인의 참여로 달성될 수 있다는 주장에는 위험한 부분이 있다. 장애인이 '독립적'이라는 가정은 보조인을 비가시화하며, 결과적으로 보조인의 지위와 이익을 그가 돌보는 장애인에게 종속시키지 않을까? 이어지는 절에서는 이 질문들을 탐구하고자 한다.

의존에 관한 고려는 다음 질문을 강제한다. 장애인의 독립 요구로 얻는 이득을 보호하면서도 이득을 받지 못하는 이들에게 다시 낙인을 찍지 않을 수 있을까? 다수 장애인의 삶에 부과된 의존의 부정적인 효과를 부정하지 않으면서 의존의 불가피성을 받아들일 수 있을까? 장애인의 이익에 의존노동자의 이익을 종속시키지 않으면서 의존노동자에 의지할 수 있을까?

IV. 의존의 관심대상

프레이저와 고든은 역사적 맥락에서 발생하는 의존의 여러 영역을 탐사하는 데 관심을 두었고, 따라서 의존이 사회적으로 구성되는 범위를 밝혔다. 이런 계보학적 접근은 가치 있지만, 푸코에겐 미안하게도 초역사적이며 생물학적으로 불가피한 영유아기, 질병, 중증 손상의 의존을 놓치게 된다. 불가피한 의존은 역사적 · 경제적 · 문화적 특성에 따라 변화하지만(예컨대 다른 문화적 · 역사적 · 경제적 체계는 아동기 의존의 끝을 다른 방식으로 표시한다.), 철두철미하게 사회적으로 구성되는 것은 아니다.

우리는 의존이 얼마나 손쉽게 경멸과 낙인의 대상이 되는지를, 특히 독립적인 시민의 이미지로 형성된 이데올로기, 의존의 다른 형태들이 성격적 측면을 띰으로써 증폭되는 이데올로기 안에서 그렇게 되는지를 분명하게 파악할 필요가 있다. 의존하는 성인은 "매달린다"는 패트닉 모이니핸의 경고를 떠올려보자. 가느다란 실에 매달린 느낌, 타인의 자비에 목숨을 내맡긴 느낌, 올가미가 조여질 것 같은 느낌은 의존을 생각하는 일을 두렵게 만든다. 아무리 의존이 불가피하고 보편적이라고 강하게 주장하더라도 우리가 이런 걱정을 다루지 않는다면 낙인과 공포를 넘어서 나아갈 수 없을 것이다.

그렇다면 어떤 염려인가? 의존하는 자는 자신의 중요한 필요와 요구를 충족할 수 없다. 이런 중요한 필요, 요구, 욕망은 만족시켜야만 하며, 그러지 않으면 생존과 번성에 실패하게 된다. 우리가 마음을 쓰는 것⁺은 이런 것들이다. 해리 프랑크푸르트(Harry Frankfurt)가 설득력 있게 지적한 것처럼 "사람의 의지가 형성되는 것은 근본적으로 어떤 대상에 마음을 쓰게 된다는 문제이다."²⁶ 평범한 언어 사용에서 약간 벗어나(하지만 그렇게까지 큰 차이는 아니다.) 나는 누군가가 마음을 쓰는 대상(대상에 마음을 쓰기 위해 필요로 하는 것을 포함하여)을 관심대상(cares)이라고 부르려 한다. 다시 프랑크푸르트를 통해 우리는 이런 용어 사용을 촉진할 수 있을 것이다.

> 어떤 것에 마음을 쓰는 사람은 …… 마음 쓰는 대상이 위축되거나 향상됨에 따라 손실에 취약해지고 이득에 민감해진다는 점에서, 마음을 쓰는 대상과 자신을 동일시한다. 따라서 그는 그 대상과 관련된 것에 신경 쓰며, 특히 주의를 기울이고, 그에 따라 자기 행동을 감독한다.²⁷

앞서와 마찬가지로 나는 이런 용례를 표현하기 위해 관심대상(CARES)이라는 별도의 표기를 사용할 것이다. 이런 방식으로 이 표현을 사용하는 것은 돌봄의 윤리와 인간 의존이라는 사실 사이의 내재적 연결성을 보도

⁺ 여기에서 저자는 care, care about, cares, care for를 구분하여 사용하면서 삶에서 중요한 측면을 가리키는 이런 표현들이 돌봄(care)과 연결되어 있음을 강조한다. 한국어에서 이를 살리기가 어렵기에 각기 마음 씀(care about), 관심대상(cares), 보살핌(care for)으로 번역하였다.

록 도와줄 것이다. 이 연결은 다음처럼 전개된다. 내가 당신에게 마음을 쓴다는 것은 당신에게 중요한 대상에게, 최소한 그것이 당신의 피어남에 중요한 만큼은 내가 신경을 쓴다는 것이다. 즉 내가 당신의 <u>관심대상</u>에 마음을 쓰고 당신이 자신을 <u>스스로</u> 돌보지 못한다면, 나는 당신이 피어날 수 있도록 내가 할 수 있는 일을 할 것이다.[28] 즉 나는 당신을 보살핀다. 내가 당신을 **보살핀다면** 나는 당신이 마음을 쓰는 대상이나 그런 대상에 당신이 관여할 수 있는 조건에 주의를 기울인다. 당신의 관심대상은 나의 이인칭 <u>관심대상</u>이 된다.[29] 우리 자신의 <u>관심대상</u>에 주의를 기울이지 못할 때, 우리는 타인에 의존하게 된다.[30]

1) 의존 관계의 특성

의존은 관계이며, 관계는 형식적 특성을 지닌다.[31] 이런 형식적 특성은 그 분석을 통해 많은 것을 알려준다. 관계에 대해 말할 때 내가 말하는 것은 특정한 관계성이 아니라는 점을 분명히 하고 넘어가고자 한다. (내가 그 단어를 사용할 때) **관계성**(relationship)은 개별자가 다른 대상과 관련하여 지니는 특정한 연결을 의미한다. **관계**(relation)는 개별자가 **관계항**(relata)으로서 취하는 추상적 역할이나 위치다. 여기에서 제시하는 의존 관계의 분석은 구조적이며 추상적이다. 실제 개인 사이의 **관계성**은 (적어도 부분적으로는) 관계의 구조적 요소에 의해 제약되는 것처럼 보인다.

　내가 이야기해온 의존은 적어도 세 관계항 사이의 관계다. 의존하는 개인(보살핌받는 자), 보조인(돌보는 자 또는 돌봄제공자), 보살핌받는 이가 마음을 쓰는 대상(관심대상)이 그것이다. **공급자와 재화** 같은 한두 가지 이상

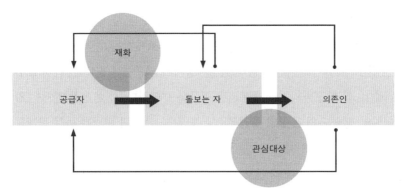

그림 6.1 의존 구조: 얇은 화살표는 의존의 순서를 가리키며, 두꺼운 화살표는 의존인의 돌봄을 다루기 위해 재화가 이동하는 방향을 가리킨다.

의 관계항이 추가되기도 한다. 재화는 보살핌받는 이의 관심대상을 다루는 데 필요한 공급품이다. 즉 보살핌받는 개인의 진정한 필요와 적법한 요구를 충족시키기 위한 것이다. 여기에는 돌보는 자가 자신을 유지하고 그가 책임지는 이들을 적절히 돌보기 위한 필요를 충족하는 데 쓰이는 공급품이 포함된다. 공급자는 재화의 이용 가능성을 확보할 책임을 지는 자다. 만약 관심대상을 관리하는 데 필요한 재화를 취득할 수 없다는 것이 유일한 장애물이라면, 우리는 공급자에게만 의존하는 것이다.(청소년 초기의 자녀가 보통 이런 위치에 놓인다.) 만약 우리의 관심대상을 관리하는 데 다른 것도 필요하다면(즉 제공된 재화나 서비스를 활용하는 데 돌봄노동이 필요하다면) 우리는 돌보는 자에게 의존하는 것이다. 돌보는 자는 더는 스스로 식사를 준비할 수 없는 여성 노인을 위해 요리한다. 그들은 스스로 섭취할 수 없는 장애인에게 음식을 먹인다. 불가피한 의존의 여러 형태는 공급자와 돌보는 자 모두를 필요로 한다. 그림 6.1을 보라.

여기에서 논의하는 것은 실제 돌봄 관계의 추상적 관념이라는 점을 다시 떠올릴 필요가 있다. 여기서는 의존인, 돌보는 자, 공급자가 각각 한 명의 개인처럼 이야기되겠지만, 현실에서 부모에게는 여러 의존인이 있는 경우가 많다. 의존인은 여러 돌봄제공자에 의존하곤 한다. 공급자 또한 다수로, 각각 구별되거나 중복되는 업무를 수행한다. 실제 돌봄 관계는 일대일일 필요도 없고 그렇지 않은 경우도 많다. 추상적 관념은 돌봄 관계의 형식적 요소를 끌어내기 위해서 사용하는 것뿐이다.

의존인이 공급자와 돌보는 자 모두와 맺는 관계를 잠시 접어두고 의존의 이항 관계(의존인과 공급자/돌보는 자 사이 관계)가 지니는 형식적 특성에 논의를 제한한다면, 우리는 의존인이 의존을 견디기 어려운 조건이라고 여기는 이유에 대한 통찰을 얻을 수 있다. 의존 관계는 **비대칭적**(asymmetrical)이다. 즉 의존인은 돌보는 자/공급자에게 의존하며, 돌보는 자/공급자는 그에 대응하는 의존을 하지 않는다. 의존 관계는 **비동일적**(nonidentical, 또는 비재귀적(nonreflexive))이다. 즉 의존인은 돌보는 자/공급자와 동일한 개인이 아니다.[32] 의존 관계는 **이행적**(transitive)이다. 즉 의존인은 공급자/돌보는 자에게 의존할 뿐 아니라, 공급자/돌보는 자가 의존하는 이 모두에게 의존한다.

이런 형식적 관계를 밝히면 우리는 의존이 어떻게 잠재적 억압이 되는지를 발견한다. 그뿐 아니라 의존이 독립보다는 고립과 어떻게 대조되는지도 확인할 수 있다. 캐럴 길리건은 연구에서 고등학교 여학생들이 의존을 독립이 아닌 고립과 대조하고 있음을 언급한다.[33]

단어 '의존'이 관계의 경험을 내포하기에, 의존의 암묵적인 반대항이 이처럼 바뀐 것은 타인과의 연결이 자율성이나 독립의 침해로, 편안함과 즐거움으로, 고립으로부터의 보호로 경험될 때 각각 관계

의 유의성(誘意性, valence)이 어떻게 변화하는지를 지시한다.[34]

　　의존의 비재귀성은 의존할 때 우리가 타인을 필요로 한다는 뜻이다. 의존은 고립의 반대말이다. 비대칭성은 의존이 항상 우리를 타인과의 관계로 끌어들이며, 그 안에서 누군가는 자신의 보조를 확장하거나 유보할 능력을 지닌다는 의미다. 관계는 연결 또는 자율성의 침해를 가져올 유의성을 지닌다. 힘이 더 센 쪽은 힘을 통해 보조할 수도 있고 지배할 수도 있다. 게다가 자발적으로 돌보는 자는 그가 의존해야 하는 공급자가 자신의 책임을 이행하지 않아서 필요한 돌봄을 제공할 능력을 지니지 못할 수도 있다(이행성). 자발적인 공급자는 그가 의존하는 타인이 그에게 도움을 주지 않아서 공급에 실패할 수 있다(이행성). 의존 관계의 특성(비대칭성, 비동일성, 이행성)은 의존이 다른 의존 관계 속에 중첩될 수 있음을(보통 그렇다.) 의미하기도 한다. 이런 중첩은 사회가 기능하고 질서 있게 해주는 의존과 상호의존의 연쇄를 보여준다. 그러나 위에 언급한 실패는 의존인의 관심대상이 다루어지지 않은 채로 남겨질 수 있다는 의미이기도 하다. 이런 것은 개념적 접근이며 역사적으로 규정된 의존의 특징이 아니라는 점을 기억하라.

　　독립을 추구할 때 우리는 운명을 통제하려고 하지만, 이것은 언제나 쉽지 않은 일이다. 우리 관계가 대칭적일수록 우리는 상호의존 관계에 있는 이들을 구속하고, 우리에게 해를 입히거나 우리의 요구나 욕망을 보류할 그들의 능력이나 의지를 억제할 힘을 더 많이 지니게 된다. 비대칭적 관계에서 우리는 타인이 우리에게 관심대상을 제공하고 마음을 쓰기로 선택하는 한에서만 안심할 수 있다. 그리고 비대칭성은 되갚지 못할 수도 있는 감사의 빚을 남긴다. 우리가 취약한 상태로 남겨질 뿐 아니라 감사의 빚을 되갚을 수 없다는 감각은 우리의 자존심, 동등하게 가치 있다는 감각을 갉아먹는다.

이런 비대칭성은 인간 조건의 일부이기도 하다. 우리가 항상 평등한 상황에 놓이고 평등하게 권한을 부여받는 것은 아니다. 우리가 통제할 수 없는 힘 앞에서 느끼는 무력함 그리고 기꺼이 협력하려는 타인 혹은 비대칭적 돌봄을 제공하려는 타인과 연합할 필요는 신뢰 관계를 발전시키고, 보조와 접근을 예측 가능하게 하는 권한 부여의 체계를 만들며, 다른 사람의 관심대상을 우리의 것으로 여기게끔 동기를 부여하는 정서적 유대를 형성하도록 한다. 서로에게 마음을 쓴다고 말하는 것은 타인이 중요시하는 것이 우리 자신의 관심대상, 즉 이인칭 관심대상이 된다는 의미다. 즉 우리는 타인의 관심대상이 다루어지는 것에 신경을 쓴다. 돌봄을 필요로 하는 이에게 우리가 지니는 감정적 연결이나 도덕적 헌신은 우리가 타인의 관심대상을 정당한 요구로 여기도록 이끈다. 넬 노딩스는 말했다.

> 돌볼 때의 나를 돌아보면 항상 내 자신의 현실로부터 타인의 현실로 관심이 이동함을 깨닫는다. …… 타인의 현실이 나에게 진짜 가능성이 될 때, 나는 돌본다.[35]

우리는 의존인의 신뢰를 얻어 그들이 너무 취약해지지 않기를, 그들이 지는 빚이 그들의 자신감을 갉아먹지 않기를 소망한다. 감정적 연결이 자리 잡으려면 모든 당사자가 감정적으로 열려 있어야 한다. 신뢰가 구축되려면 신뢰할 수 있는 행위자가 필요하다. 돌보는 태도가 있기 위해서 우리는 굳건한 돌봄윤리를 체현한 당사자를 필요로 한다. 보살핌받는 이의 관심대상에 정당성을 부여하기 위해, 어려움에 처한 사람이 그 필요로 인해 위축되지 않도록 하기 위해, 보살핌받는 이와 돌보는 자는 사회 제도의 지원과 지지를 필요로 한다. 따라서 의존 관계에서 의존인의 취약성은 다중적이지만, 의존이 적절한 방식으로, 적절한 개인에 의해, 옳은 도덕적·정서적 헌신을 통해, 적절한 제도적 지지로 뒷받침된다면 불행한 결과는 피할 수 있다.

2) 관계성으로서 의존

의존은 관계일뿐만 아니라 관계성이기도 하다. 관계성으로서 의존은 얇을 수도 있고 두꺼울 수도 있다. 두꺼운 관계성은 공급자/돌보는 자가 제공하는 돌봄(또는 재화)을 넘어서는 가치를 지닌다. 이런 두꺼운 관계성은 얇은 관계성보다 대체되기 어렵다. 즉 돌봄이나 보조 자체뿐 아니라 도움을 제공하는 **사람**도 중요하다는 것이다. 관계성이 두껍고 성공적이면, 의존 관계성 **자체**가 제공되는 보조를 초과해 당사자 서로에게 보상이 된다. 그러나 이런 두꺼운 관계성에서 공급자/돌보는 자가 실망을 안겨줄 때 의존인은 더 많은 것을 잃는다. 필요한 보조뿐만 아니라 가치 있는 관계성 또한 잃는 것이다. 비슷하게, 두꺼운 관계성 속에 있는 돌보는 자는 돌보려는 노력이 모자라거나 거부당할 때 특히 취약해진다. 더 두꺼운 관계성은 더 큰 신뢰를 고취하지만, 실패했을 때 신뢰에 대한 배신감이 더 커지는 결과를 낳는다.

의존과 상실의 위협을 줄이는 방법 중 하나는 의존 관계를 얇게 유지해 돌보던 사람이 우리를 실망시켜도 그 자리가 대체될 수 있도록 하는 것이다. 공급자/돌보는 자가 대체 가능하면, 의존인은 통제와 독립의 감각을 더 강하게 느끼게 된다. 하지만 대신 관계성, 돌보는 자/공급자의 노동과 가치에 관한 온전한 인정, 신뢰와 신뢰성의 발달을 포기해야 한다. 그럼에도 이런 교환이 선호되는 경우도 있다. 장애공동체의 누군가는 더 공적인 관계를 선호하며 ("선물" 또는 "증여"의 두꺼운 관계적 개념을 체현하는) "돌봄제공자(caregiver)" 대신 "개인 보조인(personal assistant)"이라는 표현을 택한다.

의존인이 의존하기에 생기는 필요와 염려(의존인의 관심대상)에 주의를 기울이면 의존에 내재한 다른 어려움을 이해할 수 있다. 우리에게 중요하지 않은 것 때문에 우리가 타인에게 의존하게 된다면, 그것이 박탈된다 해도 크게 상관이 없을 것이다. 우리가 대상이나 사람에 마음 쓸 때 우리는 진정으로 취약하고 의존적이다. 우리가 마음 쓰는 대상의 순위를 장애가 바꿀 수 있다는 것을 명심해야 한다. 앞에서 강조한 것처럼 우리는 인간 욕구와 능력의 가단성(malleability)을 점차 인식하게 되었다. 우리는 충족의 새로운 방식을 탐구할 지혜를 습득했다. 우리는 우리의 새로운 관심대상을 소중하게 여길 타인을 필요로 한다. 그는 (최대한) 새로운 염려에서 발생한 필요를 자신의 관심대상으로 대하며 (최소한) 새로운 염려를 존중할 수 있는 자다.

3부의 '개관'에서 돌봄의 온전한 규범적 개념을 제시하였으며 이를 배려라고 불렀다. 배려는 돌보는 자/공급자가 타인의 적법한 요구와 진정한 필요를 관심을 기울일 관심대상으로 존중할 것을 요구한다(원칙 1). 이때 이런 돌봄은 돌봄을 필요로 하는 자의 관점을 존중한다(원칙 2). 마이클 올리버와 영국장애인회의의 글에서 언급된 돌봄은 배려가 아니다. 올리버와 영국장애인회의의 항의는 장애인이 이해하는 방식으로 장애를 가진 사람의 관심대상을 받아들이는 데 공급자(여기에선 국가)가 실패했음을 나타낸다. 공급자 자신의 관점에서 어떻게 공급해야 하는가가 그 자리를 대신한다. 장애인이 비난하는 구성된 의존은 보통 여기에 속한다.

이런 구성된 의존에서 우리는 "학습된 무력함"을 확인할 수 있다. 이것이 영국장애인회의가 비난하는 수동성이다. 학습된 무력함은 심리학적 개념으로 혐오적인 조건에서 환경을 통제하는 데 반복적으로 실패한 개인에게 유도된 수동성을 뜻한다.[36] 돌봄의 맥락에서 학습된 무력함은 공급자/돌보는 자가 개인의 관심대상에 반응하기를 반복적으로 실패하는 데에서 나온다. 다시, 우리는 의존 앞에서 진정한 돌봄의 실패가 어떻게 상실의 원인이 되는지 확인한다. 이 경우엔 자존감의 상실이다. 의존의 구조가 이런 돌봄의 실패 가능성을 포함하고 있지만, 그런 상실이 필연적으로 의존의 결과는 아니라는 것을 강조할 필요가 있다. 곧 논의하겠지만, 사실 어떤 영역에서 돌봄의 필요를 인정하는 일은 다른 필요를 더 잘 관리할 수 있도록 해준다.

V. 독립과 개인 보조인

세샤가 전적으로 의존적이며 나는 성인기 내내 학계에서 일했으므로, 남편과 나는 항상 의존해왔다. 세샤가 우리와 함께 살 때는 우리 집에서 일했고 이제는 세샤가 사는 시설에서 일하는 고용된 돌봄노동자에 대한 이 의존은 근본적이다. 나는 좋은 돌봄제공의 여러 "숨겨진 기술"[37]을 이해하게 되었다. 이런 돌보는 자의 기술은 내 기술을 넘어서지만, 이런 문화적 형식(arrangement)에 숨어 있는 덫과 모순도 있었다.[38]

장애인과 함께하면서 나는 더 큰 장애공동체의 발전을 더 잘 알게 됐으며, 장애를 둘러싼 돌봄 제도의 추가적인 모순 또한 알게 되었다. 내가 우리 삶에서 의존의 중요성과 불가피성을 인정하게 된 것처럼, 장애공동체는 장애라는 불리함을 자연적이지도 불가피하지도 않은 것으로 특징짓게 되었다. 이런 장애의 **사회적 모델**은 장애의 원인을 명확히 하고 장애를 가진 사람에 대한 차별에 대응하는 데에 중요한 한편, 의존과 독립에 관한 우리의 심하게 왜곡된 관점과 관련된 모순을 드러내기도 했다.

마이클 올리버는 사회 정책을 비판하면서 장애공동체가 발전시켜온 장애에 대한 이해와 "보조 없이 씻기, 옷 입기, 화장실 가기, 요리하기, 먹기와 같은 자기 돌봄 활동으로 독립을 정의하려 하는" "전문가"의 장애 이해를 대조했다.[39] 그래도 우리는 "씻기기, 옷 입히기, 화장실 가기를 돕는 사람은 어떻게 할까요?"를 물어야 하지 않을까? 독립생활운동에서 장애인은 고용된 개인 보조인의 권리를 위해 로비했으며 부분적으로 성공을 거두었다. 가족이 보조인 역할을 하는 경우가 가장 많지만, 흥미롭게도 많은 장애 성인은 이를 선호하지 않았다. 어떤 이들은 장애인이 얻고자 하는 독립은 가족 사이의 두꺼운 관계가 아닌 고용주와 고용인 사이의 얇은 관계에 있는 고용된 타인을 통해 가장 잘 수행될 수 있다고 말한다. 이런 독립의 감각(나는 이를 독립의 환상이라고 부른다.)을 유지하기 위해 개인 보조인은 눈에 보이지 않아야 한다. 린 메이 리바스(Lynn May Rivas)의 표현에 따르면 돌보는 자는 장애인에게 자신의 업무에 대한 "저자성(authorship)"을 넘겨야 한다.[40]

리바스는 장애를 가진 사람과 개인 보조인 모두를 인터뷰한 내용을 훌륭하게 기술했다. 통합사례관리사(home caseworker)의 딸인 리바스는 할머니가 어머니의 보조를 필요로 하게 되자 어머니의 피보호자를 넘겨받았다. 리바스는 사지마비를 가지고 있으며 인터뷰 때 말을 많이 해서 탈수를 겪는 장애인 남성 빌과의 경험을 떠올리는 것으로 에세이(「보이지 않는 노동: 독립한 개인 돌보기(Invisible labors: Caring for the independent person)」라는 효과적인 제목을 붙인)를 시작한다.

인터뷰 20분이 지나자, 빌은 기침한다. …… 옆 테이블에는 플라스틱 뚜껑과 빨대가 달린 물컵이 놓여 있다. 그가 손을 쓸 수 없으므로 나는 말한다. "음, 괜찮으시면 물을 조금 드릴까요?" 빌은 목소리를 높여 외친다. "조!" 빌이 말한다. "저 보조인 있어요."[41]

목소리가 계속 갈라지는데도 빌은 보조인을 자꾸 부른다. 보조인은 인터뷰 중 빌의 사생활 보호를 위해 밖에 나가 있는 상태다. 빌은 물을 주겠다는 리바스의 제안을 계속 거절한다.

이 시점에서 나는 제정신이 아닌 상태가 된다. 나는 왜 그가 내 물을 거절하는지 상상조차 할 수 없다. "제가 나가서 조를 찾아올까요?" 절망에 빠져서 나는 묻는다. 무엇을 해야할지 알 수 없었다. 빌이 대답한다. "그래줄래요?" …… 빌의 방에 도착했을 때 조가 무슨 생각을 할지 궁금하다. 내가 빌에게 물을 줄 생각이 없었다고 생각할까? 조에게 말하고 싶다. 빌에게 물을 주고 싶었고, 당신이 우리에게 대화의 사생활을 보장을 해주는 것이 고맙다고, 당신의 휴식을 중단시켜서 미안하다고 말이다. 그렇지만 나는 충동에 저항하고 아무 말도 하지 않는다. 나는 조를 따라 빌의 방으로 돌아온다. 남은 20분간의 인터뷰에서 조는 빌 옆에 서서 몇 분마다 물을 먹여준다.[42]

리바스는 이 사례를 들어 장애인의 독립이라는 개념이 보조자(와 보조)의 비가시성을 필요로 한다는 점을 묘사한다.[43] 빌이 리바스의 도움을 원치 않은 이유는 이 상황에서 리바스가 비가시화될 수 없기 때문이다.(빌이 리바스의 보조 방식이 충분히 비가시적이지 않고 야단스러울 것이라는 점을 두려워했기 때문일 수도 있다.) 빌은 리바스가 나가서 조를 찾겠다는, 거리를 두는 보조는 수용했는데, 빌이 훈련받은 보조인에게만 허락한 신체적 접촉을 수반하지 않는 보조이다. 리바스가 조에게 말하는 데에 불편을 느꼈다는 점은 설명이 필요하다. 리바스는 조가 단지 빌의 부속이며 자신의 권리를 가진 사람이 아니라는 환상을 유지할 필요가 있다고 느꼈던 걸까? 아니면 리바스는 조 대신에 개입하는 일이 조의 능력을 무시한다고, 조가 하는 일을 리바스도 쉽게 할 수 있다는 함의를 지닐 것이라고 생각한 걸까?

어떤 대답이든 무엇이 좋은 돌봄을 구성하는지에 관하여 개인 보조인과 돌봄 '소비자' **모두** 비슷한 개념을 지니고 있으며, 여기에서 돌보는 자의 비가시성이 필요조건이라는 점을 인정할 것을 요청한다.[44] 인터뷰에서 장애를 가진 사람 한 명은 말했다.

> 보조인이 떠났을 때 내가 기분이 좋으면 돌봄의 질이 뛰어난 거죠. 저는 상쾌함, 깨끗함을 느끼며 의자에 똑바로 앉아요. 나는 그날 내가 필요로 하는 모든 것을 얻은 거죠. 와서 수월하게 이 일을 하는 보조인이 내게는 있습니다.[45]

리바스는 돌봄제공자로부터도 비슷한 답을 얻었다. 한 이민 사례관리사는 다음처럼 언급했다.

돌봄받는 사람이 원하는 것을 할 수 있으려면 …… 당신 스스로가 거의 보이지 않는 상황에 자신을 밀어 넣을 수 있어야 합니다. …… 거기에 있지만 거기에 없는 거지요. …… [그들이 무언가를 할 때] 당신이 거기 있기 때문에 할 수 있다는 걸 깨닫지 못한다면, 일을 잘하는 거예요.[46]

이런 상황에 개인 보조인과 장애인이 모두 동의한다면, 사례관리사가 억압받고 있다고 말해야 할까? 리바스는 묻는다. "억압받으려면 억압을 느껴야만 할까?" 그는 다음과 같이 답한다.

[이] 저자성의 이전은 부정적인 현상이다. …… 비가시적이 되는 것은 비인간으로 간주되는 첫 단계로, 다른 사람을 비가시적으로 만드는 것이 그들을 비인간적으로 대하는 일에 선행하는 이유다. 마르크스적 용어를 사용하면 비가시성은 가장 극단적인 형태의 소외다. 자기 소외의 극단적인 현현인 것이다.[47]

이 위치에서 비가시성이 요청된다고 보조인과 장애인 모두 생각한다 해도 스스로를 비가시화하는 능력의 기술적 적용에 대한 관점은 서로 다를 것이다. 씻기고, 옷 입히고, 목을 축여주는 등의 행동은 명확히 보이는 것은 아니다. 그러나 일에서 가장 어려운 부분인 **감정노동**은 완전히 비가시화되어야 한다. 감정노동은 타인의 필요에 대한 조심성과 주의 깊음이 있어야 하고, 성인의 배설물에 접촉하는 데에서 오는 역겨움을 억누르고, 때로 타인의 혹독한 지적에 맞서 쾌활함을 유지해야 한다. '저자성'의 전이가 '매끄럽게' 이루어지려면 이런 일은 정말로 비가시화되고 시야 바깥에 머물러야 한다. 이런 감정노동은 일반적으로 보살핌받는 자에겐 전혀 보이지 않는 한편 돌보는 자에겐 아주 분명하게 드러난다.

일의 이런 측면이 보이지 않는다는 사실은 일의 두 가지 다른 판본을 낳는다. 리바스는 말한다. "역설적이게도 돌봄노동의 저자성을 건네는 것 자체가 돌봄에서 가장 주의를 기울여야 하는 부분일 것이다."[48] 그렇다면 "어떻게 보이지 않는 것이 온전히 평가될 수 있는가?"[49] 소비자는 '사업적 관계'를 원하지만, 보조인은 그것이 사랑의 노동이기에 가치를 부여한다. "다비안[보조인]은 말했다. '그것은 여기에서 나와요. ⋯⋯ 사랑하는 마음이 있어야 합니다'"[50] 이런 관대한 정신은 단순히 업무를 완수하는 것 그 이상이다.

그러나 돌봄제공자가 요구되는 것 이상으로 하는 일이 무엇인지 '소비자'에게 물었을 때, 많은 인터뷰 대상자들은 이렇게 대답했다. "좋은 답변이 생각나지 않아요. 보조인의 업무라고 생각하지 않는 것을 요청한 기억은 없는데요."[51] 리바스가 지적하듯 이런 감수성의 실패는 이 일의 구조적 요소다. 그럼에도 장애인이 좋은 돌봄과 보조를 받을 권리에 더하여 적절한 보상과 존경을 받을 권리가 있는 만큼, 돌보는 자도 그 노동의 전부를 인정받을 권리를 지닌다. 나는 이런 정체가 독립에 대한 과도한 가치 부여와 의존에 찍힌 낙인으로 인한 현상이라고 믿는다.

장애인이 보조에 의지하는 것으로 '독립'을 구성할 수 있다는 주장은, 눈으로 볼 수 있는 것 이상 또는 보조받는 사람이 온전히 이해하는 것 이상을 요구한다. 정서적 유대와 각 참여자가 자신의 몫을 받는다는 감각으로 가득한 의존 관계를 촉진하기 위한 조건을 인식하고 조성하는 것이 낫지 않은가? 불쾌하면서도 내밀한 업무를 신뢰의 시간과 신뢰성의 증명으로 바꾸는 관계, 돌봄제공자와 돌봄수용자 모두에게 감사와 위엄을 줄 수 있는 관계를 만드는 것이? 진실로 독립적인 삶(누구도 필요로 하지 않고 누구도 나를 필요로 하지 않는 삶)은 가능하다 해도 매우 빈곤하다. 손상을 가져 돌봄제공자의 보조를 필요를 하는 사람도, 인간의 삶에서 자주 나타나는 불가피한 의존 속에서 살아가는 사람도 예외가 될 수는 없다.

장애가 있든 없든 우리 대부분은 어느 정도 자기 결정을 내릴 수 있다. 그러나 어디까지나 자기 결정적 삶이 독립적 삶이 되는 **제한된 범위**안에서다. 자기 결정은 자족이라는 가정에서 나오며 장애가 있든 없든 이런 자족은 항상 거짓말이다.[52] 그런 거짓된 가정 속에서 사는 삶은 우리 모두를 자기기만과 자기 왜곡에 빠뜨리며 타인의 조종과 착취에 노출시킨다. 장애인과 그 부모(나와 같은)는 돌봄제공자로부터 적절한 인식, 인정, 지원을 받을 때 더 진정한 삶을 살 수 있다.

자신이 맡은 취약한 사람들을 학대하고 권력을 획득하는 데서 쾌감을 얻기 때문에 돌봄 업무를 수행하는 비뚤어진 사람들을 배제할 수는 없다. 그러나 진정으로 잘 발달된 돌봄 기술과 성향을 가진 사람들이 이 일에 매력을 느낄수록 학대하는 이들의 자리는 더 좁아질 것이다. 더 많은 존중과 인정, 보상을 돌봄제공자에게 줄 때, 그들이 자신의 위치에서 지닌 권력을 지배가 아닌 보조에 사용하게 될 가능성이 높아진다.[53] 그런 신중한 고려를 제쳐놓더라도 돌봄제공자나 보조인을 관심과 존중으로 대하고 그 일의 가치를 인정하는 것은 도덕적 명령이다. 이런 도덕적 명령은 타인을 수단으로만 대우하지 말라는 칸트적 처방에서뿐만 아니라, 배려윤리로부터도 나온다.

배려윤리는 배려를 최상의 가치로 여긴다. 배려의 범위는 숙고함에 있어 맥락적 고려로 제한되지만, 모든 사람이 마음 씀을 받으며 필요로 하는 돌봄을 받는다는 규제적 이상을 목표로 한다. 모든 사람이 돌봄의 원으로 감싸이는 것이다. (각자 억압받고 소외된 집단의 구성원인) 장애인과 돌봄제공자 모두를 위한 해방과 진보의 다음 단계는 아마도 독립의 이상이 거짓임을 폭로하는 것이 될 테다. 돌봄을 감사로 수용함으로써 돌봄제공자가 보상받고, 일이 덜 소외될 때 이직은 줄어들고 돌봄은 서로 더(덜이 아니다.) 존중하는 일이 될 것이다. 장애인은 진정한 삶을 살기 위한 존엄을 얻게 될 것이다.

1) 의존의 관리

절대적 독립은 거짓이지만 의존에 여전히 어려움이 많다면, 우리는 독립을 상대적인 것으로 이해해야 할까? 의존에 대한 필요, 즉 모든 사회를 특징짓는 불가분한 상호의존의 핵심에 있는 필요[54]를 사회적 구조에 엮어넣지 않는다면 상대적 독립마저도 누군가의 희생을 초래할 것이다. 나는 장애를 통해 의존을 관리하는 더 좋은 방법을 찾아보기를 제안한다. 존재하지 않는 독립을 향한 돈키호테적 여정에 '능력 있는 사람(abled)'과 함께하기보다는, 의존의 적절한 관리를 통해 상대적 독립을 목표로 해보자고 말이다.

노쇠한 노년의 의존 관리에 관해 특히 통찰력 있는 논문에서 심리학자이자 노인의학자 마르그레트 발테스(Margret Baltes)는 학습된 무력함과, 요양원이나 보조 생활 시설 같은 지원 생활 환경의 맥락에서 "학습된 의존"을 구분한다.[55]

자신의 노력이 예측 가능한 결과를 내지 못하기에 효율적이 되기를 멈추고 수동적으로 변하는 "학습된 무력함"과는 대조적으로, "학습된 의존"은 개인의 의존적 행위가 사회적 접촉을 개시하는 데는 성공하지만 개인의 독립적 행동은 타인에게 반응을 이끌어내지 못하는 환경에서 나타난다. 이런 환경에서 '독립'을 위한 노력은 보상받지 못한다. 발테스는 연구에서 몇몇 노인은 자신의 필요를 스스로 충족할 수 있지만 그러려면 큰 노력을 들여야 하는 영역에서 기꺼이 보조를 받는 데 대해 적는다. 노인들은 더 많은 만족을 주는 삶의 영역을 위해 에너지를 아끼기를 선택해 자신의 의존을 관리했다. 이 노인들은 독립 수행이 더 중요한 활동을 방해할 때 능력 상실과 맞서 싸우는 대신, 더 풍성하고 효율적인 삶을 살 수 있었다. 그들은 "인정된 의존의 미덕"을 보여주었다.[56] 즉 그들은 의존에 마땅히 주어져야 할 것을 부여했다.[57] 발테스는 이 전략을 "의존의 관리"라고 부른다. 그것은 어빙 졸라가 "독립"이라고 부르며 채택한 전략을 상기시킨다. 그러나 우리는 독립의 신화를 피하고 싶기에 "의존의 관리"를 취할 것이다.

우리가 의존을 관리한다는 것은 우리 삶에서 그 존재를 인정하고, 그런 인정을 가능케 하는 기회를 선택하고 최적화하는 것이다. 그럼으로써 의존하는 존재로서 우리 조건의 핵심적인 부분인 단절선(fault lines)을 더 잘 감지하고 보호할 수 있게 된다. 단절선이란 무엇인가? 영아기의 전적인 의존 시기를 빼면, 의존은 작은 지진(일시적 질환)이나 큰 지진(장애를 가지고 태어나는 아이, 기능 감소를 초래하는 사고, 소모적인 질환, 노년의 장애)에서 나온다. 우리 대부분은 노쇠한 노년기의 의존을 경험하게 될 것이다. 의존을 관리함으로써 우리는 우선순위를 재조정하고 우리에게 합당한 돌봄과 지원에 권리를 부여할 수 있게 된다. 그래야 우리가 독립적이고 생산적일 수 있기 때문이 아니라, 우리의 가치는 모든 삶을 가능케 하는 의존 관계의 연쇄에서 나오기 때문이다.

이러한 의존의 이해를 사회의 생명줄로 끌어오는 것은 장애인 공동체가 우리에게 부여하는 귀한 기여일 것이다. 더 넓게 보면 그것은 인간의 삶에 관한 더 건전한 관점을 제시하며, 특히 우리 모두가 타인의 활동과 사회 기관에 불가피하게 상호의존하고 의존해야 하는 복잡한 사회 속 현대적 삶에서는 더 그렇다.

VI. 맺음말

3부의 첫 장은 의존에 대한 가르침이었다. 내가 딸에게서 배운 것으로, 알래스데어 매킨타이어(Alasdair MacIntyre)가 "의존을 인정하는 미덕"이라고 부른 것이다. 또한 이는 내 딸과 같은 사람, 즉 계산적인 방식(말하자면 서로 신체적으로 돌보는)이 아니라 자신의 따뜻함과 사랑을 베풀어 화답하는 사람을 돌보면서 만들어지는 관계에 내재한 특별한 가능성이다. 3부의 나머지 부분은 타인이 돌봄의 노동과 사랑을 수행하는 방법에 대한 참여와 관찰에서 비롯한다. 그것은 돌봄제공자로부터의 가르침이다. 배려윤리는 취약한 의존인에 대한 최선의 돌봄 실천에서 나온다.

7장
돌봄윤리

여성이 타인의 철학을 그저 배우는 학생에 머물지 않고 그것을 직접 쓰기 시작할 때, 우리는 그 철학이 다른 남성적인 사물의 경험에서 구성된 관점이나 방향과 동일할 것이라고 생각할 수 없다. —존 듀이[1]

I. 돌봄이 철학에서 중요한 개념인가?

앨프리드 노스 화이트헤드는 모든 서구 철학은 플라톤의 주석이라고 말했다. 자주 인용되는 이 선언은 철학자가 씨름하는 모든 중요한 생각은 플라톤의 대작에 제시되어 있고 나머지 모두는 그에 대한 논평이라는 주장이다. 사실, 정말로 새로운 생각이 철학에 들어오는 경우는 드물다. 윤리와 정치학에서 철학적 접근 대부분은 그 뿌리를 플라톤에 두고 있다. 여성의 평등, 사랑, 아동의 교육처럼 새롭지만 자주 무시받는 철학적 이슈도 이미 플라톤의 작업에 등장했으니까.

돌봄 또한 "신의 돌봄(therapeia)"으로, 자기 돌봄 또는 영혼의 돌봄이라는 의미에서 향상의 개념(melô)으로 등장한다.[2] 인간 정신에서 창조된 개념을 낳도록 하는 소크라테스의 산파술은, 여성의 신체로부터 피와 살을 가진 아이를 가져오는 산파로서 여성의 역할을 은유적으로 전용한 것이다. 이런 참조는 출생부터 양육까지 여성의 돌봄노동을 은유적으로 전용하는 것으로 확장될 수 있다. 여성이 영아기를 지나 아이를 돌보는 것처럼, 남성은 신의 돌봄 또는 영혼의 돌봄에 참여한다.

은유의 출처, 즉 의존인에 대한 돌봄과 여기에서 나오는 윤리적 염려는 철학적 대작의 중심에 놓인 적이 없다.[3] 플라톤의 여러 '주석'에도 잘 등장하지 않는다. 그와 대조적으로, 일상적인 삶에서 아픈 친구에게 우리가 제공하는 돌봄, 부모가 자녀에게 제공하거나 제공하지 못하는 돌봄, 노년의 부모나 돌봄받을 필요를 지닌 이방인에 대한 헌신, 비인간 동료 생물과 지구를 돌보는 방식[4]은 전부 자신과 타인을 도덕적으로 평가하는 데에 중요하게 작용하고, 우리의 도덕적 주체의 핵심을 이룬다. 우리는 보살피는 사람이 도덕적으로 좋은 삶을 살았고 깊이 보살피는 사람은 신성한 삶을 살았다고 생각한다. 좋은 사람에 관한 철학적 개념과 일반인이 수용하는 개념 사이의 먼 거리는, 좋은 삶에 필요한 것에 대한 철학자들의 주장과 선하고 사려 깊은 사람들이 삶에서 가치를 부여하는 것 사이의 차이만큼이나 놀랍다.

도덕적 가치로서의 돌봄은 새롭지 않지만, 돌봄이 윤리적 관점이자 윤리 이론으로 정식화되어야 한다는 주장은 새롭다. 여성이 도덕적 딜레마를 숙고하는 방식을 연구한 캐럴 길리건은 자신이 "다른 목소리", 바로 돌봄의 윤리의 목소리를 들었다고 주장했다.[5] 캐럴 길리건의 연구는 철학에 새로운 것을 도입했다. 윤리의 새로운 개념, 새로운 윤리 이론의 시작 말이다.

1) 철학적 지평에서 출현하는 돌봄윤리

길리건은 경험 연구를 통해 권리의 충돌(태아의 권리 대 여성의 권리)로 구조화된 임신중지 논쟁이 의도치 않은 임신을 마주한 여성의 의사 결정을 반영하지 못한다고 주장했다. 길리건의 연구에 등장하는 여성들은 태아가 권리를 지닌 사람인지 묻는 대신 다음과 같은 질문을 던졌다. 내 삶에서 지금 이 시기에 출산을 하는 것이 책임감 있는 행동인가? 나는 아이를 기를 준비가 되어 있는가? 아기를 낳는 것이 연인, 배우자, 부모, 아이와의 관계에 어떤 영향을 미치는가? 나는 자신에게 진실할 것인가, 또는 내 결정으로 인해 해를 끼치게 되는가? 권리에 관해 묻는 대신, 여성들은 책임에 관해 물었다. 자신과 태어나지 않은 생명의 충돌로 딜레마를 틀 짓는 대신, 여성들은 미래의 아이, 현재의 아이, 배우자나 연인, 다른 가족과의 관계를 놓고 문제를 생각하는 경향을 보였다. 특히 그들은 자신의 결정이 자신이 마음을 쏟고 돌볼 대상에게 어떤 영향을 미칠지 염려했다.[6] 다른 페미니스트들의 철학 작업 또한 돌봄 개념을 취하게 되었다. 특히 중요한 것으로 넬 노딩스의 현상학적 접근인 『보살핌(*Caring*)』[7]과 세라 러딕의 『모성적 사유』[8]가 있다. 이 세 작업은 돌봄에 대한 후속 작업의 기초를 놓았다.[9]

　　도덕적 사고의 긴 역사에서 덕으로서 또는 옳은 행동의 기초로서 돌봄을 강조한 작업이 거의 없는 이유에는 그럴듯한 설명이 있다. 도덕 이론을 기술한 이 중 여성은 거의 없었고, 남성을 동반하지 않은 여성의 경험에 접근할 수 있는 사람도 없었다. 게다가 여성은 남성이 지배해온 영역에서 결정을 내릴 수 있는 위치에 있지도 않았고, (존 스튜어트 밀이 빈틈없이 관찰한 것처럼) 자신이 정말로 생각하는 것을 말할 수 있을 만큼 남성의 권력에서 독립적이지도 못했다. 전쟁과 사업에서 약속, 계약, 수행에 적용되는 체계적인 도덕적 탐구는, 아이나 병자의 돌봄처럼 남성이 점유하지 않은 영역에 적용되지 않았다.

보살핌은 덕이라기보다 자연의 계획을 완수하는 일에 가깝게 여겨졌다. 예를 들어 아픈 배우자를 돌보는 데 실패한 여성은 부자연스럽고 여성스럽지 않은 것으로 여겨졌다. 그렇지만 꼭 윤리적 행위의 개념 내에서 무언가가 설명될 필요는 없었다. 그리고 여성이 아이를 방치하면 괴물로 취급받지만, 아이를 버린 남성은 비도덕적인 일을 한 것으로 여겨진다. 여성의 지위는 변화했으며, 우리는 남성 또한 어린이나 돌봄이 필요한 사람을 돌볼 능력이 있음을 알게 되었다. 비꼬려는 것이 아니다. 20세기 후반 페미니스트들이 남성도 아이를 함께 보살펴야 한다고 주장하기 전에는 이런 생각이 없었다. 돌봄이 여성에게서 주로 발견되는 본능적, 자연적 경향으로 간주되지 않게 된 뒤에야, 우리는 돌봄을 비자연화, 비젠더화하고 도덕적 행위의 양태로 이해할 수 있게 되었다. 줄리아 드라이버(Julia Driver)의 표현처럼, 그럼으로써 페미니즘은 도덕철학자가 고려해야 할 자료 은행에 더 많은 데이터를 입력하게 되었다.

돌봄의 몇몇 측면이 주요 철학 문헌에 진입했다. 우리는 이미 플라톤의 작업을 넌지시 언급했다. 사랑은 동기적 측면에서 돌봄과 가까우며, 서구 철학에서 작지만 중요한 위치를 점유하고 있다. **동정심**(정서철학에서 중요한), **자비와 선행**(공리주의와 칸트주의), **이타심** 개념은 도덕의 유아론적 이론에 대한 중요한 비판자다. 이 개념들은 돌봄의 태도적 요소를 일부 공유한다. 이 개념들 모두는 돌봄의 일을 어느 정도 수행한다. 이 개념들은 타자 지향적 동기를 요청한다. 이런 동기는 타인을 향한 염려 또는 애착을 느끼는 데에서 나온다. 그러나 이런 태도적 타자 지향적 염려는 옳은 행동이 아니라 초과의무+에 놓인다. 선한(때로 신성한) 행위를 다루지만, 꼭 요구되는 행위는 아니므로 초과의무다. 반면 일상적 삶의 일부인 보살핌은 자비의 태도와 이타적 행위를 수반할 뿐 아니라 돌보는 자에게 반드시 요구되는 것이므로 초과의무가 아니다. 그것이 돌보는 자에게 상당한 희생을 요구할 때도 마찬가지다. 예컨대 누구도 부모가 자녀에게 행하는 돌봄을 초과의무라고 생각하지 않을 것이다.

돌봄은 최근 서구 철학의 여러 방면에서 관심사가 되었다. 대륙철학에서 '돌봄' 또는 염려(Sorge)는 하이데거를 통해 철학적 어휘로 진입했다.[10] 그러나 플라톤의 돌봄 개념과 마찬가지로 하이데거의 개념도 최근 페미니즘 사상가들이 몰두하는 돌봄의 검토와는 거리가 있다. 하이데거의 개념은 존재의 본성에 관한 형이상학적 관점의 요소다. 레비나스의 작업은 페미니즘 돌봄윤리와 친연성이 있다고 여겨져왔다.[11] 해리 프랭크퍼트와 그의 동조자들은 영미 철학의 문헌에 돌봄을 끌어들이는 데 크게 이바지했다.[12] 그들의 작업에서 돌봄은 모든 인생의 중심 동기로 인식된다. 그러나 돌봄윤리의 정식화에 가장 광범위하게 기여한 것은 페미니즘 도덕철학이다.

한번 생각하기 시작하면 철학자들이 돌봄을 중심 도덕 개념으로 여기기까지 이렇게 오래 걸렸다는 게 이상해 보인다. 돌봄 없는 세계는 끔찍한 세계, 엄청난 해가 자행되는 세계일 것이다. 누구도 타인에게 마음을 쓰지 않는 세계는 자신의 필요를 돌볼 수 없는 사람들(우리 모두 언젠가는 여기에 속한다.)의 필요가 무시되는 세계다. 비록 절대적인 돌봄윤리가 인간 사회의 생존과 발전에서 필수 불가결하지만, 그것을 도덕 이론으로 정

+ 꼭 해야 하는 의무에 미치지는 못하지만, 하는 것이 권장되는 행위 또는 방향.

식화하는 것은 아직 초기 단계다. 여성의 도덕적 삶을 연구한 여성 심리학자들에 의해 처음 전개된 이 생각은 여러 여성 철학자(와 일부 여성 친화적인 남성 철학자)에 의해 새로운 이론 영역이 되었으며, 이제 돌봄윤리가 최선의 돌봄 실천을 규정하고 그 가치를 다른 도덕 영역으로 흘려보낼 수 있음을 정당화하는 개념들이 제시되었다. 게다가 이 윤리는 지금까지 도덕 영역을 지배해온 세 가지 윤리 이론인 칸트적 의무론, 공리주의, 덕윤리와 다르다.

2) 돌봄의 윤리: 기술적인 것인가, 규범적인 것인가?

돌봄의 윤리를 사로잡고 있는 논쟁 중 하나는 돌봄과 관련한 개념이 온전히 규범적인 것인가의 여부다. 무엇을 '윤리'로 부르는 일은 언제나 인류학(즉 특정 공동체의 활동을 규정하는 규칙이나 규약에 대한 기술적 설명으로, 심지어 도적 떼마저도 이런 기술적 의미의 윤리를 지닌다.)과 온전한 규범적 설명(즉 기술적으로 충분한 규칙인지 또한 따라야만 하는 규칙인지) 사이에 모호하게 놓여 있었다. 일단의 심리학 연구에서 나왔으므로 '돌봄의 윤리'는 옳은 일에 대한 설명이라기보다 사람들이 적절하다고 생각하는 행위의 기술로 여겨져왔다.

　이 질문을 더 혼란스럽게 하는 건 돌봄이 항상 돌봄 실천, 즉 육아, 간호, 노인 간병, 장애인 보조 등에 체현되어 있다는 점이다. 실천은 그 자체로 규범성의 원천이다. 실천은 우리가 진실과 거짓을 따지며[13] 덕을 실천하는[14] 맥락을 제공한다. 실천(즉 구조, 규칙, 가치, 덕에 따른 행위 집합)은 목적(텔로스)을 지니며, 그에 따라 우리는 실천 속 행위가 선한지 판단한다.

적을 살해하라는 명령은 전쟁에서 충분히 내려질 수 있지만, 일반적으로는 심지어 불구대천의 원수라 해도 적을 살해하는 것은 선하거나 옳은 행동이 아니다.

세라 러딕은 "양육", 즉 아이의 보호, 신체적·정서적 보육, 사회화를 목표로 하는 일련의 활동(생물학적 부모든 입양 부모든, 여성이든 남성이든 수행할 수 있는)의 젠더 중립적 실천에 관해 이야기한다. 이런 육아의 목표와 관련해 누군가는 좋은 양육자 또는 나쁜 양육자가 될 수 있다. 간호에 대해서도 비슷한 이야기를 할 수 있다. 간호의 규범이 간호사의 돌봄이라 여겨지는 것들을 규정하며, 환자의 안위와 회복을 돕는 좋은 간호사와 부주의하고 태만하며 무능한 나쁜 간호사를 구분할 수 있게 한다. 텔로스는 규제적 이상이 되어 개인의 행동뿐만 아니라 행위와 구조 및 그 실천을 특징 짓는 규칙과 전통을 평가할 수 있게 한다. 규칙이 간호의 텔로스를 위반할 때, 좋은 간호사는 그것이 좋은 간호를 지속하는 능력을 저해하는지를 따져보며 규칙을 어길 수 있어야 한다.

그러나 길리건은 돌봄의 윤리에 관해 이야기하면서 기술적인 것보다는 규범적인 것에 더 가까이 가려고 노력했다. 임신중지 여부를 결정하려는 여성은 이루어져야 할 옳은 일이 무엇인지를 숙고한다. 여성들은 그 상황에서 좋은 사람은 어떻게 행동할지를 가늠한다.[15] 돌봄이 옳고 그른 것, 선하고 악한 것에 관해 말해주는 완전히 도덕적인 개념이라면, 실천과 그 규제적 이상 자체가 도덕적 정당성을 지녀야 한다. 도둑질은 실천의 하나다. 그러나 도둑 중에서 정직한 사람이 있다고 하여 도둑이 정직해지는 것은 아니다. 도둑질의 핵심은 도둑을 부유하게 하는 데에 있다. 도덕적 실천은 그 규제적 이상을 충족할 때 도덕적으로 선하고 옳은 실천이다.

무엇이 실천에 그런 도덕적 정당화를 부여하는가? 양육을 생각해보

자. 타인이 져야 하는 비용을 생각하지 않고 아이를 위해 무엇이든 할 수 있는 사람이 좋은 어머니처럼 보인다. 그러나 양육의 목적 중 하나는 아이를 사회화하는 것, 공동체 구성원이 되도록 아이를 이끄는 것이다. 자기 아이를 위해 수단 방법 가리지 않는 어머니가 좋은 어머니처럼 보일 수도 있다. 실천을 전체적 관점에서 살필 때 그런 여성은 양육을 잘하고 있지 못한 셈인데, 그런 행동은 수용될 만한 모범적인 행동이 아니기 때문이다. 양육은 그 아이가 살아가야 할 세계와 분리된 목적을 추구할 수 없으며, 우리는 아이가 그 세계에서 도덕적으로 수용 가능한 것이 무엇인지 파악할 수 있도록 돕는 일을 부모의 역할이라고 이해한다.[16] 보살핌의 실천들이 공유하는 이상은 누구의 진정한 필요와 적법한 요구(실제 해악으로 귀결될 수 있는 필요와 요구)도 소홀히 하지 않는 것이다. 더 긍정적으로 보살핌의 실천은 관심대상, 즉 사람들이 마음을 쓰는 것들을 보살핀다. 이 관심대상은 사람들의 피어남에서 중요할뿐더러 적절한 보조 없이는 성취할 수 없다. 타인에게 해를 끼치는 것을 피하고 타인을 피어나도록 하는 것은 모든 도덕 이론에 친숙한 개념이다.

돌봄에 기초한 도덕 이론은 방치하지 않는 것과 불가피하게 의존하는(따라서 자신이 필요로 하는 것에 관심을 기울일 수 없는) 사람들에게 관심을 기울이는 것 그리고 정서적 유대와 공감 능력에 기반한 동기 구조를 중요하게 본다. 만약 우리가 돌봄 실천의 도덕적 정당화를 제대로 해낸다면, 우리는 단지 기술적인 것에서 벗어나 온전히 규범적인 돌봄 개념이 있으며 진정한 돌봄윤리를 이끄는 덕이 될 수 있다고 사고할 근거를 마련하게 된다.

우리는 보통 육아나 간호에 관해 말하는 방식으로 보살핌을 이야기한다. 당신은 그것을 잘할 수도 못할 수도 있다. 당신은 좋은 돌보는 자이거나 부적절한 돌보는 자일 수 있다. 당신은 '너무 많이' 돌보거나(즉 자녀의 주변을 계속 맴도는 '헬리콥터 부모'나 너무 예민하게 주시하는 나머지 아픈 환자에게 편안함보다 자극을 더 많이 일으키는 간호사 등) '너무 적게' 돌볼 수 있다(당연한 돌봄 행위를 수행함에 있어, 냉담하거나 태만하거나 심지어 학대하는 것). 돌봄에 관해 이야기하는 대부분의 경우에 이런 식으로 이야기할 수 있다.

그러나 돌봄의 온전한 규범적 개념을 이야기할 때 '너무 많이 보살 핌'에 대해 말할 수 있을까? 우리가 누군가에게 '너무 정의롭다'고 말하지 않는다는 점을 상기하라. 법이나 원칙을 적용할 때 너무 융통성 없는 사람에 대해 이야기하거나, 어떤 사람의 정의의 방식이 너무 엄격하다고 말할 수는 있다. 그러나 우리는 누군가가 나쁘거나 형편없는 정의를 내세운다고 말하지 않는다. 나쁜 것은 정의롭지 않다. 그 결과가 정의로우려면, 그것은 인정받을 만한 가치를 지닌 것이어야 한다. 물론 일련의 다른 가치나 다른 실천으로부터 나온 결과(예컨대 어떤 정의로운 판단이 충분히 자비롭지 않다면)에 대해선 의구심을 가질 수 있겠지만 말이다.

정의와 같은 도덕적 덕은 이미 규범적으로 정의되며, 아리스토텔레스의 말처럼 일반적으로 두 악덕 사이의 중간을 의미한다.[17] 우리는 너무 용감할 수 없다. 그것은 무모함에 치우친 것이다. 배려윤리를 이끄는 덕으로서 배려 또한 두 극단 사이의 중간이다. 한쪽 극단에는 지나친 걱정, 즉 타인과 타인의 필요에 대한 원치 않는 관심이 있다. 또는 보살핌받는 이가 무엇을 좋다고 여기는지 고려하지 않은 채 자기 생각을 고집하는 후견주의가 있다. 반대쪽 극단에는 무관심 또는 '타인의 자율성을 잘못 존중함'으로써 타인의 필요를 인식하는 데 실패하고(또는 그럴 의지가 없고), 타인의 웰빙을 충분히 고려하지 않으며, 타인의 필요를 인식하는 데에 따라 행동할 기회를 포착하지 못하며 귀결되는 방치가 있다. 보살핌의 핵심은 보살핌받는 이를 이롭게 하는 것이다. 하지만 보살핌받는다고 추정되는 사람이 돌보는 자가 너무 많이 걱정한다고 말한다면, 돌보는 자가 제공한다고 가정하는 이득이 실은 전혀 이득이 아니라고 불평하고 있는 것이다. 8장에서 우리는 돌보는 자의 행위를 돌봄으로 받아들이기 위한 보살핌받는 이의 필요를 살필 것이다. 이 마지막 조건은 우리가 다른 사람의 이득을 위해서 하는 일이 실제로 그 사람에게 이득이 되는지를 확인하는 데에 필수적이다.

II. 배려윤리의 요소

돌봄윤리의 개념이 제시된 지 30년 가까이 되었고, 그것은 이제 몇 가지 핵심 요소로 정의되고 있다. 나는 여기에서 내가 제시하는 특정한 개념에 이런 요소를 결합할 것이다. 배려윤리는 노동, 태도(또는 성향), 덕으로서 배려라는 삼중 개념을 결합한다. 노동으로서 돌봄제공은 타인의 필요를 살피고, 더 취약한 이를 위해 자신의 필요를 제쳐두며, 때로는 보살핌받는 이의 신체와 기능에 친밀해지기를 요구한다.[18] 돌봄노동은 대부분 개인의 신체를 통해 수행된다. 배려윤리는 고유한 개인성 및 서로를 향한 물질적 연결성에 기초한 각자의 육화된 존재가 흐려질 수 없다는 사실 위에 성립한다. 따라서 그 육화된 존재에서 각자의 도덕적 유의성에 존엄을 부여할 수 있어야 한다.

신체의 보호 감독은 배려에 이르지 못한다. 일이 돌봄노동이 되려면 배려의 태도, 다른 사람이 필요로 하는 것을 이해하는 데 핵심인 타인을 향한 열린 반응성이 필요하다. 세라 클라크 밀러는 돌봄노동의 본질을

"타인의 자기 결정적 목적을 이해하고, 그 목적을 자신의 것으로 수용하며, 그들의 행위주체성을 양육하고 유지하며 회복하려 노력하는 과정에서 이를 증진하여 타인의 필요에 반응하는 과정"[19]으로 정의한다.[20] 여기에서 배려가 이루어지려면 "우리 삶의 상황에 대한 관심으로부터 돌봄을 필요로 하는 타인의 상황으로의 …… 전환"이 필요하다.[21] 이것을 노딩스는 타인을 향한 "몰두"라고 불렀다.[22] 즉 노동에 반드시 태도가 동반되어야 한다.

우리가 말한 것처럼 배려는 길러져야 할 덕이자 그것이 요청될 때 태도의 변화를 가져오는 성향이다. 이런 덕을 가진 사람은 친밀함으로 묶여 있지 않은 경우에도 돌봄을 필요로 하는 사람에게 반응할 수 있다. 돌보는 자는 만나는 사람에게만 마음을 쓰지 않고 배려에도 마음을 쓴다.[23]

돌봄제공의 기술과 미덕은 다양하며, 타인의 필요를 적절히 충족하기 위하여 돌봄제공자가 그 필요에 몰입해야 하는(노딩스의 표현이다.) 정도는 의존의 긴급성과 범위에 따라 그리고 배려의 미덕을 길러온 정도에 따라 다르다. 자신의 관심에서 돌봄이 필요한 사람의 관심으로의 전환을 수반하기에 돌봄제공자는 자신의 필요를 충족하는 일을 지연시켜야 할 때가 종종 있다. 극단적으로 (또 불가피하게) 의존하는 누군가를 보살필 때 이런 지연은 너무 길어져 온전히 보상받지 못할 수 있으며, 이는 사실상 돌봄제공자에게는 상실이다. 타인이 돌봄제공자를 도와야만 한다. **돌봄제공자의 관심을 보살피고 돌봄제공자의** (일인칭) **관심대상**에 집중하며 의존인을 돌볼 수 있게끔 하는 누군가에게 돌봄제공자 자신 또한 의존하게 된다. 돌봄제공자의 필요에 대한 주의가 보살핌받는 이의 필요가 지닌 긴급성으로 인해 지연되어야 할지라도, 돌봄제공자의 자아와 그가 의존인과 맺는 관계는 그가 돌보는 사람 못지않은 도덕적 가치를 지닌다.

더하여 <u>배려윤리</u>는 다른 도덕 이론에서 찾을 수 있는 개념들로도 기술할 수 있다. 돌봄윤리를 약술하는 한 가지 방법은 도덕적 주체, 도덕적 관계, 도덕적 숙고, 도덕적 판단의 범위, 도덕성의 목적, 도덕적 해악 개념을 다룸에 있어 다른 도덕 이론과 어떤 차이를 보이는지 살피는 것이다.

1) 도덕적 주체(moral selves)와 도덕적 행위주체성(moral agency)

대부분의 도덕 이론은 주체 또는 도덕적 행위자에 대한 명시적이고 암묵적인 이해에서 출발한다. 현대 윤리 이론은 자신의 관점에 기초한 선을 합리적으로 좇는 독립적인 자율적 개인을 도덕적 행위자로 설정한다. <u>배려윤리</u>는 다른 육화된 주체와 불가분하게 연결된 육화된 주체에서 출발한다. 이런 주체는 특정 방식으로 취약하며 육화되어 있다. 즉 이 주체는 다른 여러 이론의 이상적 주체와 달리 성별, 인종 또는 민족성, 사회적 위치 그리고 삶의 맥락에서 실현될 수 있고 실현될 능력과 장애를 지닌다. 주체들의 관계는 그 욕망과 정체성을 형성함에 있어 구성적 역할을 한다.[24] 도덕적 숙고는 우리의 실천적 행위 결과에서 차이를 만드는 주체의 차이를 놓고 논쟁되어야만 한다.

(지배적인 윤리 이론에서) 주체가 자기 결정적 성인으로 독립적인 행위자이자 윤리적 결정의 당사자라면, <u>배려윤리</u>는 윤리적 교환 관계 속의 모든 당사자가 자기 결정과 독립성을 지니는 성인이라고 가정하지 않는다. 일부는 타인의 돌봄에 크게 의존한다. 우리가 의존한다는 사실은 우리를 도덕적 고려에서 벗어나게 하지 않으며 오히려 우리의 도덕적 세계의 토대를 구성한다. 우리는 의존에 대한 취약성과 상호연결성으로부터 우리

를 분리할 수 없다.

보살핌의 관계에 참여하는 주체는 타인의 <u>관심대상</u>에서 동기를 얻어 움직일 수 있는 관계적 주체다. <u>배려하는</u> 주체는 타인의 필요에 대해 자신을 투명하게 만들 수 있어야 한다. 즉 그는 자신의 <u>관심대상</u>을 괄호에 넣음으로써 그것이 타인의 <u>관심대상</u>을 이해할 능력을 가리지 않도록 해야 한다. 그러나 이런 투명한 주체는 그저 하찮은 사람이 아니다. 그들은 자기 지시, 자치, 내성(內省)을 행할 수 있어야 한다.[25] 내성은 자신의 욕망이 타인에게 주의를 기울이고 반응하는 능력을 방해하는지 살피게 한다. 자치와 자기 지시는 타인의 <u>관심대상</u>이 그들의 행동을 지시하는 범위를 평가하고 결정할 수 있게 한다. <u>배려윤리</u>는 타인에게 "몰두"하려는 의지 때문에 자신의 도덕적 나침반에서 벗어나지 않도록 한다.[26] 비슷하게, 완결성을 지니는 규범 이론은 돌봄제공자가 빠질 수 있는 착취나 학대에 주의를 기울이도록 장려해야 한다. 또 이들은 충분한 자기 성찰을 통해 보살핌 받는 이가 무의식적으로나 부주의하게 가할 수 있는 학대에 노출되지 않도록 해야 한다.

2) 도덕적 관계

다른 여러 윤리 이론의 가정과 달리, 관계적 주체의 관계성은 자기 선택적이지 않고 따라서 평등한 사람들 사이에서 이루어지는 것이 아닐 수 있다. 따라서 상호성을 상정하지 않으며 상호성이 책무가 되지도 않는다. 돌봄윤리는 상황과 권력의 비대칭적 관계성 속 책무와 책임을 다룬다.[27] 이런 비대칭적 관계에서 돌보는 자는 타인의 진정한 필요와 적법한 요구에 집중하고 유념하며 호응해야 하고, 타인의 고유성을 다루는 방식으로 반응해야 한다. 비록 모든 도덕적 관계가 어느 수준의 신뢰와 신뢰성을 필요로 하지만, 이런 특질은 한쪽이 다른 쪽의 행동에 특별히 더 취약한 돌봄 관계에서 훨씬 중요하다. 이후에 다시 논의하겠지만, 그런데도 보살핌받는 이 또한 선의와 필수 역량을 통해 제공되는 돌봄을 용인하며 (할 수 있는 때와 범위 안에서) 자신의 역할을 수행할 것이라는 기대는 정당하다.

3) 도덕적 숙고

사랑, 공감적 염려, 헌신, 충성, 동정심 등 애착과 정서는 타인을 위해 행동하는 중요한 동기이다. 이들은 우리에게 동기를 유도하고 풍부한 인식론적 자원이 된다는 두 가지 이유 때문에 **배려윤리**의 도덕적 숙고에서 중요한 역할을 한다.[28] 그러나 정서와 애착은 편향되고 자의적인 결정을 초래할 수 있는 신뢰하기 힘든 도덕적 지침으로 여겨져왔으며, 대부분의 도덕 이론, 특히 칸트주의와 공리주의는 이성에만 의거하여 불편부당한 결론에 도달하는 일반화된 원칙을 선호한다. 하지만 돌봄윤리학자는 아픈 아이를 보살피는 일에 있어 쾌락을 극대화하고 고통을 최소화하는 계산을 활용한 알고리즘보다는 공감과 염려가 더 확실한 동기를 부여한다는 점을 지적한다. 노인을 향한 친절은 의무감보다 동정심이 더 확실히 동기를 유발한다. (여러 도덕 감정론자가 이미 말했듯) 약속을 지키는 것마저도 정언명령의 적용보다 명예, 부끄러움, 충성심과 같은 도덕적 감정에 의해 더 쉽게 동기를 부여받는다. 감정은 신뢰할 수 없다는 공격에 대응하기 위해 돌봄윤리학자는 (다른 덕 이론가들과 마찬가지로) 도덕적 감정의 능동적 계발과 그 적절한 사용의 모델링⁺에 의거한다.

돌봄 관점은 덕 이론과 감정주의 윤리에 이런 동기를 유발하는 힘이 특정 상황에 필요한 것을 더 의식하게 만든다는 이해를 더한다. 성공적인 보살핌을 가능케 하는 (많은 경우 적어도) 핵심 요소인 주의 깊은 반응성은 공감적 연결과 타인을 향한 이해로 가능해진다. 이런 것은 우리로 하여금 타인의 마음을 '읽을' 수 있게 이끈다. 특히 타인이 일시적 또는 영구적으로 발화를 통해 의사소통할 수 없을 경우 더 그렇다. 이런 경우 정동적 연결은 필요한 도덕 인식론적 자원이다. 정동적 연결이 인식론에까지 이르는 것은 도덕적 감정이 우리를 타인의 주관성으로 끌어들여 일반화된 타인이 아닌 이 특정한 구체적인 타인에게 반응할 수 있게 만들기 때문이다.[29]

우리가 타인과 맺는 관계성은 타인을 향한 추가적인(항상 특권적인 것은 아니라 해도) 인식론적 접근과 함께 오며 그런 앎을 얻음으로써 개인의 관심대상에 반응할 특별한 책임이 함께 주어진다. 위기 상황에서 배우자나 자녀를 우선하는 것은 비도덕적이지 않다. 오히려 버나드 윌리엄스의 인상적인 지적처럼 그렇게 하기를 망설이는 것은 "너무 많이 생각함"이다.[30] 분명 우리의 윤리적 삶이 그런 관계에 의해 전부 제한되는 것은 아니다. 그러나 그런 관계는 돌봄이 도덕적 개념으로서 갖는 중요성을 이해하게 한다. 게다가 우리가 돌봄에 관해 살필 때 우리는 우리가 마음을 쓰는 사람들로 이루어진 원을 어떻게 확장할지, 의미 있는 관계를 통해 모두가 돌봄받을 수 있다는 사실을 왜 우리가 알아야 하는지를 이해할 수 있게 된다.

⁺ 개인이 타인의 태도나 행동을 모방하는 것.

4) 도덕적 판단의 범위

지배적 도덕 이론 대부분은 보편적 범위에서 내려진 판단을 제시한다. 즉 이런저런 방식으로 사람을 대우하는 것이 도덕적으로 옳다면, 이것은 그 사람이 누군지와 무관하게 참이다. 예를 들어 가까운, 친밀한 사람에게 거짓말을 해선 안 된다면 이방인에게 거짓말을 하는 것도 허용되지 않는다. 이런 보편성은 명령이 부정적인 것, 즉 "거짓말하지 말라."나 "타인의 기본권을 짓밟지 말라." 같은 명령에서는 잘 작동한다. 그러나 이런 보편성은 배려에 관해 생각할 때 항상 적절하지는 않다. 거짓말하지 말라는 것과 같은 보편적인 명령은 알츠하이머병을 앓는 사람에게 최선의 돌봄을 제공하려 할 때 문제가 된다. 동료 철학자이자 알츠하이머병을 앓는 배우자의 돌봄제공자는 말했다.

> 거짓말은 치매에서 특히 문제가 됩니다. 협력 단체의 한 여성은 말하곤 했어요. "거짓말하는 방법을 배워야 해요." 나는 그것을 거짓말 그 자체라고 여기는 대신 인지적 손상을 가진 사람을 돌보기 위한 단순화한 의사소통이라고 생각합니다. 사실 거짓말을 하는 것보다는 관심을 돌리는 게 낫지요. 만약 요양원의 여성이 당신을 자기 누이라고 생각한다면, 여성에게 당신 누이가 죽었다고 말하고 싶진 않을 거예요. 하지만 누이인 척하고 싶지도 않겠죠. 여성의 누이에 관해 이야기 나누고 왜 나를 누이라고 생각했는지 간접적으로 물어보는 게 나아요.[31]

보편적 범위를 지닌 것으로 여겨지는 또 다른 명령에는 불간섭 원칙이 있다. 우리가 타인에게 해를 끼치는 방식으로 행위하지 않는다면 우리는 무언가를 추구하는 데 간섭받지 말아야 한다.[32] 그러나 돌봄을 필요로 하는 사람을 대할 때, '불간섭'은 방임이자 더 큰 해악의 원인이 된다. 또 더 일반적으로 불간섭 개념이 다른 무엇보다 중요하다는 생각은 도덕적 삶을 비관계적 · 자족적 주체 사이에서 벌어지는 것으로 이해하는 데서 나온다. 그 대신 상호연결성에서 출발한다면, 우리는 우리 행위 하나하나가 타인에 미치는 불가피한 영향을 들여다보기를 원할 것이다. 우리는 또한 우리 행위가 관계의 밀접함에 비례적으로(항상 그렇지는 않으나) 영향을 미친다는 것을 인식하게 된다.

배려윤리에서 불편부당성과 불간섭은 그 도덕적 우위를 상실한다. (보살핌받는 이 자신의 피어남 개념에 따라) 타인이 피어나도록 돕는 것이 불간섭 원칙보다 우선한다. 그러나 이런 개입이 돌봄제공자에게 부담을 초래하기에, 모든 사람에 대한 타인의 보살핌 또는 모두를 향한 동등한 보살핌에 완전히 참여하기를 기대하는 것은 비합리적이다. 다소 좁은 범위를 넘어서 상당한 감정적 관계를 형성하는 우리 능력에는 한계가 있고, 돌봄은 본성적으로 요구적이다. 때문에 배려 기반 윤리는 근접성에 민감할 수밖에 없다. 가족이나 친구와 맺는 관계적 근접성일 수도 있고, 이웃이나 동료 시민과 누리는 지리적 일치일 수도 있다. 따라서 돌봄의 범위는 보편적이 아니라 부분적이며 맥락적이다.[33]

배려윤리는 우리 자신을 적어도 부분적으로 구성하는 타인과 맺는 관계성 및 연결에 기반을 두고 있지만, 그럼에도 멀리 있는 사람의 돌봄을 구축할 것을 요청한다. 7장 I절 2)항에서 단언한 것처럼 배려 자체가 근본적인 가치라면, 그것은 친밀한 타인과의 관계에만 국한된 가치가 아니며, 우리가 세계에서 점하는 특정한 도덕적 태도를 특징지을 수 있어야 한다.[34] 이를 '배려에 대한 마음 씀'이라고 부를 수 있을 것이다. 우리 모두가 연결되어 있음을 이해한다면 우리는 불간섭이 손쉽게 국제적이고 지역적인 방치로 이어질 수 있음을 알게 된다. 그런 책무와 책임을 적절히 판단하고 실행하는 방법에 대한 지침을 배려윤리가 제공해야 하며, 그 지침은 친밀성, 근접성, 필요의 시급성, 또는 필요할 때 적절한 돌봄이 가능한지에 대한 일반적 염려에 기초해야 한다. 우리의 관계성을 인정하는 것은 이런 연결이 지배라는 형식이나 방치가 될 수도 있다는 여러 위험을 이해하는 첫걸음이며, 따라서 배려윤리는 멀리 있는 사람들에 대한 무관심과 연결된 이들을 지배하려는 유혹을 경계해야 한다.[35]

5) 도덕적 관계의 목적

아마도 도덕 이론들 사이의 가장 근본적인 차이는 도덕적 상호작용의 요점과 목적을 이해하는 방식에 있을 것이다. 자유주의 전통의 윤리 이론은 개인이 자기 뜻에 따라 타인의 불필요한 개입에서 자유로이 삶을 살 수 있도록 하는 것의 중요성을 강조한다. 공리주의 이론은 도덕 이론을 최대 다수에게 최대 선을 제공할 수 있는 것으로 이해한다. 공동체주의 이론은 도덕적 관계의 요점을 공동선의 제공으로 이해한다.

배려윤리는 무엇보다도 각자 자신을 위한 개인의 웰빙(또는 피어남)에 대한 관심과 각자가 피어날 수 있도록 하는 것의 도덕적 중요성을 강조한다. 다른 도덕 이론처럼 배려윤리는 우선 각각 주관적 삶을 사는 주체 사이의 상호작용에 관한 것이다. 그런 주체들에게는 돌보는 자가 반응하는 웰빙이 있다. 나는 여기에서 웰빙의 본성을 둘러싼 논쟁에 참여하지 않을 것이다. 내가 수용하는 관점 또 **배려윤리**에 포함되어 있다고 믿는 관점은 개인(이자 주체)의 웰빙이 피어남의 형식이라는 것이다. **배려윤리**의 맥락에서 피어남의 이해는 다음을 요청한다.

① 개인은 자신이 진정으로 마음을 쓰는 것을 가질 때(또는 스스로나 타인의 조력으로 그것에 접근할 수 있을 때나 그것을 얻으려 노력할 수 있을 때) 피어난다.

② 개인이 진정으로 마음을 쓰는 것은 진정한 필요(즉 충족하지 못하면 개인에게 진정한 해악을 끼치는 필요)와 적법한 요구(즉 타인의 동등하고 적법한 요구를 희생하지 않으면서 충족될 수 있는 요구)를 충족하는 것이다.

즉 우리가 타인을 **배려**할 때, 우리는 그것이 개인의 피어남에 이바지하기에 그 개인의 복지에 관심을 가진다. 이런 보살핌은 더 큰 공동체나 추상적인 선 개념이 아닌 바로 그 개인을 위한 것이다. 타인 자신을 위한 웰빙에 관한 이 관심이 우리에게 타인을 돌볼 **책임**을 지운다. 귀속과 친밀함으로 이루어진 관계 그 자체가 관계 – 속 – 주체가 자신을 이해하는 방식을 구성하므로, 타인의 돌봄과 타인의 **배려**는 우리 자신의 웰빙 외부에 놓이지 않는다.

6) 도덕적 해악의 본성

궁극적으로 도덕 이론의 요점은 해악, 바로 스스로에 대한 해악과 타인에 대한 해악을 막는 데에 있다. 지배적인 도덕 이론에서 도덕적 해악은 권리 위반이나 후견주의, 지배, 폭력의 형태를 띠는 원치 않는 침해로 정의된다. 배려윤리에서 도덕적 해악은 (특히 취약한 사람의) 진정한 필요와 적법한 요구가 충족되지 않을 때, 즉 우리의 염려가 무관심만을 끌어낼 때, 취약성이 돌봄이 아닌 업신여김과 학대를 일으킬 때, 인간적 연결이 착취, 지배, 상처, 무시, 무심함, 포기로 끊어질 때 발생한다.

Ⅲ. 돌봄의 윤리의 유혹과 비판

관계와 도덕 감정의 중요성을 강조하는 도덕 이론은 수많은 "유혹"을 동반한다.[36] 유혹은 원래 이로운 경향성에 대해 탐닉할 때 나타나는 악덕이다. 우리는 여성과 장애인이 배려윤리를 수용해야 하는지 질문하는 돌봄윤리에 대한 비판을 고려할 때 유혹의 미끼를 만난다. 페미니스트이자 장애인과 연대하는 지지자로서 나는 양측의 비판에 공감하며, 그중 일부를 6장에서 다룬 바 있다.

배려윤리는 페미니즘 이론가와 장애인이 지적한 유혹을 인정하고 이를 다루어야 한다. 배려윤리를 적절히 표명할 때, 우리는 그것이 여성과 장애인 모두의 관심을 가장 잘 충족하는 도덕 이론이며, 온전히 실현된 인간 존재의 비전을 가장 잘 제공하는 윤리적 관점임을 알 수 있다.

1) 멀리 떨어진 타자에 대한 무관심

우리와 밀접한 이들과의 연결은 특별한 도덕적 중요성을 지닌다. 그러나 우리로부터 멀리 떨어진(그 거리가 지리적 원격성이든 사회적 위치이든) 이에게 무관심해지는 것을 경계할 필요가 있다. 타인의 곤경을 무시하는 것은 편애와 도덕적 책무의 제한된 범위를 그 요소로 하는 윤리에 따라오는 유혹이다. 그럼에도 우리는 광대하며 때로 불가해한 네트워크로 타자와 떼어놓을 수 없이 연결되어 있으며, 거리 및 의도와 무관하게 우리의 행동에 타자는 영향을 받는다.

<u>배려윤리</u>에서 연결은 책임을 생성하며, 자신과 밀접한 이들보다 멀리 떨어진 타자에 대한 책임이 약하다 해도 그것은 여전히 도덕적으로 중요하다. 물론 우리에게는 법과 원칙이 있어 멀리 떨어진 타자와 우리의 관계를 관할한다. 그러나 이것만으로는 멀리 떨어진 타자에게 잘, 책임 있게 행동할 것을 보증하는 도덕적 작업의 전부를 달성하지 못한다. 알래스데어 매킨타이어는 썼다.

> 우리가 참여하고 있는 주고받음의 네트워크는 각자의 필요에 대한 공동의 인식 및 돌봄의 표준에 관한 공동의 헌신으로만 유지될 수 있다. …… [이런 것이 없다면] 법은 그렇게 행하지 않았을 때의 결과에 대한 두려움에서, 때로 마지못해 그리고 늘 그 정신보다 그 글자만을 고려하는 방식으로 준수될 것이다.[37]

2) 원치 않는 자비: 특히 돌봄이 장애를 가진 사람을 향할 때

돌봄을 필요로 하는 사람에게 관심을 쏟아야 하고 돌봄이 요청되기 전에 필요에 참여해야 한다고 돌봄의 윤리는 말하며, 이것은 꼭 '유혹'이라고 말하기 어렵다. 우리는 세 번째 층계에서 짐을 올리기 위해 분투하고 있는 사람에게 네 번째 층계로 짐을 옮기는 데 도움이 필요하냐고 물으려고 기다릴 필요가 없다. 하지만 많은 장애인은 요청하지 않은 도움을 참견, 후견주의 때로 명백한 모욕으로 간주한다. 장애 철학자 애덤 큐어튼이 이 난문을 파고든 바 있다. 그는 썼다. "진심과 명백한 선의로 행한 단순한 친절의 행동이, 역설적이게도 우리가 이득을 주는 데 성공한 사람에게는 심한 모욕으로 여겨질 수 있다."[38] 하지만 말이나 다른 형태의 표현적 소통이 불가능한 사람들은 스스로 도움을 요청할 수 없기에 그들의 필요에 관한 세심한 주의가 필수이다.

하지만 필요를 예측하는 일은 항상 적절한가? 시각장애로 지팡이를 사용하는 사람을 보고 있다고 상상해보라. 그는 지금 길을 건너는 대신 가게 창문을 향해 걸어가고 있다. 당신은 그의 팔을 잡고 횡단보도를 건너 반대편까지 그를 안내해준다. 그는 도움이 필요했지만 별다른 감사를 표시하지 않는다. 당신의 잘못인가, 아니면 필요한 도움을 받아들이는 데에 그가 공손하지 않은 것인가? 당신의 시력이 손상되었고 여러 번 오간 적이 있는 공항을 지나간다고 상상해보라. 당신의 여행은 휠체어 지원을 요청할 수 있다고 권하는 공항 승무원의 친절에 의해 수차례 방해받는다. 처음에는 당신은 건조하게 답한다. 당신은 이 길이 매우 익숙하고 필요하면 도움을 요청할 것이라고. 세 번쯤 이 상황이 반복되면 당신은 멈춰서 같은 말을 통명스럽게, 심지어는 무례하게 반복한다. 8장의 끝에서 나는 선한 믿음과 역량으로 제공되었으며 필요한 것이라면, 돌봄을 감사로 수용할 책무가 있다고 주장할 것이다. 이 예에서 장애인은 책무를 다하지 못한 걸까? 아니면 개입한 사람의 잘못일까? 왜 우리는 지원하려는 노력에 대한 적대감과 마주하는가? 어떻게, 언제 우리는 지원을 제공해야 할까?

큐어튼은 침해적 자비가 만들어내는 어려움을 경고한다. 보통 우리는 타인이 우리에게 친절을 베풀 때 화답할 필요를 느낀다. 화답할 기회가 없다면 빚을 졌다고 느끼며, 화답할 수 없는 경우 열등감마저도 느낄 수 있다. 따라서 자주 낙인찍히고 능력이 열등한 것으로 여겨지는 사람들에게 요청하지 않은 친절의 행동이 향할 때는 주의 깊게 고려해야 한다. 도우려는 유혹 그 자체가 유혹일 수 있다. 당사자에게 확인하거나 그가 우리의 도움을 원하는지 주의 깊게 관찰하지 않았다면, 우리는 타인의 필요보다 우리 자신이 선하다는 느낌을 충족하려는 것일 수도 있다. 우리가 타인의 필요라고 인식하는 것뿐 아니라 내가 도우려는 사람이 그 도움을 원하는지에도 관심을 기울여야 한다고 큐어튼은 경고한다. 그렇지 않다면, 그들을 놓아두는 것이 보살핌이다.

3) 자기희생의 숭배와 관계성의 붕괴

돌봄의 윤리에서 생기는 또 다른 유혹은, 보살핌받는 이의 필요가 긴급할 때 돌봄제공자가 자신의 필요를 제쳐두려 하는 것이다. 이것은 캐럴 길리건이 날카로운 통찰력으로 언급한 자기희생의 숭배로 이어질 수 있으며, 돌봄의 중심에 위치한 연결성을 허문다. 관계는 단일 주체를 넘어선다. 그러나 한 주체가 다른 주체를 위해 희생할 때, 필수 불가결한 두 주체 사이의 관계는 더 이상 존재할 수 없다. 한 주체가 그 과정에서 상실되는 것이다. 길리건은 돌봄의 윤리에서, 전통적 도덕성에서 후기 전통적 도덕성으로의 전환은 "여성이 돌봄의 도덕성을 수행하는 데에 있어 자기희생의 논리를 면밀히 검토하기 시작함으로써 주체와 타인 사이 관계를 다시 고려하는 것에서 시작한다. …… 여성은 타인만큼 자신에게도 책임감 있게 행동할 수 있는지, 그리하여 상처와 돌봄 사이의 차이를 화해시킬 수 있는지 묻는다."[39]

　　이와 대조적이지만 연결된 것으로는, 돌봄을 필요로 하는 장애인이 특히 경계하는 유혹이 있다. 돌보는 자가 자신이 돌보는 사람과의 분리성을 잊어버리는 것이다. 돌보는 자는 자신의 선관(또는 선함에 관한 추상적 개념)을 보살핌받는 이에게 부여하고, 그의 주관성에 충분한 주의를 기울이지 않는다. 다시 주체의 관계성을 단언하려면, 관계에서 각 주체의 구별성을 단언하는 것 또한 반드시 필요하다. 다르게 말하면 <u>배려윤리</u>는 돌봄제공자와 보살핌받는 이 모두의 권리와 개인성에 민감할 필요가 있다. 그것이 돌봄의 관계에서 나오는 책임 그리고 그런 관계에서 나오는 욕망과 관심의 혼합을 강조함에도 말이다. <u>배려윤리</u>에서 주체는 타인과 얽혀 있으면서도 여전히 구별된 주체다.

4) "노예 도덕"으로서의 돌봄윤리

돌봄윤리에 자주 가해지는 비판은 페미니스트들로부터 온다. 그들은 니체의 말처럼 돌봄이 "노예 도덕"이라고 주장한다. 돌봄윤리에 대한 페미니즘 비평은 여성이 돌봄의 윤리를 보여주는 것은 경험적으로 사실이지만 여성의 전통적인 노동으로 인한 종속에서 나온 윤리이며, 관습과 법이 여성에게 그런 노동을 수행하도록 강요한 것이라고 주장한다. 페미니스트들은 여성이 이런 예속 상태에서 벗어나려면, 전통적인 역할보다 해방에 더 맞는 윤리를 받아들일 필요가 있다고 주장한다. 이런 비판은 장애인과도 관련되어 있다. 만약 장애인이 동등한 시민으로서 자신의 자리를 요구해야 한다면 왜 "노예 도덕", 즉 무력한 자의 도덕에 찬성해야 하는가?

이런 비판에 대응하며 <u>배려윤리</u> 지지자는 예속된 위치에서 나온 윤리는 예속된 자에게 목소리가 있음을 드러낸다고 주장할 수 있다. 이 다른 목소리는 압제적 사회에 새로운 가치를 주입할 수 있다. 지배적 가치에 대한 열망은 자주 억압하는 바로 그 가치와 결탁한다. 장애인의 '독립' 수용과 개인 보조인의 비가시성 사이 관계를 다룬 앞 장의 논의는 이 난제를 예시한다. 나는 애넷 베이어(Annette Baier)가 말한 "도덕적 프롤레타리아", 다시 말해 권리와 독립에 초점을 맞춘 이론 안에서 가사 노동자와 돌봄노동자가 놓이는 위치를 영속시키기를 장애인들이 원한다고 생각하지 않는다.[40]

5) 불평등한 관계

여전히 장애인이 도덕적 관계에서 평등을 가정하고 그를 향해 나아가는 윤리가 아닌, 당사자의 불평등성에 기초한 윤리를 수용해야 하는 것 아니냐고 질문할 수 있다. 돌봄의 윤리는 유아의 돌봄을 돌봄의 전형적인 사례로 활용하곤 하며, 그것은 우리가 6장에서 확인한 것과 같은 오류로 이어진다. 모든 의존인이 유아 같다고 가정하는 것이다. 유아를 능력을 상실한 성인처럼, 능력을 상실한 성인을 유아처럼 대하는 것은 좋은 돌봄을 제공하지 못한다. 그러나 평등이라는 가식도 관계에 좋을 수 없다.

도덕성을 향한 권리적 접근의 한계를 다루면서 애넷 베이어는 "약자의 '옹호'가 사실상의 평등을 성취한 것처럼 보임"의 허위를 말한다. "아이들은 곧 성인이 될 자로, 병자와 죽어가는 자는 이전의 더 능력 있던 자신의 연속체로 다루어진다." 그는 이어서 쓴다.

> 사실상 부재하는 이런 평등의 가식은 약자와 의존인에 대한 바람직한 보호로 이어질 수도 있다. 그러나 그것은 우리가 우리보다 권력 있는 사람 그리고 우리보다 약한 사람과 맺는 도덕적 관계가 무엇인지에 관한 질문을 감춘다.[41]

그는 가짜 평등과 독립성을 들먹이는 도덕성이 보완되지 않는다면 그것을 "정당화하는 이론이 가정하는 인간형, 즉 서로의 이익에 관심이 없는 사람 외에 다른 사람들에겐 맞지 않는" 도덕성이 될 것이라고 말한다.[42] 즉 그것은 우리가 매일 직면하는 (사회적 형식과는 별개로 특정 손상이 우리에게 자주 부과하는 조건인) 권력과 상황의 진정한 불평등을 다룰 적절한 도덕적 자원을 우리에게 제공하지 않을 수 있다.

대신 우리는 서로 다른 여러 돌봄노동자(무급 가족 구성원, 고용된 돌봄 보조인, 전문 의료인)와 서로 다른 종류의 돌봄을 필요로 하는 사람들 사이의 관계를 이끄는 윤리를 필요로 한다. 의료적 응급 상황, 중요한 의료 장비의 고장, 장애를 고려하지 않는 편의 시설에서 발생하는 돌봄의 긴급성은 장애인(종종 그를 돌보는 사람까지도)을 취약하게 만든다. 많은 비장애인도 그런 상황에 노출되고 그때 그들은 "자신의 자율성을 포기하길" 원하지 않을 것이다.[43] 배려윤리는 후견주의와 지배의 스킬라와 방치의 카리브디스 사이[+]에서 걸어간다.[44]

[+] 『오디세이아』에서 트로이 전쟁 이후 귀향하던 오디세우스는 양쪽에 스킬라와 카리브디스가 서 있는 좁은 해협에 다다른다. 스킬라는 여섯 개의 개 머리를 지닌 괴물이며, 카리브디스는 모든 것을 빨아들이는 여신이자 괴물이다. 어느 쪽을 택해도 나쁜 결과가 초래되는 진퇴양난의 상황을 가리킬 때 스킬라와 카리브디스 사이라는 표현을 쓰곤 한다.

8장
돌봄의 완성: 돌봄의 규범성

Ⅰ. 돌봄의 완성으로 떠나기

돌봄에 관한 기술은 보통 돌보는 자의 책무와 책임으로 시작한다. 말하자면 돌봄 관계의 착수 단계에서 살피는 것이다.[1] 그러나 만약 우리가 돌봄의 윤리를 종결점, 즉 그 수용에서 살핀다면, 돌봄 관계와 돌봄윤리의 중요한 특징이 새롭게, 도드라지게 나타난다. 특히 온전한 규범적 개념으로서 돌봄이 부각된다. 즉 우리는 돌봄 개념 안에서, <u>배려윤리</u>에서 기능하는 특정한 <u>배려</u>의 개념을 식별할 수 있다.

    이 장에서 다룰 질문은 처음에는 넬 노딩스가, 이후에는 조앤 트론토가 주목한 돌봄의 측면에 관한 것이다. 노딩스는 썼다. "관계가 보살핌으로 기술되려면, 내 보살핌은 어떻게든 타자에서 완성되어야 한다."[2] 피셔와 트론토는 돌봄제공의 마지막 단계인 돌봄 수용에 관하여 썼다. "[그것은—옮긴이] 보살핌이 향하는 대상이 보살핌 과정에 보이는 반응을 포함한다."[3]

우리가 '미덕'이라고 부르는 대부분의 도덕 개념은 이런 방식으로 작동하지 않는다. 덕을 갖춘 행동의 예증으로서 내 노력에 반응하는 이가 없다고 해도 나는 분별 있고, 정중하며, 정직하고, 관대하며, 절도 있을 수 있다. 불타는 건물에서 의식 없는 사람을 구하는 데 성공한다면, 내 용기는 이미 증명된 것이며 그것은 내 행동을 용기 있는 것으로 인정해주는 사람에 의존하지 않는다. 그 사람이 구출을 원했는지와도 무관하다. 보통 옳은 의도를 가지고 옳은 방식으로 행동하는 한 개인은 덕을 갖춘 것이다. 그 행동을 타인이 미덕의 예증으로 여기는지는 문제가 되지 않는다.

그러나 종결점이 문제가 되는 도덕 이론이 있다. 전통 공리주의는 옳은 행동이 쾌락(또는 행복)의 극대화와 고통(또는 불행)의 최소화라고 간주한다. 그렇다면 공리가 극대화될 때만 행동은 옳다. '자비'와 '존중'이 이런 식으로 작동한다. 우리는 타인이 부담으로부터 해방되길 원할 때만 그에게 자비롭게 행동한다. 사형이 언도된 수감자를 감형할 능력을 지닌 총독이 자비를 베풀어 죄수의 생명을 살리기로 했다고 하자. 하지만 죄수가 감형을 자비가 아닌 고문으로 여긴다면, 감형을 자비라고 말하긴 어려울 것이다.[4] 내가 타인의 불치병에 대해 묻는 일이 너무 개인적이며 주제넘은 것 같아 무례하게 생각한다고 가정하자. 하지만 병에 걸린 사람이 내 침묵을 냉담함과 무관심으로 여긴다면, 존중하려는 나의 시도는 실패한 것이다. 배려는 이런 종류의 도덕적 개념이라고 나는 믿는다.[5]

즉 '돌봄'은 그 수용을 통해 완성될 때만 배려가 된다. 더 강조하자면 배려의 규범적 내용(말하자면 배려를 돌봄과 구분하는 것)은 그것이 타인에 의해 배려함으로 수용되어야 한다는 것이다. 여기에서 배려의 수용을 그 핵심으로 여김으로써 우리는 다른 방식으로는 잘 드러나지 않는 배려에 관한 몇 가지 사항을 확인할 수 있다. 구체적으로 우리는 왜 배려윤리가 행동을 필요로 하며 의도에만 기반하지 않는지를, 행위의 도덕적 가치를 실현하기 위해 돌보는 자와 보살핌받는 이 사이의 어떤 관계를 필요로 하는지를, 왜 배려는 후견주의와 구분되어야 하는지를, 왜 도덕적 운(moral luck)이 성공적인 보살핌에서 중요한 역할을 하는지를 살필 수 있다. 나는 앞서 이미 알려준 놀라운 함의로 이 장을 마칠 것이다. 그 함의는 우리가 돌볼 의무뿐만 아니라, 선한 의지와 필요한 주의 및 역량으로 제공된 돌봄을 감사로 수용할 의무도 진다는 것이다. 우리가 그 의무를 수행할 능력을 지니는 한에서 말이다.

II. 돌봄의 수용: 돌봄의 논리

왜 돌봄의 수용은 거의 주목받지 못했는가? 나는 왜 다른 사람들이 그 중요성을 놓쳤는지 모르겠다. 하지만 내가 놓친 이유는 안다. 돌봄에 관한 내 생각을 불어넣은 모델이 그 수용에 관한 나의 관점도 형성했다. 그건 내 딸의 돌봄이었다. (돌봄윤리를 포함하여) 윤리의 타당성에 관한 내 기준은, 그것이 세샤와 비슷한 장애를 가진 사람의 돌봄에 들어맞는지였다. 세샤는 이제 마흔여덟 살의 성인 여성이지만, 여전히 전통적으로 타인의 돌봄에 동의하거나 거부한다고 이해되는 어떤 행동도 할 수 없다. 세샤는 고맙다고 말할 수도, 도망치거나 다른 방식으로 돌봄을 거부할 수도 없다. 세샤의 무능력 때문에 세샤가 '우리의 돌봄을 완성'할 방법이 없으므로,

그를 위해 우리가 하는 일이 돌봄이 아니라고 말하는 것은 불합리하다.[6]

내가 아흔두 살의 어머니를 돌보아야 할 때에서야 나는 돌봄이 타인에서 완성될 필요가 있다는 생각을 받아들이게 되었다. 내 딸과 달리 어머니는 내 돌봄을 칭찬과 감사의 말로 인정하기도 했다. 하지만 그보다 훨씬 많이 어머니는 도우려는 내 시도에 격렬히 저항했다. 우리의 돌봄에 대한 세샤의 반응은 무력감, 능력 상실에 대한 어머니의 비통함과 극렬한 대조를 이루었다. 돌봄을 필요로 하지만 거부하는 누군가의 비타협적 태도를 마주한 나는, 세샤가 실은 우리의 돌봄을 수용해왔다는 것을 깨달았다. 나는 세샤가 돌아섰을 수도 있음을 깨달았다. 제한된 방법으로도 저항할 수 있으니까. 그리고 자신의 무력함에 화를 냈으리라는 것도 깨달았다. 세샤와 함께 방을 쓴 몇몇이 그랬던 것처럼 말이다. 내가 알던 것보다 세샤가 훨씬 덜 수동적이라는 사실이 갑자기 명백해졌다. 세샤는 약을 먹을 때 우릴 어렵게 한 적도 있고, 우리가 별로 즐겁지 않은 일을 해주어야 할 때 거부한 적도 있고, 돕는 우리를 분명히 도와준 적도 여러 번 있었다. 나는 세샤의 성장 자체가 우리의 돌봄에 대한 반응임을 깨닫게 되었다. 껴안음, 웃음, 세샤만의 독특한 '키스'도 우리의 돌봄을 수용하는 다른 형식이었다.[7] 이 모두를 세샤는 아름다운 친절함으로 해냈다. 세샤가 친절로 돌봄을 수용하기에, 실은 세샤가 우리의 돌봄을 완성하고 있음을 내가 깨닫지 못했던 것이다.

수용자가 되는 것은 수동적이라고 일반적으로 가정한다. 저항은 행위주체성의 표시로 간주된다. 틀렸다. 돌봄을 수용하는 것 자체가 도움을 받고 돌봄이 만드는 관계를 포용하려는 의지의 능동적 승인일 수 있다. 돌봄 거부하기는 괴로움을 마주한 상태에서의 수동적 태도일 수도 있으며, 돌봄의 거부는 타인과 능동적으로 관계 맺는 것에 대한 수동적 저항에서 나타날 수 있다. 돌봄은 우리가 어떤 것 또는 누군가에게 하는 것이 아니다. 타인의 이익을 위해 우리가 하는 것이다. 우리의 행동이 타인에게 이익으로 여겨지려면 타인이 수용해야 한다. 만약 타인이 이익을 얻지 못하면(그리하여 그 행동이 선에 착수하지 못하면) 우리는 이익을 주는 데 실패한 것이다. 돌봄 수용의 능동적 요소를 강조하며, 나는 돌봄의 완성을 '돌봄의 수용'이라고 부를 것이다.

돌봄 행위에서 돌봄의 수용이 얼마나 중요한가?[8] 아주 단순한 예, 물을 주어 식물을 돌보는 일을 검토해보자. 물이 아니라는 걸 모르는 채로 물 한 컵 대신 식초 한 컵을 들어 말라 시들어가는 식물에게 부었다고 가정해보자. 식물은 기운을 차리기는커녕 죽어가기 시작하리라. 내가 식물을 돌본 것일까? 대부분은 '아니오'라고 대답할 것이다.[9]

물론 물 대신 식초를 부은 것은 내 실수다. 어떤 실수는 무능력이나 부주의로 발생한다. 하지만 내 주변에 누가 식초 한 컵을 가져다 놓았으리라고 의심할 이유가 없다면, 실수는 나의 부주의함이나 무분별, 또는 능력 부족으로 인한 것이 아니다. 내 행동은 마지못한 것이 아니었다. 그러나 내 행위가 식물을 향한 사랑이나 그 복리에 대한 관심과 그 성장을 지켜보고자 하는 욕망에서 나왔다고 해도, 나는 식물을 돌봤다고 말할 수 없다. 나를 비난할 수는 없을지라도, 나는 나에게 주어진 책임, 즉 식물 보살피기를 이행하는 데 실패했다. 살펴본 것처럼 식물에게 물을 주려다가 식초를 부은 것이 돌봄이 아니라면, 이 단순한 사례는 다음을 실증한다. 우리는 우리의 행동이 돌봄으로 여겨지려면 그 대상이나 사람의 웰빙에 긍정적인 영향을 미쳐야 한다는, 최소한 부정적인 영향을 미치지 않아야 한다는 강한 직관을 지니고 있다.[10] 이 직관이 내가 돌봄의 규범적 의미라고 부르는 것의 기초가 된다. 돌봄(배려)의 온전한 규범적 설명을 전개하는 데 특히 중요한 것은 다음 세 주장이다.

명제 1. 보살핌은 행동을 필요로 하며, 그렇지 않으면 그것은 보살핌이 아니다. 행동으로 옮겨지지 않는다면 배려의 효과를 가져올 수 없기 때문이다.

명제 2. 배려는 성취이며 '배려하다'는 성취동사(success verb)[+]이다.

명제 3. 배려는 행위의 성취를 낳기 위해 돌봄 대상의 어떤 반응을 필요로 한다. 즉 보살핌은 보살핌받는 이가 '행동을 돌봄으로 수용'할 것을 요구한다.

이것은 명제의 일차적 정식화다.(즉 최종판이 아니다.) 각 명제는 논쟁적인 주장이며, 이들이 배려 개념에 포함되어야 할 모든 사례를(그리고 그런 사례만을) 포괄하려면 중요한 뉘앙스와 조건이 요구된다. 차례로 하나씩 고려해보자.

1) 보살핌은 행위 또는 행위 성향이다

내가 옹호하려는 주장은 '돌봄'이라는 용어가 여러 방식으로 사용되지만, 규범적 내용으로 사용되는 경우, '배려하다'라는 특정한 방식으로 행위하는 것 또는 이런 방식으로 행위하는 성향을 지님을 의미한다는 것이다. 즉 돌봄 또는 보살핌은 마음가짐(물론 그것이기도 하다.) 또는 단순한 의도이기만 한 것은 아니다. 적절한 상황이 수반하는 특정한 보살핌의 방식에 따라 행위할 의지와 연결되지 않는다면, 보살피는 마음가짐이나 의도를 품는 것은 아무 의미가 없다.

　트론토의 돌봄의 단계를 고려하면서 위 주장이 옹호 가능한지 살펴보자.[11] '돌봄제공'은 명확히 행동을 요하는 돌봄의 단계이다. 비슷하게 '책임을 짐'은 타인의 필요를 충족하는 방식으로 우리가 행동할 것을 함의하지만, 우리 자신이 할 수도 있고 제삼자가 그렇게 하도록 확인할 수도 있다. 예를 들어 우리는 타인의 경제적 문제를 돌본다고 주장할 수 없으며, 경제적 문제가 잘 돌봐지도록 무언가를 하지도 않는다.

　'마음 씀'이 행동을 포함하는지는 명확하지 않은데, 이 용어가 일단 태도에 관한 것이기 때문이다. 우리는 실제로 어떤 행동도 하지 않으면서 많은 것에 마음을 쓴다. 우리는 세계의 굶주린 아이를 먹이기 위해 직접 여행하지 않아도 우리가 그들에게 마음을 쓴다고 믿는다. 그러나 굶주린 이를 먹이려고 노력하는 조직에게 소액이라도 기부하지 않는다면, 세계 기아에 관심을 가질 가능성이 가장 큰 후보에게 투표하지 않는다면, 세계 기아를 완화하기 위한 작은 실천이라고 말할 수 있는 어떤 행동에도 참여하지 않는다면, 우리가 세계 기아에 마음을 쓰고 있다는 주장은 무효가 될 것이다.

　'보살핌(care for)'의 두 의미는 어떤 행동도 요구하지 않는 것으로 보이며 내 주장의 반례가 될 수도 있다. 하나는 ("나는 아이스크림이 끌려(I care for some ice cream)."에서 사용된 것처럼) 선호를 전달할 때 사용한다. 다른 하나는 ("나는 샐리에게 신경 쓰지만, 샐리는 나를 신경 쓰지 않는다(I care for Sally, but Sally doesn't care for me)."에서 사용된 것처럼) 따뜻한 느낌을 표현하기 위

＋어떤 행동을 하면서 동시에 그 결과가 성취될 것을 바란다는 뜻이다. 설득하다(to convince), 속이다(to con), 끌어들이다(to attract), 치료하다(to cure) 등이 여기에 속한다.

해 사용한다. 이들은 상관된 행동을 그 조건으로 끌어들이지 않는다. 나는 아이스크림이 끌릴 수 있지만(실제로 정말 좋아한다!), 칼로리 섭취를 줄이고 싶어서 아이스크림을 먹지 않을 수 있다. 샐리가 나를 신경 쓰지 않기 때문에, 나는 내 느낌을 그에게 표현하거나 그를 향한 내 느낌을 부정하는 행동을 하지 않을 수 있다. 타인이나 대상을 향한 선호를 가지거나 '친밀한 느낌을 가지는' 것 자체는 도덕적 태도나 도덕적 성향이 아니며 어느 쪽도 <u>배려</u>와 관련된 의미로 작동하지 않는다. 대상이나 타인을 향한 느낌은 우리 행위를 추동하는 도덕적 동기에서 중요한 역할을 하곤 한다. 보살핌 행동의 동기가 되는 경우를 제외하면, 여기에서의 '돌봄(care)'과 '보살핌(caring)'이라는 단어의 사용은 <u>배려윤리</u>와 무관하다.

'관심대상(cares)'이라는 표현을 걱정, 부담, 필요라는 의미로 사용하는 경우는 어떤가? 나는 앞에서 어느 개인의 적법한 요구와 진정한 필요를 돌볼 때, 그 돌봄의 대상을 두고 <u>관심대상</u>이라는 표현을 사용했다.[12] 우리가 <u>배려</u>할 때, 우리는 타인의 <u>관심대상</u>을 돌본다. 우리는 책임을 가정하고, 타인의 <u>관심대상</u>을 충족하려면 필요한 것을 행한다. 따라서 사람들이 <u>배려윤리</u>에 따라 어떤 행동을 할 때, 그들은 <u>관심대상</u>에 반응한다.

나 자신의 <u>관심대상</u>과 관련해, 나는 염려하는 것들을 돌보는 어떤 행동도 하지 않으면서 죽을 만큼 걱정할 수 있다. 여기서 다시 (행위가 정당화되고 내가 할 수 있는 능력이 있는 경우) 행위의 실패는 이런 염려에 얼마나 큰 중요성을 부여할 것인지, 심지어 그것이 내 관심대상 또는 염려인지 아닌지에 관한 질문을 제기한다. 내가 (어떤 것을 할 수 있고 해야 할 때) 아무 조치도 취하지 않는 <u>관심대상</u>에 대해 말하는 것이 적절하지 않은 일은 아니겠지만, 그것은 어떻게든 내 성격에 의문을 제기한다. <u>관심대상</u>에 대해 그저 초조해하기만 하는 사람에 우리는 곧 동정심을 잃는다. 보살핌(caring)

이라는 단어의 또 다른 용도를 언급할 필요가 있는데, 이것은 누군가의 성격을 기술한다. 우리는 누군가를 보살피는 사람, 즉 따뜻한 마음을 가진 사람이라고 말한다. 이것은 이 사람이 타인의 염려에 정서적으로 조응한다는 함의를 지니고 있다. 이런 태도가 '보살핀다'고 추정되는 사람에게 기회가 생겼을 때 돌봄 행위를 수행할 것을 재촉하지 않는다면, 우리는 그 개념을 수정하는 것이 좋다. 보살피는 사람은 보살핌의 방식으로 행위하려는 성향이 있는 사람일 뿐이다.

결론적으로 모든 의미에서 우리가 배려라고 부르고자 하는 모든 것에는 행동이 함께한다고 말할 수 있다. 마음 쓰며, 보살피는 사람이 되는 것은 보살핌 활동에 참여하거나 그런 돌봄에 요구되는 행동에 참여할 준비가 되어 있는 것이다. 관심대상을 가진다는 것은(그 행동이 할 만하며 권할 만할 때) 행동하는 것이 중요하다고 믿는 문제에 대해 염려하는 것이다. 애정을 갖고 어떤 사람을 보살피는 것은 우리가 그렇게 할 수 있을 때 그에게 이익을 주려는 동기에서 행위하는 것이다. 보살피는 사람이 되는 것은 상황이 요구할 때 보살피는 방식으로 행위하는 것이다.

2) 성취적 용어로서 배려

시들어가는 식물 사고실험은 배려가 성취(achievement)라고 부를 수 있는 특정한 종류의 행동임을 함의한다. 영국 일상언어철학자 길버트 라일(Gilbert Ryle)은 과업을 명명하는 동사(예를 들어 '달리다'), 실패를 가리키는 동사(예를 들어 '패배하다'), 성취를 표시하는 동사(예를 들어 '승리하다')를 구분한 바 있다. 성취동사(achievement verb)는 어떤 행동이 성공을 목표한다는 생각을 포함한다. 만약 누군가 단어의 철자를 쓸 수 있다면, 그것은 그가 옳은 철자를 바른 순서로 제시할 수 있다는 의미다. 또 행위자가 그럴 역량을 지니고 있으며, 그것이 무작위 행동이 아니었다는 것도 함의한다. 만약 당신이 단어의 철자를 쓸 수 있으면, 당신은 그것의 철자를 말하는 **방법**을 아는 것이다. 기계적으로 글자를 내뱉는 타자기가 어쩌다 한 번씩 인식 가능한 단어를 보여준다 해도, 우리는 타자기가 이러한 단어의 철자를 쓸 수 있다고 가정하지 않는다. 무엇보다 성취적 용어는 그 목적을 성취하는 데 필요한 과업이나 조건뿐만 아니라 목적한 결과를 포함한다는 점이 중요하다.[13] 라일은 쓴다.

> 주자가 승리하려면, 그는 달려야 할 뿐 아니라 그의 경쟁자가 결승점에 그보다 늦게 도착해야만 한다. 의사가 치유에 성공하려면, 그의 환자는 치료를 받고 다시 좋아져야만 한다. 보물찾기에 참여한 사람이 보물을 찾으려면, 그가 찾는 순간 그곳에 보물이 있어야만 한다.[14]

참여자가 보물을 찾았다고 말하려면 그곳에 보물이 있어야 하는 것처럼, 보살피는 사람에겐 그의 돌봄을 필요로 하는 무엇 또는 누군가가 있어야 한다. 의사가 환자를 치유했다고 말하려면 의사가 환자를 치료할 뿐만 아니라 환자의 상태가 다시 좋아져야만 하는 것처럼, 돌보았다고 말하려면 돌보는 자가 보살핌받는 이에게 관심을 기울일 뿐만 아니라 보살핌받는 이가 그 관심을 보살핌으로 수용해야만 한다.(이것은 치유만큼 딱 떨어지는 것은 아니지만, 그럼에도 그것을 성취라고 충분히 표현할 수 있을 만한 어떤 것이다.) 보살핌으로 의도된 행동은 보살핌의 성취에 관여해야 하며, 그렇지 않으면 그것은 아직 배려가 아니다. 배려는 다음 조건을 만족해야만 한다.

① 관심을 요청하는 보살핌받는 이의 필요 또는 요구가 있다.
② 이 상황에 요청되는 필요 역량을 지닌 돌보는 자가 있다.
③ 보살핌받는 개별자(인간 또는 대상)는 어떤 구체화 가능한 범주에
　 따라 이전보다 나아져야 한다.

　사물은 적절히 유지되거나 수리되어야 한다. 식물은 적절한 종류의
액체를 통해 수분을 보충해야 한다. 돌봄을 필요로 하는 동물은 이전 상태
로 회복되거나 거주지를 회복해야 한다.
　무엇을 수용으로 간주하느냐는 보살핌받는 이의 본성에 의존한다.
보살핌받는 이는 생물일 수도 있지만, 주관성을 가지고 있지 않을 수도 있
다. 이 경우 수용은 물리적 과정이며, 예컨대 시들어가는 식물이 물(식초
말고)을 받아 다시 소생하는 것이다. 하지만 보살핌받는 개별자가 주체라
면, 즉 주관적 삶을 누릴 수 있는 이라면, 보살핌은 그 이상을 목표해야 한
다. 보살핌은 그들의 피어남에 이바지하는 것을 목적해야 한다.[+] 요컨대
행동이 주체의 웰빙, 회복, 피어남에 이바지하면 그것은 배려로 간주될 수
있다.[15] 앞 장에서 나는 배려윤리가 구상하는 배려의 목표를 다음처럼 제
안한 바 있다. 더 큰 공동체나 또는 선의 추상적인 개념을 위한 것이 아닌

[+] 여기에서 '피어남'이라는 용어는 일생 전반에서 피어나는 삶을 얻는 것을 뜻한다. 때로 피어
남이 개인을 가능한 한 편안하게 만들기, 보살핌받는 느낌을 주기 정도만을 의미하는 경우도
있는데, 그것이 그 개인이 그 시점에서 경험할 수 있는 전부이기 때문이다. 생애 말기에 피어
남은 우리가 좋은 죽음이라고 부르는 것을 얻는다는 의미일 수도 있다. 여기에서 좋은 죽음이
란 큰 고통 없이, 내가 마음을 쓰고 나에게 마음을 쓰는 사람들과 함께, 편안하고 사랑을 주는
상황에서 죽는 것을 의미한다.─지은이

개인 자신을 위한 피어남(최소한 웰빙)에 관한 염려. 이 염려는 돌봄을 요청하는 개인의 진정한 필요와 적법한 요구를 향한 행동의 형식을 취한다.

돌봄윤리는 목적이 적법하게 성취되도록 그 방식에 제한을 둔다. 경주에서 상대방을 넘어뜨리고 먼저 결승점에 도착했다고 해서 승리한 것이 아닌 것처럼, 배려는 돌봄윤리가 도덕적 해악(무엇보다 착취, 지배, 타인의 필요를 방치함)이라고 여기는 것에 의해 제약된다. (심지어 그것이 돌보려는 의도나 돌봄의 태도로 수행되었다고 해도) 목적을 성취하는 데에 실패한 행동이 돌봄 행위로서 불충분하다고 주장하는 것은 약정적 정의(stipulative definition)를 제시하려 함이 아니다. 식물 사례가 보여준 것처럼 돌봄이 성취동사라는 주장은 폭넓게 공유되는 강한 직관에 기초한다. 배려의 성취가 보살핌받는 이의 수용을 요청한다고 주장할 때, 나는 이 직관을 통해 배려(즉 온전한 규범적 의미의 돌봄)라는 용어의 사용을 구분한다.

너무 과도한 요구처럼 들릴 수도 있다. 만약 "수는 여동생 앤을 돌보려 했지만 실패했는데, 수가 이득보다 해악을 더 많이 가져왔기 때문이야."라고 말한다면, 우리는 수가 앤에게 마음을 썼고 앤에게 최선이라고 생각한 것을 하려 노력했다(그리하여 느낌에서 행동으로 넘어갔다)는 점을 인정할 수 있다. 의도와 노력은 기특하지만(심지어 칭찬할 만하지만)[16] 앤은 그가 필요로 하는 돌봄을 얻지 못했고, 수는 그것을 제공하지 못했다. 수는 앤이 필요로 한다고 자신이 가정한 것을 돌보려 했을 수도 있다. 실은 앤은 그것을 필요하다고 느끼지 않았음에도 말이다. 도움이 필요하지 않지만 돌보고 싶어 하는 이가 도움을 고집한다면, 그 행동은 칭찬할 만하지 않다. 우리가 앞 장에서 지적한 것처럼 장애인은 요청하지 않은 도움에 분개하며, 그런 돌봄의 시도는 무능력과 결합되었을 때 손쉽게 해악으로 뒤바뀐다.

만약 규범적 의미의 돌봄이 성취적 용어라면, 수가 앤을 <u>배려</u>하는 데 실패했다는 것은 내가 식초를 부어서 식물을 돌보는 데 실패했다고 말하는 것과 같다. 그렇다면 과녁을 명중시킨 것만을 <u>보살핌</u>으로 불러야 한다는 결론에 도달해야 할까? 즉 그것은 수용자의 피어남에 어떤 식으로든 이바지해야 할까? 이 견해를 수용하기에 앞서 중요한 질문들과 조건 하나를 살펴보자.

조건부터 보자. 보살핌받는 사람은 그 노력이 자신의 실제 필요를 충족하는 데 실패할 것을 앎에도, 돌보는 자의 돌보려는 진실한 노력을 인식할 수도 있다. 때로 타인의 **돌보려는 욕망**을 경험하는 것만으로도 개인의 보살핌에 이바지할 수도 있다. 그 노력이 서투르거나 불충분하더라도 우리는 명백한 애정과 염려에 감동하며, 이런 노력은 우리의 **기분**을 낫게 만든다. 그러나 타인이 보살핌을 받고 있다는 느낌을 받으려면 진실함과 선의가 요구된다는 점은 중요하다. 조종이나 착취를 위해 돌봄의 의도를 가장하는 돌보는 자는 여러 이유로 도덕적으로 실패한다. 그는 보살핌받는 이의 필요를 충족하지 못하고, 보살핌에 적합한 태도를 결여하며, 심지어 해악을 낳는 속임수를 꾸몄을 수도 있다. 그의 진정한 동기가 드러나면 보살핌받는다는 느낌은 순식간에 사라질 것이다.

돌봄의 성취가 돌봄의 **도덕적 내용**의 일부라고 주장하는 것이 틀렸는지 고려해봄 직하다. 돌봄이 타인에게서 완성되지 않거나 완성될 수 없는 데는 여러 이유가 있으며, 이때 잘못이 돌보는 자의 태도, 의도, 진실한 노력과 상관없을 수도 있다. 돌보는 자의 돌봄 시도가 도덕적으로 칭찬할 만한 일이 아니고, 보살핌에 도덕적 찬사가 부여되어선 안 된다고 주장하는 것은 문제가 있어 보인다.

이 반론에 답하기 위해 우리는 보살핌의 요점을 다시 검토할 필요가 있다. 나는 돌봄 행위가 타인의 진정한 필요와 적법한 요구를 충족하는 것을 의미하며, 스스로 필요와 요구를 충족하지 못하는 사람의 경우 특히 그렇다는 견해를 유지한다. 돌봄 실패에서 결과한 해악은 우리가 단지 행위하는 데 실패해서 발생하는 것이 아니라 성공하지 못했기 때문에 발생한다. 돌봄윤리에서 우리가 피하려 하는 해악은 현대 윤리학 대부분에서 강조하는 타인의 삶과 사건에 대한 불필요한 개입만이 아니기 때문이다. 오히려 돌봄윤리에서 필요한 것은 타인을 돕기 위한 능동적 개입이다.[17] 우리가 보살핌에 성공하지 못하면, 우리는 싫든 좋든 윤리적으로 중요한 해악에 인과적으로 연루된다. 칸트가 세계에서 무조건적으로 선한 유일한 것이라고 주장한 칸트적 선의지는 **성공적인 행동 없이** 배고픈 아기를 먹이지 못한다. 먹지 못하면 아기는 죽을 것이다. 좋은 의도를 가진 사람이 사망의 도덕적 과실을 지지 않을 수는 있지만, 도덕적 선을 가져오거나 도덕적 해악을 막았다는 칭찬을 받을 수도 없다.

마찬가지로 돌보는 자가 이런 염려를 충족하려는 방식이 돌봄을 돌봄으로 수용하는 요인으로 작용한다. 실금이 있어 보조인이 씻겨주어야 하는 중증 알츠하이머병 환자가 보조인의 행동에 저항하며, 돌보는 자의 노력에 굴욕감을 느낄 수 있을 만큼 부끄러움을 인식하는 상태라고 해보자. 환자가 느끼는 부끄러움을 고려하지 않은 채 일하는 보조인은 깨끗해진다는 신체적 필요를 **분명히** 충족시켜준다. 여기에서는 제한적인 의미의 돌봄이 제공되고 있다. 보조인이 행동한 결과로 신체가 깨끗해지니까. 하지만 동시에 보조인의 행동이 환자의 품위를 손상하기에 환자의 피어남에 이바지하지 못한다면, 그런 의미에서 보조인은 돌보는 데에 실패하고 있다. 과업을 성취하기 위한 정중하고 품위 있는 방식이 존재하지 않는다면, 보조인은 진퇴양난에 빠진다.[18] 보살핌이 보살핌으로 수용되려면, 돌보는 자는 타인의 피어남에 이바지해야 하며 해악(특히 돌봄윤리가 해악으로 규정한 것)을 피해야 한다.[19]

과녁을 놓친 것은 그저 도덕적 운이 나빴던 사례일 수도 있다.[20] 이를테면 씻어주려 할 때마다 쉬지 않고 싸우려 드는 알츠하이머병 환자를 돌보게 될 수 있다. 또는 부정의한 상황이 돌봄 시도를 실현 불가능하게 만들 수 있다. 그 자신이 굶주린 부모는 아기에게 먹일 것이 없고 따라서 아기를 돌볼 수 없다.

무어(G. E. Moore)를 따라 우리는 수용된 돌봄만 배려라는 도덕적 견해의 엄격함을 완화할 수 있다. "우리가 행위한 방식 외의 방식으로 행위하지 않았다는 사실이 (비록 우리의 행동이 옳은 행동으로 귀결되지 않았다고 해도) 반드시 우리가 잘못 행위했음을 의미하지 않는다."[21] 비슷하게 줄리아 드라이버는 "정교한 결과주의(sophisticated consequentialism)"[22]를 전개하면서 데릭 파핏의 "비난 없는 비행(blameless wrongdoing)" 개념[23]을 활용한다.[24] 사실상 많은 돌보는 자가 보살핌의 노력이 실패했을 때 다음처럼 느낀다는 점은 흥미롭다. "나는 최선을 다했지만 슬프게도 실패했고 그의 상황은 여전히 나빠.(또는 더 나쁜 상황에 있어.)" 게다가 돌보는 자는 사람들이 그들을 칭찬으로 위로하려고 할 때 짜증을 내기도 하는데, 칭찬의 의도와는 별개로 자신의 행동이 칭찬받을 만하다고 생각하지 않기 때문이다.

하지만 의도는 어떤가? 배려윤리에서 의도는 그 자체로, 저절로 도덕적 가치를 부여받지 못하는가? 만약 의도에 어떤 도덕적 중요성도 없다면, 배려윤리는 결과주의의 한 형태일 뿐이다.[25] 그러나 돌봄윤리에서 의도는 분명히 도덕적 중요성을 지닌다. 누군가가 돌보아주려는 의도 없이 타인의 필요를 충족했다는 것은 그저 필요가 충족되었음을 뜻할 뿐이지, 배려가 주어진 것이 아니다. 세계에 대한 모든 흥미를 잃어버린 사람이 있다고 해보자. 그는 창문 밖으로 자기 돈을 모두 던져버리고 (저 아래의 야단법석을 내려다보며) 혼잣말한다. "쓸데없는 종이를 집어드는 저 바보들을 보라!" 이 인간 혐오자는 의심할 여지 없이 많은 사람의 필요를 충족했다. 하지만 그가 다른 사람들을 보살핀 것은 아니며, 그의 행동으로부터 이득을 얻은 누구도 그에게 보살핌을 받았다고 느끼지 않을 것이다. 행동이 타인의 복리 또는 그의 피어남의 능력을 향한 염려에서 나와야 한다는 것은 <u>배려</u>에서 결정적이다.[26] 이것은 돌보는 자 쪽의 동기적 제약, 더 나아가 의도적 제약이다.[27] 그런 의도성은 <u>배려</u> 결과의 평가에서 필수적이다. 누군가가 행동을 보살핌으로 경험했다고 해도, 나중에 그 의도가 부적절한 것으로 판명되면 그 행동을 보살핌이 아닌 것으로 재평가할 수 있다. 영화 「블라인드 사이드」의 한 장면은 이 점을 아주 잘 그려낸다. 아프리카계 미국인 소년인 마이클 오어는 십 대에 백인 가정에 입양된다. 도움을 받은 마이클은 좋은 학업 성적을 받는 뛰어난 고등학생 운동선수가 되며, 많은 대학이 그를 매력적인 지원자로 생각한다. 누군가 마이클에게 가족의 모든 노력이 그를 어머니 모교의 팀 운동선수로 만들기 위한 것이었다고 넌지시 말하자, 마이클은 양모와 대치하여 그를 비난하며 묻는다. "이 모든 게 무엇 때문이었어요? 날 위한 것이었어요, 아니면 학교를 승리로 이끄는 풋볼 선수를 얻으려는 거였어요?" 마이클의 비난이 타당하지 않아 보인다 해도, 의도를 향한 불신은 돌봄의 현현, 바로 그 희생, 노력, 명백한 신뢰와 애정을 모두 의심하기에 충분하다.

    <u>배려</u>의 전형적인 내적 상태의 본성을 보통 공감으로 특징지을 수 있으며, 공감은 성공적인 보살핌에서 핵심적이라 해도, 돌봄에 공감적 의도가 있는 것이 그렇게까지 중요하지 않을 수 있다.[28] 공감은 보살핌받는 이와의 역사에서, 또는 절친한 이들을 대할 때처럼 이방인에게 공감적 성향

을 확장할 때 나올 수 있다. 그러나 나는 칸트적 선의지와 동등하게 특징 지어질 수 있는 내적 상태를 배제할 수 없다고 생각한다.[29] 의무는 돌봄에 반하는 것처럼 보이며 많은 경우 그렇기도 하다. 하지만 성미가 고약한, 매우 아픈 노인을 돌보는 고용된 돌봄제공자는 그의 필요를 돌보는 것을 자신의 의무로 여길 수 있다.(그리고 애착적 연결로 보살피지만 필요한 기술을 결여한 친족만큼 또는 그보다 더 잘 보살필 수 있다.) 돌봄은 돌봄제공자에게 큰 대가를 요구하며 어려운 기간을 견뎌내는 어떤 의무적 요소를 요청하기도 한다. 비록 배려윤리는 의무를 요구하는 의무론적 윤리가 아니지만, 이 것이 타인의 필요와 요구에 충분히 반응한다면, 의무는 애착의 결핍을 보충하여 보살핌받는 이가 돌봄을 돌봄으로 수용할 수 있게 한다.[30]

그러나 우리가 보통 타인과의 정서적 연결에서 비롯한 보살핌의 태도로 여기는 어떤 내적 상태 없이 장기간 돌봄을 해내기는 어렵다. 부모의 돌봄이 아이가 요청하는 이득을 제공하려면 이런 정서적 연결, 특히 사랑을 필요로 한다. 그런 사랑 없는 부모 – 자녀 관계는 돌봄의 질을 떨어뜨리는 것만으로 끝나지 않는다. 사랑의 결핍 자체가 해로울 수 있다. 그러나 공감처럼 사랑과 정서적 연결이 항상 필요한 것은 아니다. 보살핌의 성향을 획득한 이는 완전한 이방인에게도 보살핌의 태도로 행동할 수 있는 능력을 지닌다. 만약 초기 접촉 이후에도 관계가 유지된다면, 정서적 유대에서 관계가 발생하는 게 아니라 보살핌의 관계에서 정서적 유대가 나온다.

보살피는 성향은 덕이며 의도가 그 성향을 표현하는 한 그것은 칭찬받아 마땅하다. 사랑하는 마음에서 보살핌의 행위를 하는 것, 사랑은 부족하지만 강한 정서적 유대에서, 혹은 그저 의무감에서 보살피는 행위를 하는 것 모두 칭찬할 만하다. 하지만 우리가 보살핌의 태도에 부여하는 가치는 (그 기원이 무엇이든) 보살핌의 태도가 일차적으로 충분조건이 아닌 필요조건임을 말해준다. 만약 행동이 이득을 제공하는 데 실패하거나 이득을 주지만 선보다 해악을 더 많이 초래한다면, 그 행동은 보살핌의 행동으로서 칭찬받을 만하지 않다. 그것이 칭찬할 만한 성격과 칭찬할 만한 의도를 드러내는지와 무관하다. 다른 성취적 용어와의 유비로 돌아가면, 누군가는 경주에서 승리하기 위해 최선을 다했다는 사실만으로 칭찬받을 수 있다. 패배했지만 좋은 스포츠맨십을 보여주었다면, 그 정신을 칭찬하는 것이 옳다. 만약 그들이 경주에 대비해 잘 준비했고 노력에 최선을 다했다면, 그들의 노력은 결과와 무관하게 칭찬받아 마땅하다. 그러나 그들이 결승점을 먼저 통과하는 데 실패한다면, 그들은 여전히 경기에서 승리하지 못한 것이고 승자에게 부여되는 상을 받지 못한다.

윤리 영역을 의무론, 결과주의, 덕 이론으로 나눈다면, 돌봄에 기초한 윤리는 이들 중 어느 쪽에 딱 맞는다고 말하기 어렵다.[31] 이것은 독특한 이론이다. 배려윤리에서 중요한 것은 돌봄을 필요로 하는 사람이 그 자신이 요청하는 방식으로 돌봄을 받는지(그리고 그에게 필요한 민감함이나 염려가 돌봄의 부분을 이루는지), 그리고 돌봄이 돌봄으로 수용되는지에 있다.

그런 돌봄은 배려윤리의 규범적 조건을 결정하며 배려윤리를 (꼭 독립된 이론이 아니라 해도) 특유의 윤리학으로 표지하는 성취적 용어이다.

여기까지 우리는 배려윤리가 다음을 요구하는 독특한 윤리임을 논증하였다.

① 돌봄의 대상에게 이득을 주려 의도하며 그에 성공하는 도덕적 행위자인 의도적 행위자

② 보살핌받는 이와의 애착 관계에 기반한 의도, 또는 선행하는 관계나 애착 정서가 없는 상황에서 보살핌의 성향에서 나오는

의무감이나 염려에 기반한 의도

③ 돌보는 자의 성공적 행동에서 나온 보살핌받는 이 자신의 이득

또 배려윤리는 다음 절에서 논의할 사항을 필요로 한다. 만약 보살핌받는 이가 의도된 이득을 승인할 수 있는 능력을 지닌 주체라면, 행동은 수행 당시, 아니면 다 지나고 나서라도 보살핌받는 이에게 돌봄으로 수용되어야 한다.

3) 보살핌은 '돌봄으로 수용되어야' 한다

보살핌받는 이 쪽에서 돌봄의 수용이란 어떠한 것인가? 식물의 경우, 참여는 굴광성(屈光性)을 닮는다. 즉 그것은 어떤 의도, 의지, 행위주체성 없이 존재 자체에 내재한 반응성으로 이루어진다. 식물은 주체성을 가지지 않기에 돌봄이 주어졌는지는 전적으로 제삼자의 관점에서 결정된다. 식물은 살아남거나 죽는다. 나는 보살핌의 성공에 관한 그런 순전히 객관적인 척도는 보살핌받는 이가 주체인 경우 불충분하다고 강력히 주장할 것이다. 의식 상태와 발달 단계가 다른 존재자들이 주관적 주체로서 돌봄을 수용하는 다른 방식을 고려해보고자 한다.

하지만 먼저, 여기에서 제기된 돌봄의 수용에 관한 주장이 돌봄 개념과 돌봄의 규범성 사이 밀접한 연결을 어떻게 보여줄 수 있는지를 지적하고자 한다. 나는 이전에 온전한 규범적 의미로 돌봄이라는 말을 사용하고 있는지 살피기 위해 ('너무 정의롭다'라는 말이 모순되는 것처럼) '너무 많이 보살핀다'라는 말이 모순되는지를 따져볼 것을 제안했다.[32] 배려는 타인

에 의해 돌봄으로 수용되어야 한다는 명제와, 보살핌받는 이가 주체일 때 (돌봄윤리는 주체를 향한 돌봄에 일차적으로 적용된다.) 돌보는 자의 행동을 돌봄으로 주관적으로 승인해야 한다는 명제는 '너무 많이 보살핀다'는 것은 '너무 정의롭다'와 마찬가지로 모순된다는 결론에 이르게 한다.[33] '너무 많이 보살피는' 돌보는 자는 보살핌받는 사람이 마음 쓰지 않는 어떤 것을 제공하는 것이다. 봉사를 거부당한 (또는 '너무 많이 보살핀다'라며 비판받은) 돌봄제공자는 보살핌받는 사람이 나중에 돌이켜보면 그것이 돌봄이었음을 알게 될 것이라고 스스로 말할 수도 있다. 보살핌으로 여겨지고자 하는 그의 바람이 매우 강력하거나, 염려 또는 사랑이 너무 강해서 자기 행동이 보살핌 외 다른 어떤 것이라고 상상하지 못할 수도 있다. 그럼에도 우리가 돌봄을 규범적 의미에서 생각한다면, 그가 보살피고 있다는 생각은 완전히 틀렸을 수도 있다.

III. 주관성의 요건

내가 제안하는 돌봄 개념은 돌보는 자가 타인의 피어남을, 특히 타인의 진정한 필요와 적법한 요구를 충족하려면 불가피하게 의존해야 할 때에 그 피어남을 보조하는 것이라고 나는 주장했다. 이제 여기에서 더 주의 깊게 살피고자 하는 주장은 주체의 보살핌에 있어 돌봄의 주관적 수용이 있어야 하느냐의 문제이다. 비록 개인이 피어나지 못하고 있다고 판정하는 객관적 척도는 있지만, 이런 척도는 결정적으로 개인이 피어난다고는 말해주지 못한다. 적어도 내가 말하는 방식에선 그러한데, 피어남이란 우리가 진정으로 마음 쓰는 것이 우리가 만족시키려는 필요와 요구임을 의미하기 때문이다.[34] 마사 누스바움의 역량 목록[35]과 같은 객관적 목록은 잘해야 다수의, 대부분의 사람이 피어나기 위한 조건을 제시할 뿐이다.(비록 누스바움은 그 목록이 모든 사람이 필요로 하는 것을 포함한다고 주장했지만 말이다.) 의식적·감각적 존재의 피어남은 우리가 피어난다는 감각, 우리가 원하는 삶을 살고 있다는 감각, (우리 자신이 웰빙으로 간주하는) 웰빙의 감각을 포함한다. 다른 사람이 피어나는 삶이라고 생각하는 삶을 사는 것, 그러나 웰빙의 감각을 느끼지 못하는 것은 피어남이 아니다. 돌봄윤리의 맥락에서 내가 피어남에 관해 어떻게 이야기하는지 더 명확히 하고자 한다.

1) 피어남과 주관적 승인

누군가에게 마음을 쓰고 타인을 돌보고 보살피는 일은 타인의 관심대상을 나의 것으로 받아들이는 것이라고 앞에서 말했다. 개인은 자신뿐만 아니라 타인, 원인, 사물에 마음을 쓴다. 개인은 적법하거나 적법하지 않은 이유로 자신에게 마음을 쓰는 데 실패할 수 있다. 말하자면 개인이 억압적이고 부당한 사회적 형식으로 인해 자존감이나 자기 존중의 감각을 잃고, 자신에게 마음을 쓰지 못하는 일은 도덕적 문제다. 그러나 어머니가 자신의 생명보다 자기에게 의존하는 아이에게 더 마음을 써서 자기 입 안의 음식을 배고픈 아이에게 주는 것은 문제가 아니다. 자신보다 가난하고 빈곤한 자에게 더 마음을 쓰는 사람, 심지어 (이쪽이 더 논쟁적일 텐데) 억압받는 자를 위하여 죽음에 이르기까지 하며, 자신을 부정하는 사람에게도 같은 말을 할 수 있다. 나치 치하 유대인 중 찾아볼 수 있는 순교자, 시몬 베유처럼 깊은 종교적 신념이나 사회 정의를 향한 순전한 헌신을 동기 삼아 움직인 이들이 떠오른다.[36] 타인을 위해 의지적으로 고통받는 사람의 삶을 '피어남'으로 특징짓는 것이 역설적으로 보이지만, 잔혹한 상황 때문에 피어남을 빼앗긴 타인을 위해 의지적으로 고통받는 사람은 타인의 <u>관심대상</u>에 강렬하게 조응하는 삶을 살고 있다고 말할 수 있다. 그들은 타인의 피어남을 자신의 피어남만큼 중요하게 여기며 (그들이 그 기획에 관여한 정도만큼) 자신의 삶이 피어나는 삶이라고 생각한다. 그들은 살고자 하는 삶을 산다. 그들은 마음을 쓰는 대상을 위한 일을 한다. 그들은 가장 급박한 <u>관심대상</u>을, 그들의 삶을 의미 있게 만드는 것을 돌본다.[37] 이 설명에서 '피어남'은 개인이 마음을 쓰는 것을 돌볼 수 있다는 의미다. 돌보는 자는 다른 사람의 도움 없이는 자신이 마음을 쓰는 것을 돌볼 수 없는 타인에게 지원성(affordance)이 된다.

그러나 피어남에 있어 주관적 요소가 **필요조건**이라는 주장은 주관적 범주가 **충분조건**이라는 관점을 보증하지 않는다. 우리는 진짜 해로운 것에도 마음을 쓸 수 있으며, 그것이 타인이나 우리 자신에게 얼마나 해로운지 알 수도 있고 알지 못할 수도 있다. 예를 들어 영양 결핍 상태인 가난한 인도인 여성들은 자신이 충분히 먹고 있다고 보고할 수도 있다. 심지어 식사가 부족하다고 보고하는 남편들보다 더 열악하게 식사함에도 그렇다. 하지만 사실 이 여성들은 굶주려 있다.[38] 충분히 먹고 있다고 보고하는 굶주린 여성은 자신의 궁핍을 인지하는 여성만큼이나 영양 결핍으로 조기 사망할 가능성이 크다.[39] 조건이 개선되고 식량이 확보되면, 그들은 적어도 영양 상태와 관련해서는 더 나은 삶을 경험할 것이다.[40]

주체가 피어나는 삶을 살고 있다는 주관적 감각을 가지는 것을 필요조건으로(충분조건은 아니라 해도) 하는 것은 자율성의 중요함을 표현하는 것으로 여겨질 수도 있다. 예를 들어 누스바움은 자신의 역량 목록을 나열하면서 개인이 모든 역량을 실현해야 한다고 명령하는 대신, 개인이 그럴 기회를 가져야 한다고 주장했다. 즉 정부의 활동이 없거나 자원이 없어 개인이 역량을 실현할 수 없는 상황이 문제라는 것이다. 개인은 먹을 역량을 가지고 있는 한, 자유롭게 금식을 선택할 수 있다. 그렇지 않다면 그들은 그저 굶주리고 있는 것뿐이다.

그러나 그런 승인이 반드시 자율적 선택의 문제여야 한다고 말하는 것은 너무 단호하다. 의식을 지닌 의지적 존재자가 자율성을 상실하였으면서도 여전히 자신의 웰빙에 관한 감각을 지닐 수 있다. 내 개가 자율성을 가지고 있다고 주장하긴 어렵지만, 나는 그가 배고프지 않은 순간을, 애정을 충족한 때를 분간할 수 있다. 말을 할 수 없거나 인지적·심리적 손상을 가진 인간을 대할 때, 승인 여부를 분간하기는 어렵다. 또는 승인이 그의 최선의 이익에 반하는 것처럼 보일 때 그것을 존중해야 하는지 망설여질 수 있다. 돌봄으로 의도된 행위에 대한 저항은 돌봄의 성질을 이해하는 데에 실패하였기 때문일 수 있다. 비슷하게, 저항의 결여는 승인이 아니라 단순한 묵인일 수도 있다. 그러나 합리적 성찰이 이루어졌는지 확신할 수 없다는 이유만으로 승인을 얻을 필요가 없다고 가정해선 안 된다. 이런 경우 손상 또는 장애를 가진 사람은, 그럼에도 무엇이 자신을 충족하고 무엇이 자신의 웰빙에 반하는지에 관한 감각을 그 삶에서 가지고 있다고 가정될 수 있다.[41]

2) 의식 없는 주체

행위가 주관적으로 보살핌으로서 수용되어야 한다는 요건은 반론에 쉽게 노출된다. 그 반론 중 가장 중요한 것은 돌봄이 후견주의적일 수 있고 종종 그러하다는 가정이다. 스티븐 다월(Stephen Darwall)의 돌봄에 관한 설명에서는 후견주의가 돌봄 개념의 일부가 된다. 그는 쓴다.

> 타인을 보살필 때 취하는 관점의 차이를 고려하라. 하나는 타인에게 좋은 것을 알아내려 시도하는 관점이다. 다른 하나는 그 자신의 가치, 관심, 선호에 내재한 관점이다. …… 전자는 우리가 그 사람에 대해 취하려는 관점인 반면, 그 사람 자신의 가치는 그의 관점에서 좋아 보이는 것이다.[42]

합리적인 돌보는 자는 그 사람을 위해 그의 복리를 바라야 한다고 다월은 주장한다. 타인의 복리를 돌보려는 소망은 그가 돌봄을 향한 "자연적 성향"이라고 부르는 것에서 나온다. "합리적 돌봄"의 합리성은 개인선에 관한 객관적 개념을 고수할 때 나오는데, 이 개인선은 보살핌받는 이를 위해 돌보는 자가 **원해야 하는** 것이다. 돌봄이 "자연적 성향"에서 나오는 한편, 타인의 선에 대한 타인 자신의 관점을 고려하는 도덕적 성향이 따로 있다. 그것이 "존중"이다. 존중은 타인을 자율적인 존재자이자 그 스스로 가치를 부여하는 관점을 가진 목적 그 자체로 볼 것을 요구한다.

다월의 설명에서 돌보는 자는 타인의 선을 향한 객관적 표준을 지니므로, 돌보는 자는 후견주의적으로 행위하는 것이 정당화되며, 그것은 보살핌받는 이가 자신의 좋음과 옳음에 관해 가지는 독특한 관점에 우선한다. 그렇게 함으로써 우리는 그를 보살피게 될 것이지만, 그를 반드시 존중하지는 않는다. 내가 보기에 다월의 접근은 오히려 타인에 대해 후견주의적 간섭을 허용하는 표준적 견해를 반영한다.[43]

이런 돌봄 개념은 여러 장애운동가가 가진 돌봄에 대한 불쾌감의 기저를 형성하고 있으며, 돌봄을 보살핌받는 이를 유아화하는 것으로 이해하여 보살핌받는 이를 그 주체성의 존중이 요구되는 주체라기보다 후견주의적 관심의 대상으로 만든다고 나는 생각한다.

이런 돌봄 개념에 대항하는 것은 돌봄을 단지 자연적 성향이 아닌 도덕적 개념으로 보는 관점이며, 그런 돌봄은 개인선에 관한 추정적·객관적 개념을 후견주의적으로 부여하는 것에 근본적으로 반대한다. 배려의 도덕적 개념에 따라서 행위하는 돌보는 자는 배려를 자신의 규제적 이상으로 여긴다. 그는 내가 '투명한 주체'라고 부르는 것, 즉 타인의 관점 및 자신의 필요와 요구에 관한 타인의 개념을 존중하는 주체를 갖기 위해 자신을 단련한다. 이런 주체는 타인의 관점 및 타인의 필요와 요구에 관한 스스로의 관점을 존중한다.

다월의 관점에서의 몇 가지 반례를 살펴, 돌봄, 후견주의, 존중에 관한 직관을 정리할 방법을 찾아보자.

2.1) 사례 1: 영구적 무의식 주체

영구적 혼수상태인 환자(또는 주체)는 돌봄제공자의 돌봄을 그 시점에든 이후에든 돌봄으로 수용할 수 없어 보인다. 여기에서 나는 이 환자가 배려를 완성할 수 있다고 말한다. 그러나 혼수상태에서 환자의 반응은 식물의 굴광성 반응에 가깝다. 혼수 환자를 관리하는 간호사는 그 신체를 깨끗이 유지하고 욕창이 생기지 않도록 하는 데 만족한다. 돌봄을 수용하는 것은 주체가 아닌 신체다. 말기 뇌 손상 또는 질병이 매우 진전된 상태인 사람은 영구적 혼수상태인 사람과 비슷하게 주체성을 거의 가지지 못할 수 있다. 여기에서도 돌봄을 수용하는 것은 주체보다 신체라고 말해야 한다. 그러나 주체성의 흔적이 남아 있는 한, 이들을 그저 돌볼 신체라고만 보아선 안 된다.

2.2) 사례 2: 일시적 무의식 환자

다음으로 덜 극단적인 사례를 고려하자. 일시적으로 무의식 상태인 개인, 말하자면 수술을 받고 있는 사람이다. 외과 의사가 피부를 절개한다. 이는 겉보기에 별로 돌봄이 아닌 것 같지만, 그는 이 행동을 돌봄 행위로 바꿀 기술을 가지고 있다는 자신감에 차 있다. 환자가 회복하고 수술을 요구한 조건이 개선되면 행동은 완성된다. 그러나 환자가 깨어난 다음엔 그저 반응적 신체였던 상태를 벗어난다. 따라서 작용한 치료가 술식을 결코 원하지 않았던 환자에게 주어졌다면, 예컨대 죽고자 하던 사람이었다면 또는 수술로 '치료되기' 보다는 손상을 가지고 사는 쪽을 선호했다면 성공적인 수술은 <u>배려</u>로 여겨지지 않을 수 있다. 이 환자가 받은 것이 사실상 <u>배려</u>가 아닌 이유는 외과 의사가 환자가 원하는 것에 전혀 마음을 쓰지 않았기 때문이다. 그는 차라리 그런 돌봄 없이 살고자 했을 것이고, 그 사실 자체만으로도 성공적인 수술이 성취하는 선을 무효로 할 수 있다.

3) 판단 능력이 아직 미성숙한 의식적 주체

앞의 두 사례에서 본 것처럼 돌봄으로 의도된 행동의 집행과 보살핌받는 이의 수용 사이에는 시차가 있을 수 있다.(종종 있다.) 이렇게 돌봄은 다른 여러 성취적 용어와는 달라 보인다. 경주 끝에 결승점에 닿는 순간과 경주에서 승리하는 것 사이에는 시차가 없다. 그럼에도 우리가 가장 흥미로운 경기에서 보는 것처럼, 승자가 경기 내내 뒤처지다가 마지막에 승리를 거두는 경우들이 있다. 승리는 순간적인 사건처럼 보이지만 경주의 시작과 종결 사이에는 시간이 흐른다. 경주에서 이기는 데에도 시간이 걸린다. 성취적 용어 대부분은 활동이 수행되는 시점과 그 완성 시점 사이에 시간적 차이가 있다. 돌봄 또한 계속 수행되는 것처럼 보이지 않을 수 있다. 그러나 경주라는 패러다임 사례[+]와 달리, 활동이 **끝나는** 시간과 성취가 **확정** 되는 시간 사이에는 시차 및 때로 불확정성이 존재한다.

다시, 경주와 달리 돌봄에서는 성공의 척도가 시간이 흐른 다음에도 항상 뚜렷해지는 것은 아니다. 이런 요소는 후견주의적 돌봄을 정당화하곤 한다. 다음 사례는 돌봄을 성취라고 주장하는 데에 도전이 되는 불확정적이며 시간적인 차원을 보여준다.

3.1) 사례 3: 자신의 선에 관한 판단이 미성숙한 의식적 존재자

주체성이 존속함에도 우리가 타인의 마음을 간파할 수 없거나, 타인이 자신의 마음을 모른다고, 또는 그 판단이 제 기능을 하지 못한다고 믿을 충분한 이유가 있는 경우를 생각해보자. 이때 후견주의가 요청되고 후견주의는 좋은 것으로 받아들여진다.

이 반론에 대한 적절한 응답은 한 사람의 정신이 미성숙하거나 일시

+ 패러다임 사례란 이전에 어떤 도덕적 결정이 나왔고 이에 다수가 합의할 수 있는 사례라고 여겨지는 것으로, 이 사례의 결정 방식을 다른 사례에 그대로 적용할 수 있는 경우를 말한다.

적으로 손상을 입었을 때, 돌보는 자의 행위는 보살핌받는 이가 성숙하거나 다시 기능을 회복하는 나중에서야 보살핌으로 인정받을 수 있다는 것이다. 좋은(충분한) 양육은 그런 지연된 수용에 의거한다. 우리는 말한다. "언젠가 아이는 우리가 해준 것에 감사하게 될 거야." 때로 우리가 맞지만, 때로 우리는 틀린다. 돌봄의 노력이 결국 성공했기를 우리는 바랄 뿐이다. 호소력 있는 사례로 모호성기(ambiguous genitalia)를 가지고 태어나 아기 때 '정상화' 수술을 받은 성인이 부모와 의사에게 보이는 반응이 있다. 성인으로서 이런 개입을 받은 다수는 술식이 그들의 피어남을 저해했다고 밝히곤 했다. 이런 결과에 비추어 부모와 의사의 선한 의도 및 술식이 아이의 복리를 위한 것이라는 믿음에도 불구하고, 그 수술은 <u>배려</u>에 실패했다고 말할 수 있다.[44]

그 당시에 보살핌이 실제로 성공했는지 말할 수 없다는 사실은 더 곤란한 상관관계를 지닌다. 말하자면 우리는 성공했는지 절대 알 수 없을 것이다. 불확정성의 문제는 살고 죽는 심각한 경우와 평범한 경우(예컨대 아이에게 시금치를 먹이는 것) 모두에서 발생한다. 이 시점에서 우리는 반항하는(시금치를 먹지 않는) 아이가 나중에 채소를 먹도록 압력을 넣는 일이 옳았다고(즉 보살핌이었다고) 생각하게 될지 평가할 수 없다. 그러나 아이가 성숙하면서 후향적으로 부모의 선택을 승인하게 된다면, 우리는 아이가 그것을 <u>배려</u>로 수용한다고 말할 수 있다. 때로 비극이 벌어진다. 돌보려는 부모의 노력에 저항하던 아이가 부모와의 갈등과 상관없는 이유로 일찍 죽어 "엄마가 옳았어요."라고 결코 말할 수 없게 되었다고 하자. 우리의 행동이 <u>배려</u>였는지에 대해 우리는 불확정적 상태에 빠진다. 이 사례는 어떤 성취를 목적한 활동이 조기에 중단된 다른 상황과 유사하다. 만약 급작스러운 폭풍우로 경주가 중단되었다면, 우리는 맨 앞의 주자를 승자로 정해야 하는가, 아니면 아무리 주자가 결승점에 가까웠다고 해도 승자가 없다고 선언해야 하는가? 용어가 옳게 적용되었는지를 성취가 결정한다면 불확정성은 언제나 발생할 수 있는 결과이다.

입혀주고, 먹여주는 것, 교육시켜주고, 심지어 사랑을 주는 것에 감사하지 못하는 아이의 경우는 어떤가? 아이가 피어난다 해도 그는 어떤 감사도 표하지 않을 것이고 부모를 원망하는 성인으로 자라날 것이다. 그런데도 우리는 부모가 아이를 돌보았다고 말해선 안 될까? 단지 아이가 돌봄을 인정하지 않으려 했을 뿐인데도? 답은 그렇기도 하고 아니기도 하다. 자녀가 진정으로 피어났으며, 그 피어남이 부모의 노력에 일정 부분 기인한다면, 부모는 돌봄에 성공한 것이다. 만약 아이가 부모를 그렇게 원망한다면 어떤 면에서 부모의 노력이 실패한 것일 수 있다. 하지만 그 실패는 부모의 돌봄을 감사로 받아들이기를 결코 배우지 못한 성인 자녀의 쪽에 놓일 수도 있다.[45] 돌봄 수용에 대한 이런 실패는 이 장 마지막 절에서 논의한다.

3.2) 사례 4: 판단에 영향을 미치는 장애를 가진 아이나 성인

내 딸을 보살펴온 경험이 내 이론을 부정하는 것으로 보인다. 딸에게 항경련제(쓰고 삼키기 어렵다.)를 먹일 때면 딸은 그것을 뱉어내려 하고, 그 시점에서 딸이 보살핌받는다고 느끼기 어렵다고 해도 나는 그것이 보살핌이라고 믿는다. 사실 약을 주지 않는 것은 태만이며 도덕적 과실이다. 약이 효과가 있다면 딸은 경련하지 않을 것이고, 어떤 객관적 척도로 보아도 나는 딸을 보살피고 있다.[46]

이 경우는 주관적 수용이 불필요하거나, (직관에 반하여) 내가 보살피고 있지 않은 것 둘 중 하나다. 이런 실례에서 판단이나 소통 능력에 손상을 입어 돌봄에서 결정적으로 중요한 문제를 승인하는 게 불가능한 사람을 대할 때, 돌보는 자는 반사실적 조건문을 효과적으로 구성해야만 한다고 본다. 만약 보살핌받는 이가 이해할 수 있었다면, 그는 내 행동을 배려로 승인할 것이다. 즉 세샤가 투약의 목적을 이해할 수 있었다면, 기꺼이 약을 먹었을 것이라고 나는 말한다. 이것은 생명윤리 문헌에서 "가설적 동의(hypothetical consent)"라고 불리곤 한다. 이런 반사실적 조건문을 만들 때는 주의해야 한다. 원칙적으로 이것은 모든 종류의 강압을 정당화하는 데 활용될 수 있다. 내 딸은 두 종류의 경련을 보인다. 홱 움직이다가 낄낄거리며 끝나는 경우가 하나로, 딸은 이런 쾌락성 경련(hedonic seizure)을 막는 데 별로 관심이 없을 것이다. 대발작(grand mal seizure)이 다른 하나로, 이것은 무섭고 딸을 탈진하게 만들며 (통제할 수 없다면) 생명을 위협할 수 있다. 딸은 이런 사건을 원하지는 않을 것이다.

세샤와 내가 더 잘 소통할 수 있다면, 나는 약을 먹는 일의 중요성을 설명할 수 있고 딸은 약을 먹는 데에 자신이 저항하는 이유를 표현할 수 있을 터이다. 지금 나는 더듬어 가야 하고, 알약이 너무 큰지, 너무 쓴지, 불쾌한 부작용이 있는지 숙고해보아야 한다. 딸이 저항하는 이유를 분간하고 강압에서 멀어질수록, 나는 딸을 향한 배려의 책무를 더 온전히 수행할 것이다.

3.3) 사례 5: 판단에 영향을 미치는 퇴행성 질환을 가진 성인

이 사례는 사례 3과 4 사이에 걸쳐 있다. 퇴행성 질환으로 인해 돌봄이 필요한 사람에서 출발하자. 질환이 점차 악화하면서, 판단력에 영향을 끼치고 개인은 반응성이나 무반응성을 통해 우리의 돌봄에 반응하거나 돌봄제공에 지침을 주기 점점 더 어려워진다. 알츠하이머병을 지닌 성인을 보살피는 상황을 예로 들 수 있겠다. 스스로 일을 처리하는 데 익숙하며 돌봄의 필요가 기능 능력을 차차 제한하리라는 질환을 상기시키기에, 개인은 처음에 돌봄을 환영하지 않을 수 있다. 그럼에도 돌봄제공자는 보조를 제공하는데, 보조가 없으면 그 사람에게 해악이 일어날 수 있기 때문이다. 돌보는 자가 보살핌의 방식으로 행위했다는 추후 판단은 결코 주어지지 않는데, 나중이 되면 그 사람은 판단력을 상실하기 때문이다. 여기에서 돌봄제공자는 어두운 길에서 방향을 잃고, 옳은 일(보살피는 일)을 하고 있는지 알 수 없게 된다. 보살핌받는 이의 판단이 점차 손상되므로 이 경우는 사례 4처럼 다루어질 필요가 있다. 이것은 돌봄제공자에게 계속 재조정을 요구한다. 명료했던 신호는 점점 더 불명확해지고, 어디서, 언제 가설적 동의 개념을 사용하거나 돌보는 방식을 바꾸는 것이 적절한지는 점점 더 판단하기 어려운 질문이 된다. 알츠하이머병과 같은 질환을 가진 사람을 돌보는 최선의 방식에 관해 우리가 더 많이 알수록, 옳은 판단을 내릴 수 있는 위치에 있을 가능성은 더 높아진다. 이것은 필요한 질문을 제기하고, 옳은 또는 최선의 돌봄 방식이 없기에 수용은 불필요하다는 가정을 거부하는 개인적이고 사회적인 헌신을 요청한다. 그러나 알츠하이머병과 같은 퇴행성 및 말기 질환에서 말기 상태에 주관성이 매우 축소되어 어떤 승인도 불가능해지는 경우, 우리는 사례 1의 변형으로 가장 잘 기술될 수 있는 상황을 마주할 수도 있다. 개인은 여전히 의식이 있으나 주관성에 필요한 인식을 대부분 상실한다. 이런 퇴행성 질환의 최종 상태에서 우리가 희망할 수 있는 최선은 신체의 수용일 것이다.[47]

4) 의식을 지닌 성인 주체

4.1) 사례 6: 돌봄을 필요로 하는 성인이 투약을 거부할 때

만약 개인이 항경련제를 투약하면 경련이 감소한다는 연관성을 이해함에도, 투약을 거부한다면 어떨까? 그렇다면 우리는 그를 적절히 돌보는 방법을 알기 위해, 당사자와 그의 거부 이유를 알아야 한다. 아마도 그는 보살핌받는 것을 원망하고 투약이 자신의 자유를 제한한다고 느낄 수도 있다. 이상하게 들리지만, 처방을 따르느니 차라리 경련을 겪는 쪽을 선호할 수도 있는 것이다. 또는 약을 먹지 않았을 때의 결과가 어떻든지 상관없다고 주장하며 그저 커다랗고 쓴 알약을 삼키는 것을 싫어할 뿐일지도 모른다. 아니면 희소한 자원을 투약으로 낭비하고 싶지 않은 것일 수도 있다. 그는 그 돈으로 아이를 더 잘 먹이는 쪽을 선호할 수도 있다.

항경련제를 먹는 것이 그에게 더 나은 일임을 확신한다면, 가장 뛰어난 돌보는 자는 장애물을 우회하는 방법을 찾아내려 할 것이다. 예컨대 그에게 약을 언제, 어떻게 먹을지에 관한 통제권을 더 주거나, 더 싸게 약을 구할 수 있는 경로를 찾거나, 더 삼키기 쉬운 약물을 찾거나, 약을 먹기 쉽게 만드는 방식을 고안할 것이다. 장애물을 극복하려는 이런 시도는 보살핌받는 이가 돌보는 자와 관계할 능력을 지닌 경우 보살핌받는 이 쪽의 참여를 필요로 한다. 필요한 것은 후견주의가 아니라 존중하는 돌봄이다.

4.2) 사례 7: 우울증에 빠진 사람

스티븐 다월은 우울증에 빠져 자기 웰빙에 관한 어떤 염려도 하지 않으며 돌봄이 가치 없다고 느끼는 사람을 생각해보라고 말한다. 다월은 그가 돌봄을 무가치하게 느낀다는 이유로 그에 대한 돌봄을 부정하는 것은 잘못이라고 지적한다. 다월의 사례는 반례이며 그의 주장은 후견주의적 돌봄을 정당화할 수 있는가? 나는 배려가 오랜 시간과 노력이 드는 일이라고 대답한다. 만약 우리가 그 사람을 안다면 우리는 그런 우울증이 지속적인 상태가 아님을 알 수도 있다. 그러나 그가 모르는 사람일지라도 우리는 우울증이 종종 영속적이지 않으며, 치료될 수 없어도 일반적으로 완화될 수 있음을 알고 있다. 우리는 그 사람이 우울증에 빠지지 않았을 때의 가치와 염려에 따라 행하려 노력한다. 무엇보다 우리는 우울증을 경감하기 위해 노력한다.

그러나 우울증이 긴 삶, 잘 살아온 삶의 끝에 찾아올 수도 있다. 누군가는 자기를 돌보는 일이 다른 사람들에게 너무 짐이 될까 봐 두려워할 수 있다. 그는 삶의 모든 기쁨을 앗아가는 끝없는 불편과 고통을 경험할 수도 있다. 이런 사람에게 마음 쓰고 그를 보살피는 사람은 그가 삶을 진정으로 끝내려 함을, 죽고자 하는 소망을 바꿀 어떤 방법도 없음을 마지못해 인정할 수도 있다. 이 경우 유일한 보살핌의 대안은 그를 강제할 방법을 찾는 것일 수도 있다. 그러나 다시 우리를 벗어나게 하는 대안이, 상황을 전환시킬 방법이 있을 수 있다. 이것은 돌보는 자가 마주하는 가장 어려운 염려 중 하나다. 보살피는 개인을 난처하게 하는 불확정성의 다른 얼굴인 것이다.

4.3) 사례 8: 객관적 선에 따라 행위하기를 거부하는, 성숙하고 의식 있는 자율적 주체

가장 어려운 사례는 그를 위한 객관적 선에 따른, 그를 위한 행동(즉 그의 생명, 건강, 또는 다른 웰빙의 객관적 요소를 보존하는 활동)을 거부하는 성숙한, 자율적인, 능력을 지닌 의사 결정자에 관한 것이다. 사례 7이 이것의 실례 중 하나다. 그러나 마이클 슬로트가 제시한 다음 사례는 더 복잡하다. "내가 성인 자녀에게 헬멧 없이 오토바이를 타지 못하게 했다고 하자. 그는 내가 한 일의 가치를 절대 인정하지 않을 수 있지만, 그것은 그에게 좋은 일이다. 이것을 돌봄으로 여겨선 안 된다는 말인가?"[48] 그 결정이 충분한 정보 아래 자율적 개인에 의해 내려진 경우, 헬멧 없이 오토바이를 타는 결정을 따르려면 존중이 필요할 것이다. **돌봄**은 그가 헬멧 없이 오토바이 타기를 막을 것을 요구한다. 여기에서 돌봄과 존중은 분리되는 것처럼 보인다.

성인 자녀가 우리의 금지를 기꺼이 돌봄으로 받아들이도록 요청하지 않고 여기에 답하는 방식 하나는, 돌봄이란 기껏해야 부분적이라는 것이다.[49] (성인 자녀가 격렬히 저항하지만 결국 헬멧을 쓴다면, 부모가 그를 보살피는 것만큼 그도 부모를 보살피고 있는 것이리라.) 부모가 그의 신체적 웰빙을 보살피고(그리고 그의 몸이 보호받는 한에서 돌봄이 수용되고) 있으나 그가 오토바이 타기를 금지당하거나 헬멧을 쓰면서 부모를 원망한다면, 우리가 그를 주체로서 보살피는 데에는 실패했다고 이해할 수 있다.[50] 사고가 났을 때 헬멧이 더 큰 해악을 막아주었다면, 성인 자녀는 나중에 부모의 고집이 옳았다는 점을 인정할 수도 있다. 그때 그는 우리의 훈계를 돌봄으로 수용한다. 부모는 성인 자녀를 살아 있게 하겠다고, 자녀의 실망을 감수하며 살겠다고 결정할 수도 있다. 성인 자율 행위자가 관련된 다른 사례는 다른 답이 필요할 수도 있는데, 이것은 다음 절에서 검토하자.

Ⅳ. 후견주의적 돌봄 또는 존중하는 돌봄

돌봄은 후견주의와 온전히 양립하는 것처럼 여겨진다. 어쨌든 우리는 온전히 자율적이지 않은 사람에게 돌봄을 제공하곤 하니 말이다. 자율적이지 않은 사람을 후견주의적으로 대하는 것이 정당화되는 것처럼 보이므로 돌봄이 종종 후견주의적이라는 것에 반대할 이유는 없어 보인다. 그러나 내가 발전시키려 하는 돌봄의 개념(배려)은 온전히 자율적이지 않은 사람을 보살필 때에도 후견주의와 배치된다. 대신 그것은 존중과 양립한다. 논증하겠지만, 배려는 우리가 돌보는 사람에 대한 존중을 요구하기까지 한다.

1) 자연적 성향으로서 돌봄

돌봄의 이름으로 후견주의를 정당화하는 것은 돌봄 자체가 비도덕적 개념, 즉 '자연적 성향'일 때에만 합리적으로 보인다.[51] 그러나 보살핌은 단순한 '자연적 성향'이 아니라 도덕적으로 촉진된 주의, 분별, 반응의 과정이다. 보살핌으로 여겨지는 것은 개인의 진정한 필요와 적법한 요구에 기반하기 때문에 이런 종류의 돌봄은 보살핌받는 이의 관점을 취해야만 하며, 후견주의를 정당화할 수 없다. 배려윤리에선 보살핌받는 이의 눈으로 상황과 선을 보려고 노력하는 것 외에 옳은 행동을 결정할 방법은 없다.

　보살핌이 단순히 자연적 성향이 아니라 타인을 위한 공감적 염려에 의해 인도되는 도덕적 숙고의 형태라면[52] 다른 개별주의적 윤리[+]와 같이 숙고 과정은 개별 사례의 도덕적 상관성에 관한 분별에 의거한다.[53] 돌봄윤리에서 이것은 타인의 필요와 요구에 관심을 기울이는 것에 더하여, 이 사람을 이 상황에서 돌보는 자기 능력에 관한 사고와 자기 검토를 요청한다.[54] 돌봄제공자는 보살핌받는 이의 관점에서 존중을 전달하는 데 (무심코라도) 실패하였는지 살피기 위해 자기 성찰을 요청받는다. 이런 자기 성찰은 돌보는 자에게 필수적인데, 돌보는 자라는 권력을 이용해 우위에 서고 자신의 의지를 강요했는지를 성찰하며 이 상황에서 보조하기 위해 필요한 역량을 갖추고 있는지, 타인의 도움이나 조언을 구해야 하는지 등을 검토하기 위해서다.

돌보는 자와 보살핌받는 이의 자기 성찰(보살핌받는 이가 그런 능력을 지니고 있을 때)과 더불어 보살핌의 관계에서 주고받음은, 이 특정한 보살핌받는 이와 이 특정한 상황에서 적절한 행동을 구성하는 것이 무엇인지를 정의하는 데 도움이 된다. 만약 선택한 행동이 성공하면, 그 결과는 오노라 오닐의 말처럼 강압적 후견주의 또는 자율적인 것이라 추정되는 개인의 선택에 대한 태만한 "포기"보다 도덕적으로 더 선호할 만하다.[55]

이것은 특정한 순간에 보살핌받는 이 자신의 선 개념이 **항상** 돌보는 자의 반응을 좌우해야 한다는 말이 아니다. 보살핌받는 이는 가장 취약한 순간 판단력이 손상될 수 있으며, 보살핌받는 이의 피어남에 도움이 되는 것이(또는 점차 될 것이) 무엇인지에 관한 다른 판단을 필요로 할 수 있다. 돌보는 자는 보살핌받는 이가 원하는 것을 하는 데에 도덕적으로 반대할 수 있다.[56] 보살핌받는 이의 욕망에 따라 반응하는 돌보는 자의 능력을 제한하는 더 큰 힘들이 있을 수 있다. 그러나 우리가 타인의 삶에 개입할 수 있는 것은 **오로지** 우리가 타인이 이해하는 대로(또는 그렇다고 상정하는 대

+ 도덕 판단에서 보편적 · 일률적 원리를 적용할 수 없다는 견해.

로) 그의 진정한 필요와 적법한 요구를 다룰 수 있다고 믿기 때문이다. 타인 자신이 아직 그런 필요와 요구를 인식하지 못한다고 해도 말이다. 돌보는 자로서 나는 보살핌받는 이가 바라보는 선이라고 내가 생각했던 것이 틀릴 수 있음을 인정할 준비가 되어 있어야 한다. 그렇지 않다면, 나는 그의 전체에 걸쳐 모두에서 그를 보살핀다고 말할 수 없다.

돌봄제공자의 도덕적 숙고를 위한 도구는 잘 포장된 도덕 원칙이 아니다. 여기에서 정언명령도, 공리 최대화를 위한 명령도 썩 도움이 되지 않는다. 배려윤리는 기껏해야 규제적 이상을 지닐 뿐이다. 숙고가 일반 원칙에서 특정 실례로 우리를 이끌지 않는 다른 개별주의적 윤리처럼, 돌봄은 바로 이 사례에서 옳은 행동이 무엇인지 이해하기 위한 주의와 분별을 필요로 한다.[57] 그것은 필요를 예측할 능력과 의존인이 알지 못하는 상황에서 그에게 닥칠 수 있는 해악을 피하도록 하는 유념함(mindfulness), 즉 주변에 정신을 쏟고 인지하는 것을 필요로 한다. 요컨대 우리가 선택한 행동의 옳음은 날카로운 분별, 타인을 향한 주의 깊은 관심, 유념함, 요구되는 역량, 자기 반응성에 있어 충분한 민첩성에 의존한다. 그것은 돌보는 자로서 우리가 보살핌받는 이에게 후견주의적으로 부과할 수 있는, 모든 사례에 적용되는 일반 원칙이나 표준에서 나오지 않는다.

2) 돌봄과 존중

이렇게 생각한다면 돌봄은 존중과 비슷하게 들리는데, 그것은 배려가 존중을 포함하고 있기 때문이다. 이런 설명에서 배려와 존중은 각자가 타인의 관점을 취하여 그가 어떻게 반응할지 이해하고, 각자가 그 관점을 공정히 대하는 것을 목적한다는 공통점이 있다. 분명 존중과 배려는 같지 않다. 존중은 배려보다 더 큰 '서먹한 거리'를 용인하는 '얇은' 관계로 우리를 끌어들인다. 비록 배려가 존중을 필요로 하나 존중이 우리를 돌봄의 태도나 노동에 전념하게 하는 것은 아니다. 배려는 적절할 때 우리가 타인에게 반응하는 데 전념하도록 한다. 존중은 타인에 대한 개입을 피하는 데 우리가 전념하도록 한다. 둘 다 도덕적 반응이다.[58] 비록 배려와 존중 모두가 타인의 관점을 취할 것을 요청하지만, 타인의 관점과 가치가 해롭거나 도덕적으로 혐오스러울 때도 자신의 관점을 완전히 유예하고 타인의 가치에 따를 것을 항상 요구하지는 않는다.

돌봄과 존중이 항상 양립한다고 말하긴 어렵지만, 개인이 존중받지 못하는 경우 돌봄제공자의 행동을 배려로 수용하지 못할 것이라는 점을 고려할 때 내가 제기하는 관점을 입증할 수 있을 것이다. 다르게 말하면, 당신이 (아마도) 나 대신 한 행동으로 인하여 내가 굴욕감을 느끼거나 좌절한다면, 나는 이전보다 기분이 더 나아질 수는 없다. 개인의 존엄을 보존하고 존중하는 방식으로 주어지지 않은 돌봄은 우리 대부분이 욕망하는 돌봄이 아닐 것이다. 대신 그것은 우리가 두려워하는 형태의 돌봄이다. 나의 돌봄에 관한 규범적 이해에 따르면 그것은 전혀 배려가 아니다.

흥미롭게도 자율적 의사 결정 능력을 지닌 사람을 위한 존중 개념을 보존할 때, 우리는 존엄이 가장 위태로운 사람, 가장 존중을 필요로 하는 사람을 존중하는 데 실패한다. 중증 또는 최중증 인지장애를 가진 것으로 여겨지는 사람들과 함께 일하고 그들을 교육하는 데 시간을 쏟는 철학자 존 보러스는 다음과 같이 기술했다.

개인이 '존엄'과 '존중' 같은 용어를 사용하거나 이해하지 못한다고 해서 그가 존중의 행동에 민감하지 않다고 볼 수 없다. 이런 민감성은 용어를 통한 기술로 자신을 인식하는 능력에 의존하지 않기 때문이다. 의심의 여지 없이 스스로를 존엄하다거나, 존중받을 만하다고 인식할 수 없는 최중증 장애인이 있다. 그럼에도 그들의 행동과 표현 범위는 그들이 대접받는 방식에 따라 자기 가치를 더하거나 낮춘다는 증거를 제시한다. 이것은 한편 학습 환경에서 실험하고 동료와 함께하고 그들로부터 배울 준비가 되어간다는 것을 의미할 수 있다. 그리고 한편으로는 타인과의 접촉을 피하고 새롭거나 심지어 친밀한 학습 환경에서 점점 덜 시도하는 경향으로도 나타난다.[59]

알츠하이머병과 같은 말기 퇴행성 질환이 많이 진행된 상태로 상당한 시간 주체성이 결여되어 보이는 개인의 존중과 관련하여 논의해야 할 중요한 단서가 있다. 나는 사례 1에서 주체에 인식적으로 접근할 수가 없으며 우리가 그를 주체로서 적절히 돌보았다는 것을 미래에 확인할 수 없으므로, 우리가 할 수 있는 최선은 신체의 돌봄인 것 같다고 말했다. 알츠하이머병에 관한 문헌에는 그를 이전에 우리가 존중하는 사람으로 대할지, 오히려 지금 그 자신으로 대해야 할지에 관한 많은 논의가 있다. 주체성이 변할 뿐 아니라 점차 사라지고 있는 상황에서 나는 난국이 해소될 수 없다고 믿는다. 하지만 이 난국은 최소한 우리가 우리 앞에 있는 개인을 가능한 한 존중할 필요가 있음을 의미한다.[60] 여기에서 인식적 접근의 결핍은 우리가 또한 도덕적 접근을 결핍하고 있음을, 즉 이 사람과의 상호작용에서 도덕적 접근 가능성을 결핍하고 있음을 의미한다.[61]

그러나 이 단서는 중증 또는 최중증 인지장애를 가진 사람의 행위주체성을 인식하는 일에서 우리를 면제해주지 않는다. 내 딸을 보살피며 배운 중요한 것 중 하나는, 어디에나 보살핌의 상황에는 존중과 주의를 받아야 하는 주체와 행위자가 있다는 것이다. 그곳에는 의지가, 세계에서 자신을 느끼고 싶어 하는 방식이, 자신에게 좋은 것이 무엇인지에 관한 직관적 감각이 있다. 개인이 존중을 받기 위해 자율성을 증명할 필요는 없다.

내 딸이 자율적이지 않아 보인다는 것이 내가 딸의 요구와 소망, 행위주체성의 표명을 존중할 필요가 없음을 의미하지 않는다. 내가 맛있고 영양이 충분하다고 생각하는 음식으로부터 딸이 고개를 돌린다면, 나는 그 음식을 딸에게 강제로 먹이지 않을 것이다. 하지만 나는 딸이 의지를 가지고 먹을 다른 음식을 찾을 책임이 있다.[62] 이것은 자율적 의사 결정 능력에 대한 존중이 아니라, 좋고 싫음을 지닌 주체로서 자신이 먹을 것을 통제하고자 하는 사람에 대한 존중이다. 이 행위주체성이 아무리 불명확하게 표현된다 해도 "관심을 기울여야만 한다."[63] 돌보는 자는 선을 분별하고, 그에 반응하며, 엉뚱한 선을 부과하지 않기 위해 관심을 기울여야만 한다. 밀이 지적했던 것처럼 타인의 선은 타인의 옷만큼이나 잘 맞지 않을 수 있다.[64] (그가 내 딸 같은 이와 접촉이 있었다면) 밀은 이것이 그 자신 못지 않게 내 딸과 관련 있음을 알았을 것이다.[65]

나는 인지장애를 가진 딸로부터 이것을 배웠지만 모든 부모는 자신의 관점에서 자녀들에게 후견주의적으로 접근할지, 개별 자녀에 더 세밀하게 맞춰주려 노력하는 보살핌으로 다가갈 것인지라는 양자택일로 분투할 수밖에 없다. 시간, 상상력, 인내가 희소하기에 많은 부모는 후견주의의 길을 걷는다. 게다가 아기를 보살피면서 우리가 아기를 **존중해야만** 한다고 말하는 것이 존중의 의미를 확장할 것이라고 많은 사람은 주장할 것이다. 우리가 아기의 생명권, 적절한 영양 섭취 등 영아가 살아남고 성장하는 데 보편적으로 필요하다고 생각하는 객관적인 목록에 있는 것들을 존중해야 한다는 데에는 의심의 여지가 없다. 이런 것은 이 아기의 요구와 필요의 고유성을 분별하는 것과는 무관하다.

이에 대해 우리는 매우 어린 아기는 아직 개인화된 관심대상, 즉 해당 개인에게 특화된 관심대상을 가지지 않는다는 점에 주목할 필요가 있다. 특정한 관심대상이 점차 생기기 시작한다면, 나는 왜 우리에게 그들을 존중할 책무가 없는지 모르겠다. 그 관심대상이 자멸적이거나, 아이가 성장하며 겪을 것으로 예상되는 위험에 빠뜨리거나, 타인에게 해를 끼치는 것이 아니라면 말이다.

자녀와 그들의 권리에 관한 우리의 사고는 발전하고 있으며, 우리는 이제야 자녀의 의지를 부모가 자신의 확장처럼 다루는 것이 잘못이라고 생각한다. 어린 자녀를 대할 때도 우리는 그들의 선호와 재능이 무엇인지를 파악하고, 내가 언급한 제한을 벗어나지 않는 한, 자녀의 선호를 북돋울 수 있도록 자녀의 발달을 촉진하는 보살핌을 제공하기 위해 노력해야 한다. 따라서 여기에서 내가 옹호한 관점처럼, 후견주의적 돌봄이 아니라 배려에 상응하는 존중을 할 때 어린 자녀에게도 일반적으로 더 큰 도움이 된다.

V. 도덕적 운

우리 행동이 성공적인 결말을 맺도록 무척 고된 노력을 했더라도 우리는 실패할 수 있다. 선한 신념에서 나온 돌봄 노력이 실패했을 때, 그 노력은 보살핌의 성향의 증거이거나 돌봄 의무에 따라 행위하려는 의지일 수 있다. 하지만 그 자체로 배려로서 도덕적으로 칭찬하거나 비난할 것이 아니라고 나는 주장하였다. 배려 노력은 인정을 필요로 하는데, 상황 자체가 돌봄제공자를 낙담시키는 것 이상으로 돌보기 어려운 상황을 다루는 사람의 사기를 떨어뜨리는 것이 더 나쁘기 때문이다. 나는 비록 도움이 별로 안 되는 위안일 뿐이라도 도덕적 운이 배려윤리에서 특히 역할이 크다는 사실을 인식하는 것이 위안이 된다고 믿는다. 그것은 우리가 목표하는, 칭찬할 만한 도덕적 행위자가 되려는 우리 능력에서 중요한 역할을 한다.

아리스토텔레스가 이전에 이해하였으며 최근 버나드 윌리엄스가 우아하고 설득력 있게 주장한 것처럼, 도덕적 삶에서 도덕적 운은 불가피하다. 윌리엄스는 대부분의 경우 우리가 행위 경로를 따라갈 때 우리가 행한 것이라는 선택에 대한 도덕적 보증이 진짜 있는지 알 수 없다고 주장한다. 그 결과가 우리의 통제를 벗어난 문제들에 달려 있기 때문이다. 어떤 결과가 주어졌을 때는 그 선택이 도덕적으로 보증된 것처럼 보인다. 하지만 다른 결과가 주어지면 그것은 나쁜 도덕적 선택이었던 것처럼 보인다는 것이다.

우리는 돌봄의 완성이라는 측면에서 도덕적 선택을 고려할 때 도덕적 운이 얼마나 편만하며 피할 수 없는지 안다. 돌봄의 완성 관점에서 돌봄을 이해하는 것은 우리의 행동이 과녁을 맞히는지가 결국 우리에게 달려 있지 않으며, 우리의 영향 밖에 있는 보살핌받는 이와 상황에 달려 있다는 냉혹한 현실을 제시한다. 이것은 우리가 마음 쓰는 사람과 마음 쓰는 것을 주의 깊게 선택해야 한다는 의미이다. 우리의 돌봄을 원치 않는 사람을 보살피려는 의도 및 그에 대한 보살핌은 무익한 행위가 되기 때문이다.[66] 그것은 또한 우리가 효과적으로 보살피기 위한 기술, 능력, 자원을 필요로 함을 의미한다. 그 전부가 우리의 획득 범위 안에 있지 않을 수도 있다. 그리고 지금 당장은 아닐지라도 언젠가 보살핌받는 이가 우리 행동을 돌봄으로 해석해주어야 한다. 우리가 돌보는 사람이 반응할 수 없는 경우, 말기 환자를 돌보는 경우, 보살핌받는 쪽의 확증이 부재하다는 사실은 우리로 하여금 반사실적 조건문을 통해 가능한 상황이었다면 그가 우리 행동을 배려로 해석했으리라고 희망하게 만든다.[67]

돌봄제공자가 도덕적으로 비난할 만하지 않더라도, 그의 여러 행동과 태도가 도덕적으로 칭찬할 만한 덕목을 보인다고 해도, 그를 향한 질문은 여전히 남는다. 그가 이 업무를 성취하는 데 필요한 기술을 가지고 있었는가? 그렇지 않다면 그 책임을 지는 것이 도덕적으로 책임을 져야 하는 일이었는가? 그렇지 않다면 필요한 기술을 쌓지 않았는데도 책임을 져야 하는가? 그가 돌봄제공에 충분히 헌신했는가? 주어진 방침이 실패했다는 것을 알고, 필요에 따라 경로를 바꾸도록 적절히 동기를 부여했는가? 의존인과 관련한 사고가 벌어졌을 때 돌봄제공자는 환경에 도사리고 있는 위험을 자신이 충분히 유념했는지 질문해야만 한다. 이런 질문은 배려의 노력이 실패로 끝났을 때 많이 제기된다. 종종 답은 불확정적이거나 불충분하며 우리는 칭찬과 비난의 질문에 대한 좋은 해결책을 찾지 못한다. 그러므로 의도가 전부가 될 수 없고 명확한 양심을 보장하기 어려운 배려윤리에 관한 한, 지속적인 죄책감은 돌봄제공의 직업적 위험 중 하나일 수 있다. 이런 의미에서 돌봄제공은 도덕적으로 위험하다.

아마도 지금까지의 내 주장 중 돌봄윤리에서 도덕적 운의 역할을 받아들이는 것이 가장 어려울 것이다. 내 생각에 이것은 돌보는 자에게 기대되는 일을 일견 수행하는 누군가가, 그가 돌보는 사람이 그 행위를 보살핌으로 수용하지 못한다는 이유로 명예를 박탈당할 수 있다는 사실을 받아들이기 어렵기 때문이다. 말하자면 돌봄제공자가 행한 것을 돌봄으로 수용할 수 없는 사람을 돌보기를 선택하였거나, 그렇게 배정되었거나, 원래 그런 위치에 있다는 것을 알게 되는 것은 돌봄제공자의 불운일 수 있고, 그 이유로 돌봄에서 그의 모든 노력은 그저 노력일 뿐 배려가 될 수 없다는 것이다. 괴로운 일이지만 나는 이를 계속 주장하고자 한다. 돌봄이 인간의 삶에서 필수적인만큼 도덕적 운은 배려윤리에서 불가결하다.[68]

요컨대 간단한 사례를 제외하면, 배려가 매우 복잡한(그리고 잘 정의되지 않은) 결과로 이어진다는 사실은 도덕적 운이라는 요인을 더 복잡하게 만든다.[69] 우리가 보살핌받는 이에게 이득을 주려고 의도해도, 의도한 대로 결과가 나오지 않는 경우가 많다. 이런 복잡성을 잘 보여주는 예가 유명한 1927년 영화 「재즈 싱어」다. 오랜 역사를 지닌 성가대 독창자 집안의 아들은 목소리가 매우 아름답다. 아버지에게 그 아이를 보살피는 것은 독창자 집안의 오랜 역사를 잇는 후계자를 육성하기 위해 아이의 목소리를 계발하는 것이다. 그러나 아들은 자신의 재능과 기량을 재즈 가수가 되는 데 쓰기를 원하며, 뛰어난 훈련 덕에 그에겐 성공적인 경력이 보장되어 있다. 당대의 세속적 문화 속에서 아들을 키우는 것은 아버지의 도덕적 불운이다. 이 외에도 아버지는 세속적인 음악을 좋아하고, 하고 싶어 하는 아들의 욕망이 지닌 깊이를 이해하지 못한다. 아버지는 자신이 최선의 돌봄을 제공하고 있다고 생각한다. 그렇지만 그는 틀렸다. 한편 아들의 목소리 훈련에 관한 그의 돌봄은 아들에 의해 수용된다. 그리고 아버지의 마지막 순간에 아들은 자신이 아버지에게 진 빚을 인정하고 아버지는 자신의 돌봄이 낳은 결실이 노래라는 선물임을 깨닫게 된다. 그러나 이와 비슷한 사례들이 모두 이런 할리우드식 해피 엔딩으로 끝나는 것은 아니다.

다른 사례에서 돌봄 수용의 실패는 성공적인 돌봄에 필요한 배경 조건이 존재하지 않기 때문에 발생한다. 이를테면 다음과 같은 것들이다. 궁핍으로 인해 자녀를 충분히 먹일 자원이 부모에게 결핍되어 있으며, 의존 관계에 내재하는 책임을 질 제삼자가 존재하지 않는다. 장애인의 돌봄제 공자가 쉴 수가 없어서 성공적으로 돌보는 데에 실패한다. 장애인의 돌봄 제공자가 필요한 장비나 돌봄에 적합한 지원을 받지 못한다. 때때로 폭력 적이고 공격적인 장애인 남성의 돌봄제공자인 어머니는 자신이 사랑하지 만 아들 자신과 본인을 위험에 빠뜨리는 아들을 홀로 돌봐야 한다. 간호사 는 환자에 대한 책임과 그 책임의 성공적 수행에 장애물을 놓는 관료주의 에 갇힌다. 이 모든 사례는 돌봄윤리학자가 그토록 강조하는 것을 보여준 다. 즉 돌보는 자와 보살핌받는 이의 관계는 단순한 2자적 관계가 아니라 포개진 의존의 집합 안에 놓여 있다.

　　방금 나열한 역기능적, 심지어 고의적 방해 상황에 처한 것을 그저 우리의 도덕적 불운이라고 여길 수도 있으나 여기에서 작동하는 것은 도 덕적 운만이 아니다. 주변화된 사람을 향한 부정의와 냉담한 무관심도 있 다. 이런 상황에서 배려가 주어지지 않았다고 주장하는 것은 (비록 그런 말 이 슬프긴 하지만) 중요한데, 이런 상황이 우리로 하여금 부정의를 식별하 게 해주기 때문이다.

VI. 돌봄을 받을 도덕적 책무?

이제 이 분석에서 나타나는 도덕적 질문을 피하지 말자. 선한 신념에서, 그리고 진정한 필요에 응할 수 있는 적합한 역량으로 제공되는 돌봄을 감 사로 수용할 도덕적 책임이 있는가? 우리 자신의 필요를 평가할 때 이런 돌봄의 노력을 고려할 도덕적 책무가 있는가? 나는 여기에서 도덕적 책임 을 질 수 있는 사람들에 관해 이야기할 것이며, 이들이 항상 돌봄을 필요로 하는 사람인 것은 아니다. 우리가 고려해야 할 몇 가지 상황이 있다.

1) 보살핌받도록 의도된 이가 돌봄 수용의 책임에서 면제될 때

보살핌받도록 의도된 이가 자신에게 제공된 돌봄을 수용할 도덕적 책무를 지지 않는 명확한 실례들이 있다. 그 세 가지 실례를 여기에서 논한다. 첫째, 돌보는 자는 자기가 상대의 어떤 필요에 반응해야 한다고 생각하지만, 그게 착각이라 돌봄을 제공하려는 노력을 보살핌받는 이가 정당하게 거부할 수 있는 경우. 둘째, 돌보는 자가 능력이 없고, 따라서 돌봄이 선한 신념으로 제공되지만 그것이 보살핌받는 이를 돕는 데 실패할 뿐만 아니라 해악을 끼칠 수 있어 그 노력을 거부하는 것이 정당화되는 경우. 셋째, 돌봄이 선한 신념에서 제공된 것이 아님을 보살핌받는 이가 인식한 경우. 즉 돌보는 자가 보살핌받는 이의 선 외에 다른 동기를 지니고 있어 보살핌받는 이에게 옳은 방식으로(즉 마음 씀의 동기나 의도로) 이득을 제공하는 데에 실패할 때.

1.1) 필요가 아닌 것에 응답하기

만약 타인이 내가 충족되길 원하지 않는 필요를 충족하려 한다면, 나는 돌봄의 요점이 나의 필요에 응답하는 것이지 타인의 필요에 응답하는 것이 아니라고 대답할 것이다. 만약 내가 고생할 것을 선택한다면 그것은 전적으로 나의 문제다. 그렇지 않다고 주장하는 것은 후견주의의 가장 나쁜 형태다. 돌봄제공자는 돌봄을 제공할 자유가 있지만, 의도된 수용자 또한 동등하게 그것을 거부할 자유를 지닌다. 이것은 성인 자녀가 헬멧을 쓰지 않고 오토바이를 타는 것을 막는 부모의 예에서 내 논증의 핵심이었다. 그 논증에서 나는 돌봄에 존중이 필요하다고 주장했다. 장애인의 경우, 그들은 도움의 제공이 그들의 진정한 필요와 욕망을 좌절시킬 뿐이라고 해도 그런 시도에 감사를 표할 것을 기대받는다. 이 점은 돌봄의 온전한 규범적 의미에서 매우 중요한 요소로, 돌봄을 장애의 맥락에서 생각할 때 특히 중요하다. 나는 장애학자와 장애운동가 들이 돌봄에 대해 제기하는 문제는 후견주의의 문제이며, 온전한 규범적 의미의 <u>배려</u>에 있어선 그렇지 않다고 주장한다.

1.2) 선한 신념으로 주어진 돌봄이지만 필요한 역량이 결핍된 경우

매우 흔한 (그리고 위험할 가능성이 있는) 형태의 의도된 돌봄으로, 필요한 기량과 역량을 결핍한 사람이 수행하는 돌봄이 있다. 자신이 그 역량을 결핍하고 있음을 깨닫지 못하는 경우는 더 나쁘다. (특히 여성에게) 돌봄은 (훈련도 필요하지 않고, 기량이나 역량을 습득할 필요도 없는) '그저 자연적인' 능력으로 잘못 생각되고 있기에 사람들은 타인의 필요가 무엇인지, 어떻게 그 필요를 충족할 수 있는지 잘 알고 있다고 가정한다. 그러나 사실 그들은 타인의 필요도, 그것을 충족할 방법도 알지 못하며 자신이 알지 못한다는 사실도 모른다.

이는 너무 허약해서 대부분의 배치를 불편하게 느끼는 사람의 머리맡 베개를 다시 만져주는 것이나, 팔이나 손을 사용하지 않고도 구역질을 하거나 흘리지 않고 음료를 마실 수 있도록 컵을 위치시키는 방법을 아는 것과 같이 사소한 일일 수도 있다. 또는 벌어진 상처를 처치하거나 급식관을 사용해 음식을 먹이는 것처럼 큰 일일 수 있다. 부주의하고, 서투르며, 무능력한 돌봄의 노력으로 주어지는 불편, 굴욕, 명백한 치명적 위험의 정도는 다양하다. 하지만 돌봄받는 쪽은 무능한 돌보는 자의 손으로 주어지는 돌봄을 수용할 도덕적 책무가 없다.

1.3) 가식적인 돌보는 자

사실은 보살핌받는 이에게 이득을 주려고 행동하는 것이 아닌 사람의 돌봄을 수용할 책무는 없다. 특히 보살핌받는 이가 자신이 부정한 목적으로 이용되거나 착취당하고 있다고 믿을 만한 충분한 이유가 있을 땐 더 그렇다. 극단적인 예를 「슬럼독 밀리어네어」에서 찾을 수 있는데, 영화에서 갱단 구성원이 집 없는 아이들을 꾀어내어 먹이고, 입히고, 재워주며 심지어 최근까지 배를 곯던 아이들에게 간식을 주기까지 한다. 하지만 그가 이렇게 하는 이유는 아이들의 신뢰와 협조를 얻기 위해서다. 아이들을 눈멀게 하거나 신체 일부를 손상시켜 불쌍한 걸인에 맞는 모습으로 바꾸고, 여자아이들은 크자마자 성매매를 시켜 착취한다. 자신의 운명을 알게되었을 때 감사를 표하지 않고 갱단으로부터 도망친다고 아이들을 비난할 수 없다.

2) 보살핌받도록 의도된 이가 돌봄을 감사로 수용할 책무를 가질 때

마지막으로 보살핌받는 이의 역할을 살펴보자.

2.1) 거부자

돌봄은 두 행위자의 협력 행위보다 훨씬 복잡하다. 따라서 돌봄 거부자가 자신에게 이득을 주는 돌봄을 거부하면 그는 그 자신뿐만 아니라 돌봄제공자에게도 해를 끼치며, 둘 사이 관계 또한 손상시킨다. 우리가 선한 신념과 필요한 역량에 따라 제공되는 돌봄을 거부할 때, 우리는 관계를 거부하는 것이다. 우리와 가까운 사람들의 경우, 이것은 사랑과 염려의 표현에 대한 고통스러운 거절일 수 있다. 전문적으로 돌봄을 제공하는 사람의 경우, 이것은 그들의 의무와 책무를 좌절시킨다.

2.2) 지나친 요구자

합리적인 것 이상을 요구하는 이는 돌봄을 감사로 수용할 수 없다. 지나친 요구자는 타인의 관심(interests)을 자신의 관심에 종속시킨다. 매릴린 프라이(Marilyn Frye)의 표현을 빌리자면 지나친 요구자는 타인의 실체를 자신에게 이식한다.[70] 나이 든 남편이 (아내 또한 마찬가지로 나이 들었고 자신의 필요를 지닌 상황에서) 고용한 사람 누구에게도 만족하지 못하고 오로지 아내로부터만 돌봄받기를 요구할 때, 그는 아내가 똑같이 타당한 관심을 가지고 있음을 인정하지 못한다. 감사의 결핍은 돌보는 자의 필요를 부인하는 태도에서 나타날 수 있다. 대신 보살핌받는 이는 그 자신이 돌봄제공자에게 자신의 의지를 부과할 권리가 있다고 믿고 돌봄제공자를 그 자신의 권리를 지닌 인격으로 간주하지 않는다. 돌봄제공자의 행동을 그의 돌봄 의지에서 나오는 것으로 여기는 대신 보살핌받는 이는 그것을 그저 자기 의지의 연장으로 본다. 이것이 리바스가 돌봄제공자 행위주체성의 저자성에 대한 전유라고 부른 것이다.[71]

도덕적 선택을 내릴 수 있는 능력을 지닌 보살핌받는 이가 돌봄을 감사로 받아들이지 못하는 것은 그의 도덕적 결함이다. 하지만 그것은 특정한 사회 구조적 요소로 인해 촉진된다. 매우 전통적인 결혼에서 남편과 아내 사이의 보살핌 관계를 생각해보라. 의존 상태가 된 남편을 아내가 돌볼 때, 아내의 의지를 남편에게 종속시키는 것이 당연한 기대일 수 있으며 아내의 추가적인 노력은 배우자에게 보이지 않는다. 같은 상황이 여성 돌봄 노동자의 경우에도 명백하게 드러난다. 매우 지나친 요구를 하는 노인, 절대 만족하지 않는 환자의 이미지는 풍자적이지만, 삶의 실례는 가부장적 관계라는 뼈대로 지지된다. 자족의 의미에서 독립적인 것처럼 보이길 원하는 장애인의 고용된 개인 보조인의 상황도 비슷하다. 여기에서 뼈대는 불가피한 의존을 인정하지 않는 사회다.

　　간단히 말해, 거부자와 지나친 요구자는 스스로 돌보지 못하는 사람의 필요를 보살피는 윤리적 명령을 생략하며 따라서 실패할 운명에 처한다. 우리 삶에서 중요한 이들을 보살피는 것은 우리가 맡는 가장 중요한 윤리적 기획 중 하나이며, 그 실패는 거대한 상처이자 진정한 해악이다. 돌보는 자의 보살핌 성공 여부가 보살핌받는 이의 수용에 달려 있다면, 보살핌받는 이는 (그럴 수 있는 조건에 있는 한) 선한 신념과 필요한 역량으로 주어지는 돌봄을 수용할 책무를 지닌다. 노딩스는 말했다. "내가 얼마나 잘할 수 있는지는 (타인인) 당신이 나를 어떻게 수용하고 반응하느냐에 따라 달라진다."[72]

9장
영원히 작은: 애슐리 엑스의 이상한 사례

Ⅰ. 사례와 부모의 정당화

2002년, 평생 신체적 돌봄을 요하는 질환이 있으며 막 성조숙증 증상을 나타내기 시작한 여섯 살 여자아이의 부모는 장골 골단의 조기 봉합을 유도하기 위한 고농도 에스트로겐 투여를 요청했고 그것을 승인받았다. 그들은 아이의 키를 135센티미터로 유지하려 했다.[1] 아이의 체구를 작게 유지해 쉽게 돌보려는 것이었다. 술식에서 나타나는 자궁 출혈을 줄이고 자궁암 발생 위험을 낮추기 위해 에스트로겐 치료 전 자궁절제술을 시행했다. (가족력인) 유방암 발생 위험을 낮추고 (마찬가지로 가족 내력인) 가슴이 커지는 걸 막기 위해 가슴 몽우리도 제거했다. 외과 의사는 다른 술식과 무관한 충수절제술도 예방 차원에서 시행했다. 이 사실만 아는 독자들은 분노할 것이다. 어떻게 부모가 이런 일을 할 수 있으며, 어떻게 의사들은 이런 술식의 수행에 동의할 수 있다는 말인가?

여기에 덧붙이자. 이 아이는 원인을 알 수 없는 중증 인지장애를 가지고 있다. 정적뇌병증(static encephalopathy)과 뚜렷한 전반적 발달지연으로 아이의 지성은 심하게 제한되었을 뿐 아니라 이동하거나, 고개를 들거나, 자신을 위한 어떤 것도 할 수 없다. 아이의 의사들은 이 사례를 의학 학술지에 공개했고, 그 논문에서 술식은 "오래된 딜레마의 새로운 해결책"이라고 불렀다.[2]

아이의 장애 사실이 분노에 찬 반응을 바꾸는가? 그래야만 할까?

이것이 악명 높은 애슐리 엑스 사례다. 술식에 대해 알리는 과학 출판물이 나온 뒤 이 사례는 매체에 회자되었고[3] 부모는 자신의 이야기를 전하고 애슐리 같은 아이에게 그들이 "애슐리치료"라고 부른 것을 홍보하기 위해 웹사이트를 만들었다.[4] 모든 설명에 따르면 그리고 부모가 웹사이트에 언급한 것을 보아도, 중산층이고 잘 교육받은 전문직인 애슐리의 부모는 다정하며 보살핌을 베푼다. 그들이 아이를 작게 유지하려는 이유는 아이를 가능한 한 집에서 오랫동안 돌보고, 가족 행사에 아이를 참여시키고, 해변에 가는 것처럼 애슐리가 즐기는 활동을 할 수 있게 하기 위해서다. 그들은 딸이 결코 어머니가 될 수 없을 것이라고 주장하며 자궁절제술을 정당화했다. 자궁이 없으면 애슐리는 성폭행 피해자가 되더라도 결코 임신하지 않을 것이다.(장애를 가진 여성, 특히 인지장애를 가진 여성은 다른 여성보다 위험이 크다.) 그들은 가슴이 커지면 휠체어에 몸을 고정하는 스트랩이 불편해질 것이며, 가슴이 없어야 돌봄노동자가 애슐리를 성애화할 가능성을 낮출 것이라고 주장하며 가슴 몽우리의 제거를 정당화했다. 이에 더해 수술은 고농도 에스트로겐 치료로 인한 성기관의 암 발생 가능성이 높아지는 것으로부터 애슐리를 보호할 것이다. 많은 비판에도 불구하고 애슐리의 부모는 다른 "베개 천사"(그들이 애슐리에게 붙인 별명)를 돌보는 방식으로 애슐리치료를 능동적으로 변호하고 계속 홍보하고 있다.

그들이 제시한 근거는 충분한가? 그런 치료는 허용되어야 하는가? 그렇지 않다면 그 이유는 무엇인가? 애슐리치료에 비판적인 논증이 여럿 제시되었다.[5] 나는 그런 논증을 거의 활용하지 않을 것이다. 가슴 몽우리 제거와 자궁절제술이 이 사례의 강한 젠더적 측면을 보여주지만, 성장 억제는 소년에게도 적용될 수 있으므로 나는 이를 강조하지 않을 것이다. 그리고 에스트로겐 투여가 가슴 성장을 자극하므로 소년에게도 가슴 몽우리 제거가 이루어질 수 있다. 그러나 자궁절제술 이슈는 인지장애를 가진 여성에게 미칠 수 있는 특정한 유형의 해악과 관련되어 있다.

나는 이 술식이 부모의 편의만을 위하여 이기적으로 이루어졌다고 주장하지 않을 것이다.[6] 첫째, 관계적 설명에서 부모의 웰빙은 자녀의 웰빙과 관련되어 있으며, 그 역 또한 참이기 때문이다. 둘째, 나는 술식을 애슐리를 위해 했다는 부모의 말을 믿기 때문이다.

나는 술식의 '비자연성'을 매도하지 않을 것이다. '비자연'이라는 말이 인류의 발전을 저해하기 위해 너무 자주 사용되고 있기 때문이다. 비슷하게, 나는 애슐리의 부모가 애슐리를 그 자체로 수용하지 않았다고 주장하는 것도 삼갈 것이다. 그들의 사랑이 무조건적이라고 생각할 많은 이유가 있다.[7] 나는 대신 애슐리를 작게 유지하려 한 그들의 표현이 잘못된 판단이었다고 주장한다. 게다가 부모, 의사, 병원이 법원의 승인을 받아야 했으며, 자궁절제술을 위해 법원의 승인은 필수적이라고 주장하는 반대편 또는 회의론자에 나는 동의한다. 하지만 웰빙에 전념하는 부모를 둔 자녀의 의학적 치료나 돌봄에 대한 법원 개입에 있어 나의 견해는 장애공동체의 많은 이들보다 더 양가적이다.[8] 이런 이슈 대부분을 해결하기에 법원은 너무 적대적이다. 진정한 사랑 안에 있는 가족에게, 자녀 돌봄에 개입하는 결정에 직접 영향을 받지 않는 이들이 끼어드는 것이 더 큰 해악을 발생시킨다.

마지막으로 나는 술식이 애슐리의 존엄을 침해했다는 논증에 기대지 않는다. 애슐리에게는 침해받을 존엄이 없다고 주장한 이들도 있다.(나는 애슐리가 존엄을 지닌다고 믿으며 『누가 진정한 인간인가』에서 애슐리와 세샤를 포함하는 방식으로 존엄을 이해해야 함을 입증할 것이다.) 좌파에서는 최근 '존엄'이라는 말이 보수 우파의 도구가 되고 있다고 비판한다.[9] 나는 여기에 동의하지 않는다. 이 논증에 참여하지 않고 애슐리치료에 반대하는 논증을 제시할 수 있으면 더 좋을 것이다. 대신 나는 애슐리치료가 의도된 돌봄의 실례라는 자명한 사실에서 출발하여 그 정당화 가능성을 밝히기 위해 <u>배려윤리</u>를 검토할 것이다. 내가 언급할 돌봄윤리는 앞에서 내가 전개한 <u>배려윤리</u>의 영향을 받은 것이다. 애슐리 사례는 중요한 윤리적 결과를 야기하는 인간 체화에 관한 관점들을 보여준다. 이런 체화는 이제 영원히 작게 남을 소녀의 장애를 가진 신체로 체험되었다. 술식은 이후 다른 아이들에게도 시행되었다. 당면한 두 가지 질문이 있다. (1) 애슐리의 부모, 의사, 병원은 윤리적으로 행위했는가? (2) 애슐리치료는 중증 인지장애 및 이동불능의 예후를 보이는 아동의 모든 부모에게 허용되어야 하는가? 즉 애슐리치료가 효과적일 수 있는 나이인 2세에서 6세 사이에 말이다.[10] 두 번째 질문은 특별히 중요한데, 추정상 65명의 아동이 성장 억제 요법을 받았기 때문이다.[11]

이들 중 다수가 애슐리치료의 다른 요소(자궁절제술, 가슴 몽우리 제거, 충수절제술)를 받았는지는 논문에 포함되지 않았다. 적어도 세 명의 아동

(이 중 한 명은 남자아이)이 애슐리치료를 받은 것으로 알려져 있으며, 한 명은 뉴질랜드, 한 명은 런던, 한 명은 뉴욕에 있다. 술식의 장기적 효과에 대해 거의 알지 못하며 그 수용 가능성이나 불가능성에 관한 지침은 존재하지 않지만, 의학계에서 이 술식은 점차 수용되고 있는 것 같다. 이 술식은 새로운 의학적 개입을 도입하는 표준 절차를 적용받지 않는다. 연구도, 시험도 없다. 개입에 대해 객관적으로 알려진 것이 거의 없다는 사실 앞에서, 인터뷰 과정에서 드러난 부모들의 도덕적 확신은 놀랍다. 게다가 일부(특히 애슐리의 부모)는 술식의 활용을 적극적으로 홍보하고 있다.

도덕적으로 복잡한 이슈에서 어떤 논증도 결정적이기 어렵다. 나는 내 주장을 펼치면서 네 가지 의심스러운 가정과 관련된 네 가지 관련 논증을 결합해 설명할 것이다. 모든 당사자가 애슐리에게 최선의 돌봄을 제공하기 위해 선한 신념으로 행위했겠지만, 내가 8장에서 주장한 것처럼 좋은 의도만으론 충분하지 않다. 시든 식물을 보살피려고 물이라고 생각한 투명한 액체, 바로 식초를 부은 사람을 떠올려보라. 애슐리의 부모는 분명히 회복의 물을 부으려는 의도였다. 그러나 나는 그들이 식초를 대신 부었을 수도 있다고 주장한다. 게다가 손쉽게 이용할 수 있는 필요한 사회적 지원이 그들에게 마련되었다면 그들의 선택지는 아예 고려되지 않았을 수도 있다.

Ⅱ. 두 딸과 한 어머니의 여행 이야기

애슐리의 부모를 향한 엄청난 비판 앞에서, 지지자들은 그들과 같은 처지가 아닌 사람은 그들을 판단해선 안 된다고 반응했다.[12] 애슐리의 부모와

같은 처지였다고 간주할 수는 없지만, 나는 비슷한 처지에서 오랫동안 살아왔다.[13]

더는 아이가 아니라 40대 여성인 내 딸은 애슐리의 부모가 블로그에서 정의한 의미의 '베개 천사'와는 사뭇 다르다.[14] 세샤는 약간의 운동 능력이 있다. 세샤는 두 살 때 고개를 드는 법을 배웠다.(보통은 2개월 때 배운다.) 세샤는 (광범위한 재활 치료 끝에 다섯 살에) 걷는 법을 배웠고, 여전히 유아처럼 넓은 걸음으로 걷는다. 그러나 발작과 척추측만증으로 인해 혼자 이동하는 것이 너무 위험해지면서 오랫동안 휠체어를 사용해왔다. 애슐리처럼 세샤는 침대에서 매우 편안해한다. 하지만 우리는 쉴 때 빼곤 세샤를 침대에 두지 않는다. 급식관을 필요로 하는 애슐리와 달리 내 딸 세샤는 일반식을 먹는다.(딸의 기쁨이다.) 하지만 손으로 집어 먹는 것이 딸에게는 최선이다.

애슐리처럼 세샤는 혼자서 용변을 보거나, 말하거나, 침대에서 돌아누울 수 없다. 세샤는 일상생활의 일들을 스스로 처리할 수 없으며, IQ를 측정할 수도 없다. 애슐리처럼 다정하고 사랑스러우며, 사랑받기 쉽다. 장애와 무관하게 세샤와 같은 성향을 지닌 사람은 쉽게 '천사'라고 불릴 것이다. 형언할 수 없는 사랑스러움, 상냥함, 정서적 열림처럼 타인에게서 찾기 매우 어려운 특질을 세샤가 지니고 있기에, 때로 나는 딸이 다른 곳에서 우리에게 보낸 특별한 존재일까 하며 놀라곤 한다. 나는 애슐리 부모가 쓴 글에서 애슐리 또한 이런 특질을 가지고 있음을 감지한다. 그런데도 우리는 세샤를 '천사'로 부르기를 꺼리는데, 그 말에는 세샤를 인간 공동체에서 소외시키는 안타까운 부작용이 있기 때문이다. 세샤를 있는 그대로 사랑하는 것은 우리에게 매우 중요하며, 천사와 달리 세샤에겐 몸이 있고, 영원한 존재와 달리 세샤는 나이를 먹는다. 무척 다른 삶을 사는 사람을 인식하고 인정하는 일은 많은 사람이 어려워한다. 그렇기에 우리는 중증 인지장애를 가진 사람의 완전한 인간성을 반복해서 말할 필요가 있다.[15]

인지장애를 가진 자녀에 대한 부모의 기대와 희망(한쪽)과 다른 자녀에 대한 부모의 기대와 희망(다른 한쪽)에 매우 큰 차이가 있음을 우선 고려해야 한다. 부모로서 우리는 중증 인지장애 아동에게 우리를 조부모로 만들어준다거나 성공적인 경력을 가질 것을 기대하지 않으며, 그들에게 자기 행동의 책임을 묻지도 않는다. 그러나 우리는 모든 자녀에게 같은 것을, 가능한 한 건강하게 살아가며 행복과 기쁨의 기회를 누리고, 사악한 힘이 그들의 삶을 방해하지 않고, 타인의 삶에 어떤 식으로든 이바지하기를 바란다는 점을 고려할 필요가 있다.[16] 내가 1부에서 논증하려 한 것처럼 우리는 일반적으로 이런 것을 좋은 삶을 구성하는 요소로 여긴다. 부모가 장애를 가진 자녀에게서 발견하는 특별한 자질과 우리의 억제된 기대에도 불구하고, 우리는 대부분의 부모가 자기 자녀를 향해 품는 깊은 사랑, 자녀의 피어남에 대한 헌신, 삶을 자녀와 늘 함께하고자 하는 욕망을 공유한다.

애슐리치료는 애슐리의 부모가 내어놓은 획기적인 방법이며 그 전에는 누구도 고려하지 않았기에 세샤를 위한 우리의 선택지는 아니었다. 성장한 여성의 어머니라는 내 입장에서, 나는 내 딸에게 이런 일을 한다는 생각에 깜짝 놀랐다.(표현의 변화에 주목하라. '내 딸에게'이지 내 딸을 '위해서'가 아니다. 비록 (애슐리치료를 받은 뉴질랜드의 아동인) '찰리'의 부모는 이것을 '딸에게' 하는 것이 아니라 딸을 '위해서' 하는 것이라고 명시적으로 말했지만 말이다.) 세샤가 애슐리와 나이가 같고 세샤가 성조숙증 증상을 보였다면 나는 다르게 생각했을까? 여섯 살에 세샤는 신체적 진전을 보였으며 걷기 시작했다. 우리는 퇴보를 생각하지 않았고, 따라서 애슐리치료를 제안받았더라도 거절했을 것이다. 지금처럼 성인이 된 세샤가 독립적으로 걸을 수 없다는 사실을 그때 알았더라도 지금과 똑같이 말할 수 있을까? 내가 애슐리의 부모처럼 가슴이 커지고 음모가 나기 시작하는 여섯 살 아이를 대면한대도 똑같이 말할 수 있을까? 미래에 대한 불안과 두려움을 느꼈을 것임을 나는 분명 상상할 수 있다. 그래도 이 선택지를 숙고할 때 나는 누군가 나와 이것에 대해 철저히 논의해주었으면 좋았을 것이라고 지금은 말할수 있다.

성장한 세샤를 상상하는 일이 얼마나 어려웠는지 나는 이미 이야기했다. 그것은 이상했다. 아니, 솔직히 매우 괴로웠다. 그때나 지금이나 사람들은 발달'지연'이나 지적장애가 있는 아이에 대해 쉽게, 희망적으로 이야기한다. 끔찍한 학대의 피해자나 '어린아이 수준의 IQ'를 지닌 불쌍한 사람이 범죄를 저질렀을 때를 제외하면, 여전히 그렇게 분류되는 성인에 대해서 듣는 경우는 거의 없다. 매체에서 다운증후군을 가진 성인이 등장한다는 점에서는 상황이 변했지만, 발달지연과 지적장애를 가진 성인이 긍정적인 이미지로 등장하는 경우는 드물다. 세샤가 어릴 때, 나는 애슐리치료의 대상이 된 아이들에 관해 이야기하는 부모들처럼 '능력의 지평'에 의해 제한되었다.[17] 그것은 애슐리의 부모가 자기의 베개 천사에게 딱지 붙인 것처럼 우리 아이가 "영구적 불능(permanently unabled)"이리라는 지평이다.

성장한 여성의 어머니의 시점으로 나는 이전의 고통을 되돌아본다. 지배적이었던 능력의 지평은 사랑스러운 여성이 된 세샤가 누구인지를 풍부하게 수용하고 충분히 이해하는 일에 자리를 내어주었다. 태어난 순간부터 세샤를 사랑했지만, 지금은 더 많이 사랑하고 있는지도 모르겠다.

세샤는 자신의 성격을, 자신만의 성숙한 아름다움을 획득했다. 당연히 애슐리도 그럴 것이다. 애슐리의 부모는 "영구적 불능"이라는 말의 의도를 다시 생각해야 할 것이다. 어떤 면에서 불능인가? 무엇이 영구적인가? 시간이 흐르고 애슐리가 세상에 자기 이야기를 드러내면서 변하는 것은 무엇인가?

하지만 (앞에서 적었듯 장애 없는 내 아이에 대해 얼마나 알지 못했고 이해하지 못했던가를 배워야 했던 것처럼) 딸에 관해 알게 되면서 내가 점차 겸손하게 성장해갔다는 점이 특히 중요하고 의미있다. 세샤의 타자성은 오늘도 그 뚜렷함이 더하기도 하고 덜하기도 하다. 능력과 무관하게 우리가 서로에게 선사하는 신비로움의 봉쇄적 특징이 점차 명확해지고 있다. 우리는 항상 서로를 어두운 유리를 통해서 본다. 하지만 인지장애를 가진 아이를 볼 때면, 그 유리는 더욱 검다.

동시에 나는 이전에 내가 가정했던 것처럼 세샤의 장애가 큰 차이가 아님을 점점 더 알게 되어간다. 발달을 IQ 검사로 확인할 수 없지만 세샤는 점점 더 정서적으로 성숙해간다. 내 성인 아들처럼, 수십 년의 세월이 딸의 취향을, 이해를, 세계에 대한 반응을 바꾸어왔다. 이 모든 것이 애슐리치료의 윤리적 차원을 고려하는 데 무시하기 어려운 관련성을 지닌다는 것을 나는 보이고자 한다.

III. 배려윤리의 틀

애슐리치료에 반대하는 여러 논증이 제시되었으며 그중 몇 개는 다른 것보다 인상적이지만, 우리는 7장과 8장에서 설명한 배려윤리에 호소하고

자 한다. 이러한 윤리는 장애학자 토빈 시버스가 장애의 "복잡한 체화 (complex embodiment)"라고 부른 것과 조응하는 복잡한 장애의 사회적 모델과 양립한다. 이 윤리는 장애를 가진 사람에게 특별히 중요한 권리, 특히 (애슐리치료와 관련해) 신체보전의 권리 개념을 숙지하고 있다.

배려윤리에 따르면 타인을 위해 타인의 피어남에 우리 자신이 관여하도록 촉진받을 때, 우리가 의도한 행동으로 타인의 피어남에 이바지할 때, 우리는 다른 사람을 배려한다. 우리의 윤리적 삶이 불평등한, 의존적인 당사자들을 포함한다는 것을 인식하기에 배려윤리는 애슐리치료의 윤리를 고려하기 위한 적절한 도덕적 틀로 보인다. 애슐리치료는 중증 인지장애 및 이동 불능으로 진단받은 아동이 동의를 표하거나 대화에 참여할 수 없다는 지점에서 출발하며, 권력과 의존성에서 비대칭적인 당사자들을 포함한다. 비대칭성은 자녀와 부모 사이의 권력과 상황에서만 나타나지 않는다. '대체(대리) 판단'을 내리는 위치에 있는 부모는 그 자체로 의학적 상황에서 온전히 평등하며 자율적인 행위자가 아니다. 그들은 아이에게 최선의 선택을 내리기 위한 전문성을 갖춘 의료인에게 의존한다.

배려윤리는 의료인이 그들 자신의 권력 비대칭성을 인식할 것을 요구한다. 돌보는 자라는 역할에 있어 의료인은 부모의 관점과 염려에 귀를 기울여야 한다. 하지만 장애를 가지고 있지 않으며 장애 아동의 부모였던 적도 없는 신참 부모는, 자신의 비장애중심주의적 편견, 자신의 '능력의 지평'을 상황에 끌고 들어올 가능성이 크다. 부모가 의존하는 사람은 그들이 자신의 편견과 제한된 관점을 인식하도록 부모를 독려하는 것이 이상적이다. 불행히도 의사들은 장애를 의학적 상태로만 보려는 경향이 있다. 그것은 장애를 가진 삶의 이해에 반영되어야 하는 여러 사회적 요소를 무시하게 만드는 전문가적 위험이다. 의사와 부모는 자녀를 온전히 보살펴기 위해 장애를 가지고 생활한 삶에서 나온 관점을 더 잘 제공할 수 있는 사람에게 정보를 요청하고 이를 이해할 필요가 있다.

이런 정보는 반드시 필요한데, 배려윤리는 우리가 타인의 필요에 대해 자신을 '투명하게' 만들어 (우리가 확인할 수 있는 한) 그 필요를 경험하는 개인의 이익을 촉진할 것을 요청하기 때문이다. 돌보는 자로서 우리의 도덕적 작업은 보살핌받는 사람의 관점에서 세계를 그려볼 것을, 보살핌받는 이의 필요, 욕망, 관심에 따라 반응할 것을, 우리 자신의 필요, 욕망, 이익이 보살핌받는 개인의 필요, 욕망, 관심을 채색하거나 모호하게 하거나 방향을 바꾸는 방식에 주의를 기울일 것을 요구한다. 어린이처럼 아직 성장 중인 사람을 대하는 이에게도 이 일은 이미 어렵지만, 필요와 관심을 명료하게 소통할 수 없는 이를 보살피는 사람에겐 특히 도전적이다. 애슐리와 같은 아이의 경우 그 어려움은 극복할 수 없을 만큼 커진다. 우리는 점근적으로 가까워질 수 있을 뿐이다. 그러나 애슐리와 같은 취약한 개인을 대할 때야말로 그런 엄격한 요구 조건이 필요하다.

배려윤리의 제약 안에서 모든 돌보는 자, 부모, 의사, 병원윤리위원회는 장애의 체험된 경험을 배워야 한다. 관점을 제공할 수 있다는 사실만으로 그 사람은 애슐리치료의 대상이 아니기 때문에 이 문제는 복잡할 수밖에 없다. 그런데도 배려윤리의 제약 안에서 장애공동체가 애슐리치료의 판단에 부정적이라는 사실은 분명히 도덕적 무게를 수반한다. 제삼자가 이 사례의 결과에 관심이 있을 뿐만 아니라, (특히 중요하게는) 비장애인 부모가 장애 아동 자녀의 필요를 더 투명하게 파악할 수 있도록 장애를 가진 사람이 돕는다는 점에서 그렇다. 성장 억제 요법이나 애슐리치료를 택한 부모와의 인터뷰를 읽은 독자는 그들이 자녀의 최선에 관해 지닌 확신 때문에 놀란다. 부모로서 우리 모두는 자녀에게 최선이 무엇인지 알기를 원한다. 그리고 사실, 나는 부모가 자녀에게 무엇이 최선인지 알기에 특히 유리한 입장이라고 믿는다. 부모가 자녀의 복리를 깊이 (아마도 다른 누구보다도 깊이) 염려할 만큼 자녀를 사랑하고, 이 특유한 자녀의 복리가 무엇인지 확인할 수 있을 만큼 충분히 아이를 잘 안다면 말이다.

그러나 모든 부모는 때로 틀린다. 때로 크게 틀린다. 때로 그들의 사랑이 지닌 힘 자체가 그들을 유혹에 빠뜨린다. 자녀가 "나무에서 멀리 떨어진 사과"(부모와 매우 다른 아이를 가리키기 위해 앤드루 솔로몬이 사용한 비유)인 경우, 부모의 인식적 접근은 많은 부모가 인정하고 싶어하는 것보다 훨씬 더 제한적이다. 자녀의 삶이 막 시작한 순간, 장애 아동의 비장애인 부모는 장애인이 몰아내려고 노력하는 비장애중심주의적 가정 속에 있다. 따라서 자녀가 성인이 되어 경험할 삶과 비슷해 보이는 삶을 산 타인이 자녀의 피어남에 필요한 것을 추가적으로 더 잘 판단할 수 있다.

사랑으로 충만한 가족을 가정할 때, 나는 자녀의 웰빙이 부모와 형제의 웰빙에서 무척 중요하다는 것을 당연시한다. 부모와 형제의 웰빙이 자녀의 웰빙에 중요한 것처럼 말이다. 이 상호의존성은 애슐리치료가 애슐리 자신을 위한 것이라는 애슐리 부모의 논증의 중심에 놓이며, 애슐리치료에 반대하는 이들도 부모의 주장을 설득력 있게 받아들이도록 만드는 요소다. 그러나 <u>배려윤리</u>에서 제대로 인식되는 관계적 주체의 다공성[+]은 주체들의 온전한 합병도, 한 주체의 관심이 다른 주체의 관심을 흡수하는 것도 허락하지 않는다. 주체가 관계적이라고 하여 주체가 어떠한 온전성을 유지해야 할 필요를 상실하는 것은 아니다. 반대로 관계를 맺으려면 주체는 자신의 온전성을 유지해야만 한다. 그렇지 않으면 관계는 붕괴한다. 타인을 삼킨 하나의 주체만이 남는다. 7장에서 우리는 합병 개념이 어떻게 돌봄윤리의 '유혹'이 되는지 확인했다.

타인을 향한 <u>보살핌의</u> 행위는 상대방의 관심을 나의 것과 동일하게 생각하는 것과 그것을 전적으로 별개의 것으로 생각하는 것의 중용이다. 이 중용을 달성하기 위해 가족 구성원은 일반적으로 합의된 제한 안에서 행위해야 한다. 예를 들어 다른 누구보다 자기 자녀를 잘 알고 자녀의 나쁜 행동을 다룰 유일한 방법은 자녀를 때리는 것이라고 주장하는 부모가 있다고 가정해보자. 그러나 아이를 심하게 때리는 것은 타인의 신체보전의 권리를 침해하면 안 된다는 강한 도덕적 금지를 위반하는 것이며, 우리는 부모의 권력이 거기까지 닿지 않는다고 생각한다. 애슐리치료 사례에서 쟁점은 애슐리 부모의 행동이 그런 제한 안에 속하는지 혹은 부모 권력의 적법성을 넘어섰는지다.

　　<u>배려윤리</u>는 우리에게 윤리적 상호작용의 체화적·맥락적 본성 또한 고려해야 한다고 경고한다. <u>배려윤리</u>적 관점에서 우리는 그 사람에게 관심을 보이지 않고 그의 신체에 관심을 가질 수 없으며, 그들의 신체보전과 웰빙에 대한 관심 없이 그 사람을 돌볼 수 없다. 따라서 타인의 신체보전의 권리를 존중하는 것은 <u>배려윤리</u>에서 매우 중요하다. 게다가 우리는 특정한 행위자 및 윤리적 숙고에 연관된 시간, 장소, 상황을 고려하지 않고 온전한 규범적 의미의 돌봄을 행할 수 없다. 애슐리 엑스의 사례에서 특정한 아이와 특정한 가족의 맥락이 중요하다 하더라도, 애슐리의 돌봄에 관한 맥락은 타인의 돌봄에 있어서도 중요한 함의를 지닌다. 애슐리의 부모

＋엘렌 식수(Hélène Cixous)는 주체의 취약성이 타자로 건너가기 위한 다리라고 말하며 피부의 다공성, 열려 있음이 주체와 타자를 연결하는 매개가 될 수 있음에 주목하였다. 관계적 주체는 개별적 주체와 달리 타자와 공존한다. 그것은 타자 없이 살 수 없음을 넘어, 내 안에 이미 타자가 들어와 있음을 의미한다. 여기에서 개별적 주체가 상정한 나와 외부의 명확한 구분은 흐려지며, 그것을 성취하는 것은 타자의 투과를 허용하는 경계의 다공성이다.

가 애슐리치료를 알리려고 했기 때문만은 아니다. 배려윤리 안에서 애슐리치료를 평가하지 않는다면, 우리는 사례의 더 넓은 맥락적 요소를 무시하게 될 수 있다. 특히 역사적으로 쟁점화되어 왔으며 오늘날에도 여전히 (장애를 가진 사람들이 계속 받아온) 심한 낙인, 학대, 폭력의 대상인 인구 집단 말이다.

그러나 내가 가장 크게 의지하는 배려윤리의 측면은 8장에서 논의한 돌봄의 완성이라는 역할이다. 가장 관련성이 높은 것은 타인을 향한 봉사를 보살핌받는 이가 돌봄으로 수용하지 않는다면 그것은 배려가 아니라는 견해다. 애슐리와 (공개되지 않은) 다른 애슐리치료 및 성장 억제 사례가 어떻게 전개될지는 아직 지켜봐야 하기에 최종 판결은 불확실하다. 앞으로 알게 되겠지만 배려윤리는 애슐리치료를 배려, 즉 온전한 규범적 의미에서의 돌봄으로 보기 의심스러운 여러 이유를 제시한다. 이 장에서는 선한 의도에도 불구하고 애슐리나 다른 해당 장애 아동에게 애슐리치료가 도움이 되기 어렵다고 주장한다. 돌봄의 이름으로 행해졌지만, 애슐리치료는 중대한 면에서 피어남을 촉진하지 못하기에 부족하다.

IV. 애슐리치료의 의심스러운 가정

애슐리치료를 용납하고 그 확산을 지지하는 논증은 내가 제시할 의심스러운 가정들과 결합되어 있다. 일부 가정은 더 일반적인 체화의 질문과 연관되며, 다른 것들은 구체적으로 장애를 가진 신체 및 정신과 관련된다. 첫 번째 가정은 우리가 그 개인에게 신체가 도구적 중요성을 가질 뿐이라고 간주하더라도 그 사람의 인격을 존중할 수 있다는 것이다. 두 번째 가정은 우리가 인지 손상을 입은 개인의 **정적** 정신 연령을 정할 수 있다는 것이다. 첫 번째 가정에 숨어 있는(숨어 있다기엔 잘 보이지만) 데카르트적 정신/신체 이원론을 통해 애슐리치료 지지자들은 술식이 그저 신체 크기를 정신 연령에 맞출 뿐이라고 주장할 수 있다.[18] 세 번째 가정은 이동 불능인 중증 인지장애 아동에게만 술식을 제한적으로 사용하는 경우, 애슐리치료나 성장 억제 요법이 무분별하게 사용되거나 어떤 식으로든 오용될 위험을 피할 수 있다는 것이다. 마지막 가정은 애슐리치료가 애슐리를 보살피며 생기는 어려운 문제들을 해결하여 애슐리를 가족의 품 안에 둘 수 있게 해준다는 것이다. 이런 가정은 어떻게 인지장애에 관한 보다 완전한 이해와 배려윤리에 위배되는가?

1) '도구화된' 신체

1.1) 신체보전의 권리

애슐리치료에 제기된 여러 비판을 잠재우기 위해 쓴 논문에서 더글러스 디에크마(Douglas Diekema)와 노먼 포스트(Norman Fost)는 신체보전의 권리를 인정하지만, 특정 조건 아래에서 특정한 경우에는 의사가 무시할 수 있다고 주장한다. 당사자나 대리 의사 결정자의 허락이 있으면 그렇게 할 수 있다는 것이다. 그런 허락을 받지 못해도 의사는 의학적으로 제거할 필요가 있는 "종양, 편도, 충수"가 있다면 그 권리를 무시할 수 있다고 그들은 지적한다.[19] 게다가 장애를 가진 아동의 경우, 의사는 "신체적 외양을 바꾸며", "위창냄관과 기관절개관"을 삽입하고, 절골술을 시행한다.[20] 그들은 애슐리치료가 이와 다르지 않다고 주장한다. 그렇다면 애슐리치료는 윤리적으로 동등한가? 나는 그렇지 않다고 믿는다.

우선 자율적인 환자의 허락도 항상 결정적인 것은 아니다. 신체는 자기 자신의 것이지만, 우리는 신체를 침해하거나 타인이 침해하도록 허락할 절대적 권리가 있다고 생각하지 않는다. 애슐리는 허락할 수 없었기에 허락하지 않았다. 이 경우 대리인(보통 부모)이 결정한다.[21] 보살피는 부모보다 아이가 최선의 이익을 얻는 것에 마음을 쓰고 그것을 결정함에 있어 더 잘 준비된 사람이 있을까?(나 또한 부모로서 타인의 개입을 원치 않는다.) 하지만 아이의 최선의 이익을 결정함에 있어 (부모를 포함하여) 한 사람의 믿음은 확고한 토대 위에 놓여 있어야 한다. 장애 아동의 신참 부모는 자녀의 삶이 어떤 궤적을 그릴지를 잘 알지 못하기에 그들의 결정은 흐르는 모래 위에 얹혀 있다. 게다가 그들의 결정은 자녀가 언제나 '아기의 정신에 머물' 것이라는 의사의 평가에 기초한다. 이것은 부모를 잘못된 길로 이끈다.

허가가 필요하지 않은 의료 술식은 적절한 비교 대상인가? 종양은 생명을 위협하거나 중요한 신체 기능을 방해하기 때문에 제거한다. 편도는 감염 감수성을 높이기 때문에 제거한다. 충수를 제거하는 것은 그것이 감염되었거나 감염될 가능성이 있어 생명을 위협하기 때문이다. 긴급한 위험에 처해 동의를 얻느라 시간이 지연되어 위태로워지는 경우에는 의사는 허락 없이 술식을 진행할 수 있다. 이 조건 중 어떤 것도 애슐리 사례에 적용되지 않는다. 애슐리 사례에서 건강한 세 장기인 충수, 자궁, 가슴 몽우리가 외과적으로 제거되었다.

디에크마와 포스트가 나열한 술식 모두가 생명을 보존하거나 건강 상태를 개선한다는 점에 주목해야 한다. 이런 술식은 아이의 장애 여부와는 무관하게 치료가 필요한 특정한 병을 다룬다. 생명을 보존하거나 기능에 영향을 미치지 않는 술식을 장애 아동에게 행하는 것은 주의 깊게 고려해야 하는 중요한 도덕적 질문을 던진다. 애슐리치료에 포함된 술식은 생명, 건강, 기능 어느 것도 보존하지 않는다. 디에크마와 포스트는 어떤 술식은 애슐리치료보다 더 문제적일 수 있지만 의사들이 수행하고 있다는 사실을 지적한다.[22] 그러나 우리가 몇몇 의심스러운 실천을 허용한다는 것이 다른 것을 허용하기 위한 정당화로 작용하기는 어렵다.

애슐리치료의 지지자는 앞서 언급한 모든 치료는 환자의 피어남을 촉진하려는 의도에서 행해졌기 때문에 애슐리 사례에서 신체보전의 침범은 궁극적으로 정당화된다고 응수하고 싶을 것이다. 애슐리치료는 부모의 돌봄을 촉진하며 이런 돌봄이 애슐리의 피어남을 향상하는 데 가장 중요하므로 치료는 정당화된다. 신체를 변형하지 않고 애슐리의 돌봄이 불가능하다면…… 그러하다.

애슐리의 부모는 애슐리가 작은 상태일 때 줄 수 있는 유의 돌봄에는 대체재가 없다고 주장한다. 간호사이자 철학자로 애슐리치료를 (주저하면서) 옹호하는 로버트 뉴섬 3세(Robert Newsome III)는 그럼에도 애슐리 부모의 주장 일부가 과장되었다는 것을 인정한다. 예컨대 아이를 시설에 보내지 않아도 된다는 것을 보장해주기 때문에 치료가 필요했다는, 애슐리를 성가신 승강기로 옮겨야 할 필요가 없다는, 이를 통해 애슐리에게 욕창이 생기지 않으리라는, 이 체구로 남을 때 애슐리에게 그토록 의미 있는 포옹을 해줄 수 있다는 주장이다. 뉴섬은 블로그에 적었다.

우리는 실제로 비만 환자를 매일 들어 올리고, 옮기고, 그들의 자세를 바꾼다. 나는 일 년 넘게 230킬로그램이 넘는 여성 환자 한 명을 간호했다. 그는 특수 장비의 도움을 받아, 일어서서 옷을 입고 식당으로 점심을 먹으러 가며 매일 빙고를 했다. 특수 침대 덕에 압박 궤양 없이 지냈다. 내가 근무할 때마다 우리는 포옹했다. 분명 애슐리도 성장 억제 없이 학교에 가고, 가족과 공동체 생활에 참여하며, 압박 궤양 없이 포옹 등을 누릴 수 있었다.[23]

그는 이어서 적었다.

그러나 문제는 거기에서 끝나지 않는다. 보살핌은 기계와 비인간에 의해 매개되지 않을 때 가장 진정성 있고 보람찬 일로 느껴진다. …… 인간의 접촉은 인간의 보살핌에서 중대한 요소다. 그것은 기계가 할 수 없는 방식으로 위안을 준다. …… 그런 이유에서 내가 호이어 승강기를 좋아하지 않는다는 점을 고백한다. 나는 환자에게 끈을 두르고 들어 올리는 것을 좋아하지 않는데, 그것은 기계의 도움을 받아 배에서 바지선으로 말을 옮기는 것 같은 느낌을 주기 때문이다. 게다가 환자 대부분도 승강기를 좋아하지 않는다. 직접 물어보면 알 것이다. 인지 능력이 온전한 이들은 말로 대답할 것이고, 그렇지 않은 이들은 다른 방식으로 알려줄 것이다. 승강기가 이렇게 거추장스러울 필요가 있는지 질문할 필요도 있다. 장애인들이 더 나은 치료를 요구하여 장비는 발전해왔다. 옛 일침을 가져와 본다. "우리가 사람을 달에 보낼 수 있다면……."

최근까지 세샤와의 경험은 승강기 사용을 평가하는 데 별로 도움이 되지 않았다. 세샤는 (누가 잡아주면) 일어서서 돌아설 수 있었기 때문에 우리는 승강기를 쓸 일이 거의 없었다. 불행히도 발작 관리와 뇌전증 후유증으로 몇 번 입원하면서 세샤는 서 있을 수 없을 만큼 약해졌고 우리는 승강기에 의존할 수밖에 없었다. 그걸 사용하는 게 이상적이진 않다고 나 또한 고백해야겠다. 그러나 얼마나 많은 환자가 그것에 반대하는지는 잘 모르겠다. 세샤는 라이드(우리가 부른 방식이다.)를 실제로 즐겼다. 세샤는 들어가서 끈을 잡을 때 웃었고, 끈을 잡고 그네처럼 그것을 탔다.(내 생각에 승강기와 문제를 겪은 것은 세샤보단 나다.) 분명 뉴섬의 지적처럼, 우리는 신체의 일부분이 들리지 않고도 사람을 포용할 수 있다. 들리는 사람이 가장 염려하는 것은 자신의 안전이다. 떨어지면 안 되니까! 나는 꽤 오래전 세샤와 같이 살던 한 청년이 돌봄노동자에게 들리다가 떨어졌던 일을 안다. 그는 그렇게 무겁지도 크지도 않았다. 그의 어머니에 따르면 그는 더 안정적인 기계 승강기를 더 선호하게 되었다고 한다. 우리가 세샤를 일으켜 돌려 세울 때, 세샤는 실제로 안긴다. 그것은 세샤가 떨어지지 않게 하는 가장 확실한 방법이다. 세샤가 기분이 좋을 때, 세샤는 그것을 포용으로 받아들이고 유념하지 않는다. 안는 것이 불편해 보일 때도 있다. 포용은 그것이 포용일 때 포용이다. 그것이 다른 목적을 위한 수단일 때는 꼭 포용으로 경험되리란 법은 없다.

　손으로든 기계 장치로든 다뤄지는 것이 언제나 환영받지는 못하며, 손이나 장비는 보살핌과 염려로 사용될 수도 있지만 아닐 수도 있다. 부모의 손과 팔로 할 수 있는 일을 누군가의 도움을 받거나 장비에 의존한다면, 상실이 있을 수 있다. 그러나 보조 없이 애슐리를 돌보는 능력이 상실될 수 있더라도 애슐리를 잘 돌보는 능력, 심지어 집에서 돌봄을 제공할 수 있는 능력은 상실되지 않는다. 이용 가능한 서비스 및 자원을 아는 것, (뉴섬이 권고한 것처럼) 더 많은 서비스와 더 나은 장비를 요구하는 것, 새로운 사람과 장비에 적응하는 것 모두 시간과 에너지를 필요로 한다. 당연히 중증 장애를 가진 아이를 기르는 것은 충분히 힘들다. 내가 그 상황에 처해 보았기에 잘 안다. 애슐리치료, 특히 성장 억제 요법은 그런 어려움을 가로지르는 지름길이다. 그러나 우리가 중증 인지장애가 없는 사람을 여섯 살의 신장으로 제한하는 것을 정당화할 마땅한 이유가 없다고 믿는다면+ 술식이 장애를 치유하거나 완화하는 것이 아니므로 이 장애 사례에서도 이 술식을 사용해선 안 될 것이다.

수 스웬슨(Sue Swenson)은 어머니로서 말했다. "[장애 아동의] 부모 또한 사회의 범위 안에서 움직일 필요가 있다." 그는 어려움과 함께 열리는 기회에 관해 다음과 같이 적는다.

> 법적으로 시각장애, 사지마비, 언어장애, 자폐, 최중증 인지장애를 가졌고, 180센티미터 86킬로그램인 아들을 돌보는 것은 어렵다. 젠장, 이렇게 말하고 보니 완전히 불가능해 보인다. …… 아들이 열한 살이 된 이후로 우리가 유일한 돌봄제공자였던 적은 없다. …… 가족 지원은 우리에게 놓아주는 방법을, 우리 아기의 얼굴 뒤에서 나타나는 남자를 인식하게 도와주었다. 우리에겐 중증 장애 아동을 기르기 위한 정보와 훈련이 필요했다. 어떻게 아이의 자세를 잡아줘야 아이가 활동 보조에 참여할 수 있는지, 승강기 없이 아이를 어떻게 옮기는지, 어떻게 이동을 돕고 유용한 장비를 찾는지, 원하는 것이 무엇인지 어떻게 확인하는지, 아이의 권리에 관해 어떻게 생각하는지와 같은 것. …… 우리는 다른 아들들을 사랑하는 것처럼 우리의 최중증 장애 아들을 사랑한다. 다른 아들들처럼 그는 강하고, 정중하며, 복잡하고, 흥미로운 인격이다. 그는 그 자신인 사람이다.[24]

1.2) 성장 및 성적 발달의 내재적 선

디에크마와 포스트는 자녀의 성장에 대한 다른 조작법인 성장 촉진 요법과 성장 억제 요법을 비교하여 성장 억제 요법을 옹호한다. 그들은 성장 억제 요법의 수용이 논쟁거리가 아니라고 강력히 주장한다. 주어진 규범 안으로 아이를 밀어 넣는 것이 성장 촉진 요법의 요점이라고 사람들이 잘못 생각하고 있으며, 사람들이 성장 억제에 반대하는 것은 성장 억제 요법이 아이를 이 규범으로부터 더 멀어지도록 하기 때문이라고 그들은 말한다. 대신 두 요법 모두 규범적 신장과 관련이 없고, 특정 목적에 도움이 되도록 신체를 조작한다고 디에크마와 포스트는 주장한다. 성장 촉진은 아이가 직업 시장과 사회적 상호작용에서 경쟁력을 갖추도록 돕는다. 성장 억제 요법은 아이를 집에서 충분히 보살피도록 작게 만든다.[25]

그러나 아이의 건강이 유지되고 적절한 영양을 공급받을 때 성장이 일어난다는 데에 성장 억제와 성장 촉진의 차이가 있다. 이것은 그의 유전적 조성이 작은 키로 귀결될 때도 사실이다. 연골연화증을 가진 아동은 건강 유지와 적절한 영양 공급을 통해 연골연화증을 가진 성인의 신장으로 자란다. 비록 몇몇 부모는 사회적으로 수용된 규범 안에서 신장을 통해 아이가 사회적 이득을 누릴 수 있도록 성장 촉진을 택하지만, 성장 억제 또한 키가 큰 소녀를 사회적으로 수용된 규범에 맞추기 위해 사용되어왔다. 1950년대와 1960년대에는 여자아이가 키가 크면 사회적으로 명백히 불리했다. 이 사회적으로 구성된 '문제'의 혁신적 '해결책'은 고농도 에스트로겐을 사용한 성장 억제 요법이었다. 우리가 젠더 평등으로 나아가면서

+ 물론 이것은 저신장장애인을 제외한다. 성장 억제에 대한 반론을 인간 변이 중 하나인 저신장 장애인에 대한 폄하로 이해해서는 안 된다.—지은이

키가 큰 여자아이에게 시행하는 성장 억제 요법은 억압적인 젠더 관행이라는 쓰레기통에 버려졌다. 이윽고 아이가 성장하지 못할 의학적 이유가 없는 경우에도 우리는 사회적 수용을 위한 성장 촉진을 같은 방식으로 검토하기 시작했다. 엄격한 규범의 사회적 수용을 위해서든 다른 도구적 목적을 위해서든 아이의 신장을 조작하려는 시도는 신체를 그저 도구로만 취하는 의심스러운 행동이지, 주체의 체화가 아니다.

이 신체의 도구화를 알리듯 비판자들은 성장 억제 요법의 목적이 애슐리 같은 아이의 체구를 작게 유지해 가족의 궤도 안에 두려는 것이라면 왜 다리를 자르지 않느냐고 (수사적으로) 질문해왔다. 디에크마와 포스트는 이 수사적 질문이 그럴듯하다고 여겨서 다리를 자르지 않는 "사소하지 않은" 이유를 제시한다. 정맥 주사를 맞을 수 있는 자리가 줄어든다는 것이다![26] 그 대답이 사실이라 해도 그런 반응은 괴이하다. 우리는 신체보전을 중요한 내재적 선으로 여기며 그 때문에 건강한 다리를 제거하는 것에 혐오감을 느낀다. 다리를 제거(또는 성장 억제)할지 결정할 때, 우리는 위험과 이득뿐만 아니라 우리의 가치로 저울질한다. 뛰어난 체조 선수(또는 작은 키가 유리한 기수나 키잡이 등)가 되기를 너무나 원하는, 재능 있는 사춘기 이전인 아들을 위해, 성장 억제 요법을 요청하여 신장과 꿈의 실현을 교환하려는 부모를 상상해보라. 분명 이 요청은 거부될 것이다. 요청에 동의하는 것은 소년의 미래 선택지를 닫는 것이라고 주장할 수도 있다. 그러나 요청을 거부하는 것 또한 그가 열정과 재능을 입증해 보일 선택지를 닫는 것이다. 대신 우리가 그의 몸을 그저 특정한 야망이나 목표의 도구로 간주할 때, 우리는 그를 또한 그저 도구로 취급하는 것이라는 도덕적 직관을 나는 과감히 주장한다. 우리의 몸은 우리 자신이다. 우리 몸에 하는 것이 우리에게 하는 것이다.

디에크마와 포스트는 성기에도 똑같은 도구적 견해를 취한다. 가슴 몽우리 제거가 성적 쾌락도 제거할 것이라고 추측하며, 그들은 애슐리가 "착취당하거나 성폭행당하지 않고 성적 쾌락을" 절대 경험하지 않을 거라고 걱정을 즉시 일축한다.[27] "관심을 끌만한 여성이 되는 것이 애슐리에게 어떤 의미인가?"라고 묻자 그들은 대답한다. "소녀와 여성을 구분하는 통상적인 특징 대부분(결혼하고 출산하고 일하고 자율적 삶을 영위할 기회)은 자궁 유무, 온전히 발달한 가슴, 표준 신장과 상관없이 애슐리에게 가능하지 않다."[28]

얼굴에서 앳됨이 가시면서 세샤의 신체는 여성의 형태가 되어갔다. 세샤가 자기 가슴을 보고 기뻐하는지, 애초에 그것을 인식은 하는지, 관심이 없어 지나치는지, 다른 소녀와 자신을 비교하는지 알지 못한다. 내가 아는 유일한 것은 내가 알지 못한다는 것이다. 세샤에 대한 어떤 것도 (세샤의 완전한 무능력을 포함하여) 세샤가 이렇게 느끼지 못한다고 알려주지 않는다. 내가 말할 수 있는 것은 세샤의 엄마로서 딸의 여성스러움을 내가 기뻐한다는 것이다. 그것은 지금 세샤의 일부이다.

수 스웬슨의 아들처럼 162센티미터 55킬로그램으로 성장한 세샤는 다루기 더 어려워졌고, 우리는 이에 적응해야 했다. 마흔 살인 세샤는 이제 주중에는 우리와 떨어져서 지내고 주말에는 우리 집에 오는데, 세샤가 너무 크거나 여성스러워졌기 때문이 아니다. 세샤는 우리 집에 갇혀 있는 것보다 삶의 지금 단계에서 속한 공동체에서 더 다양하고 온전한 존재가 된다. 어느 시점에서부터 우리는 모든 곳에 세샤를 데리고 가지 않는다. 세샤가 컸기 때문이기도 하지만 아들과의 시간이 필요했기 때문이다. 그리고 아들은 세샤와는 공유할 수 없는 일을 우리와 함께할 시간이 필요했고. 세샤가 작고 말랐다면 몇 가지 일은 더 쉬워졌으리라. 세샤를 데리고 가기 어렵게 만들기 시작한 것은 세샤를 잘 잡아주기 위해 필요한 성가신 휠체어였다.

요새는 산책과 물놀이를 위한 우산 유모차와 해변용 카트가 있다. '세샤를 작게 유지하는 해결책'이 우리에게 주어지지 않았기에 유감인가? 아니, 결코 그렇지 않다. 우리는 세샤를 일으켜 세웠을 때 세샤가 나보다 조금 더 크다는 사실을 사랑한다. "세샤! 너 엄마보다 더 크다!" 왜? 왜 자녀가 얼마나 컸는지를 알아채는 것을 즐거워하는가? 우리는 우리 몸이 성장하는 모습을 보며 즐거워하고 자랑스러워한다. 그만. 이것은 추가적인 정당화를 필요로 하지 않는다. 이것은 삶의 성장을 구성한다. 이것은 가슴과 자궁 없이 또는 신장이 작을 때 삶이 성장할 수 없다고 말하려는 것이 아니다. 그러나 신장과 여성적인 신체 변화는 인간 존재가 성장하며 타인에게 이 성장을 신호하는 여러 방식 중 하나이다.

2) 장애를 가진 신체와 장애를 가진 정신을 '더 잘 맞추기'

애슐리의 부모는 조지 드보르스키(George Dvorsky)에 찬성하며 그를 인용한다.[29] "여기에서 괴상한 것은 에스트로겐 치료가 아니다. 오히려 아기의 정신을 가졌다고 여겨지는 완전히 성장한, 임신할 수 있는 여성의 가능성이다." 부모는 이어서 말한다. "애슐리는 우리 팔에 안기는 기쁨을 계속 누릴 수 있으며 우리는 함께 더 자주 여행을 다닐 수 있다." 그들은 전문가들이 다음처럼 말했다고 한다. "애슐리는 세 살 유아의 정신을 계속 가지고 있을 겁니다." 그들은 보고한다. "대부분의 생각과 달리 애슐리치료는 어려운 결정이 아니었다." 그들은 선택지를 이해한 다음 "옳은 방향은 분명했다."라고 이어서 말한다.[30] 영원한 아기였을 자녀가 여성으로 성장한다는 사실을 그들이 알게 되었을 때, 경로는 분명해졌으리라 짐작된다.

그들이 받은 진단과 예후는 정적이다. 그러나 바로 이 생각이 우리를 잘못된 길로 이끈다. '아기의 정신'과 아기의 역량을 가지는 것은 같지 않으며, 장애인은 행위 역량을 한참 초과하는 이해와 일련의 정서적 반응을 지닐 수 있다. 뇌는 손상되었을 수 있지만[31] 얼어붙은 것은 아니다. 모든 뇌에서 그런 것처럼 그들의 뇌에서도 시냅스는 계속 형성된다. '정적 뇌병증'에서 '정적'이라는 용어는 그의 뇌가 계속 악화하는 지속적인 상태도, 뇌 발달의 불가능성도 의미하지 않는다. '전반적 지연' 또한 발달하지 않는다는 뜻은 아니다. 미국지적 · 발달장애협회(American Association for Intellectual and Developmental Disabilities) 위원회가 쓴 것을 보자. "다수 증거[는] 모든 아동이 학습할 수 있으며 중증 운동 손상을 가진 아동의 인지 능력이 심하게 저평가되어 있음을 보여준다."(강조는 지은이)[32]

나는 레트증후군[+]을 가진 젊은 여성과 친해졌다. 이 여성은 3개월 된 아기 정도의 능력을 가지고 있다. 하지만 아버지가 죽었다는 이야기를 들은 다음, 이 여성이 몇 주 동안 앉아 조용히 눈물을 흘리는 모습을 돌봄제공자는 발견했다. 이것은 아기의 이해 능력을 넘어선다. 친한 돌봄제공자가 내 딸 앞에서 딸의 동안 외모의 비결은 세금이나 고지서를 내는 것 같은 걱정이 없어서라고 농담을 한 적이 있다. 나는 가려운 곳을 긁을 수 없고, 불편한 자세를 스스로 움직여 고칠 수 없으며, 원하는 것을 말할 수 없는 등 세샤에게도 걱정거리가 많다고 받아쳤다. 내 딸은 나에게 얼굴을 돌

[+] 뇌 발달 유전자의 변이로 나타나는 일군의 증상을 보이는 질환으로 인지 및 운동 능력 상실, 언어 기능 상실 등을 나타낸다.

려 크게 웃으며 나를 안으려 했다. 그 일은 나에게 강렬한 인상을 남겼다. 그 반응을 목격한 다른 이들처럼 나 또한 놀랐다. 세샤가 어조만 파악한 것일 수도 있다. 하지만 세샤가 말을 이해했을 가능성을 배제할 수는 없다.(사실 꽤 설득력 있는 설명이다.) 결국 세샤도 40년 넘게 사람들의 말을 들어 왔으니 말이다.

우리는 뇌가 신체의 다른 부분을 특정 방식으로 지시할 수 있는 능력을 지니고 있다는 것을 안다. 우리는 중증 인지장애를 가진 사람의 (신체적) 뇌에서 실제로 일어나는 일과 그의 주관적 세계에 대해 아직 충분히 알지 못한다. 놀라운 사례로 앤 맥도널드(Anne McDonald)를 들 수 있다. 그는 적었다.

애슐리처럼 나도 정적뇌병증을 가지고 있다. 둔위 분만[+]으로 인한 뇌 손상 때문이다. 애슐리처럼 나도 걷거나, 말하거나, 먹거나, 자신을 돌볼 수 없다. 내 운동 능력은 3개월 아기와 같다. 내가 세 살일 때 의사는 나를 중증 박약(IQ 35 이하)으로 평가하고, 호주 멜버른 성 니콜라스병원이라는 주립 시설로 보냈다. 병원은 휠체어를 제공하지 않았으므로, 나는 14년 동안 대부분 침대나 바닥에 누워 있었다. 열두 살이 되었을 때, 여전히 걷거나 말하는 법을 배우지 못한 나는 최중증 박약(IQ 20 이하)으로 재분류되었다.[33]

18세가 된 맥도널드는 체중이 16킬로그램이었으며 가슴이 성장하지도 월경을 하지도 않았다. 맥도널드의 성장 억제는 의학적 개입이 아니라 의학적 무시 때문이었다. 16세 때, 의사소통 방법을 알게 되며 맥도널드의 삶은 변화했다.[++] 그는 점차 150센티미터까지 성장했고 여성으로 성숙했다. 애슐리치료에 관하여 맥도널드는 썼다. "그 자리에 있어 보았다. 같은 경험을 했다. 마음에 들지 않았다. 성장하는 게 더 좋다."

두 가지를 짚고 넘어가야 한다. 첫째, 우리는 운동 능력이 충격을 받아 말하거나 걸을 수 없는 사람의 능력에 대해 확실히 알지 못한다. 이것은 앤 맥도널드처럼 애슐리의 뇌성마비에 지적 영향이 없다고 말하려는 것이 아니다. 둘째, 지적 손상, 심지어 상당한 정도로 손상을 입었다 해도 우리는 그가 이해하고 경험할 수 있는 것이 무엇인지 알지 못한다.

난소를 온전히 보존하면 애슐리는 그로부터 호르몬의 영향을 받게 되고, 아마 신체 성숙의 감각을 경험할 것이다. 가슴이 없는 것은 애슐리에게 무엇을 의미할까? 우리는 알 수 있는가? 애슐리에게 여성이 된다는 것은 무엇인가? 우리가 알 수 있는가? 애슐리는 신체 성장을 어떻게 경험할까? 우리가 말할 수 있는가? 아니, 아니, 아니다. 아기의 정신을 가진 임신 가능한, 완전히 성장한 여성의 호도하는 이미지는 그 시점에 우리가 가진 것에 관해 안다고 생각하게 만들지만 그것은 실마리가 될 수 없다.

디에크마와 포스트는 "몇몇 권리 주장이 문제적인 질문"을 제기함을 인정한다. 그중 하나가 "성적 쾌락의 권리를 애슐리가 빼앗겼다."라는 것이다. 그들은 가슴 몽우리 제거를 하지 않을 경우 경험할 수 있는 성적 쾌감을 가슴 몽우리 제거가 감소시킬 수 있다는 점에 동의하지만, 곧바로 염려를 기각한다. 왜? 애슐리와 같은 아동이 성적 존재로 성장하는 것을 생

＋ 출산 과정에서 태아가 다리부터 나오는 것.

＋＋ 로즈메리 크로슬리(Rosemary Crossley)가 맥도널드의 팔을 받쳐주자 글자판을 가리킬 수 있었다고 하며, 이 방법을 촉진 의사소통(facilitated communication)이라고 한다. 이 방법을 통해 맥도널드는 의사소통을 하고 책까지 저술했지만, 촉진 의사소통으로 표현된 것이 정말 장애인의 의사표시인지에 대해선 아직 논란이 있다.

각하면 마음이 편치 않기 때문이다.

이런 젊은 여성이 착취나 폭력을 당할 수 있다는 염려와 두려움을 깊이 이해한다. 그러나 가슴 몽우리를 제거해 가슴 성장을 막는 일은 그런 가능성을 보장하지도 심지어 낮추지도 않는다. 여자아이를 성적으로 학대하는 변태적 욕망을 가진 사람이라면, 부모가 가슴 몽우리를 제거한 아이의 이상한 이력에 끌릴 수도 있지 않을까? 누가 말할 수 있는가? 오로지 주의 깊은 관찰과 감독, 이런 여자아이와 여성을 향한 존중만이 필요한 보호를 제공할 수 있다.

자녀가 애슐리치료를 받기를 욕망하는 일은 '아이가 항상 정신적으로 아이일' 때에만 말이 되는데, 성인 신체는 자녀가 필요(아이의 필요)를 충족하기 더 복잡하기 때문이다. 아, 애슐리를 영원히 작게 유지하는 일은 애슐리를 영원히 아이로 놓아두는 것이 아니다. 아이가 아직 어릴 때엔 파악하기 어렵지만, 장애의 경우 일들이 표준적인 방식에 꼭 맞지 않는다는 사실을 부모는 배워나간다. 어떤 인지 기능은 최소한이지만, 다른 것은 상대적으로 '정상 발달'을 거칠 수 있다. 고개를 들고 있거나, 말하거나, 걸을 수 없다는 것이 그들이 조금이라도 이해할 수 없다는 뜻은 아니다. 누군가 명확한 표현적 발화를 할 수 없다고 언어로 전달되는 타인의 사고를 이해할 수 없음을 의미하지 않는다. 종 전형적인 이들에 비해 이들이 지닌 능력 간의 관계는 훨씬 복잡하며 예측하기 어렵다.

배려윤리의 견해에서 돌봄제공자는 가능한 한 보살핌받는 이의 관점에서 세계를 이해할 수 있어야 한다. 그러나 비장애인 부모가 장애인 자녀를 이런 식으로 이해하는 것은 공감과 사랑 이상을 필요로 한다. 이해와 교육을 필요로 한다. 자녀가 그렇듯 장애와 함께 성장할 시간을 필요로 한다. 이 과정을 뛰어넘는 것은 결국 좋은 돌봄에 도움이 되지 못한다. 성장과 발달의 권리 축소의 면에서 애슐리 자신이 조금도 성장 억제를 이해하지 못한다고 해도 애슐리, 세샤 또는 다른 사람을 항상 엄마와 아빠 옆에 두는 것이 최선의 보살핌일까? 40년 넘는 삶의 궤적을 따라오며 나는 이 전제에 대해 심각하게 질문하기 시작했다. 3개월 된 아기에겐 엄마나 아빠 또는 할머니만 필요할 수도 있다. 그러나 중증 인지장애 성인은 훨씬 더 많은 것을 필요로 한다. 동료, 다른 돌봄제공자와의 우정, 다른 환경, 엄마와 아빠가 줄 수 없는 경험 말이다.

3) 애슐리치료의 (단독) 지표로서 인지장애

지지자들은 항상 오진의 위험을 인식하고 있다. 게다가 나는 그 진단이 옳더라도 중증 인지장애를 가지고 이동 불능인 사람이 정말로 모든 것을 이해할 수 없는지 질문해야 할 이유를 제시했다. 지지자들은 모든 의학적 술식은 어느 정도의 불확실성을 수반한다고 대답한다. 우리가 틀릴 위험은 항상 존재한다. 모든 의학에서처럼 우리는 술식 시행과 아무것도 하지 않는 것을 저울질해보아야 한다. 가슴 몽우리 제거의 경우, 디에크마와 포스트는 우리가 아무것도 하지 않고 "애슐리가 가슴의 빈번한 진균 감염, 반복되는 생검, 진단 지연으로 인한 치명적인 유방암으로 고통받으면" 어떻게 할 것인지 묻는다.[34] 아무것도 하지 않는 쪽을 택할 수 있는가? 그러나 이런 받아침은 별로 설득력이 없다.

　　진균 감염은 가슴이 큰 여성에겐 문제이지만, 일반의약품인 항진균 크림으로 치료할 수 있으며 좋은 돌봄으로 예방할 수도 있다. 생검을 반복하는 것은 불쾌하지만, 그것 때문에 가슴을 절제하는 사람이 있다는 사실은 상상하기 어렵다. 유방암이라는 유전적 위험이 있는 경우, 어떤 여성은 예방 차원에서 유방절제술을 택한다. 그러나 최소한 우리는 유방암 가족력이 있는 모든 여자아이에게 가슴 몽우리 제거를 추천하지 않는다. 중증 인지장애가 있는 여성이라고 해서 긴급성이 더 높아지는 것은 아니다.

뉴섬은 디에크마와 포스트의 논의에 다른 논증을 추가한다. 내 반론과 아시 및 스터블필드(Anna Stubblefield)의 반론[35]을 다루면서 뉴섬은 "모든 의학적 진단 및/또는 예후에 오류가 있을 수 있음"은 사실이지만, 예후의 경우 우리[저자와 다른 연구자 — 옮긴이]에게 별다른 도움을 주지 않으며 진단의 경우에는 확실히 실패하는 전략이라는 점을 지적한다. 그는 신장에 발생하는 희귀한 악성 종양인 윌름스 종양[+]의 사례를 인용한다. 이것은 아동기에 발생하며 여러 지표와 증상을 나타낸다. 그러나 진단은 불확실하다. 신장에 나타난 덩어리는 양성 종양(후신선섬유종[++])일수도 있다. 진단의 불확실성과 관련해 뉴섬은 적는다.

그렇다면 수술은 '의학적 필연'은 아니다. 여전히 후신선섬유종은 윌름스 종양보다 더 희소한 질병이며, 윌름스 종양을 외과적으로 제거하지 않는 것의 결과는 확실한 사망이다. 다시 말해, 진단이 틀릴 수도 있지만 그럼에도 무엇을 할지 숙고할 때 그것을 받아들이지 않는 것은 실수다. 이것이 그저 후신선섬유종일 뿐이라는 *희망*을 품는 부모는 어리석어 보인다.[36]

예후와 관련하여 그는 적는다.

윌름스 종양의 예시로 계속하자면 '1기'일 때 종양을 절제하더라도 환자는 90퍼센트 이상은 '낫지만' 100퍼센트까지 낫지는 못한다. 그러므로 우리는 (최소한 어떤 역학자나 미숙한 이가 들을 경우) 해당 아동이 나을 걸 '안다'고 말하지 않을 것이다. 대신 우리는 이 아이가 낫길 희망한다고, 그 희망이 헛된 공상이 아니라 증거, 사실 꽤 괜찮은 증거에 근거한 것이라고 말하길 원할 것이다. 집합적 경험에서 볼 때, 우리는 이런 상황에서 자녀가 치유되길 희망하는 부모가 단순히 부모의 사랑에 눈멀어 희망적인 생각에 몰두한다고 생각하지 않는다.[37]

치료하지 않으면 사망을 초래하는 악성 종양의 불확실성에 대한 뉴섬의 논증이 어떻게 애슐리치료와 동등한지 잘 모르겠다. 윌름스 종양 사례와 달리 애슐리의 상태는 치명적이지 않으며 부모는 아무것도 하지 않아도 애슐리가 오랫동안 살 가능성이 큼을 알고 있다.(사실 이것이 치료를 정당화하는 이유 중 하나다.) 애슐리치료에 대한 질문은 진단이나 예후의 불확실성 자체가 아니다. 오히려 무엇이 위험과 이득에 대한 합리적인 평가를 구성하는지, 애슐리의 생명을 위협하는 것은 없다는(즉 치료하지 않는 것이 건강을 악화시키지 않는다는) 전제 하에서 '치료'하는 것과 하지 않는 것의 가치에 대한 합리적인 평가를 구성하는지, 그리고 그저 돌보기만 하는 것이 아니라 좋은 돌봄을 제공할 대안적 방법이 존재하는지다.

포스트와 디에크마의 논증에 나타나는 명시적 가정은 (뉴섬의 논증에서와는 달리) 이동 불능 및 중증 인지장애 아동에서 위험은 충분히 타당한

+ 소아 신장암의 하나로 2~5세 소아에서 주로 발병하며 유전적 요인 등에 의해 발생하는 것으로 알려져 있다.
++ 어린 환자의 신장에 나타나는 양성 종양으로 적혈구증가증을 동반하곤 한다.

이유라는 것이다. 그들이 상실을 인지하지 못하고, 그런 상실을 느낄 법한 사회적 상호작용에 참여하지 못하기 때문이다.(그리고 그들은 앞으로도 그럴 것이기 때문이다.) 이것이 차별처럼 보인다는 항의에 대해 지지자는 모든 의학적 술식이 제한된 인구 집단을 대상으로 한다고 응답한다. 항생제는 박테리아 감염이 있는 사람에게만 처방되고, 항경련제는 뇌전증 환자에게만 제한된다 등등. 모든 의학적 개입은 생명에 위험하고 고통 혹은 나쁜 건강을 초래하며 기능을 감소시키는 특정한 병을 대상으로 한다. 장애를 가진 아동은 거의 장애를 가진 사람에게만 한정되는 많은 침습적 술식의 대상이 된다. 디에크마와 포스트는 다음을 인용한다. "기관 개방성과 흡입기 활용을 증진하기 위한 기관절개술, 기도 폐쇄를 줄이기 위한 편도절제술, 위 식도 역류를 줄이기 위한 위바닥주름술, 식이를 돕기 위한 위창냄관, 척추측만증의 진전을 막기 위한 척추고정술, 강직의 영향을 줄이기 위한 건이완술."[38]

하지만 이 모든 것은 장애를 가지지 않은 아동에게도 수행되며 **특정한 의학적 이상**을 겨냥하지, 특정 **인간군** 자체를 대상으로 하지 않는다. 기관절개술은 호흡 지지가 필요한 모두에게 사용된다. 편도절제술과 척추고정술은 개인의 인지적·신체적 능력과 무관하게 수행된다. 위창냄관은 인지 기능에 손상이 있는 노인과 청년에게 더 자주 삽입되지만, 그런 손상이 연하와 음식 섭취에 영향을 주는 조건과 결합했을 때만이다. (이동 불능과 결합한) 중증 인지장애는 이들이나 다른 어떤 술식의 지표도 아니다. 오로지 애슐리치료만이 중증 인지장애를 단독적이고 필수적인 지표로 사용한다.

애슐리치료의 의도는 치료 대상자를 다루기 용이하게 하고, 통증이나 불편의 원천을 예방 차원에서 치료하기 위해서다. 다른 사례와 애슐리치료가 일치하지 않는 것은, 애슐리치료만이 신체 크기(또는 잠정적 크기)로 돌봄이나 가족 생활의 배제와 동등한 어려움을 겪을 수 있는 **다른 사람**(예컨대 근육질의 180센티미터 청년으로 성장해, 속박이 필요한 폭력적 성향을 지닐 가능성이 높지만 이동은 가능한 자폐 소년)의 치료법으로 고려되지 않기 때문이다.

적용 가능한 인구 집단을 제한하는 중요한 이유가 이런 방식인 것은 (우리가 이것이 사실인지 알 수 없다 해도) 이런 사람은 스스로 결코 차이를 알 수 없다는 가정에 의거한다. 하지만 치료는 그들의 인지장애를 겨냥하지 않는다. 그들을 보살피는 어려움을 겨냥한다.(이 조건은 다른 많은 인구 집단 또한 공유한다.) 왜 보살피기 어려운 다른 개인은 애슐리치료의 대상이 아닌가? 그들이 차이를 알 수 있기 때문이다.

그렇다면 그들이 결코 차이를 알 수 없다는 가정하에서 이 인구 집단에게 다른 무엇을 할 수 있을까? (예후가 틀릴 수도 있다는) 실제 인식론적 난제는 제쳐두고, 특히 장애가 중증일 때 인지장애를 가진 사람들에 대한 오랜, 잔혹한, 섬뜩한 역사를 생각해보라. 이 역사는 이들이 차이를 모르거나 모욕감을 느끼지 못한다는 가정이 정당화한 술식들로 가득하다. 뇌의 일부에 뇌엽절리술[+]을 시행해도, 옷을 입지 못하고 다 벗은 상태로 자기 배설물을 깔고 앉아도, 호스로 집단 샤워를 해도 차이를 모를 것이라는 가정 말이다. 이 모든 것의 지독한 부끄러움은 이들 중 누군가가 자신들에

[+] 뇌 전전두피질의 좌우 연결을 절단하는 수술로 과거 정신질환 치료법으로 사용되었다. 특히, 1940년대에 유행했으며 1949년엔 수술법을 개발한 안토니우 에가스 모니스(António Egas Moniz)는 노벨 생리의학상을 받기도 했다. 그러나 환자에게 주는 이득이 없이 해만 끼친다는 이후 보고(환자 중 약 5퍼센트는 수술 중 사망했고, 사망하지 않았더라도 환자는 온순해졌을 뿐 지능 등 인지 능력의 상실을 보였다.)가 증가하면서 1970년대에 금지되었다.

게 주어지는 학대를 완전히 인식할 때 훨씬 더 악화된다. 그러나 "어쨌든 그들은 차이를 몰라."라는 가정을 멈추었을 때, 인지 손상이 있더라도 그들이 치료를 학대로 알고 이해하거나 적어도 치료를 학대로 경험할 수 있는 능력을 가지고 있음을 우리는 알게 되었다. 가까운 가족이 죽었을 때 '이해하지 못할 테니' 중증 인지장애를 가진 사람에게 이야기하지 않곤 한다. 하지만 레트증후군을 가진 젊은 여성은 그 말을 너무나 잘 이해했다. 내가 알던 중증 인지장애를 판정받은 청년도 그랬다. 그가 아버지의 죽음에 관해 들었을 때 극심한 고통을 표출하는 것을 목격했다. 딸이 지내는 시설의 전체 거주자가 모여 상실을 주제로 논의했을 때, 딸이 좋아하는 소리가 나는 물건을 애도하는 친구의 트레이에 올려놓았다는 이야기를 전해 들었다. 그 행위는 친구의 기분을 낮게 하려는 딸의 욕망을 표출하는 수단이었으며, 세샤는 그것을 선택했다.

이 개인들이 무엇을 아는지 우리가 알지 못한다는 불확실성은 사실상 큰 위험이다. 해당 아동의 부모에게 애슐리치료 또는 성장 억제 요법을 통상적으로 제공하는 것은 심각한 문제가 된다. 집단에 추가적인 낙인을 찍고 차별(다른 누구에게도 하지 않을 어떤 것을 이들에게 시행)할 위험이 크기 때문이다. 중증 인지장애를 특정 치료의 단독 지표로 사용할 때, 우리는 선의의 위안을 악몽으로 바꾸는 판도라의 상자를 다시 열게 된다. 의학적 돌봄뿐 아니라 부모의 돌봄에서도 우리는 위험과 이득을 견줘본다. 보살핌은 이런 어려운 선택을 내리는 문제이곤 하지만, 우리가 돌봄에 실패해서 선보다 피해를 더 많이 가져온다면 아무리 명백한 이득이 있다고 해도 그런 위험을 감수할 가치는 없다고 대부분의 도덕 이론,[39] 특히 배려윤리는 말한다.[40]

아이가 매우 어리고 의학적 필요성이 없는 경우, 부모가 자녀의 발달에 개입하는 다른 사례에서 나타나는 심리적 고통은 애슐리치료가 감수할 만한 위험이 아님을 알려준다. 특히 어려움이 결국 아이의 몸보다 중증 인지장애 및 이동 불능 아동의 가족의 필요에 대한 사회적 반응 또는 반응 없음과 관련되어 있을 때 더 그렇다.

게다가 만약 그 행위가 차이를 아는 사람에게 잘못이고, 이 사례에서는 단지 그 사람이 차이를 알지 못한다는 이유 하나만으로 정당화된다면, 아시와 스터블필드가 논증한 것처럼 그것은 잘못이다.[41] 그들에게 행해진 것을 그들이 인지하는지 여부는 무관하다. 아시와 스터블필드는 주민 대 민코프스키 판결(People v. Minkowski)을 언급한다. 해당 사례에서 부인과 의사가 성기 검사 과정에서 동의 없이 성행위를 했고 피해자는 해당 시점에서 의사가 무엇을 하는지 인지하지 못했지만, 의사는 강간으로 유죄 선고를 받았다. 이 사례에서 무의식 상태였던 여성에게 동의 없이 삽입을 한 것은 피해자가 의식이 있을 때 한 것과 똑같이 강간이다. 인지 여부와 무관하게, 강간은 잘못이다. 인지적으로 비장애인인 아동에게 성장 억제 요법, 자궁절제술, 가슴 몽우리 제거를 해선 안 된다면, 인지장애 아동에게도 이런 처치를 해선 안 된다.

4) '문제의 범위에 걸맞은 정의' 행하기

소아청소년과 의사이자 의사학자인 제프리 브로스코는 이 주제에서 가장 뛰어난 논평 중 하나에서 중증 인지장애와 신체적 장애를 가진 아동의 부모 다수가 처한 곤경에 동정을 표한다. 실용적 사안에서 브로스코는 우리가 애슐리치료가 효과적인지 알지 못한다는 점을 지적한다.[42] "고농도 에

스트로겐을 최중증 장애를 가진 아이에게 투여하는 것이 아이를 더 오랜 기간 부모의 돌봄 아래에서 집에 있을 수 있도록 해주는가? 이것이 그들의 삶의 질을 향상하는가?" 그의 질문은 배려윤리와 특히 관련성이 높은데, 그것이 강한 결과주의적 요소를 지니고 있기 때문이다. 아마도 우리는 애슐리 사례가 어느 방향으로든 증거를 제공할 때까지 너무 오래 기다려야 할지도 모른다. 그러나 우리에겐 작은 개인이 집에 더 오래 머무른다는 증거도, 이것이 아동을 집 밖 시설에 거주하게 하는 결정을 내리는 요소라는 증거도 없다. 우리에겐 작은 키가 더 나은 삶의 질과 상관있다는 증거도 없다.

　　제안된 치료가 "문제의 범위에 걸맞은 정의"를 행하는지 브로스코가 묻는다는 점이 중요하다. 브로스코는 애슐리 사례에서 가장 도덕적으로 문제가 되는 요소는 "이 존경스러운 일에 적절한 사회적 지원이 제공되지 못했다는 사회적 실패라는 더 큰 맥락에, 자녀를 돌보려고 분투하는 부모의 역경을 위치시키지 못한다"는 점이라고 평가한다. 대신 그것은 "인간 실존의 생물학적·사회적 측면이 결합된, 다루기 힘들어 보이는 문제에 대해 단순한 기술적 해결책"을 제공한다.[43]

　　많은 사람은 이 사례가 지원 증가 요구를 부채질하기를 바란다. (사용자 친화적이지도, 믿을 만하지도, 우아하지도 않을 때가 많은) 장비와 (훈련도 경험도 부족한) 돌봄제공자에겐 많은 비용이 들며 건강보험으로 보장되는 경우는 많지 않다. 도움을 받을 수 있는 공동체에서 부모는 적절한 프로그램을 향해 엉금엉금 나아가야 한다. 장비를 더 사용하기 쉽게, 더 믿을 만하게, 날렵하게, 말하자면 덜 못생기게 만드는 진전이 일부 이루어졌지만, 여전히 장비 대부분은 집이 아닌 시설에서 사용하기 위해 제작된다. 그러나 앞에서 지적한 것처럼 불완전할지라도 사용 가능한 장비는 존재하며, 가족이 제공하지 않는 좋은 돌봄제공도 가능하다. 중증 인지장애를 가진 사람들의 이득은 대부분 자녀가 열등한 삶에 안주하길 거부한 가족들에 의해 힘들게 얻은 것이다.

"오래된 딜레마의 새로운 해결책"으로 애슐리를 영원히 작게 유지하는 것은 비현실적이다. 애슐리의 키가 자라지 않더라도, 가족 내 돌봄제공자는 나이 들 것이며, 한두 살 이상의 아이를 옮기는 것은 점차 어려워질 것이다. 더 넓게, 성장 억제가 불가능한 이들에게 돌봄 문제는 계속 남는다. 사춘기가 이미 지난 사람, 질병 · 사고 · 전쟁으로 장애를 가지게 된 사람, 허약하거나 노약자거나 더 이상 자신을 돌볼 수 없게 된 사람 말이다. 우리는 그들의 신체를 남은 기능 부분으로 줄일 수 없다. 그런 사회는 끔찍하다. 애슐리치료는 "문제의 범위에 걸맞은 정의를 행하는 데에" 실패하고 만다.

V. 사회적 모델과 돌봄의 완성

애슐리 사례의 더 큰 맥락, 즉 더 큰 사회적 문제에 대한 브로스코의 주장은 장애의 사회적 모델에 암묵적으로 호소한다. 애슐리치료에 강하게 반대해온 장애운동가들은 환경을 바꾸는 대신 "사람을 고치는" 해결책을 인정하지 않는다. 디에크마와 포스트, 그리고 그들에 동의하는 사람들은 이 사례가 사회적 문제라는 것을 인정하지만, 가족이 왜 필요한 사회적 변화를 기다리고만 있어야 하는지를 묻는다. 손상된 신체를 바꾸어 가족의 삶을 더 낫게 만드는 데에 왜 사회적 모델과 같은 이데올로기적 구조가 방해가 되어야 하는가?

사회적 모델을 그저 이데올로기로 치부한다면, 장애인이 자신을 손상된 재화로 보기를 멈추고 "세계에서 살 권리"[44]를 주장하며 그에 따라 사는 삶을 인정하지 못한다. 아이의 관점에서 세계를 보기 위해 부모는 '투명한 주체'를 계발하려 노력해야 한다. 그러나 배려윤리의 투명한 주체를 계발하려는 비장애인 부모처럼, 우리 또한 장애를 가지고 사는 삶을 파악하는 데 한계가 있음을 인정해야 한다. 자녀를 사랑하는 만큼이나 우리가 자녀의 관점에서 세계를 볼 가능성 또한 작고, 우리는 '능력의 지평'에서 나온 편견을 계속 품을 것이다. 보살피는 의사 또한 장애의 의학적 모델을 선호할 직업적 위험이 있음을 인정해야 한다. 장애 아동의 생애 초기에, 우리 부모는 이 수술, 저 치료, 옳은 운동, 바른 요법이 문제를 해소하리라는 믿음에 절망적으로 매달린다. 우리 아이는 '정상적인' 삶을 살 수 있을 것이다. 분명히 애슐리의 부모는 애슐리가 '정상적인' 삶을 살리라고 기대하지 않는다. 그러나 그들은 애슐리와 자신의 상호작용을 어느 범위 안에서 정상화하려 한다(예를 들어 돌볼 때 승강기나 타인에 의존하지 않는 것). 그 자체로 그런 욕망이 잘못된 것은 아니다. 그렇다 하더라도 부모는 단념을 거부하는 것과 아이의 **현재**와 **미래**를 수용하는 것 사이의 섬세한 선 위에 올라타야 한다. '정상성'이나 기능 증가의 방법이 없더라도 관점의 변화는 '안주' 이상을 의미한다. 그것은 긍정적 변혁이다.[45]

세샤가 여섯 살일 때 나는 시간을 멈추고 싶다는, 그때의 아이로 그를 계속 유지하려는 애슐리 부모와 같은 열망을 지녔다. 그러나 어떤 의학적 개입도 충분하지 않다. 우리는 나이 들며, 우리가 젊을 때 작았던 것은 이제 더 이상 작지 않다. 형제자매 또한 성장하며 다른 (장애 여부와 무관하게) 형제자매 없이 무언가를 하고자 할 것이다. 애슐리 자신이 가족들에게 소중하게 여겨진다고 해도, 애슐리의 미래 돌봄제공자는 부모의 선택에 대해 다르게 느낄 수 있다. 그는 부모, 아이, 또는 둘 다를 얕볼 수도 있을 것이다. 애슐리의 형제자매가 나이 들면, 애슐리에게 행해진 일을 애슐리를 그 자체로 완전히 수용한 부모의 사랑에서 비롯한 행위로 이해할까? 아니면 그들은 부모가 자신을 수용한 것에 부수한 조건이 무엇인지 의심하게 될까?[46]

사회적 모델이 제공하는 변혁은 가능성에 열려 있다. 우리가 장애를 마주하는 것이 어떤 것인지에 관해 특정한 확신을 갖고 논의를 닫아버리면, 우리는 윌로우브룩[+]을 만들고, 뇌엽절리술과 같은 파괴적인 진료로 나아가며, 약물 과용으로 해를 입히는 것과 같은 실수를 반복하게 된다. 뇌엽절리술은 장애를 가진 자녀를 돌보기 위해 도움을 요청하던 부모들이 찾은 방법이었으며, 의사들의 동의 아래 진행되었다. 그러나 오늘날 우리는 그런 일이 벌어졌음에 경악한다. 당시 뇌엽절리술은 로즈메리 케네디(Rosemary Kennedy)[++]에게 새로 생긴 짜증과 공격성에 대한 합리적인 해결책으로 보였다. 권력가 조셉 케네디(Joseph Kennedy)의 딸이자 유명한

[+] 장소로는 1947년에 개교해 40년간 운영된 윌로우브룩정신박약아주립학교(당시 사용하던 표현이다.)를 가리키지만, 윤리 문헌에서는 여기에서 시행되었던 간염 연구를 가리킨다. 의사 사울 크루그먼(Saul Krugman)이 이끌었던 연구팀은 당시 편만했던 간염의 해결책을 개발하기 위해 이 학교의 거주 학생을 대상으로 연구하였다. 문제는, 연구를 위해 연구진이 거주 학생에게 간염을 감염시키는 방식을 택했다는 것이다. 연구가 비난을 받자 연구진은 부모의 동의를 받았고, 현재 상황에서 연구가 아니었어도 학생들은 간염에 걸렸을 것이며(당시 이런 시설의 간염 이환율은 85퍼센트를 넘었다.), 이 연구에 참여하는 학생들은 더 나은 시설에서 거주할 기회를 부여받는다며 반박했다. 연구진의 반박이 완전히 틀린 것은 아니다. 그러나 해당 연구는 인간 대상 연구, 특히 소아 대상 연구에서 악명 높은 사례로 지금까지 인식되고 있다.

[++] 존 F. 케네디 대통령의 누이인 로즈메리 케네디는 청소년기 발작과 급격한 기분 변화를 경험했다. 아버지는 치료법을 찾았고 1941년 스물세 살이었던 로즈메리는 뇌엽절리술을 받았다. 이후 로즈메리에게 언어장애를 포함한 영구 장애가 남았고, 그는 평생 시설에서 살았다.

케네디 형제의 자매였던 로즈메리는 "느렸다." 집에서 사랑을 받으며 자란 이 아이의 행동이 가족 생활을 망치려 하자, 로즈메리에게 뇌엽절리술이 시행되었다. 전두엽절리술은 많은 것을 약속한 새로운 술식이었다. 그저 뇌에서 문제가 되는 약간의 부분만을 제거한다.(나머지는 온전히 남는다.) 모든 것이 다시 잘될 것이다. 로즈메리 케네디 사례에서 특히 우려되었던 것은 이 아름다운 청년이 성적 접촉에 꾀여 임신할지도 모른다는 공포였다.[47]

가벼운 정신지체를 가졌던 것으로 보이는 로즈메리는 수술 뒤 중증 인지장애를 가지게 되었다. 그는 시설에 수용되었다. 사랑했던 가족은 다시는 로즈메리를 방문하지 않았다. 그들은 가족의 삶에서 그를 가능한 한 완전히 내몰았다. 자매 유니스 슈라이버(Eunice Shriver)가 가족의 비밀을 옷장에서 꺼내 지적장애인의 삶을 엄청나게 향상시킨 캠페인을 시작하기 전까지. 애슐리치료를 옹호하는 이들은 전두엽절리술이 적절한 비교군이 아니며 애슐리치료는 그런 야만성과 멀리 떨어져 있다고 주장한다. 그 주장은 사실일 가능성이 크지만, 나는 두 술식의 유사성과 차이점이 주의 깊게 연구되어야 한다고 제안한다. 많은 선택지의 진짜 윤곽은 뒤늦게서야 드러나기 때문이다.

지지자들은 이것이 미끄러운 비탈길에 대한 오래된 두려움일 뿐이라고 응답한다. 우리는 윤리 지침에 제약을 넣고 이 집단을 보호하는 법을 만들 수 있다. 그러나 이 장에서 제시한 논증에 따르면, 그들 자신이 허용 가능한 개입의 비탈길을 쉽게 미끄러져 내려간다. 그들은 주장한다. "우리는 A, B, C를 한다. 왜 애슐리치료는 못 하는가?" 이것은 이미 낙인찍힌 집단에 낙인을 더하는 가장 해묵은 수법이며 애슐리치료에서 그것이 멈추리라는 보장은 없다.

환경을 고치는 접근법의 원형인 장애의 사회적 모델은 물리적 환경, 즉 경사로를 만들고, 엘리베이터 패널에 점자를 추가하는 등의 변화를 요구한다. 이것만큼 중요한, 아니 더 중요한 것이 포함적 환경이다. 다양한 신체와 정신을 환대하고, 이런 다양성이 세계를 풍성하게 만드는 것을 인정하며, 정상에서 벗어난 이들이 제시하는 가능성과 도전을 껴안는 것.[48] 만약 자녀와 관련한 우리의 행동이 환경 변혁(부모가 죽은 다음에도 자녀들이 피어날 수 있는 세상을 만드는 것)의 필요를 무시한다면, 그것은 우리가 그들을 잘 대하지 못하는 것, 우리가 했어야 하는 만큼 잘 돌보지 않는 것의 일반화된 방식이다. 우리는 더 친절한 세계를 만들기 위해 우리의 에너지를 쏟았어야 했다.

애슐리 사례는 더 나은 서비스, 더 좋은 장비, 중증 장애 개인과 그를 돌보는 가족의 필요에 대한 더 많은 관심을 확보하려는 움직임을 끌어냈어야 한다. 대신 우리에겐 최소 65명의 남녀 애슐리가 생겼다. 비극적이게도 우리 사회는 여전히 그 돌봄의 부당한 짐을 충분히 줄이는 데 실패하여, 애슐리치료를 모방해 자녀의 크기를 줄이도록 압박하고 있다.

VI. 피터 싱어가 끼어들다

탁월한 동물권 옹호자인 피터 싱어(Peter Singer)는 애슐리에 대해 주요 매체(《뉴욕 타임스》, 《가디언》)에 두 번 사설을 실었고[49] 나는 그에 대한 반박을 보냈지만[50] 위의 매체에 실리진 않았다. 피터 싱어는 훌륭한 철학자이자 동물권과 빈곤 영역에 엄청나게 크게 이바지했다. 반면 장애를 가진 사람에 대한 그의 작업은 그만큼 뛰어나지 않고, 그가 말하는 질환을 가지고 사는 사람들에 의해 계속 반박되고 있다.

나는 싱어처럼 장애에 대해 모르는 사람이 이 주제에 대해 거듭해서 거드름 피울 수 있도록 요청받은 것에 놀랐다. 또 애슐리 엑스에 관한 논쟁이 인지장애가 없는 장애인권 운동가와 인지장애 아동의 부모 사이에서 벌어지는 것으로 틀지어졌다고 들었을 때도 혼란스러웠다. 나는 많은 부모가 애슐리의 부모와 연락을 취했다는 것은 이해한다. 하지만 성장 억제를 논의한 시애틀아동병원 워크숍 밖에서, 나는 중증 또는 최중증 장애 개인의 부모 중 술식에 동정적인 사람을 단 한 명도 만나보지 못했다.

인지장애를 가진 사람에 대한 싱어의 관점은 다음 책『누가 진정한 인간인가: 정의, 인격성, 정신적 장애』에서 온전히 다룰 것이다. 하지만 중심 논증의 추기(追記)로서 그가 애슐리치료를 옹호하면서 내놓은 논증을 하나 살피려 한다. 그것은 존엄성의 질문에 초점을 맞춘다. 다시 말하지만 다음 책에서 내가 다루고자 하는 주제다. 존엄 자체를 공격하는 대신[51] 싱어는 애슐리에게 위반할 존엄이 없다는 견해를 유지한다. 싱어는 손색없는 지적 능력을 가지지 못한 매우 어린 아기나 나이 든 인간은 존엄을 지니지 않는다고 생각한다. 아기는 귀엽다. 하지만 존엄성을 지니는가? 싱어는 "강아지와 고양이가 인간 영아보다 더 뛰어난 정신 수준에서 움직이는 것이 분명함에도" 그들에게 존엄을 귀속하지 않는다고 주장한다.[52] 그렇다면 왜 영아나 영아 수준의 지적 능력을 지닌 이에게 존엄성을 귀속시켜야 하는가? 철학적 경험이 없는 독자는 이상하게 생각할 것이다. 지적 능력이 존엄과 무슨 상관인가? 존엄은 우리가 얼마나 똑똑한지와 무관하게 모든 인간에게 주어져야 하는 어떤 것 아닌가? 하지만 그런 독자는 인간의 지적 능력을 인간 존엄의 원천으로 간주한 철학적 사고의 오랜 전통에 친숙하지 않아서 그렇다.

나는 애슐리의 부모처럼 애슐리가 존엄하다 믿는다. 그들은 애슐리가 존엄의 개념을 알 수 없지만, "딸의 인간적 존엄에 크게 신경을 쓰며 치료가 애슐리에게 더 나은 삶의 질을 제공하여 딸을 더 존엄하게 만든다고 믿는다."[53] 이 사례에서 존엄의 개념은 어느 쪽의 주장도 지지하지 않을 수 있다. 하지만 애슐리치료는 존엄의 의미, 특히 세샤와 애슐리 같은 개인에서 존엄의 의미가 무엇인지에 관한 더 분명한 이해를 요청한다. 그들은 존엄의 개념을 알 수 없을지 모른다. 그럼에도, 그들은 존엄하다.

후기
내 딸의 몸: 영혼에 관한 명상

세샤가 내 머리를 자기 목으로 민다. 나는 딸의 목주름에서 다정한 애정을, 부드러움과 따뜻함을 발견한다. 딸은 기뻐서 까르륵하는 소리를 낸다. 내 딸의 몸. 그 문제, 그 비밀, 그 영혼. 그 옆에 있을 때 내가 경험하는 모든 것을 전달하기가 얼마나 어려운지. 사랑스러운, 다소 뒤틀린, 휠체어 사용자인 몸의 존재를. 나는 딸의 몸을 통해서 딸을 알게 되었다.

딸의 몸을 통해 알게 된 다른 것은 인식론적 주장이다. 어떤 면에서 그것은 인간 지식의 모든 주제에서 진실이며, 한편 그것은 움직임이 제한되고 표현언어를 (거의) 사용할 수 없는 내 딸과 같은 사람에게 고유하다. 우리가 타인을 찾고 알게 될 때, 우리는 그들의 물리적 · 물질적 측면이 아니라 말과 행동을 통해 타인에 관해 배우게 된다. 타인을 향한 우리의 인식론적 접근 경로는 물질이 아닌 언어와 행동이다. 둘 다 우리의 몸에 기초(결과)하고 있다는 것은 말할 필요도 없지만, 우리는 몸을 인격(또는 당신의 형이상학에 따라 정신이나 영혼을 선택하라.)의 필수적인 측면이 아닌 우발적인 것으로 무시한다. 연인이 아닌 한, 몸은 타인에 관한 앎의 원천에서 거의 중요시되지 않는다. 하지만 몸의 물질성은 당연히 중요하다. 우리 몸의 현시가 아니라면 목소리는 무엇이며, 정신의 물질화가 아니라면 언어란 무엇이란 말인가. 우리는 항상 타인을 몸을 통해서만 알지만, 그렇지 않은 척한다. 정신 속에 잠복한 무시당한 몸, '합리' 속에 잠복한 억압된 정서, 자-존(in-dependence) 속 숨겨진 의존을 드러난 것은 페미니즘의 지혜였다. 그러나 많은 페미니스트도 몸을 통해 타인을 얼마나 알 수 있는지를 놓치고 있다.

장애는 몸과의 엄청나게 복잡한 관계로 우리를 끌어들인다. 우리가 장애의 사회적 모델의 엄격한 판본에 충실하든, 사회적으로 초래된 불이익에만 국한하지 않는 더 복합적인 모델을 수용하든 상관없다. 장애가 정체성을 부여할 수 있으나 어떤 장애인도 손상으로만 정의되길 원하지 않는다. 누구도 하나의 신체 각부, 측면, 기능의 의미와 자기 존재 전체를 동일시하는 환유적 실수의 대상이 되길 원하지 않는다.

많은 사람은 몸의 인식론적 몫을 인정하는 데 실패한다. 질환이나 손상이 부재할 때, 몸은 우리 의지에 매끈하게 반응하기 때문이다. 그것은 우리에게 투명해진다. 우리는 그것을 거의 인지하지 못한다. 사고나 질환으로 몸이 망가졌을 때만, 물리적·사회적 환경에 장애물이 되었을 때만, 우리가 물리적으로 공격당했을 때만, 몸은 불투명해진다. 우리는 우리의 신체성을 인식하지 않고 세계와 관계 맺을 수 없다.¹ 우리가 그저 몸에 불과하다는 사실을 부정할 필요를 가장 강하게 느끼는 이 국면에서 우리의 불가피한 물질성을 인식하게 된다. 내 딸의 몸의 존재에서 내가 경험한 것 또한 몸과 맺는 이 역설적 관계다.

내 딸의 몸의 제한과 정신적 (무능에도 불구한 게 아니라) 무능을 통해서 나는 딸을 인격으로 경험한다. 더 신비한 용어를 쓰지면, 딸을 영혼으로 경험한다. 사실 딸의 몸을 통해 내가 보는 딸은 아름다운 영혼이다. 내가 딸이 사랑스러운 사람, 아름다운 영혼이라고 말할 때, 딸을 아는 사람은 한순간도 주저하지 않고 그에 동의한다. 그들은 내 말의 의미를 알아내기 위해 멈칫할 필요가 없다. 행동이 아니라 그 존재로 인해 세샤의 영혼은 더 직접적으로 경험된다.

하지만 어떻게 그럴 수 있다는 말인가. 우리가 아름다운 영혼이라는 특징을 부여하려면, 움직이고 말하며 작동하는 주체를 드러내는 효율적인 몸이 필요하다. 내가 타인에게 '아름다운 영혼'을 가졌다고 칭찬할 때, 나는 그의 도덕적 품성이나 내가 그를 알게 되면서 조금씩 얻게 된 것들에 대한 반응으로 그렇게 말하는 것이다. 이 사람은 환하게 웃고, 타인에 귀 기울이며, 친절한 태도로 말하고, 행동을 통해 관대함을 증명한다. 우리는 그의 동료가 되었음에 기쁨을 느낀다. 이런 상호작용을 통해 이 사람이 나에게 해를 끼치지 않으리라고, 우리가 역경을 마주했을 때 동정심을 내비치고 도움을 줄 수도 있으리라고 추측한다. 우리의 기대가 충족되지 않으면 우리는 말할 것이다. "나는 그가 사랑스러운 사람이라고 생각했는데, 아니더라고."

세샤는 말할 수 없고, 그렇기에 친절한 말을 건네거나 매력적인 대화에 참여할 수 없다. 그 행위 능력이 매우 제한되어 있기에 세샤의 행위에 친절이나 다른 미덕을 부여할 수 없다. 세샤가 '아름다운 영혼'을 지녔다고 말한다면, 이것은 은유적 표현일까? 우리가 타인을 이런 방식으로 칭찬할 때 함의하는 것이 무엇인지 다시 생각해보자. 우리가 인격성을 조금

썩 알아가는 것은 여러 신체적 상호작용을 통해서다. 진실한 웃음, 정중한 태도, (신체적) 애착에 열려 있음, 눈의 반짝임. 이런 것이 우리가 도덕적 특징을 (때로 잘못) 부여하고 그 사람의 존재로 인해 우리를 기쁘게 만드는 몸적 태도다. 세샤가 곁에 있는 일은 자주 기쁨을 준다. 우리는 세샤의 조용한 태도에, 사랑스러운 눈길에, 표정의 정중함에 기뻐한다. 세샤가 흥분하지 않는다거나 타인의 머리카락을 홱 잡아당기지 않는다는 말이 아니다. 그것이 키스를 위한 방법일 때도 있지만 말이다. 대부분 우리는 이런 태도를 다른 것의 지표로 사용한다. 세샤의 경우 그것은 그 자체로 어떤 것이다. 그 '조용함'은 세샤의 몸에 위치한다. 그 '정중함'은 세샤의 피부에 놓인다. 그 부드러움, 그 사랑스러운 향기, 세샤의 친절한 만짐. 세샤는 얼마나 완벽히 우리의 몸이 보여주는 것이 우리가 될 수 있는지 보여준다.

소설가들은 신체성을 인물의 성격을 직접 드러내는 장치로 자주 활용한다. 얼굴의 특징에 대한 디킨스(Charles Dickens)의 짧은 묘사, 이를테면 웃을 때 치아가 너무 눈에 띄게 드러난다는 것은 우리에게 『돔베이와 아들』의 경영자인 제임스 카커의 배신에 대해 알아야 할 모든 것을 말해준다. 『도리언 그레이의 초상』에서 오스카 와일드(Oscar Wilde)는 이 문학적 장치를 통해 반전을 보여준다. 그는 먼저 사람의 성격이 얼굴에 쓰여 있다고 확고하게 믿는 인물들을 창조한다. 소설가는 얼굴의 모든 요소를 묘사하여 인물의 내면을 전달하는 것을 즐긴다. 그러나 타락한 행동과 살인 범죄에 가담하는 주인공 도리언 그레이는 젊은 외모를 유지하며, 선한 일만 하는 사람처럼 사랑스러워 보인다. 신체적 아름다움이 내적 선함의 직접적 표현이라는 장치는 그가 도덕적으로 무고했을 때 그려진 초상 유화를 통해 유지되며, 그 유화는 그의 집에 감추어져 있고 모든 악행의 기록을 보존하며 점점 더 가증스러워진다. 다락방의 초상화는 허구이며 물리적으로 불가능하지만, 그것은 우리가 살면서 지니는 믿음을 포착한다. 우리의 성격과 삶이 살에 기입된다는 믿음 말이다. 도리언의 초상화는 이 생각을 전적으로 반박하지 않는다. 그의 초상화는 모든 그의 범죄를 담아낸다. 하지만 이 이야기는 몸 자체의 모습에 지독하게 현혹될 수 있다는 경고이기도 하다. 마찬가지로 아름다움의 관습적인 관념을 거스르는 손상을 가진 비전형적인 몸을 '손상된' 인격, 매력적이지 않은 영혼의 표현으로 읽으면 우리 또한 도리언의 숭배자처럼 어리석어질 뿐이다.

도리언 그레이의 초상화는 세샤의 초상화와 극명한 대조를 이룬다. 세샤의 아름다움은 (관습적인 아름다움에 거역하는 많은 이들이 그러하듯) 세샤의 비전형적인 몸을 통해 빛난다. 세샤의 몸이 세샤 자신이다. 내가 세샤와 있을 때, 그는 온전히 거기 있다. 나는 그의 작은 부분만 읽을 수 있지만 말이다. 장애로 인해 세샤의 행위주체성은 축소되었지만, 나는 모든 모습에서 세샤를 읽는다. 내리뜬 눈, 산만한 표정, 강렬한 응시에서. 세샤는 광선이 음파를 대체할 수 있다는 듯 내 눈을 쳐다본다. 나는 달콤한 냄새로, 부딪히는 손으로, 반짝이는 입으로, 찬란한 머릿결로 세샤를 이해한다. 포옹하기를 좋아하는 따스한 여성적인 몸. 또 세샤를 읽는 일은 포크 위의 맛있는 음식 조각을 지켜보는 눈, 초콜릿 상자와 아침 커피 잔을 엿보는 눈, 아직 입술에 닿기 전에 이 모두를 먹어 치우는 눈을 지켜보는 것을 의미하기도 한다. 세샤가 고개를 왼쪽으로 살짝 돌려 먼 곳을 응시할 때, 우리는 배경 음악에 그가 매료되었음을 안다. 그가 거기에 몰두하고 있음을 보기 전까진 알아채지 못했던 것이다.

하지만 세샤의 몸은 괴로움과 불안을 초래할 수 있다. 열린 입 밖으로 혀가 튀어나올 때는 사회에 참여하는 주체의 부재를 의미한다. 세계에 자신의 인지 결핍을 보여주는 것이다. 세샤의 신체적 필요는 배변을 닦아주고, 젖은 바지를 갈아입히고, 흐르는 침을 닦아주는 일을 포함한다. 가장 결정적으로 (작은 징후와 광범위한 발작을 보이는) 세샤의 몸을 통해서만 치명적인 순간을 알 수 있다는 점이 무엇보다 중요하다. 몸의 일부를 통제할 수 없고, 위험을 포착할 수 없는 세샤는 돌보는 자의 지속적이고 총체적인 경계를 필요로 한다. 나는 위협적인 세계를 격퇴하는 일반적인 방법으로 보호받을 수 없는 이 취약한 몸으로 인해 두려움에 떤다.

　어떤 말과 어떤 노골적인 행동(그저 보기, 얼굴의 요소, 몸의 처신)도 사고, 욕망, 즐거움, 불행, 불편함을 추측하는 수단이 될 수 없다. 세샤는 완전히 표면적이지만, 대부분 신비에 싸여 있다. 나는 누구보다도 세샤를 잘 안다. 그렇게까지 밀착해서 주의를 기울이는 사람이 거의 없기에. 동시에 나는 세샤를 거의 모른다. 나는 세샤가 무엇을 이해하는지를, 내가 말한 것을 세샤가 아는지를 알지 못한다. 세샤는 내 눈을 깊이 쳐다보며, 내가 이해하기를 기다린다. 하지만 무엇을 이해하라는 걸까? 때로 나는 상황으로 추론하려는 욕망에 휩싸인다. 조용하면 음악을 듣고 싶은가 보다. 키스를 바라나 보다. 자기가 이해했다고 말하고 싶은가 보다. 하지만 대부분의 순간 내가 이해하는 것은 거기에 영혼이 있다는 것이다. 의도하며, 욕망하며, 느끼며, 이해하는, 고유한 인격이. 세샤의 몸이 세샤의 영혼이다. 주체가 몸을 통해 온전히 드러나는 것처럼 보이는 이 사람만큼, 나에게 '영혼'에 관해 말하게 만드는 다른 누구를 나는 만나본 적이 없다.

옮긴이의 말
다른 무엇보다 배려를:
나는 왜 키테이를 읽는가

부끄럽지만, 이 보론은 내 이야기에서 출발해야 한다.

　내가 자신을 의료윤리학자로 부르게 된 것에는 여러 요인이 있고, 그 중에는 긍정적인 요인과 부정적인 요인이 있다. 부정적인 또는 내가 의료 윤리에 대해 의구심을 가지게 된 이유로 크게 두 가지를 꼽을 수 있다. 첫째, 의료윤리와 법의 차이에 대한 질문이다. 둘째, 의료윤리의 작동 방식에 관한 질문이다. 두 질문을 통해 처음으로 나는 의료윤리를 회의했지만, 여러 도움을 받아 답을 도출하는 과정에서 의료윤리가 적어도 나에게, 조금 욕심을 부려보자면 우리에게 왜 꼭 필요한 것인지 말할 수 있게 되었다. 물론 그 과정에서 의료윤리에 관한 생각이 조금씩 바뀌기도 했지만 말이다.

　두 번째 질문, 즉 의료윤리의 작동 방식을 풀어냄에 있어 가장 큰 영향을 미친 책으로 나는 자신 있게 키테이의 『의존을 배우다』를 꼽는다. 나는 그의 삶과 글을 통해 돌봄을 다시 생각했고, 그것에서 도출할 수 있는 윤리적 접근을 다시 살필 수 있었다. 그리고 나는 말한다. 지금 여기에서 발생하는 여러 의료 관련 문제를 풀기 위해 우리는 키테이가 제기하는 주장에 귀를 기울여야 한다고. 이를테면 존엄사 및 안락사, 임신중지, 의료 자원 분배처럼 오래된 의료윤리의 문제이든, 유전공학, 디지털 헬스케어처럼 최근 제기된 의료윤리의 문제이든, 이들을 돌봄의 시각에서 다시 검토하는 일은 기존의 논의가 지닌 한계를 넘어 우리가 함께 더 나은 방향으로 나아가도록 돕는다.

그 검토는 의료윤리의 확장에서 끝나지 않고, 우리가 보건의료윤리라고 부를 수 있는 것, 우리의 건강과 돌봄에 관한 여러 윤리적 논제를 다루는 포괄적 논의의 틀에도 적용할 수 있다. 기후 위기, 지속가능성의 위기, 인간성의 위기를 마주한 지금 우리에게 돌봄은 시급한 문제이기에 이 책의 중요성을 강조하고자 한다.

책을 읽으며 독자는 다양한 지적 자원과 의존과 돌봄에 관한 여러 해석을 얻겠지만, 옮긴이(이자 이 책과 키테이의 논의에 빚진 사람)로서 나는 돌봄의 필요성과 가능성을 간단히 정리하려 한다. 여기에서 다룰 질문은 세 가지다. 첫째, 의료는 돌봄인가? 둘째, 돌봄으로서 의료에는 어떤 윤리가 적용되는가? 셋째, 현재의 위기에 배려윤리는 어떤 해결책을 제시하는가? 『의존을 배우다』를 경유하여 각 질문에 대한 답을 검토하려 한다.

의료는 돌봄인가?

왜 의료와 돌봄을 관계 지으려 하느냐를 먼저 살펴야 할 것 같다. 의료로 그 이야기를 시작하면, 두 가지 문제를 일으키기 때문이다. 첫째, 논지 전체가 의학 또는 의료라는 전문 영역에만 적용되는 것으로 오인받아, 일상이나 일반 사회와는 무관한 이야기로 여겨질 수 있다. 둘째, 굳이 의료를 돌봄으로 분류할 필요가 있느냐는 의문을 독자에게 불러일으킬 것이다.

사실 나는 의료와 돌봄을 구분하자는 주장 또는 그런 불평을 종종 마주한다. 더 정확히는, 의사의 업무와 간호사를 포함한 돌봄제공자의 업무를 명확히 구분한 다음, 의사가 돌볼 줄 모른다며 비난하는 불평이다. 현대의 의사는 자신을 의과학자로 정체화하며, 그들의 업무는 (비록 그 실천 공간의 구획이 있으나) 치료와 연구로 정의된다. 다분히 사적이며 단순한 일로 취급되는 돌봄노동은 의사의 업무가 아니라고 의사도, 사회도 생각하는 것 같다.

신기하게도, 이런 구분은 한국에서만 다분히 사용된다. 외국에선 의료 행위를 돌봄의 영역에 놓되, 좋은 돌봄과 나쁜 돌봄을 구분한다. 그리고 그 성격에 따라 돌봄을 분류한다. 어떤 의사는 기술적 돌봄과 인격적 돌봄을 구분했다.[1] 다른 학자는 질병 중심 돌봄과 인격 중심 돌봄으로 나누기도 했다.[2] 전자는 기술 중심적이며 생물학적 요인에만 집중하여 질병과 관련된 여러 요소를 소거하는 현대 의학의 접근법에 문제를 제기하지만, 그런 질병 중심 접근 또한 여전히 돌봄의 한 양태로서 제시된다. 한편 인격 중심 돌봄은 대상을 치유하는 것으로 이해되곤 한다. 반면 우리의 언어 사용에 의사의 업무가 돌봄이 아니라는 생각이 분명히 드러나는 것처럼 보인다. 여기에는 어떤 차이가 있는가? 당장 떠오르는 것은 '3분 진료'

의 오명이겠으나, 조금 더 생각할 것들이 있다. 바로 한국 사회에서 돌봄의 위치다. 적어도 영미권에서 생각하는 'care'의 외연과 우리의 돌봄이 지닌 외연이 다르다는 점이 문제다. 비록 기계적이고 환원적일지언정, 그들은 전문가가 care 또는 caring을 할 수 있다고 생각한다. 우리는 그렇지 않다. 우리에게 돌봄은 전문가, 적어도 의사 같은 고기능 전문가에겐 해당하지 않거나 적절하지 않은 행위다.

두 번째 질문에 답할 준비가 되었다. 의료를 돌봄으로 분류하는 것이 소용이 있는가. 이는 돌봄을 전문직도 행할 수 있는, 아니 행해야 하는 행위로 만든다. 현 사회가 가장 높은 가격을 매기는 행동 양식 중 하나를 돌봄으로 다시 명명하는 일은 돌봄에 낮은 가치를 매기는 사회를 향한 저항이 된다. 의사의 일도 돌봄이다. 부모가 자녀를 양육하는 것도 돌봄이다. 다양한 돌봄 중 하나가 이주 여성 노동자가 제공하는 돌봄일 뿐이며, 모든 돌봄은 실천적으로 동등한 가치를 부여받는다. 의사의 돌봄과 이주 여성 노동자의 돌봄 사이에는 어떤 존재론적 차이도 윤리적 차이도 없다. 그 대상이 질병이냐 아니면 회복이냐는 인식론적 차이가 있을 뿐이다. 그러면 질문을 다시 설정할 수 있다. 업무가 다르다는 것이 두 돌봄의 가치를 다르게 매기는 행위를 정당화할 수 있는가. 물론 우리는 행위에 따라 노동의 비용을 다르게 설정하며 이를 익숙하게 여기는 사회에 살고 있다. 같은 직종 내에서도 노동의 비용이 다르게 평가되는 일은 흔하다. 그러나 의사의 업무와, 예컨대 간병 업무가 전혀 다르게 분류될 이유는 없다. 돌봄을 행하고 있다는 점에서 둘 사이엔 어떤 차이도 없기 때문이다.

이 주장은 돌봄의 재정의를 요청한다. 우리가 지금까지 돌봄을 무가치하게 여겨왔다면, 또는 의료와 돌봄이 구분되는 무엇이라고 생각해왔다면, 우리의 돌봄 정의 방식에는 문제가 있다. 모든 돌봄은 돌봄으로서 동등하며 귀하다.

돌봄으로서 의료에는 어떤 윤리가 적용되는가?

그렇다면 이 책을 통해 의료윤리를 다시 점검하는 보론의 작업이 그저 의료 전문직에 관한 논의가 아니라는 것을 이해할 수 있을 것이다. 오히려 우리는 돌봄으로서의 의료윤리를 이야기해서, 의료윤리가 고담준론이 아닌 현실의 문제이며 극히 제한적인 의료인 일부의 행동 지침만을 다루지 않고 건강, 질병과 관련한 우리 모두의 삶에 대한 논의임을 알게 된다.

이미 국내에서 돌봄에 관한 논의는 여럿 소개되었고, 특히 김희강의 작업은 돌봄의 정치성을 강조하는 데에 있어 다른 누구와도 비교할 수 없을 만큼 뛰어났다. 외국의 여러 돌봄 관련 저서를 번역했고 돌봄을 연구해 온 김희강은 최근에 발표한 『돌봄 민주 국가』를 통해, 돌봄을 통해 정치를 재구성하는 일의 의미를 우리에게 정확히 보여준다.

그 작업에 전적으로 찬동하는 한편, 나는 돌봄에 관한 논의가 정치 너머를 바라볼 수 있어야 한다고 생각한다. 김희강은 이제 개인의 윤리를 넘어 그 정치적·사회적 의의를 지적하는 돌봄 이론 작업이 이어지고 있다고 적었지만,[3] 나는 그와 반대로 아직 돌봄윤리라고 말할 만한 무엇이 제대로 정립되었다고 말하기 어려우며 다행히 정치 영역에선 눈부신 결과물들이 나온 상황이라고 생각한다. 이 책에서 밝히고 있는 것처럼, 기존의 돌봄윤리는 돌봄이 어떠해야 하는가만을 이야기하여 스스로 논의를 제한했다. 또는 대안 윤리 이론으로 기능하기에는 몇 가지 난점이 있었다. 페미니즘 이론에서 돌봄윤리를 노예 윤리로 비판한 것이 그 사례인데, 돌봄을 여성적 특징으로 구분한 기존의 돌봄윤리 논의는 결국 여성을 돌봄 또는 보살핌으로 포섭하는 전통적 예속의 실천으로 다시 여성을 몰아넣는다.

나는 돌봄과 배려를 구분한 키테이의 이번 논의에서, 그리고 여러 사례와 논점들의 접근 방식을 통해, 일반적인 윤리 이론으로서 **배려윤리**를 제시한 그의 작업에서 위의 문제들에 대한 해답을 찾는다. 지금까지와는 다른 윤리적 접근을 제시한 키테이의 논의라면, 충분히 일반 윤리 이론으로 기능할 수 있으며, 지금까지 논의되어온 정치적·사회적 측면을 포함해(물론 정확성과 정밀성은 개별 이론과 논의가 담당하는 편이 좋을 것이다.) 개인과 집단의 윤리를 따져보는 틀이 될 수 있으리라고, 이를테면 돌봄윤리에 기초한 의료윤리가 충분히 가능하리라고 생각한다.

기존의 윤리 이론은 행동의 의도(의무론, 대표적으로 칸트의 정언명령), 결과(결과주의, 대표적으로 공리주의), 행위 주체(덕윤리) 중 한쪽만을 강조해왔다. 아주 거칠게 말하면, 기존 윤리 이론은 단독자를 중심으로 하기에 의도, 결과, 행위 주체에만 집중하면 됐다. 그가 무슨 생각으로 이 일을 했는지 따져보라. 또는 그의 행동이 어떤 결과를 낳았는지 주목하라. 아니면, 그가 어떤 성품을 지녔으며 그로 인해 어떤 미덕을 발휘하고 있는지를 이야기하라.

하지만 나와 너라는 관계성에 기반한 윤리 이론에서 이 중 하나만을 다루는 것은 이상하다. 선의로 행한 나의 행동이 악을 낳는데도 그것을 윤리적이라고 말한다면, 의도를 판단할 수 있는 보편적인 '나'의 관점으로만 윤리를 보는 것이다. 결과의 측면에서만 윤리를 따지는 것도 마찬가지로 그 결과를 모두 계산할 수 있는 초월적인 '나'의 관점에서만 윤리를 보는 것이다. 내가 지닌 미덕을 이야기하는 것은, 글쎄, 물론 그것을 미덕으로 만드는 공동체를 전제해야 하나 그럼에도 그것은 '나' 또는 나와 같은 이들로 이루어진 '우리'의 관점에서만 윤리를 보는 것이다. 나와 다른 의도를 가진 이, 다른 방식으로 결과를 판단하는 이, 나와 다른 세계관이나 지평에서 사는 이는 (엄밀히 말하자면) 윤리적 판단에서 고려되지 않는다.

돌봄은 다른 두 사람이 만나는 곳이다. 의료 상황이든, 간병 상황이든, 활동 보조의 상황이든, 돌봄으로 만나는 두 사람의 의도, 결과, 세계는 사뭇 (내가 지금까지 알고 경험한 바로는 '매우'라고 해야겠지만, 그렇지 않다고 생각하실 수도 있으므로 일단 한 박자 줄이자.) 다르다. 나에게 가장 친숙한 환자-의료인 관계를 생각해보면, 진단과 치료 과정에서 환자와 의료인의 행위 의도는 다르며(의료인은 주로 환자 신체의 생물학적 교정을 의도하고, 환자는 사적·공적 생활의 회복을 의도한다.) 환자와 의료인이 추구하는 결과도 다르고(의료인은 환자를 살리는 것이 중요하지만, 환자는 자신의 웰빙이나 가치 등 다른 여러 가지를 고려한다.) 무엇보다 환자와 의료인의 세계는 무척 다르다.(의료인의 의학적 세계와 이와 구분되는 환자의 생활세계가 다르다는 점은 굳이 설명하지 않아도 알 것이다.) 그렇다면 이 중 하나만을 고려하는 윤리는 삐그덕대기 일쑤다. 여전히 논쟁적인 이슈인 존엄사, 안락사만 해도 그렇다. 논의에 참여하는 이들 모두는 의도나 결과, 세계 중 하나만 자신의 논변 중심에 놓는다. 누군가에겐 제도의 결과만이 중요하고, 누군가는 그런 제도의 의도나 제도가 전제하는 의무만을 생각하며, 또 누군가는 그런 제도를 고민하는 우리 공동체에 대해서만 말한다. 결국 격화된 논쟁은 모두가 물음표만 안고 돌아가는 걸로 끝난다. 이는 어느 하나만으로 우리의 윤리적 문제가 풀리지 않는다는 방증이 아닌가.

관계적 돌봄이 요청하는 <u>배려윤리</u>는 키테이가 밝혔듯 대상에게 이득을 주려 하는 의도, 관계에 기반을 둔 성향적 의무, 그리고 그로 인한 보살핌받는 자의 이득이라는 결과 모두를 고려할 것을 요구한다. 그것은 돌봄 제공자의 행위만으로 구성되지 않으며, 보살핌받는 이가 수용할 수 있으며 수용할 때에만 윤리가 된다고 말한다.

분명, 간명한 이론은 아니다. 한쪽만 고려할 때 윤리의 세상은 얼마나 질서 정연하고 수정처럼 날카로운가. 그러나 안타깝게도 현실에서는 그런 명징함이 쓸모없는 경우가 많다는 것이 문제다.

다시 의료윤리로 돌아오면, 처음 의료윤리를 공부하면서 나 또한 특정 철학 이론으로 문제 사례에서 답을 도출하는 것이 의료윤리 작업이라고 생각했다. 비록 법처럼 외부로부터 강제로 답이 주어지지는 않지만, 이성과 성찰로 그 상황에 부닥친 행위자 자신이 어떻게 행동하는 것이 좋을지 충분히 결정할 수 있다고 여겼다. 그러나 실제로 문제를 풀려고 할 때마다, 그런 생각이 더 문제를 만드는 것은 아닌가 자문하게 된다. 각자 다른 생각과 가치, 필요와 요구를 가지고 사람들은 의료적 상황에 나온다. 이것만으로도 이미 하나의 정답을 구성하는 것이 불가능하거나, 그런 답이 있다고 해도 모두가 그에 합의하는 것은 어렵다는 것이 전제된다.

우리에게 필요한 것은 내가 생각해도 바르고, 당신이 생각해도 옳은 해결책을 찾기에 골몰하는 것이 아니라, 돌봄제공자와 보살핌받는 이로서 서로를 존중하며 우리의 피어남을 위해 노력하는 것일 터이다. 지금 최선의 답을 식별할 수 없을지라도, 돌봄의 매 단계에서 (그리고 우리 삶의 모든 순간에서) 서로를 돌보며 배려하는 걸음을 한 발씩 내디디며.

나는 그것이 돌봄으로서 의료에 적용할 수 있는 윤리라고, 지금 우리에게 필요한 의료윤리라고 말한다.

현재의 위기에 배려윤리는 어떤 해결책을 제시하는가?

우리는 여러 위기에 직면해 있다. 전 지구적 차원에선 생명체의 존속을 위협하는 인간 권력의 남용이, 기후 위기부터 감염병으로 인한 재난까지 다양한 방식으로 우리의 삶을 위협한다. 공동체 안에서 더는 서로에게 돌봄을 기대할 수 없기에, 당장 우리부터 미래 세대까지의 지속가능성에 대해 집단적 차원의 의문을 던진다. 요양시설(모든 요양시설은 분명 아니다.)에서 돌봄의 사각지대에 놓인 노인, 사회적 · 경제적 안전망 없이 삶을 더 지탱해나갈 수 있을지 모르는 장년, 무한경쟁에 지쳐 다른 곳에 여력을 둘 수 없어 가족을 꾸리고 재생산을 통해 다음 세대를 길러내는 것을 꿈도 꿀 수 없는 청년, 교육의 탈을 쓴 취업 경쟁에 어릴 때부터 노출되어 무엇을 배우는지도 모르는 채 끌려다니는 아이들. 개인적 차원에서 삶의 의미와 가치는 무용하며, 그저 금전적 가치로 이 모든 것을 치환해버린 것이 너무도 당연해졌다. 소셜 미디어를 탓하는 것은 원인과 결과를 뒤바꾸는 셈이겠지만, 그만큼 금전적 재화 외에 어떤 것도 가치가 없음을 보여주는 장치가 또 무엇이 있을까. 그리고 이 모든 것이 더는 우리가 살아낼 수 없음을 보여주는 위기다.

지금 초등학생인 내 딸의 생은 다른 무엇과도 바꿀 수 없이 귀하다.(아이의 사진을 보거나 아이가 한 말을 생각하며 웃는 나를 보면 정말 이상해졌구나, 라고 생각하게 된다.) 아이의 생을 지키기 위해서 나는 무엇이든 해야 한다. 그리고 아이에게 지금의 이런 위기들 앞에서 그냥 살아가라고, 너에게는 너의 짐이 있겠지, 라고 말하는 것을 나는 참을 수 없다. 그렇다면 무엇을 해야 하는가.

윤리학자라서 그렇겠지만, 나는 윤리를 외칠 수밖에 없다. 물론 여태

껏 윤리가 보여준 모습이라면 윤리에 기대는 것이 무슨 소용이 있는가 싶기도 하다. 기존 이론이 실패했으니 새로운 이론이 답이 될까. 하지만 다른 답을 나는 찾지 못한다. 결국 문제는 돌봄이 없기 때문에 일어났기 때문이다.

현대 사회는 취약성을 배제하고 건강한 적자(適者)만을 그 구성원으로 삼았다. 우리 사회는 아이와 노인의, 환자의, 장애인의 사회는 아니다. 그들은 빠르게 취약성의 자리를 벗어나 다시 적자의 상태로 돌아와야 한다. 그렇지 않으면, 그들은 도태된다. 인간의 취약성을 어루만지는 일이 돌봄이라고 할 때, 돌봄이 아무런 가치를 부여받지 못하는 일은 이런 상황에서 당연해 보인다. 애초에 무의미하고 무가치한 취약성을 굳이 왜 돌본단 말인가. 그러나 그 귀결이 지금의 위기라면, 세계를 돌보지 않은 것이 지금의 기후 위기로, 서로를 돌보지 않은 것이 지금의 불안정성으로, 나를 돌보지 않은 것이 우리의 금권 세계로 결과 지어졌다면, 우리는 돌봄을 다시 생각해야 하지 않는가.

다시 내 분야로 돌아와서, 의료에서 돌봄을 다시 생각하는 것은 의료의 목적을 재위치시킬 것이다. 현대 의료 또는 현대 생명의과학의 목표는 의과학적 비정상을 해결하는 데에 있다. 많은 이들이 그에 실망했고, 해결을 위해 나의 선배들은 의료가 단지 생물학의 문제 해결에만 국한되어선 안 되고, 그것을 넘어서 사람에게 발생한 문제 자체를 다루어야 한다고 말하기도 한다. 일견 동의하지만, 의료가 너무 팽창하는 것에 거부감을 느끼는 나로서는 세상의 모든 문제를 의료로 다루기를 원하지 않는다. 오히려 의료는 자신이 무엇이었는지 다시 생각해야 한다. 애초에 의료가 병으로 취약해진 자를 돌보는 손길이었다면, 지금 우리가 할 수 있게 된 수많은 힘과 기술들을 가지고 다시 그 자리로 돌아가야 하는 것은 아닌가.

그때, 의료가 돌봄이라는 말이 다시 이해될 것이다.

다른 무엇보다 배려를

그래서 나는 우리가 현재 겪고 있는 문제를 한 사람의 관점이 아닌 나와 너의 관점에서 다시 살펴보기를 요청한다. 우리의 취약성 앞에서 돌봄이 지니는 의미를 재검토할 것을 요구한다. 아니, 애초에 우리 삶이 취약했음을 인정하는 겸손으로 돌아갈 것을 생각한다. 일반 윤리 이론으로서 배려윤리를 검토하는 일이 그 작업에 도움이 될 것이기에, 나는 『의존을 배우다』의 주장들을 하나씩 다시 살필 것을 부탁드린다.

　　그리하여 다른 무엇보다 우리의 취약성을, 다른 무엇보다 우리의 연결됨을, 다른 무엇보다 배려를 우리 생의 조건이자 가치이자 규제로서 '윤리'로 살필 수 있기를 바란다.

주

추천의 글 세샤와 함께 노래하기

1) 이 인용구는 조지아 오키프의 글로 로이드 굿리치(Lloyd Goodrich)와 도리스 브라이(Doris Bry)가 편집한 『오키프: 조지아 오키프의 회고적 전시와 목록(*O'Keeffe: Georgia O'Keeffe Retrospective Exhibition and Catalogue*)』(뉴욕: 휘트니미술관, 1970), 17쪽에 1939년으로 표기되어 있다.

2) 마이아 앤절로(Maya Angelou)가 이 말을 했다고 하지만, 이것은 명백한 착오다.

3) Kittay and Carlson eds. 2010, 396.

4) 예를 들어 2008년 9월 소니브룩대학교에서 열린 '인지장애 콘퍼런스: 도덕철학의 도전'에서 피터 싱어와 제프 맥머핸이 에바 키테이와 나눈 의견을 참조하라(Kittay and Carlson eds. 2010, 407-9).

5) Jeff McMahan, "Cognitive disability, misforture, and Justice", *Philosophy and Public Affairs*, 25(1996), 8.

6) Rainer Maria Rilke, "The Archaic Torso of Apollo," in *The Selected Poetry of Rainer Maria Rilke*, ed. and trans. by Stephen Mitchell (New York: Vintage Books, 1984), 61.

1부 더 겸손한 철학자 되기를 배우며

1) Kant 1902, 2:368.

2) Cohen 1982.

1장 문제가 되는 것/ 아닌 것은 무엇인가

1) Brison 2010.

2) Ruddick 1989.

3) Kittay 2016.

4) Kittay 1999. 이 이야기의 많은 부분은 내 에세이 「내 방식 말고, 세샤, 천천히 네 방식대로 하렴」에 담겨 있다. 이 서사는 『돌봄: 사랑의 노동』의 마지막 두 장을 구성한다. 뒤이은 장들의 문제와 연관된 경우, 세샤와의 삶에 관한 이런저런 것을 이야기할 것이다.

5) '정상신체중심주의' 개념에 관해선 캠벨을 참조하라(Campbell 2009).

6) Khader 2011a.

7) Ferguson 1994.

8) Rich 1995.

9) Hanigsberg and Ruddick 1999.

10) Kittay and Kittay 2000.

11) Cavell 1994, 12.

12) 각각 「소녀처럼 던지기: 여성적 몸가짐, 운동력, 공간성의 현상학(Throwing like a girl: A phenomenology of feminine body comportment, motility, and spatiality)」, 「임신의 체화: 주관성과 소외(Pregnant embodiment: Subjectivity and alienation)」, 「집과 가정: 주제의 여성주의적 변주(House and home: Feminist variations on a theme)」이다. 개인적인 것이 정치적인 것이라는 생각을 설명하는 영의 에세이(앞의 것을 포함해)를 참조하라(Young 2005).

13) Lugones 1987.

14) Lugones and Spelman 1983.

15) Narayan 1997.

16) Brison 2002. 브리슨은 개인적인 것이 철학적인 것임을 증명하고 발화하는 에세이를 책 출간 전부터 계속 발표해왔다(Brison 1993; 1995; 1999; 2002).

17) Kuhn 2012, 103.

18) Spinoza 1996b.

19) 개인적 목소리는 브리슨의 작업에서처럼 꼭 필수적인 것은 아니다. 철학자가 특정한 종류의 삶을 살며, 그 이전의 철학자와는 다른 경험과 기대를 가지고 있다는 사실 자체가 철학 작업에 중요한 영향을 미친다. 내게 강력한 영향을 미친 작업들을 다 나열하기는 어

려울 텐데, 분석적 작업(Jagger 1983; Frye 1983; Card 1991; 1994; 1995; Held 1987; 1993; Meyers 1989; 1994), 현상학(Bartky 1990), 역사(Mercer and O'Neill 2005), 정치학(Benhabib 1987; Fraser 1989), 과학 및 인식철학(Harding and Hintikka 1983; Alcoff and Potter 1983) 등을 꼽을 수 있다. 내 작업은 이 지반 없이 불가능했고, 이들에게 엄청난 빚을 졌다. 철학에서 패러다임과 한계의 전환은 지금도 전혀 수그러들지 않는다. 나는 그 풍성함을 이 책에서 조금이나마 포착할 수 있기를 바란다. 하지만 이들 작업은 워낙 광대해서 다 인용할 수 없다.

20) Kopelman and Moskop 1984.

21) Bérubé 1998.

22) Vehmas 1999.

23) Silvers and Francis 2000; 2005; 2010.

24) Nussbaum 2006.

25) Carlson 2009; 2010; Wong 2008.

26) Vanier 1983; Veatch 1986; Reinders 2000; 2008.

27) Barnes 1990.

28) Noddings 1984.

29) 여러 예시를 참조하라(McMahan 1996; 2003; 2005; 2006; 2008; 2009; Rachels 1990; 1998; Singer 1979; 1994; 2007; 2008; 2009; Singer and Kuhse 1985).

30) McMahan 1996.

31) 인격성의 정의를 위해 돌봄을 다른 방식으로 활용한 작업으로 자월스카, 자월스카와 타넨바움을 참조하라(Jaworska 2007; Jaworska and Tannenbaum 2014).

32) 『누가 진정한 인간인가』에서 나는 데릭 바일러벨드(Deryck Beyleveld)와 로저 브라운스워드(Roger Brownsword)가 제시한 동등 존엄성과 집단 존엄성 사이의 구분을 따를 것이다(Beyleveld and Brownsword, 2001). 동등 존엄성은 각 개인이 동등한 가치를 지니고 있음을 인식할 것을 요구한다.

2장 뉴노멀과 좋은 삶

1) Sainsbury 2000.

2) Feder 2007.

3) Thomson 2010.

4) Thomson 2010.

5) Bernstein 2010.

6) 앤드루 솔로몬은 '정상' 부모와 다른 자녀를 가진 가족을 연구한다(Solomon 2012). 솔로몬은 이런 사례에 매혹된 이유에 관해 자신이 이성애라는 규범으로부터 이탈해 있기 때문

이라고 말한다. 흥미로운 논의를 통해 솔로몬은 자신이 커밍아웃했을 때 부모의 반응과, 자신이 부모가 되면서 가진 생각과 염려를 성찰한다. 솔로몬은 부모 자녀 관계를 특징짓는 수직적 동일시와 부모와 다른 성격이나 특징을 가진 자녀에게 드러나는 수평적 동일시를 구분한다. 여기에서 규범은 부모와의 동일시다. 자녀가 규범에서 (그리고 부모와의 동일시에서) 일탈하는 것은 '비정상성' 때문이며, 부모 충격의 핵심 이유다.

7) 니체와 미셸 푸코가 대표적인 예외다. 그들의 철학이 지닌 매력 중 일부는 그들이 "정상성"을 억압적인 이상으로 볼 수 있는 능력을 지닌 데서 온다.

8) 정의의 보호에 관한 권리를 누가 지니는가에 관한 질문은 『누가 진정한 인간인가』에서 다룬다.

9) Ruddick 1989.

10) Ruddick n.d.

11) Hanisberg and Ruddick 1999.

12) Stramondo and Campbell 2015.

13) Bull 2011.

14) NIH 2014.

15) Bérubé 1998, 6.

16) 이런 관점을 친숙한 방식으로 반복한 글로 글러버가 있다(Glover 2006a).

17) Featherstone 1960, 41.

18) O'Connor 1996, 310.

19) Davis 1995.

20) 고전이 된 논문에서 에드먼드 머피(Edmond Murphy)는 '정상'의 의미 일곱 가지를 구분했다(Murphy 1972). ① 정규 분포 곡선. ② 평균이나 중앙값 등 집단의 대푯값. ③ 집단에서 흔히 만날 수 있는 것 또는 전형. ④ 생존과 번식에 가장 잘 맞는, 적절한 것. 최적자. ⑤ 불이익 없음. 무해함. ⑥ 흔히 열망되는 것 또는 전통적인 것. ⑦ 그 집단에서 가장 완벽한 것 또는 이상. 나는 ①~③번을 기술적·통계적(statistical) 표준으로, 나머지 네 가지를 규정적 표준으로 분류한다.

21) Canguilhem 1991.

22) '~해야 하는'은 강한 도덕적 값을 지닌다. 눈을 뗄 수 없는 어설라 헤기의 소설 『강에서 주워온 돌』을 보자. 주인공 트루디 몬탁은 제1차 세계대전 시기 독일에서 태어난 저신장장애인이다. 몬탁의 어머니는 남편이 전쟁에 나갔을 때 저지른 자신의 부정에 대한 처벌로 딸의 비정상성이 초래되었다고 확신하고 그 생각에 미친 듯이 집착한다(Hegi 1994). 이런 장애 개념을 '장애의 도덕적 모델'이라고 부른다.

23) Canguilhem 1991, 135.

24) 엄격한 장애의 사회적 모델은 사실상 모든 형태의 장애를 사회적 차별과 물리적으로 구축

된 환경적 장애물의 결과로 본다. 최근의 장애 모델은 사회에만 초점을 맞추는 것에 문제를 제기하고 장애의 더 복잡하고 체화된 모델을 요청한다. 셰익스피어와 왓슨, 시버스, WHO 를 참조하라(Shakespeare and Watson 2001; Siebers 2008; WHO 2002).

25) Hedley 2006, 43.

26) Canguilhem 1991, 160. 장수를 예로 든 것이 목적에 잘 맞지 않아 보일 수 있다. 통계적인 표준 연령보다 더 오래 사는 삶이 바랄 만한 것인지 분명하지 않기 때문이다. 어떤 면에서 우리는 장수에 가치를 부여한다. 그러나 우리 나이가 통계적 표준을 넘기면, 우리는 건강이 약해지고 주변 사람들이 세상을 떠난 삶을 떠올린다. 죽지 않으려는 욕망은 강력하지만, 통계적 표준을 넘어서 살려는 충동은 특정 시점 이후로 점차 약해진다.

27) Groce 1985.

28) Scully 2011.

29) 그는 썼다. "인간이 존재한 모든 시대에는 인간 무리가 있었다. …… 대다수는 따랐으며 극소수가 명령했다. [복종은] 인간이 가장 잘 그리고 오랫동안 수행하고 경작한 특성이다. …… 그것은 태생적 필요가 되었다." (Nietzsche 1997, 64)

30) 이성애 커플을 넘어 결혼 제도를 확장하며, 동성 친밀 관계를 정상화하고 포함하는 것은 다른 배제를 강화할 수도 있다. 안드로진(gender-ambivalent) 또는 논바이너리(gender-ambiguous)로 자신을 정체화하는 성인 사이의 성적 친밀 관계가 그 예다. 제도를 더 포함적으로 만들려는 각각의 시도는 사회가 합법적으로 보존하려고 하는 다른 사회적 규범과 함께 고려될 필요가 있다. 예컨대 성인 두 명 이상의 결혼의 허용이 성차별적 젠더 관계로 귀결된다고 믿을 만한 이유가 있다면, 그 결혼을 허용하지 말아야 할 충분한 이유가 있는 셈이다.(결혼 당사자는 성인이어야만 한다는 것에 관해 비슷한 논거를 펼 수 있다.) 만약 논바이너리인 사람 다수가 결혼하는 것이 다른 중요하고 정당한 사회 규범을 저해하지 않으며 일부다처제의 퇴행적인 형태를 도입하지 않는다면, 그것을 허용하지 말아야 할 마땅한 이유는 없는 셈이다. 이 성찰은 올리 스테퍼노와의 논의에 빚졌다.

31) Grinker 2009, 318.

32) Wolfensberger 1972.

33) Vanacker 2013.

34) Wittgenstein 1973. 이 지점은 비트겐슈타인이 '사적 언어'에 반대 논증을 펼치는 부분의 일부다(§258 이하). 동일한 적합의 문제 및 의미의 사적 지시의 이해 가능성에 관한 질문은 가치에도 해당된다.

35) Crisp 2013.

36) Nussbaum 2000; 2002.

37) Nussbaum 2008.

38) Olsson and Hwang 2001; Saloviita, Itälinna, and Leinonen 2003; Hassall, Rose, and

McDonald 2005.

39) 트루디 스튜어네이글은 이런 일이 벌어질 것을 예상했으며, 이것이 아들에게 적절한 돌봄을 제공하는 데 실패했기 때문이라고 썼다(Conners 2009). 이 사례는 심플리칸도 논의했다(Simplican 2015).

40) 랩을 참고하라(Rapp 2011).

41) 솔로몬의 인터뷰는 인지장애를 가진 어린이가 부모 및 그들을 알게 된 사람에게 준 기쁨에 대해 이야기한다(Solomon 2012). 사실 '기쁨'이라는 단어는 부모의 말을 직간접으로 인용하는 부분에서 스무 배나 많이 등장한다.

42) Spinoza 1996a, Bk III, Definition II.

43) Hingsburger, 1998.

44) Grinker 2009.

카뮈의 『반항하는 인간』을 통한 정상성의 성찰

1) Camus 1956.

2) Camus 1956.

2부 아이 선택과 계획의 한계

1) Kent 2000, 62.

2) Glover 2006b, 킨들 141-42 위치에서 인용하였다.

3) 임신중지뿐만 아니라 피임도 금지된 곳에서 장애를 가진 아이의 탄생을 피하는 것과 관련해 여성이 애초에 성생활을 할 수 있는지와 관련한 결정을 마주한다. 그 예로 소두증의 원인으로 알려진 지카바이러스 유행이 엔데믹에 들어서며 임신중지 결정을 마주한 브라질 및 여타 라틴아메리카 국가의 여성들이 있다. 피임과 임신중지는 중산층 이상의 부유한 여성만 사실상 가능하며, 이들은 바이러스를 옮기는 모기에 노출되는 것을 피할 가능성이 훨씬 크다. 따라서 딜레마를 마주한 것은 대부분 가난한 여성이었다.

3장 선택의 한계

1) Kingsley 1987.

2) 킹즐리가 기술한 다운증후군을 가진 아이와의 경험을, 장애를 가진 아이의 모든 탄생으로 일반화해선 안 된다고 주장할 수도 있다. 어떤 장애를 가진 신생아와 아동은 부모와 아이 모두에게 매우 심한 고난을 안긴다. 끊임없이 울거나 자신의 몸을 뜯는 보채는 아이라면 네덜란드가 아니라 전쟁 중인 레바논이나 시리아에 착륙한 것이라고 주장할 수도 있다. 이들 부모의 경험을 인정하는 것이 중요하다. 동시에 우리는 장애를 가진 아이를 키우는 경험이 장애 내재적인 것인지, 지원 실패와 통증 및 불편의 원인에 대한 충분한 연구 결핍의 결과로

개선 가능한 것인지를 물어야 한다. 이런 어려운 상황에서도 부모는 자녀가 가족에 가져다 준 사랑과 기쁨에 관해 말할 수 있다. 어려움을 다룰 수 있는 감정적·물질적 자원을 가진 부모라면 더 그렇다. 솔로몬의 책에는 심한 장애를 가진 아이를 양육하는 여러 이야기가 나온다(Solomon 2012).

3) https://history.nih.gov/exhibits/thinblueline/timeline.html에 산전 유전 검사의 연대표가 나와 있다. 롱의 논문을 참조하라(Leong 2008). 카원은 양수천자술과 융모막 융모 검사의 발전사를 기술하고 있다(Cowan 1994).

4) 세샤가 태어난 지 2년 후인 1971년에 내 모교인 뉴욕 브롱스빌 세라로런스대학에서 유전상담 석사 과정 졸업생이 최초로 나왔다(Leong 2008).

5) 콜로라도가 1967년 '신체적·정신적 결함'을 가진 태아의 경우 임신중지를 허용하는 법을 통과시킨 최초의 주가 되었다. 로 대 웨이드를 전후해 열일곱 개 주가 임신중지를 허용하는 비슷한 법을 통과시켰다. 그러나 1969년 내가 살던 뉴욕주에서 임신중지는 불법이었고, 1970년이 되어서야 주는 해당하는 경우에만 임신중지를 허용하는 법을 통과시켰다. 따라서 내가 검사를 선택하여 유전질환이 있다는 결과를 받았다 해도 임신중지가 법적으로 가능했을지는 확실하지 않다.

6) Robertson 1994, 3.

7) Sandel 2009.

8) Liao et al. 2015.

9) Solomon 2012. 솔로몬은 썼다. "이런 수평적 정체성은 열성 유전자, 무작위 변이, 산전 영향, 조상과 자녀 사이 공유되지 않는 가치와 선호를 반영할 수 있다. ······ 신체적 장애는 천재와 마찬가지로 수평적 정체성이 되곤 한다. ······ 자폐, 지적장애와 같은 상태도 마찬가지다." (Solomon 2012, 2)

10) 다시 솔로몬이 쓴 것을 보자. "많은 부모는 자녀의 수평적 정체성을 모욕으로 경험한다. 아이가 다른 가족과 뚜렷한 차이를 보인다면, 그것은 일반적인 어머니, 아버지가 적어도 초기에 허용하기 어려운 지식, 능력, 행동을 요구한다. 자녀는 형제자매 대부분과 뚜렷이 다르고, 폭넓은 이해나 수용을 기대하기 어렵다. 학대하는 아버지는 자신과 신체적으로 닮은 자녀를 덜 학대하는 경향을 보인다. ······ 많은 가족은 아주 이른 아동기부터 수직적 정체성을 강화하려 하지만, 수평적 정체성은 부정한다. 수직적 정체성이 일반적으로 정체성으로 존중받는다. 수평적 정체성은 보통 흠결로 여겨진다." (Solomon 2012, 4)

11) Solomon 2012.

12) 이것은 가족을 형성하는 사건 중 일부가 꼭 강제는 아닐 수도 있다고 말하려는 것은 아니다. 임신중지가 불가능한 사회에서 강간으로 인한 임신이 그 예다. 반면 임신을 유지하고, 아이를 가지며, 그 아이와 가족을 이루는 것은 더 약화된 의미에서의 강제일 수 있다. 선택을 급진적인 의미로 이해할 수도 있는데, 이렇게 약화된 의미의 강제 속에서 선택한다 해

도, 즉 다른 대안이 정도의 차이는 있으나 모두 불쾌한 상황에서 선택하는 것도 선택이라고 말하는 것이다. 버지니아 헬드는 에세이 「탄생과 죽음(Birth and Death)」에서 몇몇 사례에서 임신하거나 임신을 유지하는 것의 유일한 대안이 죽음일 수 있으며, 우리는 인간 존재로서 자살할 수 있기에 그것이 대안이 될 수 있다고 주장했다(Held 1993, 115). 논쟁적이지만 나는 헬드의 주장이 옳다고 생각한다. 헬드는 여기에서 아이를 탄생시키고자 하는 인간 존재는 항상, 매우 극단적인 경우에도 선택을 한다고 주장한다. 그것이 원하는 결과가 아니라고 해도 말이다. 이런 급진적인 의미에서 모든 가족은 선택한 가족이다.

13) 드라마 「매드맨」은 미국 페미니즘의 여명기를 조명한다. 당시 여성은 선택과 결정 능력을 제한적으로 인정받는 것에 공개적으로 저항하기 시작했다. 드라마에 등장하는 초기 페미니스트 페기 올슨은 기혼 애인이 문밖으로 걸어 나가며 자기 결정으로 인해 나중에 페기가 기뻐하게 될 것이라는 이야기를 하자 "음, 선택할 수 있으니 너는 운이 좋아."라고 말한다.

14) 나는 대리모가 도덕적 해이를 야기한다는 의혹을 뿌리치지 않았으나, 이는 별도의 논의를 필요로 한다.

15) Bown, Read, and Summers 2002.

16) Bown, Read, and Summers 2002.

17) Bown, Read, and Summers 2002.

18) 내가 이 글을 쓸 당시엔 어떤 유전적 근거도 알려지지 않았다. 2018년, 마흔여덟 살에 내 딸은 PURA 유전자의 무작위 신생 변이라는 진단을 받았다. 이 변이는 2014년 처음 발견되었다. 이것은 유전이 아니므로 내 아들이나 나의 다른 자녀가 다른 사람보다 이 변이를 가질 가능성은 더 크지 않다. 이 정보가 유전 검사를 받지 않겠다는 아들의 결정에 영향을 미쳤을까? 확실하지 않지만 나는 그렇지 않으리라 생각한다.

19) Williams 1981, 18.

20) Brickman, Coates, and Janoff-Bulmand 1978, Kahneman and Tversky 2000, 765에도 인용.

21) 이 점에 관한 추가 논의는 5장을 참고하라.

22) 예를 들어 솔로몬은 한 부모의 말을 전한다. "처음에는 슬픔, 비애, 두려움밖에 없었어요. 제 어머니는 말했습니다. '아이는 정신병동에서 삶을 마치게 될 거야.' 어머니 세대에 농인과 언어장애인은 시설로 보내졌으니까. 하지만 내겐 이 아름답고 파란 눈을 가진, 막 저를 보고 웃은 아들이 있는걸요. 대답에는 오래 걸리지 않았습니다. '여기에 문제가 있는 사람이 있어요?' 왜냐하면 아들은 제게 완벽했기 때문입니다." (Solomon 2012, 80)

23) Kahneman and Tversky 2000, 762.

24) 이런 조기의 비침습적이며 정확한 검사가 다운증후군 태아 선별 여부의 도덕적 문제에 미치는 영향을 분석한 것으로 카포시를 참조하라(Kaposy 2013).

25) 변수 표현도와 침투도 감소에 관한 논의는 앤드루스 등 NIH를 참조하라(Andrews et al.

1994; NIH 2016). [침투도란 특정 유전자가 특정 표현형 발현을 나타낼 가능성을 의미한다. 표현도에 관해서는 145쪽의 각주를 참고하라.―옮긴이]

4장 산전 검사와 선별의 윤리

1) 이 장은 나와 아들의 논문에 부분적으로 기반을 두고 있다(Kittay and Kittay 2000).

2) Asch and Parens 2000.

3) Garland-Thomson 2012.

4) 입양이 친부모에게 미치는 정서적 비용에 관한 연구를 「입양이 친부모에게 미치는 영향에 대한 자료」에서 확인할 수 있다(Child Welfare 2013, https://www.childwelfare.gov/pubPDFs/f_impact.pdf).

5) 내가 '멸절 반론'이라고 부르는 것을 갈런드톰슨이 최근 정확하게 다뤘다(Garland-Thomson 2012).

6) Kittay and Kittay 2000, 169.

7) 카포시가 인용한 네덜란드 여성 대상 연구에서 다운증후군 검사를 받은 61퍼센트의 여성은 다음과 같이 보고했다. "이 아이를 가지면 나는 불행하리라고 생각했다." (Kaposy 2013)

8) Kittay and Kittay 2000, 169.

9) Kitcher 1997.

10) Shakespeare 2006.

11) Mansfield, Hopfer, and Marteau 1999.

12) 대부분은 테이-삭스병이 유아에만 영향을 미친다고 생각하겠지만, 1970년대에 후기 발병 변이(청소년기·성인기 발병) 사례가 진단되었다. 후기 발병 테이-삭스는 천천히 진행되며, 매우 소모적일 수도 있지만 보통 치명적이지는 않다. 테이-삭스 병은 헥소사미니다제 A 효소의 생성을 조절하는 HEXA 유전자의 변이로 일어난다. 유아기 테이-삭스는 효소의 완전한 결핍으로 나타나는 반면, 후기 발병은 효소 결핍의 정도 차이에 따른 결과다. 따라서 후기 발병 테이-삭스는 효소 활동 수준에 따라 증상과 정도가 다양하다. 성인 발병 테이-삭스와 유아기 테이-삭스의 차이에 대해 알려준 필립 넬슨에게 감사를 표한다. 이 질병에 대한 자세한 내용은 후기 발병 테이-삭스 연구 및 교육 재단(Late Onset Tay-Sachs Research and Education Foundation) 홈페이지(http://www.lateonsettay-sachs.org/index.php?p=ct&pgid=7)를 참조하라. 이 질병에 관한 추가 정보는 웹페이지에서 확인할 수 있다(http://rarediseases.org/rare-diseases/tay-sachs-disease). [원서는 후기 발병 테이-삭스 연구 및 교육 협회를 소개하고 있으나, 2022년 5월 현재 해당 단체는 활동을 중단한 것으로 보이며 자료를 확인할 수 없다.―옮긴이]

13) Mansfield, Hopfer, and Marteau 1999.

14) 2007년 1월, 미국산부인과학회는 "지침을 개정해 연령과 무관하게 모든 임신한 여성의

태아 염색체 검사를 추천한다."(American College of Obstetricians and Gynecologists 2007)

15) Solomon 2012, 20-1.

16) Natoli et al. 2012.

17) 미래에 대한 비관적 견해를 취한 것으로 카포시의 연구를 보라(Kaposy 2013).

18) 미국 보건복지부의 자폐성장애 기금은 '자폐증방지법'에 근거하며 이 법은 연구, 검사, 치료, 교육을 통해 "자폐증과 싸우려는" 것이다. 6억 9300만 달러 중 68퍼센트가 연구에 배정되어 있다. http://www.aucd.org에서 대학연합장애센터의 '2011년 자폐증방지법 재승인'을 보라. 장애인권 운동가 아리 네이어만은 자폐인의 삶을 개선하는 대신 자폐성장애의 치료와 예방에 초점을 맞춘 기금 마련에 반대하는 목소리를 냈다. 와이어드(Wired.com)와 인터뷰에서 그는 말한다. "분명 자폐스펙트럼 연구에 돈을 들이는 것은 매우 중요합니다. 자폐인의 삶의 질을 상당히 향상하기 위해 할 수 있는 일은 많습니다. 그러나 오티즘스피크스(Autism Speaks) 같은 단체는 태중 자폐성장애 진단을 위한 산전 검사를 개발하는 것 등을 우선시합니다. 극소수만이 아침에 일어나 생각하지요. '자폐성장애를 위한 제대로 된 쥐 모형을 아직 개발하지 못했나?' 대신 자폐인과 그 부모는 그들이 필요로 하는 교육과 지원을 찾는 데 어려움을 겪고 있습니다."(Silberman 2010)

19) 이 프로그램은 도르 예쇼림(Dor Yeshorim)으로 불린다. http://doryeshorim.org/에 프로그램 정보가 소개되어 있다. 프로그램에 반대하는 사람은 거의 없는데, 임신중지와 관련되어 있지 않으며 테이-삭스병처럼 소모적이며 치명적인 열성 유전 질환을 다루기 때문일 것이다.

20) Shakespeare 2011.

21) Buckely and Buckley 2008, 42.

22) 브로스코는 지적·발달장애의 유병률을 낮추기 위해 1960년대 후반부터 시행된 모든 예방적 방법이 인구에서 지적·발달장애의 유병률을 실제 낮추었는지 확인하기 위한 광범위한 역학 연구를 수행했다. 그는 지적·발달장애의 측정에 있어 논쟁적인 방법의 활용과 그 정의의 잦은 변화에도 불구하고 중증 지적·발달장애의 비율이 일정하게 유지되었다는 결론을 내렸다(Brosco 2010).

23) Brosco 2010.

24) 게다가 대부분의 인지장애는 유전적으로 결정되지 않으며, 여러 염색체 또는 발달 이상의 결과를 태중에서 확인할 수도 없다(Acharya 2011; American College 2007). NIH에 따르면 특별한 필요를 지니는 아동의 30~40퍼센트는 진단명이 없다(National Human Genome Research Institute 2018). 적어도 기술은 모든 지적·발달장애를 다 감지하거나 제거할 수 없을 것이다. 물론 인지장애를 초래하는 유전적 이상이 엄청난 속도로 발견되고 있지만 말이다. 우리의 증가된 수명은 많은 사람에게 후기 발생 인지 손실이 생길 것임을 말해주고

있다.

25) Bérubé 1998.

26) Thomson 2010.

27) 엘리자베스 스펠먼은 타자로 여겨지는 사람들에 관해 "하지만 그들은 우리와 비슷한걸." 이라고 말하는 관습을 "부메랑 인지(boomerang perception)"라고 부른다. 우리는 타인을 "우리와 정말 비슷해."라고만 말하지, 결코 우리가 "그들과 정말 비슷해."라고 말하지 않는 다는 것이다(Spelman 1988).

28) Kittay and Kittay 2000, 172.

29) Kittay and Kittay 2000, 172-73.

30) Silvers 2005; Francis 2010.

31) Hartley 2009, 29.

32) Solomon 2012.

33) Wittgenstein 1921.

34) 다음 장에서 우리는 이런 불이익이 선택 가능한 경우 여성에게 장애 없는 아이를 낳도록 하는 도덕적 책무를 부여한다는 주장을 살펴볼 것이다. 이 주장은 장애를 가진 삶, 그리고 동일한 사람의 장애 없는 삶을 가설적으로 비교한다. 5장에서 나는 이런 비교와 그에서 추출한 결론의 타당성에 대해 질문을 던질 것이다.

35) 장애가 어떤 불이익을 가할 수 있다고 말하는 것은 장애가 내재적으로 이롭지 않다고 말하는 것과 같지 않다. 이에 관한 뛰어난 논의로는 반스를 참조하라(Barnes 2016).

36) Glover 2006a.

37) Brock 2004; 1995.

38) Shakespeare 2006; 2014; 2013.

39) 넬슨의 「행위의 의미: 재생산 의사결정과 정책의 표현적 힘에 관한 성찰(The Meaning of the Act: Reflections on the Expressive Force of Reproductive Decision-Making and Policies)」을 보라(Nelson 2000).

40) 이 질문은 임신중지를 통한 선별에서만 제기되는데, 배아 선별은 이미 아이를 임신하기로 결정한 다음에만 이루어지는 일이기 때문이다. 그럴 가능성은 거의 없겠지만 모든 배아가 같은 손상을 가지고 있으리라고 생각하는 것은 가능하다. 이런 극히 드문 사례와 상응하는 질문은 체외 수정 과정을 다시 시작할 것인지 여부이다.

41) 장애학자이자 생명윤리학자 에이드리엔 아시와 데이비스 와서먼이 이 견해를 정교하게 다듬은 바 있다(Asch and Wasserman 2005). 마샤 색스턴(Marsha Saxton)의 「왜 장애공동체 구성원은 산전 검사와 선택적 임신중지에 반대하는가(Why Members of the Disability Community Oppose Prenatal Screening and Selective Abortion)」, 에이드리엔 아시와 게일 겔러(Gail Geller)의 「페미니즘, 생명윤리, 유전학(Feminism, Bioethics,

and Genetics)」을 참조하라(Asch and Parens 2000; Wolf 1996).

42) 같은 지점에 관한 더 구체적인 논증은 넬슨을 참조하라(Nelson 2000).

43) Asch and Wasserman 2005.

44) 어떤 병리적 유전 변이와 염색체 이상은 인종과 비슷하다고 주장할 수도 있다. 왜냐하면 이런 이상은 다른 이상과 달리 유기체 전체에 영향을 미치기 때문이다. 그러나 그런 병리나 이상의 영향이 자궁 안에서 변경될 수 있다면, (예컨대 임신 초기에) 이 절에서 내가 제시하는 논증이 적용될 수 있다.

45) 이것을 친자성 때문에 태아를 거부하는 것과 비교해보라. 태아가 특정 남성의 자손이라는 특징으로 인해 거부당할 수 있다고 말하는 것은 타당하며, 이는 변경할 수 없는 특징이다. 아버지가 다르면 똑같은 아이를 가질 수 없다. 장애가 없었으면 그가 어떤 사람이었는지 상상하는 것은 불가능하지는 않더라도 어려운 일이지만, 자궁에 있는 태아의 상황은 다르다. 이론의 여지는 있지만, 개인은 태어난 다음에야 구분 가능한 특징을 가진 누군가가 된다. 따라서 우리는 동일한 태아가 손상이 없는 가능성을 상상할 수 있다.

46) Jacobs 1861, 427.

47) Goodley 2013.

48) 아들과 내가 논문을 같이 쓰던 1996년, 다운증후군을 가진 청년이 나오는 텔레비전 쇼 '삶은 계속된다(Life Goes On)'가 이미 방영되고 있었다. 이후 다운증후군을 가진 사람의 이미지가 성인, 아이를 가리지 않고 표현되었다. 베네통이 일련의 광고를 선보였고, 눈에 띄는 타깃 광고가(다운증후군을 강조하지는 않았으나) 다운증후군을 가진 젊은 모델을 포함해 높은 평가를 받았다. 우리는 다운증후군을 가진 소수의 모델을 보았다. 호주 모델 매들린 스튜어트(Madeline Stuart)는 '뉴욕 패션 위크'에서 런웨이를 걸었다. 다운증후군을 가진 사람은 오늘날 초등학교, 중학교, 고등학교에 많이 다닌다. 부통령 후보가 선거 유세에 자신의 다운증후군 아기를 데려간 적도 있었다.

49) 레이나 랩은 임신한 여성이 다운증후군 양성 진단을 받은 태아를 중절할지 임신을 유지할지 선택하는 이유를 살핀 연구에서, 두 여성이 수용 시설에 가서 결정에 도움을 받게 된 일을 적었다(Rapp 1998). 한 여성은 임신중지를 하는 결정을 내렸지만 다른 여성은 아이를 낳기로 했다.

50) Estreich 2013; Flam 2013.

51) Downes 2013; New York Times Editorial Board 2013; Vargas 2013.

52) Kittay and Kittay 2000, 181.

53) Kittay and Kittay 2000, 181.

54) Kittay and Kittay 2000, 169.

55) Asch and Parens 2000.

56) Sandel 2009.

57) Jakobson 1963.

58) 이것은 임신 과정이 진행되면서 점차 줄어드는 차이다. 태아가 '내 아이'가 되는 순간 애착이 우리에게 도덕적 헌신을 강요한다. 우리는 우리의 감정적 웰빙 및 자신의 도덕적 가치에 대한 자기 이해에 엄청난 값을 매겨야만 그런 도덕적 요청에 응답하지 않을 수 있다.

59) Kittay and Kittay 2000, 189.

60) Kittay and Kittay 2000, 193.

61) Eligon and Eckholm 2013.

62) Ertelt 2013.

63) Piepmeier 2013.

64) 이런 결정을 하게 된 원인에 대한 가슴 아프지만 아름다운 설명을 카포시가 제시했다 (Kaposy 2018).

5장 선택적 재생산 조치에 대해 논쟁하지 않는 방법

1) 이 장은 케네디윤리연구소 학술지에 논문으로 먼저 게재되었다(Kittay 2017). 내용에 끊임 없는 관심을 보여준 스티브 캠벨에게 큰 빚을 졌다.

2) Asch and Parens 2000.

3) 브록, 사블레스쿠, 뷰캐넌, 글러버, 칸 등의 생명윤리학자가 여기에 속한다(Brock 1995; 2004; 2005; Savulescu 2001; Buchanan 2000; Glover 2006a; Savulescu and Kahane 2009).

4) 그러나 내가 알기로는 누구도 예비 부모에게 강제적인 방법을 써야 한다고 주장한 사람은 없다. 대신 그들은 설득과 논증을 활용해야 한다고 믿는다.

5) 브록은 그가 '중증' 장애라고 부른 것을 그 삶이 여전히 좋을 수 있으나 중요한 능력을 결핍한 경우로 한정한다. 그의 패러다임 사례는 실명과 상당한 지적장애다. [패러다임 사례에 관해서는 323쪽 각주를 참고하라. ―옮긴이]

6) Brock 1995; 2004; 2005.

7) Asch and Parens 2000; Garland-Thomson 2012.

8) Brock 2005.

9) Parfit 1984, 367.

10) Brock 2005, 80.

11) 더 현실적인 사례로는 태아의 소두증 및 뇌 성장에 다른 영향을 미치는 것으로 여겨지는 지카바이러스가 있다. 지금이 아이를 가질 마지막 좋은 기회라고 믿는 40대 초의 여성이 있다고 해보자. 그는 지카바이러스를 옮기는 모기가 퍼진 지역에서 살고 있지만 임신을 선택한다. 여성의 나이와 모기 확산 해결이나 백신 개발의 불확실성을 고려할 때, 여성은 임신을 시도할 도덕적으로 타당한 이유를 지닌다. 지카바이러스가 퍼졌고 피임과 임신중지가

불법인 브라질에서 많은 여성이 이 결정을 대면했다.

12) 브록이 아이의 장애 가능성은 행정적·실용적 이유가 아닌 도덕적 이유를 구성한다고 주장하는 점을 주목할 필요가 있다.

13) 이런 가정은 태아의 손상을 진단받아 임신중지를 결정한 여성이 반드시 공유하는 것은 아니다.

14) Brock 2005, 89.

15) 모호한 부분이 있다. 인격비영향 해악원칙을 표현한 것을 보면 브록은 중증 장애를 가진 아이를 낳는 것이 "심각하고 충분히 보상받을 수 없는 해악 또는 이득의 손실"을 경험할 누군가를 세계에 들이는 일이면서도 아이는 그로 인해 더 나빠지지 않는다고 생각하는 것 같다. 장애로 인하여 발생하는 심각하고 충분히 보상받을 수 없는 해악이나 이득의 손실과 비교할 때 삶의 선물이 더 크기 때문이다.

16) 브록은 "그런데도 장애를 가진 사람이 없으면 세계는 더 나쁜 곳이 될 수 있다."라고 주장하는 사람이 있다는 것을 인정한다(Brock 2005, 88). 그러나 브록은 장애를 가진 사람이 그 자신과 타인에게 많은 가치를 성취할 수 있다고 해도 "중증 장애로 고통받는 사람 집단 전체는 모든 것을 감안할 때 부담이라는 사실은 여전히 사실"이라고 믿는다(Brock 2005, 88).

17) Brock 2005, 87. 브록은 썼다. "이러한 [인격비영향 해악]원칙은 어떤 행동이 잘못이 되려면 누군가가 반드시 잘못되거나, 어떤 행동이 나쁘기 위해선 누군가에게 반드시 나빠야 한다는 가정이나 원칙을 거부한다. …… 결과적으로 인격비영향 해악원칙은 사례에서 누구를 위해 장애를 막아야 하느냐는 질문에 답할 필요가 없다고 말한다. 대신 우리는 어떤 동기나 이유 때문에 장애를 막아야 하는지, 장애를 가진 아이 대신 장애가 없는 아이를 낳아야 하는지에 답할 수 있다. 웰빙의 위축이나 기회의 제한이 더 적은 세계를 위해 여성은 약을 먹고 임신을 한 달 미루어야 한다." (Brock 2005, 88)

18) Brock 2005, 87.

19) 장애를 고려할 때 우리가 능력을 설명하는 방식에 어느 정도 조정이 필요하다는 점을 브록은 인정한다. 그는 내재적으로 좋아 보이는 능력이 사실은 대부분 도구적 가치, 다른 능력을 통해 접근 가능한 가치를 지닌다는 아시와 와서먼의 논증을 수용하는 것처럼 보인다. 시각을 통한 미적 경험은 다른 방식을 통해서도 충족될 수 있다(Brock 2005).

20) Barnes 2016

21) Brock 2005, 72.

22) Gross 2000.

23) 다음을 참조하라. Barnes 2014.

24) Paul 2015.

25) Ne'eman 2013.

26) Kent 2000.

27) Albrecht and Devlieger 1999; McBryde-Johnson 2003; 2005; Barnes 2014.

28) 다음의 예를 보라. Hull 1997.

29) 스티븐 캠벨은 장애인의 태도에 대해 다른 설명을 제시했다. (많은 비장애인을 포함해) 장
애인은 웰빙의 객관적 요소에 대한 브록의 논쟁적 관점에 그저 동의하지 않을 것이다. 장애
를 가졌든 아니든, 넓은 범위의 객관적 재화를 인정하면서도 기회가 기본적인 복지 재화라
는 브록의 관점을 거부하는 많은 사람이 있다(사적 의견 교환, 2017년 1월 25일).

30) Brock 2005, 70.

31) 비장애중심주의 없이 장애의 불이익을 생각하는 다른 방식은 손상이 존재하지만 비장애
중심주의가 완파된 가능세계를 상상해보는 것이다. 반스는 이 전략을 추구해 모든 것을 고
려할 때 장애는 중립적이라고, 즉 이득도 불이익도 아니라고 결론짓는다(Barnes 2014;
2016).

32) Khader 2011b; Sen 1990; 2002; Nussbaum 2000.

33) Fricker 2007, 9.

34) 여기에서 그는 머리를 인용한다. Murray 1996.

35) 장애로부터 경험할 수 있는 모든 불이익이 사회적 부정의의 결과라고 주장하는 것은 아님
에 주목하라. 오히려 손상과 장애의 조건이 차별과 배제의 사회적 형태와 얽혀 있다는 것,
따라서 우리는 개인의 삶의 질에 나쁜 영향을 주는 사회적 규범과 기대를 작동시키는 일 없
이 특정 불이익을 분리시킬 수 없다는 것이다. 예외로는 끊임없는 통증이 있다. 기대 여명
의 단축도 예외가 될 수 있다. 그러나 여러 형태의 장애를 가진 사람의 기대 여명은 증가해
왔으며, 이는 의료적 개입이 더 나아진 것뿐만 아니라 차별이 줄어들어서 장애를 가진 사람
이 삶을 연장할 수 있는 의학적 치료와 돌봄의 형태에 더 많이 접근할 수 있게 되었음을 시
사한다.

36) Kahneman and Tversky 2000. 3장에서도 이를 논의한 바 있다.

37) 장애인이 완전히 다른 사람일 수 있다는, 그래서 다른 세계에서 장애인의 어떤 측면이 남
을지 분류하는 것을 넘어 그가 그저 완전히 다른 사람이 되는 사고실험을 통해 이를 부정하
는 사람도 있을 것이다. 나는 이쪽이 별로 내키지 않는데, 개인의 정체성이 어느 정도 관계
적인 것이라고 믿기 때문이다. **내 딸**이 장애 없이 태어났거나, 태어난 다음 손상을 고칠 수
있어서 장애가 없었다면, 그래도 **똑같은 딸**일까. 하지만 이런 정체성이라는 요소는 두 시나
리오에서 세샤가 어떤 사람이 될지 또는 세샤의 삶이 좋을지 비교하는 데에 거의 영향을 미
치지 않는다.

38) Wade 2005.

39) Solomon 2012, 405.

40) Solomon 2012, 429.

41) Solomon 2012, 426.

42) Siebers 2008.

43) 이 점에 관한 다른 유용한 논의를 여러 장애학자의 글에서 찾아볼 수 있으며, 특히 아시와 패런스, 아시와 와서먼, 반스를 참조하라(Asch and Parens 2000; Asch and Wasserman 2005, Barnes 2014; 2016).

44) Asch and Wasserman 2005.

45) Ne'eman 2013.

46) Kuusisto 2015.

47) 이런 일반 명제에는 한계가 분명히 있다. 극악무도한 범죄를 저지른 자녀를 보호하는 것이 그 사례이다. 하지만 최악의 상황을 제외하고, 장애를 가진 자녀에 대한 책무를 이행하는 것은 사회에 그렇게 나쁜 영향을 미치지 않을 것이다. 따라서 장애를 가진 아이에게 우리가 지는 책무를 사회를 향한 책무보다 우선하는 것은 도덕적으로 정당화된다.

48) Garland-Thomson 2012.

49) Lillehammer 2009.

50) 반스가 비슷한 점을 지적한다(Barnes 2014).

51) 헐은 재생산 선택과 관련해 성격의 역할을 논의한다(Hull 2009).

52) 이 점은 우리가 정상성을 종적 표준이나 통계적 표준, 둘 중 어느 것으로 생각해도 변하지 않는다.

53) Savulescu and Kahane 2009.

54) 사블레스쿠와 칸은 비장애 아동이 대신 태어날 수 있다면 장애 아동의 탄생을 피할 도덕적 책무가 있다고 믿는다. 그러나 그들은 재생산 선행의 원칙이라고 부르는 것에 입각하며, 이것은 예비 부모가 가능한 최고의 아이를 가질 도덕적 책무가 있다는 입장을 견지한다. 브록과 달리 그들은 여기 제시된 이유로 정상성의 기준에 그 열망을 제한하지 않는다(Savulescu and Kahane 2009).

55) 우리 시대의 뛰어난 분석철학자이자 매우 유명한 사고실험(늪의 화학 반응으로부터 탄생하여, 완전히 성장한 어른으로 나타나는 '늪 인간')을 내놓은 도널드 데이비슨(Donald Davidson)은 생애 후반에 한 대화에서 이런 가상 사례의 사용을 포기해야 한다고 말했다. 이런 사례가 실제로 의미하는 것을 우리는 알 수 없기 때문에, 여기에 기초해서 우리의 직관을 탐구할 수 없기 때문이라는 것이다. 나는 우리 논의에서 사용한 예시와 가상 사례가 늪 인간 사례만큼 기이하지는 않다는 점을 인정한다. 세계에 많은 장애인과 비장애인이 있으며 그들을 통해서 우리가 다른 모든 것이 동등함 조건의 비교를 진행할 때 실제로 말하는 것이 무엇인지 생각해볼 수 있다. 나는 다른 모든 것이 동등함 조건의 비교가 우리 직관을 검증하는 데 있어 믿을 만한 방법이 아님을 보였기를 바란다. [늪 인간 사례는 다음과 같다. 데이비슨은 자신이 늪을 지나가다가 벼락에 맞아 순간적으로 죽고, 대신 그 충격으로 바로

옆에서 데이비슨과 완전히 동일한 늪 인간이 만들어졌다고 생각해보라고 한다. 이 늪 인간은 데이비슨인가? 아니, 인간이긴 한가?―옮긴이]

56) Whitehead 1938, 138.

부록 * 어머니의 선택

1) 톰슨의 유명한 예시는 죽어가는 바이올린 연주자의 생존을 위해 납치되어 그와 9개월 동안 연결된 한 사람의 상황을 그려본다. 이 비유는 연결된 사람이 이 방식에 동의하지 않았다는 것, 심지어 연결할 때 무의식 상태였다는 사실에 기댄다. 임신한 여성과 태아에 비유한다면, 의도치 않은 임신일뿐더러 임신이 가능할 것이라고 믿는 상황에 여성이 어떤 것도 하지 않았다는 것이 된다.

2) O'Neill 2002, 61.

3) 오닐은 이것이 재생산에서 성인의 자율성에 제한을 건다고 말한다(O'Neill 2002).

4) 미스트리는 아이를 돌보는 과정에서 그들을 불구로 만들어 더 구걸을 잘 할 수 있도록 만드는 어른의 선택을 기술한 바 있다(Mistry 1996). 「슬럼독 밀리어네어」에 비슷한 상황이 나온다.

5) 이 마지막 요소는 로런스 베커가 사적인 연락에서 제기한 고려 사항을 끌어들인다. 그는 적었다. "그런 선택이 허용 가능한지 결정하기 위해 우리는 장애(예컨대 농) 없는 아기를 가진(또는 입양한) 다음 그에게 장애를 의도적으로 부여하는 것이 아동 학대, 즉 아동 학대 범죄에 해당하는지 따져보아야 합니다. 이런 사고실험을 한다면, 우리는 장애를 선택하는 것을 거부할 겁니다. 이것은 공상과학의 가상 사례가 아니지요. 사람들은 일부러 아동을 불구로 만들어 구걸을 더 잘 할 수 있도록 하니까요." 내 답변은 이렇다. 이 사고실험은 장애를 가지는 것과 장애를 일으키는 것의 선 또는 악 사이에 명백한 대칭성이 있다고 가정한다. 그러나 반스가 빈틈없이 논증한 것처럼 이 대칭성은 명백하지 않다(Barnes 2014). 게다가 나는 우리가 선택(장애를 선택 또는 선별)에 대한 도덕적 판단을 절대 내릴 수 없다고 주장한 것이 아니라, 그런 판단은 그 결정을 내리는 부모의 이유에 달려 있다고 말했다. 의심의 여지없이 청인 아이보다 농인 아이가 더 구걸을 잘 할 수 있기 때문에 그런 배아를 선택하는 것은 도덕적으로 비난할 수 있다. 그 결정은 아이를 위해 내려진 것이 아니라, 아이를 전적으로 도구로 여기는 태도를 반영한다. 따라서 이 사고실험은 농 공동체의 일원으로 귀한 정체성을 공유할 아이를 환대하기 위해서 농인 부모가 선천적 농인 재생산 파트너를 선택하는 것과 같은 장애 선택 사례의 도덕적 의미를 파악하는 데 실패한다.

6) 디스크에 기록된 인터뷰는 다음 사이트에서 확인할 수 있다. http://rockethics.psu.edu/education/oral-history-feminist-philosophers. [조앤 캘러핸(Joan Callahan)의 '페미니즘 철학자: 자기 목소리로(Feminist Philosophers: In Their Own Words)'로 페미니즘 철학자를 대상으로 한 구술사 자료가 담긴 자료이다. 원문에 적힌 홈페이지는 연결되지 않

으며, 현재 자료를 구매할 방법은 없는 것으로 확인된다.—옮긴이]

7) Bérubé 1998.

3부 철학, 장애, 윤리에서 돌봄

1) Gilligan 1982.

2) 최근에 나온 책은 돌봄의 규범성에 관해 다른 관점을 제시한다(Collins 2015).

3) 내가 말하려는 것은 **적법한** 요구다. 정당하고 돌보는 사회의 삶과 양립할 수 없는 요구(또는 느껴진 필요 중 진정한 필요가 아닌 것)도 있기 때문이다. 타인에게 해를 끼쳐야 충족되는 비뚤어진 필요, 과장된 요구는 돌봄에 마음을 쓰는 윤리에서 도덕적으로 수용할 수 없다.(**배려윤리**에서 해악에 관한 논의로 7장 II절 6)항을 참조하라.) 내가 적용하는 제한이 도덕적인 것임에 주목하길 바란다. 타인이 비합리적인 요구라고 생각하는 것은 여전히 적법한 요구일 수 있다. 그 충족이 타인에게 끼치는 해악과 관련되어 있지 않다면 말이다. 롤스는 "정사각형 공원이나 잘 다듬어진 잔디밭 등 다양한 기하학적 형태의 영역 속에 있는 풀잎의 수를 세는 것이 유일한 즐거움인 사람"을 상상한다(Rawls 1971, 432). 이것을 비합리적이라고 볼 수 있지만, 해악을 초래하지 않는 한 그 개인에게 적법한 요구일 수 있다.

4) 자원이 매우 희소하며 거대한 고난이 주어져 있는 상황이 아니라면, 진정한 필요는 타인에게 해악을 끼치지 않은 채로 충족될 수 있으며 따라서 언제나 이미 '적법하다.' 누군가는 느껴진 '필요'가 해악을 낳을 수도 있다고 주장할 것이다. 예를 들어 성 학대적 행위가 '필요'하다고 주장하는 사람을 생각해보자. 그러나 이 경우 긴급함의 감각이 끼어든다고 해도, 그런 느껴진 '필요'는 **요구로** 생각하는 것이 더 낫다. 따라서 "진정한 필요와 적법한 요구"라는 표현은 돌보는 자가 반응해야 하는, 보살핌받는 이의 필요의 제한과 중요한 우선순위들을 포착하는 것으로 보인다. 간명하면서도 내가 반영하길 원한 개념을 포착하는 표현을 찾는 것을 도와준 리처드 루빈에게 감사를 표한다.

5) 이런 이해에서 피어남은 객관적·주관적 요소를 모두 가진다. 어떤 것이 선하기 위해서는, 그것은 객관적 (또는 일반적 이해에서) 선이어야 한다. 하지만 또한 관계된 사람에게도 선이어야 한다. 승인 개념은 종종 관계된 개인의 합리적 타당화로 이해되지만, 여기에서 말하는 것은 그런 승인 개념의 약한 개념이다. 만약 누군가가 이 선을 지녔을 때 타인에게도 자신에게도 잘 사는 것으로 보인다면, 그는 그것이 자신의 선임을 내재적으로 승인한 것이다. 어떤 것이 그 개인에게 선인지에 관한 질문은 문제의 선이 객관적으로 보이는 기준에서 선으로 이해되지 않을 때 답하기 어려워진다.

6) Ruddick, 1989, 30.

7) Fischer and Tronto, 1990.

8) Noddings, 1984.

6장 의존과 장애

1) 이 장 내용의 많은 부분은 애덤스와 로이스의 편저에 포함되어 있다(Adams and Reuss 2015).

2) 특히 「사랑에 빠진 여자」 장에 강조되어 있다(Beauvoir 1953).

3) Kittay 1999; ADAPT 2007.

4) 이 긴장에 대한 논의로 이전 내가 쓴 논문을 참조하라(Kittay 2007).

5) Oliver 1989, 8.

6) Barton 1989.

7) Shakespeare and Watson 2001; 2006; 2014; Weicht 2010.

8) Moynihan 1973, 17.

9) Fraser and Gordon 1994.

10) Solinger 2002.

11) Fineman 1995; Kittay 1999.

12) 1982~1993년 미국 청소년 추적 연구(National Longitudinal Survey of Youth) 자료에 의하면, 여성은 자녀 한 명당 7퍼센트의 임금 삭감을 경험한다(Budig and England 2001). 문헌에 대한 최근의 고찰은 글린을 참조하라(Glynn 2014).

13) 캐서린 울프(Katherine Wolfe)는 이것을 "이인칭의 필요(second-person needs)"라고 불렀다(Wolfe 2016).

14) Arneil 2009; Fine and Glendinning 2005.

15) 이것은 미네소타대학교의 장애와 설계 강의 계획서에 쓰인 표현이었다. 그는 계획서에 썼다. "모델과 무관하게, 장애가 소란을 피운다. 장애는 정상 구조에 생생하게 끼어든다." 이점은 그의 저서에서도 나타난다(Siebers 2010).

16) Lindemann 2001.

17) Heumann 1977.

18) Young 2002, 45.

19) De Jong 1983.

20) Zola 1988, 14-15.

21) De Jong 1983, 15; Zola 1988. 강조는 지은이.

22) BCoDP 1987, sect. 3.1, 5.

23) Davis 2007, 4. 이런 사회적 의존이 생물학적 의존과 마찬가지로 피할 수 없다고 말하는 사람이 있을지도 모르겠다. 나는 엄청난 수의 사회적 의존은 선언(選言) 집합으로서 피할 수 있지만, 특정한 하나가 그러할 가능성은 별로 없다는 점을 들고자 한다. 예컨대 도시 환경이라 해도 우리는 스스로 음식을 재배해 먹을 수 있다. 하지만 우리에게 더 많은 필요와 요구가 있을 때, 의존하고 상호의존하지 않으며 모든 것을 충족시키기란 거의 불가능하다.

24) 테일러는 다음과 같이 밝힌 바 있다(Taylor 2004). "고용주가 장애인 노동자의 잉여 가치를 짜낼 수 있게 하려고 수천 명의 사람이 장래성이 없고 차별적인 직업에서 법적으로 최소 수당 이하의 임금을 받는다.(예를 들어, 발달장애인을 위한 '보호 작업장'의 사례) 이런 환경의 노동자를 향한 생색내기는 심각한 수준이다. 노동은 필수적인 것이니까 그를 위해 장애인들은 착취당해도 되고, 심지어 그런 '기회'를 얻는 것에 감사하기까지 해야 한다고 여기는 이유는 무엇인가?"

25) Morris 2004; 2011.

26) Frankfurt 1988, 91.

27) Frankfurt 1988, 83.

28) 3부 '개관'의 정의를 보라.

29) 이런 유의 **관심대상**은 캐서린 울프가 이인칭 필요라고 부른 것에 상응한다(Wolfe 2016). 그것은 우리가 마음을 쓰는 타인이 필요로 하기에 내가 가지게 되는 필요이다. 이 용어를 가져오는 것은 매력적이지만, 나는 **관심대상**이라는 용어를 유지하고자 한다. 이것은 필요뿐만 아니라 중요한 요구와 욕망까지 의미하기 때문이다. 하지만 이인칭 관계 속성을 **관심대상**에 가져오는 것은 유용해 보인다.

30) 우리가 필요나 요구를 만족하기 위해 타인의 도움이나 보조를 끌어들여 타인에게 의존하는 것을 **선택할** 수 있다는 점에 주목하라. 우리는 자신의 필요를 만족하기 위한 기술을 배우는 데 실패할 수 있고, 의존은 생존이나 피어남에서 크게 중요해진다. 이는 특권자들의 특혜인 경우가 종종 있다. 하지만 이런 의존은 (우리 삶에 편만해 있다고 해도) 불가피한 의존의 힘을 (낙인도 함께) 결여한다.

31) 관계의 분석을 탐구하는 것은 집합론이다. 관계는 특성을 지닌다. 대칭성, 재귀성(또는 자기동일성), 이행성을 지닐 수도 있고 아닐 수도 있다. 예를 들어 '~보다 크다'의 특성은 비대칭성, 비동일성, 이행성(a)b이고 b)c이면 a)c이다)이다. '같다'의 특성은 대칭성, 재귀성, 이행성이다. 논증의 세부적인 부분에 관심을 가지지 않는 독자는 이 절의 기술적 부분을 넘어가도 괜찮을 것 같다.

32) 물론 우리 모두는 어떤 의미에서 자신에 의존한다. 그러나 이런 의존은 비동일적 관계의 일차적 의존에 기생한다.

33) 길리건은 연구에서 고등학교 여학생들이 의존의 두 가지 정의를 제시함을 언급한다. 하나는 "의존과 독립의 대립에서 나오며, 다른 하나는 의존과 고립의 대립에서 나온다." (Gilligan 1987, 31-2)

34) Gilligan 1987, 14.

35) Noddings 1984, 13.

36) Nolen 2014.

37) Rollins 1987.

38) 나는 「내 방식 말고, 세샤, 천천히 네 방식대로 하렴」에 이에 관하여 광범위하게 기술했다 (Kittay 1999).

39) Oliver 1989, 14.

40) Rivas 2002, 77.

41) Rivas 2002, 70.

42) Rivas 2002, 70–71.

43) 여기에서 논의한 비가시성에 더하여, 돌봄제공자가 돌보는 자에게 제공하는 주의는 상호 적이지 않다. 리바스는 인터뷰 중에서 보조인을 소개받은 적은 한 번도 없다고 적었다. 이 외에도 누가 이런 어렵고 보수가 나쁜 업무를 하게 될 가능성이 가장 큰지에 대한 인구통계 학적 자료의 비가시성이 있다. 가정 돌봄 지원의 91퍼센트가 여성에 의해 수행된다. 이런 여성 중 56퍼센트가 자신의 필요를 충족하기 위해 공적 보조에 의존한다. 4분의 1은 연방 빈곤선 이하의 가정에서 산다. 대부분 이민자(위법 체류자인 경우도 드물지 않다.)이며 노 동 계층 여성으로, 추가적인 차별과 비가시성을 대면하는 인종 · 민족 집단에 속하는 경우 가 많다. 가정 돌봄 지원을 수행하는 이의 56퍼센트가 비백인 소수자다. 24퍼센트는 외국에 서 태어났다. 5분의 1은 한부모 여성이다(PHI 2014).

44) 일부 장애운동가가 장애인과 개인 보조인 사이의 돌봄 관계를 더 비인격적으로 이해하고 자 사용하는 맥락에서 이 용어를 가져왔다.

45) Rivas 2002, 77–78.

46) Rivas 2002, 75.

47) Rivas 2002, 79.

48) Rivas 2002, 79.

49) Rivas 2002, 80.

50) Rivas 2002, 81.

51) Rivas 2002, 82.

52) 자기 결정으로서의 독립에 관한 논의로 다음을 참고하라. Young 2002.

53) Kittay 2000.

54) 이 점은 후속작인 『누가 진정한 인간인가』에서 보강될 것이다.

55) Baltes 1995.

56) MacIntyre 1999.

57) 어느 정도의 노력을 통해 스스로 수행할 수 있는 일에서 도움을 받는 전략을 펼칠 때 조종 이 작용할 가능성이 있음을 인정해야 한다. 이것은 돌보는 자가 정당한 존중을 받지 못할 때 특히 문제가 될 수 있다.

7장 돌봄윤리

1) Dewey 1993, 40.

2) 다음과 같이 기술한 동료 앨런 킴(Alan Kim)에게 감사를 표한다. "우선 플라톤에서 '돌봄' 개념은 이미 선 및 '향상(선을 향한 움직임)'과 '타락(그 반대)' 사이의 변증법에 중요하게 연결되어 있다. 소크라테스는 향상하는 자로 등장하며 따라서 돌보는 자인 반면 '돌보는 자'의 이름인 멜레투스는 사실 타락시키는 자다. 아리스토텔레스의 『니코마코스 윤리학』 1장 2부에서도 정치인의 임무는 소크라테스가 『국가』에서 양치기로 묘사한 방식처럼 국가의 시민을 돌보는 것으로 귀결됨을 발견할 수 있다. 그는 피보호자들이 최대한 번영할 수 있는 조건을 만들거나 유지해야 한다. 그러나 우리는 소크라테스, 플라톤, 아리스토텔레스에서 푸코가 '자기 배려'라고 부른 개념을 분명히 확인할 수 있다. 타인을 돌볼 줄 아는 사람은 우선 자신을 돌보며, 이 자기 돌봄은 나에게 그리스적 덕의 주된 표현이다. 그것은 자신의 영혼을 정돈하여 건강한 상태로 만드는 것이며, 행복 또는 '좋은 삶(euzên)'과 상응한다." (사적 의견 교환, 2014년 10월 27일)

3) 여성이 옆으로 비켜서고 남성이 교육, 정치, 철학적 향상에서 자기 역할을 맡을 때만 철학이 가능한 것인 양 군다.

4) 지구와 그 생물에 대한 돌봄이 지닌 도덕적 중요성의 증가는 프란치스코 교황의 회칙 제목과 내용에 아름답게 강조되어 있다. 「우리 공동의 집을 돌보는 일에 관하여(On the Care of Our Common Home)」 (Pope Francis 2015).

5) Gilligan 1982.

6) 길리건은 도덕 이론의 지배 담론을 정의 관점(justice perspective)이라고 불렀다. 반면 여성의 윤리적 삶은 전통적으로 돌봄의 이슈를 중심으로 한다고 보았다. 그의 이론화와 그 이론의 발전은 정의 윤리와 돌봄윤리 사이의 대립을 설정했다. 이런 이분법은 이후로 이론가들을 성가시게 했고, 나 또한 내 방식으로 이를 공격한 바 있다(Kittay 2015). 나는 더 이상 이런 이분법이 타당하다고 보지 않기에 정의와 돌봄을 반대항으로 놓는 것을 삼간다.

7) Noddings 1984.

8) Ruddick 1989.

9) 플라톤과 이후의 주석에서 돌봄에 역할이 있다고 한다면, 철학적 전통과 단절된 돌봄윤리의 개념을 도입한다기보다 여성들이 플라톤에 대한 다른 주석, 즉 돌봄의 다른 개념을 발전시키는 주석을 제공하고 있다고 말할 수 있을 것이다. 돌봄 개념에 근접한 다른 현대 페미니즘 철학자의 작업으로 제인 애덤스(Jane Addams)를 들 수 있을 텐데, 그의 작업은 관심을 받지 못하거나 중요 서적의 목록에서 완전히 배제되어 있다. 이런 통찰을 제공해준 리처드 루빈에게 감사한다.

10) 하이데거의 염려, 고려(Fürsorge), 배려(Besorgen)는 마음 씀, 신경 씀, 걱정함을 가리키며, 현존재(Dasein)가 세계에 현상하는 방식이다(Heidegger 1962). 그러나 하이데거

적 개념이 타인에 대한 보살핌을 검토하는 데 사용될 수 있는지는 의문인데, 염려는 현존재의 조건이지 돌봄이 필요한 누군가와의 관계에서 나오는 것이 아니기 때문이다(Lavoie, De Koninck, and Blondeau 2006).

11) 레비나스의 타인의 대한 책임 개념은 페미니즘 개념과 밀접하지만, 타인에 대한 책무 관계를 가정하며 이는 페미니즘의 돌봄 개념에서 필수적이지 않다. 페미니즘 돌봄윤리에 맞는 레비나스 개념의 적용 가능성에 대한 문헌들을 참조하라(Lavoie, De Koninck, and Blondeau 2006; Diedrich, Burggraeve, and Gastmans 2006; Bookman and Aboulafia 2000; Reynolds 2016; Nortvedt 2003).

12) Frankfurt 1998; 2004.

13) Winch 1958.

14) MacIntyre 1981.

15) 더 정확히 말하면, 여성은 자신의 결정이 **옳은 일**인지(도덕적 판단), **자신**에게 옳은 것은 무엇인지(신중한 판단)를 결정하고자 한다. 임신중지가 도덕적 잘못이라는 종교적 믿음을 따르는 여성은 신중한 결정이란 그저 이기적일 뿐이라고 말할 것이다. 외부의 도덕적 권위를 따르지 않는 여성은 숙고를 통해 도덕적으로 수용 가능한 결정에 도달한다.

16) 연구는 부모가 아이에게 이득을 가져오기 위해 정직하지 않게 행위할 가능성이 높음을 보여준다. 하지만 자녀 앞에서 부모는 정직하게 행동할 가능성이 높다. 단, 딸보다 아들 앞에서 부정직하게 행동하는 경향성이 더 높았다(Houser et al. 2016).

17) 우리가 어떤 점에서 용감하거나 도덕적일 때, 우리는 다음 두 극단의 중간에서 행위한다. 우리는 "옳은 때, 옳은 대상을 참조하여, 옳은 사람에게, 옳은 동기로, 옳은 방식을 따라" 옳은 일을 한다(Aristotle 1908, Book 2 Sec 6).

18) MacIntyre 1999; Gastmans, Dierckx de Casterlé, and Schotsmans 1998.

19) Miller 2005.

20) 나는 필요만을 이야기하지 않기 때문에 더 포괄적인 용어인 **관심대상**을 사용하여 필요와 욕구 모두를 포함시킨다. 이렇게 하는 것은 필요를 구성하는 것을 정하는 어려움을 피할 수 있는 장점도 있다. 그러나 '필요'가 돌봄을 말할 때 자연적으로 사용되기에, **관심대상**이라고 계속 말하는 것은 지나치게 격식을 차리는 느낌을 준다. 따라서 맥락상 더 주의 깊게 용어를 구분해야 하는 경우가 아니라면 필요로 언급할 것이다.

21) Gastmans, Dierckx de Casterlé, and Schotsmans 1998.

22) Noddings 1984.

23) Dalmiya 2002.

24) 우리 관계가 주체의 구성적 부분을 차지한다는 것이 우리가 타인과 가지는 관계와는 분리된 주체가 없다는 뜻은 아니다. 그러나 첫 숨을 쉬는 순간부터 우리는 이미 관계 속에 있다. 우리를 돌보는 어머니 그리고 우리 탄생을 도운 모두와의 관계 속에서 완전히 의존적인 존

재는 살아남을 수 있다. 우리는 특정한 관계적 역할을 점한다. 예컨대 우리는 누군가의 아이다. 그러나 모든 것이 누군가의 아이가 될 수 있다는 것은 아니다. 모든 관계는 관계항의 본성에 대한 어떤 것을 구체화하고 있다. 중력은 관계다. 하지만 그것은 질량이 없는 개체와 관계하지 않는다. 관계성은 관계항의 특성에서 나오지만, 관계성이 관계항을 구성하기도 한다. 깨어진 주체의 회복에서 이런 관계의 중요성에 대한 설명으로 브리슨을 참조하라 (Brison 1997; 2002). 자율성과 관계성의 관계에 대한 논의로는 매켄지와 스토야, 프리드먼을 참조하라(Mackenzie and Stoljar 2000; Friedman 2003). 관계적 주체와 정체성에 관한 논의는 브리슨을 참조하라(Brison 1997).

25) Meyers 1989; 1994.

26) 노딩스는 "몰두"라는 적절한 표현을 썼지만(Noddings 1984), 이러한 종류의 관여는 개인 자신과 선함에 관한 판단을 상실한다는 의미로 받아들여질 수 있다.

27) 어떤 차원에서 돌봄제공자가 더 강할 수도 있지만, 보살핌받는 이가 더 큰 사회경제적 권력을 가지고 있을 수도 있다. 다른 당사자에 대한 이점을 지닌 당사자는 그 권력을 남용하지 않으며 이 이점을 타인을 지배하는 데 사용하지 않을 책무를 지닌다. 나는 권력과 지배의 문제를 논의한 바 있다(Kittay 1999, chapter 2).

28) 이 점에 대한 섬세한 논의로 갈레고스를 참조하라(Gallegos 2016).

29) Benhabib 1987.

30) Williams 1976.

31) 리처드 루빈, 사적 의견 교환, 2016년 6월 21일.

32) 전통적 언명은 존 스튜어트 밀의 해악원칙이다. "시민 공동체 구성원의 의지에 반하는 권력이 바르게 수행되는 유일한 목적은 타인의 해를 방지하는 것이다." (Mill 1860 [1978], 9) 비슷하게, 존 롤스의 기본적 자유 개념은 타인의 자유와 양립할 수 있다면 모두가 간섭 없이 자신의 선의 관념을 추구할 자유를 지님을 보장하는 것이다. 선보다 옳음을 우선하는 것은 타인의 선을 촉진하는 것보다 불간섭이 더 중요하다는 생각(적어도 정의의 영역에서)의 다른 형태다.

33) 그러나 보편성은 돌봄을 보편적인 가치로 두는 돌봄윤리 개념에서 등장한다. 내가 모든 사람에게 같은 돌봄을 제공할 의무나 책임을 지지는 않을지 몰라도, 나는 돌봄을 받을 동등한 권리가 모두에게 있음을 인정해야 한다고 생각한다.

34) Dalmiya 2002.

35) 지배에 대한 뛰어난 논의로는 영과 페팃을 참조하라(Young 1990; Pettit 1997).

36) Ruddick 1989, 30.

37) MacIntyre 1997, 84-5.

38) Cureton 2016, 74.

39) Gilligan 1982, 82.

40) Baier 1995, 55.

41) Baier 1995, 55.

42) Baier 1995.

43) Pellegrino and Thomasma 1987, 31. 오닐 또한 참조하라(O'Neill 1984).

44) 불평등은 돌보는 자와 보살핌받는 이의 관계를 넘어 확장된다. 예를 들어 아이가 의사의 전문적 돌봄을 필요로 할 때, 부모와 아이는 모두 취약하게 의사에게 의존한다. 장애를 가진 성인이 전문화된 돌봄을 필요로 할 때, 그와 돌보는 자 사이에서도 같은 일이 벌어진다. 이런 유형의 취약성에 관한 뛰어난 논의로는 페더를 참조하라(Feder 2002).

8장 돌봄의 완성: 돌봄의 규범성

1) 이 장의 일부는 다음에 실려 있다(Kittay 2014; 2018; 2011b).

2) Nodding 1984, 4.

3) Fischer and Tronto 1990, 40.

4) 나는 "어렵다."가 아니라 "어려울 것이다."라고 말하는데, 목숨을 구한 죄수가 당시 그것이 자비를 의도한 행동이라고 생각하지 않았더라도 나중에 점차 행복이나 의미를 찾을 수도 있기 때문이다.

5) 트론토와 노딩스의 생각 일부를 반복한 것을 용서받을 수 있기를 바란다. 이 개념을 돌봄의 윤리에 관한 내 작업과 통합할 것이기 때문이다. 좋은 생각은 반복할 가치가 있으며, 새로운 틀을 부여하는 것은 좋은 일이다.

6) 트론토가 대상과 사람의 보살핌에 관해 말했지만, 돌봄의 수용과 관련하여 그 사람이나 대상이 돌봄을 동의하거나 거부할 수 없을 때 어떻게 할 것인지를 명료하게 하는 수용 단계에 관한 논의는 다루지 않았다.

7) 세샤의 키스에 관한 설명은 내 글을 참조하라(Kittay 2000).

8) 여기에선 돌봄과 **배려**를 구분하지 않는다. 여기에서 우리가 다루는 돌봄의 일반 개념에는 심원한 논리가 있다. 그 논리를 통해 **배려**라는 어구를 사용해 포착하고자 하는 의미를 보다 정확하게 파악할 수 있을 것이다.

9) 내가 처음 이 사고실험을 제시한 이후 응답한 여러, 다양한 집단의 절대다수가 "아니오, 나는 식물을 돌본 게 아닙니다."라고 대답하였다.

10) 여기에서 '웰빙'은 중립적으로 사용된 용어로, 복리나 피어남 같은 웰빙의 여러 개념을 포괄한다.

11) 이론가들은 '돌봄'이 사용되는 여러 방식에 중요한 구분을 제시하였다. 버니스 피셔와 조 앤 트론토는 돌봄의 단계를 말하면서 이런 의미에 순서를 부여한 바 있다. 그들의 모델에 따르면, 우리는 먼저 어떤 것에 마음을 쓰고, 그다음 그것을 돌보는 데 책임감을 느끼고, 그다음 필요한 돌봄제공을 행한다. 보살핌받는 이가 돌봄을 수용할 때 돌봄은 완성된다. 피셔와

트론토는 돌보는 일과 돌봄제공을 구분하지만, 많은 경우 둘 다 마음 씀보다는 보살핌의 측면으로 간주한다. 피셔와 트론토의 어휘적 구분이 유용하지만, 그들의 돌봄 '단계'의 순서를 나는 따르지 않았다. 순서는 개념적으로도, 시간적으로도 불필요하다. 예를 들어, 때로 누군가는 개인에게 마음을 쓰지 않는데도 타인을 돌보아야만 하는 상황에 던져지곤 한다. 형성된 관계에서 동기적 태도인 '마음 씀'이 불러일으켜지는 일은 흔하다. 이런 연결이 형성되면, 우리는 상대에게 마음을 쓰기에 그를 보살피기 원한다.

12) 이 정식화에 관한 논의는 6장을 참조하라.

13) 라일은 말한다. "어떤 사태는 종속 과업 활동의 수행으로 구성된 것을 초과 획득한다." (Ryle 1984, 150)

14) Ryle 1984, 150.

15) 다른 돌봄 이론가, 예컨대 피오나 로빈슨(Fiona Robinson)의 견해를 보자. "타인의 돌봄에 헌신하는 능력은 개인과 집단 사이의 연결이 유지되었을 때만 나올 수 있다."(Robinson 1999, 157) 식물 사례가 비인간 존재의 보살핌과 마음 씀에 있어 우리가 할 수 있는 것이 무엇인지 명확히 보여준다고 나는 생각한다. 반려동물의 돌봄이 더 명확한 증거가 될 것이다. 하지만 우리는 그림이 잘 보존되도록 확실히 하는 것으로 그것을 보살필 수도 있다. 손상될 수 있는 조건 안에 그림을 놓아둔다면 그것을 보살피는 데 실패한 것이다. 누군가는 우리가 사물 자체를 보살핀다는 생각을 부정하고, 그 그림에 마음을 쓰는 사람을 보살필 거라고 주장할 것이다. 그것은 흥미로운 질문이지만, 너무 멀리 가버린다. 트론토가 제시한 돌봄의 가장 넓은 개념(보살핌은 우리가 사는 세계를 유지하거나 보수하는 모든 활동)은 우리가 인간보다 더 넓은 영역을 돌볼 수 있다고 말한다.(하지만 그것은 배려의 개념으론 너무 넓다.) (Tronto 1994, 103)

16) 이 관찰에 관하여 마이클 슬로트에게 감사를 표한다.

17) 칸트적 용어에서 이것은 완전 의무가 아닌 불완전 의무다. 완전 의무가 모두에게 요구되는 것과 달리 선행의 불완전 의무는 모든 사람에게 요청되지 않는데, 돌봄윤리의 의무는 사실 타인을 보조할 적절한 역할이나 우발적인 상황에 처한 사람에게 부과되는 책임이라 할 수 있다.

18) 세라 클라크 밀러는 인격의 품위를 돌보는 돌봄을 "품위를 가져오는 돌봄"이라고 불렀다 (Miller 2012). 나는 배려가 되고자 하는 모든 돌봄은 품위를 가져오는 돌봄이어야 한다고 주장한다.

19) 나는 여기에서 복수형을 사용하여 돌보는 자 한 명이 동시에 여러 사람을 보살필 수 있음을 인정한다.

20) 아래 '도덕적 운' 절에 더 충분히 설명하였다.

21) Moore 2005, 14, 강조는 지은이.

22) Driver 2005, 192

23) Parfit 1984

24) 결과주의자는 나의 채택과는 사뭇 다른 방식으로 이 개념을 활용한다. 그들은 일반적으로 두 가지 상충하는 동기를 검토한다. 하나는 우리를 옳은 일을 하도록 이끄는 동기로, 그것이 더 나은 일이기 때문이다. 반면 우리가 따라서 행동하는 동기가 좋은 성향을 나타내지만, 그것이 더 나은 일은 아닐 수 있다. 나는 두 가지의 동기를 말하지 않는다. 그러나 돌보려는 시도가 보살핌의 성향에서 나온다면, 원하는 결과가 발생하지 않아 그것을 칭찬할만하지 않는다고 해도, 그 행위 자체는 비난할 만한 것이 아니라고 말할 수 있다.

25) 존 스튜어트 밀은 공리주의에서도 의도가 모든 것이라고 주장한 바 있긴 하다. "행동의 도덕성은 전적으로 행동의 의도에 의거한다. 즉 행위자가 어떤 행위를 의지하는가에 달렸다는 것이다." (Mill 2001, 18-9)

26) 다시, 여기에서 나는 복리와 피어남을 날카롭게 구분하지 않는다.

27) 우리는 밀이 동기와 의도를 구분한 것에 호소할 수 있다(Mill 2001, 18-9). 의도는 행위를 행위로 만드는 일부로서 행위의 도덕성은 의도에 의존한다. 우리는 공감적 관심에서 행위하려는 동기를 지닐 수 있으며, 이때 행동은 타인의 웰빙에 관한 우리의 동정적 관심을 표출하려 의도한다. 또는 우리는 의무감에서 돌봄을 제공할 수 있으며, 여기에서 보살피려는 행위의 의도는 의무감에서 나온 행위 의도일 뿐이다. 나는 타인을 향한 공감적 관심에서 행위하지 않을 수도 있지만, 그럼에도 내가 그들의 진정한 필요와 적법한 요구를 충족하여 타인에게 이득을 주려는 의도에서 행위한다면 나는 보살피려고 행위한 것이다.

28) 공감의 측면에서 이해한 의무와 돌봄의 관계의 대안적이지만 적대적이지 않은 설명으로 마이클 슬로트를 참조하라(Slote 2007).

29) '돌볼 의무'에 관한 칸트적 설명을 전개한 세라 클라크 밀러를 참조하라(Miller 2012).

30) 이것은 칸트를 흥미롭게 비튼 것이다. 칸트는 (단지 의무에 부합하게 행위하는 것이 아니라) 의무에 따라 행위하는 것만이 행동을 도덕적인 것으로 만든다고 생각했다.

31) 돌봄윤리가 다른 윤리 이론이 다룰 수 있는 모든 문제를 해결할 수 있는지는 아직 확정되지 않은 문제다. 돌봄윤리가 독립된 이론인지 다른 도덕 이론의 보충인지의 질문도 마찬가지다. 이것은 돌봄윤리 전개의 현 지점에서 풀 수 없는 질문이다.

32) 내가 '너무 많이 보살핀다'라고 말할 때, 나는 분배 문제를 말하는 것이 아니다. 개인은 자기 인종의 사람들을 '너무 많이 보살피고' 다른 인종의 웰빙을 무시하는 경향이 있다. 이것은 법체계가 가난한 백인 또는 다른 유색인종과 비교하여 부유한 백인에게 '너무 많은 정당성'을 부여하고 있다고 말하는 것과 같다. 이것의 의미는 사법 체계가 공정하게 고려하지 않아 '너무 적은 정당성'을 부여받는 다른 집단과 비교할 때, 법체계가 지능 범죄로 기소된 부유한 사람에게 너무 많은 관용을 베푼다는 것이다.

33) 개인이 무생물 대상을 일관되게 '너무 많이 보살피는' 것은 가능하다. 자동차를 예로 들 수 있다. 개인은 몇 시간을 들여 차를 광내고, 청소하고, 애정에 찬 눈으로 응시하며, 해야 할

다른 일들을 무시할 수 있다. 만약 우리가 똑같은 일을 다른 주체에게 한다면, 우리는 그것이 기껍지 않은 관심이라는 반응을 받을 것이다.

34) 7장 '도덕적 관계의 목적' 항의 논의를 참조하라.

35) Nussbaum 2000.

36) 이것은 캐서린 울프가 이인칭 필요라고 부른 관심대상이다.

37) 나는 개인의 피어남이 그가 마음 쓰는 것으로 기술될 수 있다고 주장한다. 프랭크퍼트와 이 책 7장을 참고하라(Frankfurt 1988; 2004). 개인의 선에 관한 이런 개념은 우리 살갗의 경계 밖으로 우리를 데려간다. 우리가 타인의 선에 관한 염려에, 우리 삶에 의미를 부여하는 세계의 사물에 마음을 쓰기 때문이다. 물론 타인에게 해로운 것과 타인에게 해를 끼치는 것에 마음을 쓰는 것도 가능하다. 그런 돌봄의 대상(타인의 관심대상에 간섭하는 관심대상)은 도덕적 고려에서 배제되고 **배려윤리**와 양립할 수 없다. 타인의 피어남을 **대가로** 한 피어남은 어떤 도덕적 관점에서도 도덕적으로 수용 가능한 이상으로 인정받을 수 없다. **배려를** 근본 가치로 하는 윤리적 관점에선 더 그렇다.

38) Sen 1990.

39) 그들이 조기 사망에 마음을 쓰지 않을 수도 있다. 그러나 일찍 사망하는 것은 명백한 피어남의 실패다. 위에서 논의한 성자의 사례만이 그 예외일 것이다.

40) Khader 2011b. 세린 카더는 적응적 선호 형성에 관한 철학적 연구에서 다음처럼 주장하였다. "일반적으로 사람들이 자신의 기본적인 피어남을 향한 경향성을 가지고 있다면, 그들의 피어남과 일관되지 않는 선호는 …… 진정한 선호가 아니라고 말할 수 있을 것이다. 즉 나쁜 조건에서 형성된 피어남을 벗어난 선호가 변화 가능한 것만이 아니다. 적응적 선호를 지닌 사람은 피어남의 능력을 증가시키는 변화를 수용하게 될 가능성이 높다."(Khader 2011b, 53) 그러나 카더는 피어남으로 여겨질 수 있는 것이 모호하며 일반적인 용어로만 확인될 수 있다고 강조하였다. 피어남에 관한 더 구체적인 이해는 상대적으로 좋은 조건에 있는 주체의 승인을 필요로 한다.

41) 좋은 돌보는 자는 타인이 정말로 마음 쓰는 것을 직감할 수 있어야 하며, 그가 마음 쓰는 것이 타인에 해악을 끼치지 않으며 진정한 요구나 필요로 보인다면(즉 강압된 것이나 공포 또는 부당한 영향에 의해 받아들여진 것이 아니라면) 돌보는 자가 관심대상 중에서 합리적인 자율적 선택이 무엇일지에 관한 이해를 구축할 수 있다고 주장하는 것도 가능하다. 이 방식으로, 돌보는 자가 지원하는 선택은 단순한 "악의적 고의(wanton)"(해리 프랭크퍼트가 자의적이고 성찰 없는 선택 또는 삶에 붙인 이름)가 아닐 것이다. 그러나 이것은 기획을 너무 멀리 벗어난다.

42) Darwall 2002, 14.

43) 특정 돌봄 직업의 도덕적 규약에 주입되어 있는 생각으로 우리는 자율적 결정을 할 수 없는 사람의 '최선의 이익'을 따라 행동한다는 것이 있다. 의학의 후견주의적 개념은 환자가

자신의 선에 관해 의사가 판단하기에 환자의 최선의 이익을 따르지 않는 경우, 의사가 환자의 소망을 무시할 수 있고 그래야 한다고 주장한다. 이 관점은 '무능력한' 환자, 즉 비자율적인 환자의 경우에만 일반적으로 허용 가능하다. 의사의 역할에 관한 최근의 이해에 따르면, 보건의료 공급자는 환자의 자율성을 존중한다. 나는 돌봄의 후견주의적 개념뿐만 아니라, 자율적 환자와 비자율적 환자의 극명한 대조를 부정한다. 돌보는 자가 타인의 필요에 자신을 투명하게 만들어야 한다는 개념에 기초한 비후견주의적 돌봄 개념에 기초할 때 모든 환자는 더 잘 도움받을 수 있다. 내 논문을 참조하라(Kittay 2007).

44) Feder 2014.

45) 돌봄을 인정하려는 의지 없이 부모 집을 떠난 아이가 다음의 측면에서 보살핌을 받지 못했다고 말할 수도 있다. 그는 돌봄을 수용하고 보살핌받은 이가 돌봄을 잘 받은 것에 대해 감사의 선물로 보답해야 한다는 것을 이해하거나 인식하도록 배운 적이 없을 수 있는 것이다. 이 의견은 보스턴대학교의 발표에서 청중이 제시한 것이다.

46) 나는 딸이 약을 뱉어내려는 이유가 알약의 불쾌감 때문이지, 경련을 줄이는 것 외에 딸에게 미치는 다른 어떤 효과 때문은 아니라고 가정하고 있다는 점을 언급해둔다(Fadiman 1998).

47) 마지막 요점의 논의에 관하여 수전 브리슨에게 감사한다.

48) 사적 의견 교환, 2010년 4월 5일. 스티븐 다월에게 이것은 그들 자신을 위한 보살핌의 고전적 예시이지만, 여기에서 대상을 향해 취해야 할 태도가 돌봄이 아니라 존중이라고 다월은 주장할 것이다.

49) 나는 여기에서 자녀가 헬멧 없이 오토바이를 타지 못하게 하는 것은 자녀의 행동을 통제할 필요 때문이 아니라 그의 안녕에 대한 염려에서 나온다고 가정한다.

50) 헬멧 없이 오토바이를 타는 것을 막은 것은 옳을 수도 있다. 그러나 이것은 그의 부상이 타인에게 미칠 수 있는 영향 때문일 수도 있다.

51) 나는 후견주의가 정당화될 수 있는지에 관한 견해를 표하는 것이 아니다. 단지 그것이 돌봄의 이름으로 정당화될 수는 없는데, 우리가 돌봄을 온전한 규범적 개념으로 생각한다면 우리는 그것을 돌봄을 필요로 하는 사람의 관점에서 취해야 하고, 그것은 타인이 우리의 좋음을 안다고 주장하는 후견주의에 반하기 때문이다.

52) **배려윤리**에서 도덕적 숙고에 관한 논의로 7장을 참조하라.

53) 이런 도덕적 숙고가 공감의 자연적 성향에 의거하는 것이 아니냐고 물을 수 있다. 그렇다면 **배려윤리**에서 공감 능력이 없는 사람은 도덕적 책임이 없음을 의미하는가? 이것은 여기에서 다루기에 너무 큰 질문이다. 인지 능력, 공감 결여, 도덕적 책임에 관한 뛰어난 논의로 슈메이커를 참조하라(Shoemaker 2010). 공감의 다양한 형태에 관한 논의로는 호프먼을 참조하라(Hoffman 2000).

54) 내가 숙고 과정이라고 말할 때, 나는 직관적·정동적 방식의 반응함을 포함한다. 이런 반

응은 보살핌의 반응을 함양함으로써 날카로워지며, 이를 통하여 우리는 직관적 반응이 옳은 것인지 결정한다. 그런 숙고는 특히 최선의 경우, 신속할 수 있고, 거의 순간적일 수도 있다. 우리는 인지과학을 통해 빠른 직관적 반응 자체가 이런 함양의 산물임을 배웠다. 이 점을 포함한 매우 뛰어난, 경험적 내용을 포함한 철학 논문으로 홀로이드를 참조하라 (Holroyd 2012).

55) Onora O'Neill 2002.

56) 앞에서 언급했지만 돌보는 자는 적법성을 결핍한 요구와 욕망에 주의할 도덕적 책임을 지닌다. 요구와 욕망은 명백히 비도덕적인 요청을 포함하지 않기에 적법하다. 여기서 비도덕인 요청이란 요구를 충족하는 것이 타인에게 의도적이거나 예측 가능한 해악을 끼치거나, 돌보는 자에게 부당한 요청이 되는 필요와 요구를 말한다. 보살핌받는 이의 관점이 간접적인 방식으로라도 우리가 비도덕적이라고 알고 있는 행위에 참여할 것을 우리에게 요구한다면, 돌보는 자는 거부할 도덕적 책무를 지닌다. 『여성성과 지배(*Feminity and Domination*)』에 실린 샌드라 바츠키(Sandra Bartky)의 「자아 먹이기, 상처 살피기(Feeding Egos and Tending Wounds)」를 참조하라(Bartky 1990).

57) Little 2000.

58) 딜런과 밀러를 참조하라(Dillon 1992; Miller 2012).

59) Vorhaus 2015, 125.

60) 이 점에 관심을 갖게 해준 수전 브리슨에게 감사를 표한다.

61) "도덕적 접근" 개념을 소개한 내 논문을 참조하라(Kittay 2017).

62) 하지만 말기 상태로 그 신체가 꺼져가는 상황인 사람에겐 음식을 제공하는 것조차도 존중이 아닐 수 있다. 이것은 생애 말기 돌봄에서 사람들이 종종 저지르는 실수다. 다시 이 지점에 관해 수전 브리슨과 함께 논의할 수 있었음에 감사를 표한다.

63) 이것은 아서 밀러의 『어느 세일즈맨의 죽음』에서 윌리 로먼의 아내가 한 말이다. 그는 완전히 실의에 빠진 남편을 두고 아들들에게 말한다. "하지만 아버지는 인간이지. 끔찍한 일이 아버지에게 일어났어. 관심을 기울여야만 해. …… 이런 사람에게도 관심. 관심이 기울여져야 한다고." 여기서의 논의와 관련된 대목에서, 그는 가스 중독으로 자살하려 준비를 한 남편에 대해 알고 있음을, 그의 생명을 끝낼 수 있는 고무관을 버릴지 여부에 대한 자신의 고충을 말한다. "매일 나는 내려가서 그 작은 고무관을 치워. 하지만 아버지가 돌아오면, 다시 원래 자리에 돌려놓지. 어떻게 그런 일로 아버지를 모욕할 수 있겠니?"(Miller 1996, 56)

64) Mill 1860 [1978].

65) 이와 관련하여, 누군가는 **배려윤리**가 자유주의 윤리학이라는 점을 지적할 것이다. 비록 관계성을 강조하는 것이 자유주의적 관점에선 흔하지 않지만 말이다.

66) 그것이 꼭 도덕적으로 비난할 만한 일이라는 의미는 아니다.

67) 앞서 적은 것처럼, 말기 질환 앞 돌봄은 상황이 허락하는 한 최대한의 평화, 위안, 존엄 속에서 그가 죽도록 돕는 것을 의미한다.

68) 2010년 4월 10일 사적 의견 교환에서 마이클 슬로트는 이 "마지막 요점이 상황을 더 낫게 만들지 않는다."라는 점을 지적했다. 그 의견에 동의하지만, 상황이 더 나아지지 않는다고 해서 그것이 사실이 아닌 것은 아니다.

69) 다른 중요한 요소로 돌봄의 성공 가능성에 영향을 미치는 배경 정의(background justice) 조건이 있다. 이것은 『누가 진정한 인간인가』에서 논의할 것이다.

70) Frye 1983, 65-66.

71) Rivas 2002. 보조인을 고용한 의뢰인 일부가 보조인에게 보이는 태도에 관한 6장의 논의를 참조하라.

72) Noddings 1984, 154.

9장 영원히 작은: 애슐리 엑스의 이상한 사례

1) 이 장의 앞선 판본은 논문으로 발표된 바 있다(Kittay 2011a). 편집과 관련한 조언에 있어 데브라 버고펜(Debra Bergoffen)과 게일 와이스(Geil Weiss)에게, 앞선 원고에 관한 논평에 관해 세린 카더와 윌리엄 피어스(William Pearce)에게 감사를 표한다. 벤저민 윌폰드와 세라 고어링이 시애틀성장약화윤리연구위원회에 초대해 연구 결과의 출판에 참여시켜 준 것이 이 논문의 계기가 되었다(Wilfond et al. 2010).

2) Gunther and Diekema 2006.

3) 여러 저자의 논문을 참조하라(Burkholder 2007; Caplan 2007; King 2007; Ritter 2007; Saletan 2007a; 2007b; Tada 2007; Tanner 2007; Verhovek 2007). 애슐리치료의 뉴스 논평에 관한 서지는 피츠모리스를 참조하라(Fitzmaurice 2008).

4) 애슐리의 부모가 만든 블로그를 참조하라. 원블로그는 더 이상 사용되지 않는다. 새로운 블로그는 http://www.pillowangel.org이다.

5) 비판의 전체 목록은 건서와 디에크마를 참조하라(Gunther and Diekema 2006). 논문와 웹사이트를 모두 인용하기엔 그 수가 너무 많다.

6) 린더먼과 린더먼 넬슨, 드레서를 참조하라(Lindemann and Lindemann Nelson 2008; Dresser 2009). 두 논문 다 부모의 웰빙이 이슈의 결정과 무관하지 않다고 주장하기 때문에 이것이 타당한 비판이라는 생각을 부정한다. 뛰어난, 균형 잡힌 논의로 랴오, 사블레스쿠, 시헌이 있다(Liao, Savulescu, and Sheehan 2007).

7) 아시와 스터블필드, 활동보조 서비스 제공을 위한 장애인 연대(ADAPT, American Disabled for Attendant Programs Today)를 참조하라(Asch and Stubblefield 2010; ADAPT 2007).

8) 새비지를 참조하라(Savage 2007).

9) 이에 대한 내 응답으로 나와 아들이 함께 쓴 논문을 참조하라(Kittay and Kittay 2007). 생명윤리에서 존엄 개념의 활용에 대한 최근의 두드러진 비판으로 매클린과 핑커를 참조하라(Macklin 2003; Pinker 2008).

10) 성장 억제 또는 성장 억제 요법은 애슐리치료와 다르다. 성장 억제에 더하여, 애슐리치료에는 가슴 몽우리 제거, 자궁절제술 및 충수와 같은 다른 기관의 제거가 포함되기 때문이다. 성장 억제(또는 성장 억제 요법)는 호르몬 치료를 통한 발육 통제만을 가리킨다. 성장 억제 지지자 일부는 애슐리에게 시행된 자궁절제술이 법원 승인의 대상이었어야 한다는 점에 동의한다. 앨런 등을 참조하라(Allen et al. 2008).

11) 《아동기 질병 아카이브(*Archives of Disease in Childhood*)》에 게재된 논문에서 성장 억제 요법에 매우 호의적인 내분비학자들은 비교적 적은 수의 소아 내분비학자 표본을 대상으로 설문조사를 시행하였으며 '중증 신체 · 인지장애를 가진 이동 불능 아동'을 대상으로 한 성장 억제 요법 사례가 공개적으로 보고된 것보다 더 많은 것으로 나타났다(Pollock, Fost, Allen 2015). 논문은 말한다. "결론적으로 이전에 발표된 것보다 중증 신체 · 인지장애를 가진 이동 불능 아동의 가족에게 성장 억제 치료에 관한 요청을 소아 내분비학자는 더 흔하게 받고 있으며, 적어도 중증 신체 · 인지장애를 가진 이동 불능 아동 65명이 성장 억제 요법을 받은 것으로 나타났다. 응답한 소아 내분비학자 대부분은 성장 억제 요법이 특정 상황에서 적절한 치료 기법이라고 본다."

12) Wilfond et al. 2010.

13) 애슐리와 비슷한 아이의 부모로서 내가 그에 반대하는 유일한 사람이 아니라는 점을 지적할 필요가 있다. 《사이콜로지 투데이(*Psychology Today*)》에 실린 '한 아빠'의 블로그를 예로 들 수 있다(Single Dad 2012).

14) 블로그는 말한다.

"우리가 애정을 담아 '베개 천사'라고 부르는 '영구적 불능' 아동은 다음과 같다.

● 새로운 장애 범주를 구성하며 최근의 의학적 발전에 의해 생존이 가능해졌다.

● 장애 아동의 1퍼센트 미만이며 사회에서 가장 취약한 존재다.

● 돌봄제공자에게 전적으로 의존하며 가족에게 다른 무엇과도 바꿀 수 없는 존재다.

● 그들의 삶의 질은 '기관에 수용된' 것보다 가족의 사랑 속 돌봄으로 훨씬 더 풍성해진다.

● 그 가족 및 돌봄제공자의 절대다수가 아동의 체중 및 체구 증가가 가장 큰 적이라고 믿는다.

● 자녀를 돕기 위한 부모의 개인화된 도움이 필요한 극단적 상태다."

http://pillowangle.org/AT-Summary.pdf를 참조하라. 이 정의는 매우 문제적이다. 몇 가지만 언급하자. "영구적 불능"은 이 장애를 순전히 의학적 모델로 보고 있다는 의미다. 게다가 장애를 가졌든 가지지 않았든 많은 사람의 생존은 최근의 의학적 진전을 통해서만 가능해졌으므로, 애슐리와 같은 아이는 이 측면에서 특유하지 않다. 심장이나 간 이식을 받은 사람을 생각해보라. 두 번째 정의는 다른 중증 장애나 생명을 위협하는 질환을 가진 아이의 부모라면 이의를 제기할 만한 내용이다. 세 번째 정의는 이 아이들이 소중한 이유는 그들이 가족에게 다른 무엇과도 바꿀 수 없기 때문임을 암시한다. 그들 자체로 소중하다고 말하지 않는다. 네 번째 정의는 "기관에 수용된" 아이 중 일부는 더 나을 수도 있음을 함축한다. 그러나 "기관에 수용된" 누구도 더 낫지 않다. 다섯 번째 정의에 관해선 이 장에서 반박할 것이다. 그런 자녀를 가진 부모를 만나온 그런 아이의 부모로서, 나는 그들의 체중과 체구가 가장 큰 적이라고 생각하는 사람을 아직 만나지 못했다. 마지막 정의 또한 이의를 제기할 수 있는데, 이것도 이 장에서 다루는 요점 중 하나다.

15) 예로 싱어를 참조하라(Singer 2008).

16) 이 목록은 세라 러딕이 아이의 요구에 관해 논의한 것과 연결된다. 보존적 사랑, 역량의 발전, 수용을 위한 사회화다(Ruddick 1989).

17) Siebers 2008.

18) 랴오 등은 후천적으로 인지장애를 가지게 된 사람에 이 전제를 적용하는 것이 부조리함을 지적했다(Liao et al. 2017, 166).

19) 나는 이것이 비자율적 개인의 동의 없이 대리인의 동의만으로도 또는 응급 상황에선 누구의 동의 없이도 이루어질 수 있음을 의미한다고 가정한다.

20) Diekema and Fost 2010, 34.

21) 대리 자격은 '대체 판단'이나 '최선의 이익'에 기초할 수 있다. 대체 판단은 대리인이 환자가 선택할 수 있었다면 원할 것이 무엇인지 알 수 있다고 가정한다. 애슐리는 자율적 결정을 내리는 것이 불가능하므로 '최선의 이익' 표준이 적용될 가능성이 높다. '미국의사협회 의료윤리 규약'을 참조하라(AMA Code of Medical Ethics n.d., Opinion 8.081: Surrogate Decision Making).

22) 패런스의 논증을 참고하라(Parens 2006).

23) Newsome 2012.

24) 2010년 5월 19일, 사적 의견 교환. 윌폰드 등도 참고하라(Wilfond et al. 2010).

25) Diekema and Fost 2010, 34.

26) 그들은 다리 절단이 초래하는 사망 가능성, 다리를 상실한 사람이 만들어내는 시각적 인상 등 다른 이유를 더한다. 어떤 것도 고농도 에스트로겐에 의한 성장 억제 요법을 옹호할 설득력을 지니지 않는다. 매우 어린 아동의 고농도 에스트로겐 주입은 이전에 시도된 적이 없으며, 자궁절제술과 가슴 몽우리 제거는 수술의 위험을 초래한다. 술식이 비정상적인 외모를 초래할 수 있다. 그러나 결손된 다리 대신 심미 보철을 잘 만들면 된다.

27) Diekema and Fost 2010, 34. 그들은 자연적 오르가즘의 가능성을 고려하지 않는다.

28) Diekema and Fost 2010, 34.

29) Dvorsky 2006.

30) 모든 인용은 애슐리 부모의 블로그에서 가져왔다.

31) 인식 능력에 사실상 영향을 미치는 방식으로 뇌가 손상되지 않았을 수도 있다는 점에 주목할 필요가 있다. 앤 맥도널드를 참조하라(McDonald 2007). 아래의 논의도 참조하라.

32) AAIDD 2007.

33) McDonald 2007.

34) Diekema and Fost 2010, 36.

35) Asch and Stubblefield 2010.

36) Newsome 2012.

37) Newsome 2012.

38) Diekema and Fost 2010, 36.

39) 이런 보편적 주장에서 공리주의는 예외가 될 수 있다.

40) 예컨대 드레거, 체이스, 페더를 참조하라(Dreger 1998; Chase 1999; Feder 2002).

41) Asch and Stubblefield 2010.

42) Brosco 2006, 1077-8.

43) Brosco 2006, 1077-8.

44) tenBroek 1966, 843.

45) 예를 들어 AAIDD와 ADAPT를 참조하라(AAIDD 2007; ADAPT 2007). 개별 장애운동가의 논평으로는 피스를 참조하라(Peace 2007).

46) 4장에서 내 아들이 제기한 질문을 떠올려 보라.

47) 로즈메리의 이야기를 라슨이 서술한 바 있다(Larson 2015). 임신의 위험이 장애를 가진 소녀와 여성의 신체에 대한 여러 개입의 요소가 되는 것은 흥미롭다.

48) 여기에서 작동할 수 있는 '우생학 논리' 개념에 대하여 갈런드톰슨을 참조하라(Garland-Thomson 2012).

49) Singer 2007; 2012.

50) Kittay and Kittay 2007.

51) 그렇게 한 사람으로는 루스 매클린(Ruth Macklin)과 스티븐 핑커(Steven Pinker)가 있다(Macklin 2003; Pinker 2008). 그들은 각각 존엄이 "쓸모 없"거나 "멍청한" 표현이라고 주장한 바 있다.

52) Singer 2007.

53) 애슐리 엑스의 아버지와 가진 인터뷰에서(Pilkington 2012), 그는 다음 견해를 유지한다. "애슐리의 삶은 우리가 할 수 있는 한에서 최선이다."

후기 내 딸의 몸: 영혼에 관한 명상

1) 이것은 새로운 장애를 얻는 장애인에게도 사실이다. 연골연화증을 가진 톰 셰익스피어는

등의 문제가 나중에 나타난 것에 대해 쓴 적이 있다. 생에 처음으로 "내 손상이 심각한 고통
과 제한을 초래했다."(Shakespeare 2006, 5)

옮긴이의 말 다른 무엇보다 배려를: 나는 왜 키테이를 읽는가

1) peabody 1984.
2) Benfiled 1979.
3) 김희강 2022, 5쪽.

참고 문헌

Acharya, Kruti. 2011. "Prenatal Testing for Intellectual Disability: Misperceptions and Reality with Lessons from Down Syndrome." *Developmental Disabilities Research Reviews* 17 (1): 27 – 31.

Adams, Rachel, and Benjamin Reuss, eds. 2015. *Keywords in Disability Theory*. New York: New York University Press.

ADAPT. 2007. "ADAPT Youth Appalled at Parents Surgically Keeping Disabled Daughter Childlike." https://groups.google.com/forum/#!topic/news-for-cmcd-folks/WQ58vBZsjWg.

Albrecht, G. I., and G. Devlieger. 1999. "The Disability Paradox: High Quality of Life Against the Odds." *Social Science and Medicine* 48 (8): 977 – 88.

Alcoff, Linda, and Elizabeth Potter, eds. 1993. *Feminist Epistemologies*. Thinking Gender. New York: Routledge.

Allen, David, Michael Kappy, Douglas Diekema, and Norman Fost. 2008. "Growth-Attenuation Therapy: Principles for Practice." *Pediatrics* 123 (6): 1557 – 61.

American Association on Intellectual and Developmental Disability. 2007. "Board Position Statement: Growth Attenuation Issue." https://aaidd.org/news-policy/

policy/position—statements/growth—attenuation.

American College of Obstetricians and Gynecologists. 2007. "ACOG's Screening Guidelines on Chromosomal Abnormalities." https://www.acog.org/About_ACOG/News_Room/News_Releases/2007/ACOGs_Screening_Guidelines_on_Chromosomal_Abnormalities.

American Medical Association (AMA). nd. "Code of Medical Ethics, Opinion 8.081: Surrogate Decision Making." http://www.ama-assn.org/ama/pub/physician-resources/medical-ethics/code-medical-ethics/opinion8081.shtml.

Americans with Disabilities Act of 1990: 42 U.S.C. ch. 126 § 12101 et seq

Andrews, Lori, Jane Fullerton, Neil Holtzman, and Arno Motulsky. 1994. *Assessing Genetic Risk: Implications for Health and Social Policy*. Washington, DC: Institute of Medicine.

Aristotle. 1908. *Nicomachean Ethics*. Translated by W. D. Ross. Oxford: Clarendon Press.

Arneil, Barbara. 2009. "Disability, Self Image and Modern Political Theory." *Political Theory* 37 (2): 218 – 42.

Asch, Adrienne, and Erik Parens, eds. 2000. *The Ethics of Prenatal Testing and Selective Abortion: A Report from the Hastings Center*. Philadelphia: Temple University Press.

Asch, Adrienne, and Anna Stubblefield. 2010. "Growth Attenuation: Good Intentions, Bad Decision." *American Journal of Bioethics* 10 (1): 46 – 48.

Asch, Adrienne, and David Wasserman. 2005. "Where is the Sin in Synecdoche? Prenatal Testing and the Parent–Child Relationship." In *Quality of Life and the Human Difference: Genetic Testing, Health Care, and Disability*, edited by David Wasserman, Jerome Bickenbach and Robert Wachbroit, 172 – 216. New York: Cambridge University Press.

Baier, Annette C. 1995. "The Need for More than Justice." In *Justice and Care*, edited by Virginia Held, 47 – 58. Boulder, CO: Westview Press.

Baltes, Margret M. 1995. "Dependency in Old Age: Gains and Losses." *Current Directions in Psychological Science* 4 (1): 14 – 19.

Barnes, Colin. 1990. *The Cabbage Syndrome*. London: The Falmer Press.

Barnes, Elizabeth. 2014. "Valuing Disability, Causing Disability." *Ethics* 125 (1): 88 – 113.

Barnes, Elizabeth. 2016. *The Minority Body: A Theory of Disability*. Studies in Feminist Philosophy. Oxford: Oxford University Press.

Bartky, Sandra Lee. 1990. "Feeding Egos and Tending Wounds: Deference and

Disaffection in Women's Emotional Labor." In *Feminity and Domination: Studies in the Phenomenology of Oppression*, 99 – 119. New York: Routledge.

Barton, Len, ed. 1989. *Disability and Dependency*. London: The Falmer Press.

Beauvoir, Simone de. 1989 [1953]. *The Second Sex*. Translated by H. M. Parshley. New York: Vintage.

Benhabib, Seyla. 1987. "The Generalized and the Concrete Other: The Kohlberg–Gilligan Controversy and Moral Theory." In *Women and Moral Theory*, edited by Eva Feder Kittay and Diana T. Meyers, 154 – 77. Lanham, MD: Rowman & Littlefield.

Bernstein, Jane. 2010. *Rachel in the World: A Memoir*. Champaign: University of Illinois Press.

Bérubé, Michael. 1998. *Life As We Know It: A Father, A Family, And An Exceptional Child*. New York: Vintage.

Beyleveld, Deryck, and Roger Brownsword. 2001. *Human Dignity in Bioethics and Biolaw*. Oxford: Oxford University Press.

Bookman, Myra, and Mitchell Aboulafia. 2000. "Ethics of Care Revisited: Gilligan and Levinas." *Philosophy Today* 44 (Issue Supplement): 169 – 74.

Bourdieu, Pierre. 1990. *The Logic of Practice*. Translated by Richard Nice. Redwood City, CA: Stanford University Press.

Bown, Nicola, Daniel Read, and Barbara Summers. 2002. *The Lure of Choice*. London: London School of Economics and Political Science, Department of Operational Research.

Brickman, Philip, Dan Coates, and Ronnie Janoff–Bulman. 1978. "Lottery Winners and Accident Victims: Is Happiness Relative?" *Journal of Personality and Social Psychology* 36 (8): 917 – 27.

Brison, Susan J. 1993. "Surviving Sexual Violence: A Philosophical Perspective." *Journal of Social Philosophy* 24 (1): 5 – 22.

Brison, Susan. 1995. "On the Personal as Philosophical." *APA Newsletter on Feminism and Philosophy* 95 (1): 37 – 40.

Brison, Susan J. 1997. "Outliving Oneself: Trauma, Memory and Personal Identity." In *Feminists Rethink the Self*, edited by Diana T. Meyers, 13 – 39. Boulder, CO: Westview Press.

Brison, Susan J. 1999. "The Uses of Narrative in the Aftermath of Violence." In *Essays in Feminist Ethics and Politics*, edited by Claudia Card, 200 – 25. Lawrence: University Press of Kansas.

Brison, Susan J. 2002. *Aftermath: Violence and the Remaking of a Self*. Princeton, NJ: Princeton University Press.

Brison, Susan. 2010. "The Need for First-Person Narratives in Theories of Personal Identity." Eastern Division APA Meeting, Boston, MA, December 30, 2010.

Brison, Susan J. 2017. "Personal Identity and Relational Selves." In *Routledge Companion to Feminist Philosophy*, edited by Serene Khader, Ann Garry, and Alison Stone, 218–30. New York: Routledge.

British Council of Organisations of Disabled People (BCODP). 1987. Comment on the Report of the Audit Commission. London: British Council of Organisations of Disabled People.

Brock, Daniel. 1995. "The Non-Identity Problem And Genetic Harms—The Case Of Wrongful Handicaps." *Bioethics* 9 (3–4): 269–75.

Brock, Daniel. 2004. "A Response to the Disability Movement's Critique of Genetic Testing and Selection." Princeton University, Princeton, NJ, October 20, 2004.

Brock, Daniel. 2005. "Preventing Genetically Transmitted Disabilities While Respecting Persons with Disabilities." In *Quality of Life and Human Difference: Genetic Testing, Health Care and Disability*, edited by Jerome Bickenbach, David Wasserman, and Robert Wachbroit, 67–100. Cambridge: Cambridge University Press.

Brosco, Jeffrey P. 2006. "Growth Attenuation: A Diminutive Solution to a Daunting Problem." *Archives of Pediatric and Adolescent Medicine* 160 (10): 1077–78.

Brosco, Jeffrey P. 2010. "The Limits of the Medical Model: Historical Epidemiology of Intellectual Disability in the United States." In *Cognitive Disability and Its Challenge to Moral Philosophy*, edited by Eva Feder Kittay and Licia Carlson, 27–54. Oxford: Blackwell.

Buchanan, Allen E. 2000. *From Chance to Choice: Genetics and Justice*. Cambridge: Cambridge University Press.

Buckley, F., and S. J. Buckley. 2008. "Wrongful Deaths and Rightful Lives—Screening for Down Syndrome." *Down Syndrome Research and Practice* 12 (2): 79–86.

Budig, Michelle J., and Paula England. 2001. "The Wage Penalty for Motherhood." *American Sociological Review* 66 (2): 204–25.

Bull, Marilyn J., and the Committee on Genetics. 2011. "Health Supervision for Children with Down Syndrome." *Pediatrics* 128 (2): 393–406.

Burkholder, Amy. 2007. "Ethicist in Ashley Case Answers Questions." CNN, https://edition.cnn.com/2007/HEALTH/01/11/ashley.ethicist/index.html.

Campbell, Fiona Kumari. 2009. *Contours of Ableism: The Production of Disability and Abledness*.

New York: Palgrave Macmillan.

Camus, Albert. 1956. *The Rebel: An Essay on Man in Revolt*. New York: Vintage.

Canguilhem, Georges. 1991 [1978]. *The Normal and the Pathological*. Translated by Carolyn Fawcett. New York: Zone Books.

Caplan, Arthur. 2007. "Is Peter Pan Treatment a Moral Choice? Debate Over Stunting a Disabled Child's Growth Pits Comfort Against Ethics." http://www.msnbc.msn.com/id/16472931.

Card, Claudia. 1991. "The Feistiness of Feminism." In *Feminist Ethics: Problems, Projects, Prospects*, edited by Claudia Card, 3–35. Lawrence: University Press of Kansas.

Card, Claudia. 1994. *Adventures in Lesbian Philosophy*. Bloomington: Indiana University Press.

Card, Claudia. 1995. *Lesbian Choices, Between Men—Between Women*. New York: Columbia University Press.

Carlson, Licia. 2009. *The Faces of Intellectual Disability: Philosophical Reflections*. Bloomington: Indiana University Press.

Carlson, Licia. 2010. "Philosophers of Intellectual Disability: A Taxonomy." In *Cognitive Disability and Its Challenge to Moral Philosophy*, edited by Eva Feder Kittay and Licia Carlson, 315–331. Oxford: Blackwell.

"The Case For Not Mutilating Your Child: One Father's Voracious Opinion." 2012. *Psychology Today*, August 31.

Cavell, Stanley. 1994. *A Pitch Of Philosophy: Autobiographical Exercises*. The Jerusalem–Harvard Lectures. Cambridge, MA: Harvard University Press.

Chase, Cheryl. 1999. "Rethinking Treatment for Ambiguous Genitalia." *Pediatric Nursing* 25 (4): 451–55.

Child Welfare Information Gateway. 2013. "Impact of Adoption on Birth Parent." Last Modified August 2013. https://www.childwelfare.gov/pubs/f_impact/index.cfm.

Clarke, Steve, Julian Savulescu, Tony Coady, Alberto Giubilini, and Sagar Sanyal, eds. 2016. *The Ethics of Human Enhancement: Understanding the Debate*. New York: Oxford University Press.

Cohen, Richard. 1982. "It Depends." *Washington Post*, April 20. B1, Metro Section.

Collins, Stephanie. 2015. *The Core of Care Ethics*. New York: Palgrave Macmillan.

Connors, Joanna. 2009. "Kent State professor Trudy Steuernagel's fierce protection of her autistic son, Sky Walker, costs her life." Sheltering Sky. *The Plain Dealer*, December 6. http://blog.cleveland.com/metro/2009/12/kent_state_professor_trudy_ste.html

Cowan, Ruth Schwartz. 1994. "Women's Roles in the History of Amniocentesis and Chorionic Villi Sampling." In *Women and Prenatal Testing: Facing the Challenges of Genetic Technology*, edited by Karen H. Rothenberg and Elizabeth J. Thomson, 35–48. Columbus: Ohio State University Press.

Crisp, Roger. 2013. "Well-Being." http://plato.stanford.edu/entries/well-being/.

Cureton, Adam. 2016. "Offensive Beneficence." *Journal of the American Philosophical Association* 2 (1): 74–90.

Dalmiya, Vrinda. 2002. "Why Should a Knower Care?" *Hypatia* 17 (1): 34–52.

Darwall, Stephen. 2002. *Welfare and Rational Care*. Princeton, NJ: Princeton University Press.

Davis, Lennard J., ed. 1995. *Enforcing Normalcy: Disability, Deafness, and the Body*. London: Verso Press.

Davis, Lennard J. 2007. "Dependency and Justice: A Review of Martha Nussbaum's *Frontiers of Justice*." *Journal of Literary Disability* 1 (2): 1–4.

De Jong, G. 1983. "Defining and Implementing the Independent, Living Concept." In *Independent Living for Physically Disabled People*, edited by Nancy Crew and Irving K. Zola, 4–27. San Francisco: Jossey-Bass Publishers.

Dewey, John. 1993 [1919]. "Pragmatism and Democracy." In *The Political Writings*, edited by Debra Morris and Ian Shapiro, 38–47. Indianapolis, IN: Hackett Publishing Company.

Diedrich, W. Wolf, Roger Burggraeve, and Chris Gastmans. 2006. "Towards a Levinasian Care Ethic: A Dialogue between the Thoughts of Joan Tronto and Emmanuel Levinas." *Ethical Perspectives* 13 (1): 33–61

Diekema, Douglas, and Norman Fost. 2010. "Ashley Revisited: A Response to the Critics." *American Journal of Bioethics* 10 (1): 30–44.

Dillon, Robin. 1992. "Respect and Care: Toward Moral Integration." *Canadian Journal of Philosophy* 22 (1): 69–81.

Downes, Lawrence. 2013. "A Young Man With Down Syndrome, a Fatal Encounter and a Cry for Understanding." *New York Times*, March 18. http://www.nytimes.com/2013/03/19/opinion/ethan-saylors-death-and-a-cry-for-down-syndrome-understanding.html.

Dreger, Alice. 1998. "When Medicine Goes Too Far in the Pursuit of Normality." *New York Times*, July 28.

Dresser, Rebecca. 2009. "Substituting Authenticity for Autonomy." *Hastings Center Report* 39 (2): 3.

Driver, Julia. 2005. "Consequentialism and Feminist Ethics." *Hypatia* 20 (4): 183 – 99.

Dvorsky, George. 2006. "Helping Families Care for the Helpless." Institute for Ethics and Emerging Technologies. http://ieet.org/index.php/IEET/more/809/.

Eligon, John, and Erik Eckholm. 2013. "New Laws Ban Most Abortions in North Dakota." *New York Times*, March 26. http://www.nytimes.com/2013/03/27/us/north-dakota-governor-signs-strict-abortion-limits.html?pagewanted=all&_r=0.

Ertelt, Steve. 2013. "North Dakota Now First State to Ban Abortions Based on Down Syndrome." *LifeNews.com*, March 26. http://www.lifenews.com/2013/03/26/north-dakota-now-first-state-to-an-abortions-based-on-down-syndrome/.

Estreich, George. 2013. "A Child With Down Syndrome Keeps His Place at the Table." *New York Times*, January 25. http://www.nytimes.com/2013/01/26/opinion/a-child-with-down-syndrome-keeps-his-place-at-the-table.html?_r=1.

"Eugenics." *Dictionary.com*. Accessed May 29, 2018.

Fadiman, Anne. 1998. *The Spirit Catches You and You Fall Down*. New York: FSG.

Featherstone, Helen. 1960. *A Difference in the Family*. New York: Penguin.

Feder, Ellen K. 2002. "Doctor's Orders: Parents and Intersexed Children." In *The Subject of Care: Feminist Perspectives on Dependency*, edited by Eva Feder Kittay and Ellen K. Feder, 294 – 320. Lanham, MD: Rowman & Littlefield.

Feder, Ellen K. 2007. *Family Bonds: Genealogies of Race and Gender*. Studies in Feminist Philosophy. Oxford: Oxford University Press.

Feder, Ellen K. 2008. "'In Their Best Interests': Parents' Experience of Atypical Genitalia." In *Surgically Shaping Children*, edited by Erik Parens, 189 – 210. Washington, DC: Georgetown University Press.

Feder, Ellen K. 2014. *Making Sense of Intersex: Changing Ethical Perspectives in Biomedicine*. Bloomington: Indiana University Press.

Ferguson, Philip M. 1994. *Abandoned To Their Fate: Social Policy and Practice Toward Severely Retarded People in America*, 1820 – 1920. Health, Society, and Policy. Philadelphia: Temple University Press.

Fine, Michael, and Caroline Glendinning. 2005. "Dependence, Independence or Inter-Dependence? Revisiting the Concepts of 'Care' and 'Dependency.'" *Ageing and Society* 25 (4): 601 – 21.

Fineman, Martha Albertson. 1995. *The Neutered Mother, the Sexual Family and Other Twentieth Century Tragedies*. New York: Routledge.

Fischer, Bernice, and Joan Tronto. 1990. "Towards a Feminist Theory of Caring." In *Circles of Care*, edited by Emily K. Abel and Margaret K. Nelson, 35–62. Albany: SUNY Press.

Fitzmaurice, Susan. 2008. "News and Commentary About Ashley's Treatment." March 13. http://www.katrinadisability.info/ashleynews.html.

Flam, Lisa. 2013. "Waiter Hailed as Hero After Standing Up for Boy with Down Syndrome." *Today.com*, January 23. http://www.today.com/parents/waiter-hailed-hero-after-standing-boy-down-syndrome-1B8038223.

Francis 2015. "Laudato Si': On Care For Our Common Home." Encyclical Letter. http://w2.vatican.va/content/francesco/en/encyclicals/documents/papa-francesco_20150524_enciclica-laudato-si.html.

Frankfurt, Harry. 1988. *The Importance of What We Care About: Philosophical Essays*. Cambridge: Cambridge University Press.

Frankfurt, Harry. 2004. *The Reasons of Love*. Princeton, NJ: Princeton University Press.

Fraser, Nancy. 1989. *Unruly Practices: Power, Discourse, and Gender in Contemporary Social Theory*. Minneapolis: University of Minnesota Press.

Fraser, Nancy, and Linda Gordon. 1994. "A Genealogy of Dependency: Tracing a Keyword of the U.S. Welfare State." *Signs* 19 (2): 309–36.

Fricker, Miranda. 2007. *Epistemic Injustice: Power and the Ethics of Knowing*. Oxford: Oxford University Press.

Friedman, Marilyn. 2003. *Autonomy, Gender, Politics*. Studies in Feminist Philosophy. Oxford: Oxford University Press.

Frye, Marilyn. 1983. *The Politics of Reality: Essays in Feminist Theory*. Trumansburg, NY: Crossing Press.

Gallegos, Lori. 2016. "Empathy's Contribution to Moral Knowledge: Cultivating Agency under Conditions of Social Inequality." PhD diss., Department of Philosophy, Stony Brook University, SUNY.

Garland-Thomson, Rosemarie. 2012. "The Case for Conserving Disability." *Journal of Bioethical Inquiry* 9 (3): 339–55.

Gastmans, Chris, Bernadette Dierckx de Casterlé, and Paul Schotsmans. 1998. "Nursing Considered as Moral Practice: A Philosophical-Ethical Interpretation of Nursing." *Kennedy Institute of Ethics Journal* 8 (1): 43–69.

Gilligan, Carol. 1982. *In A Different Voice*. Cambridge, MA: Harvard University Press.

Gilligan, Carol. 1987. "Moral Orientation and Moral Development." In *Women and Moral Theory*, edited by Eva Feder Kittay and Diana T. Meyers, 19–33. New Jersey:

Roman and Littlefield.

Glover, Jonathan. 2006a. *Choosing Children: Genes, Disability, and Design*. Uehiro Series in Practical Ethics. Oxford: Oxford University Press.

Glover, Jonathan. 2006b. *Choosing Children: Genes, Disability, and Design*. Kindle edition. Uehiro Series in Practical Ethics. Oxford: Oxford University Press.

Glynn, Sarah Jane. 2014. "Explaining the Gender Wage Gap." *American Progress: Economic Report*. Center for American Progress. May 19. https://www.americanprogress.org/issues/economy/report/2014/05/19/90039/explaining-the-gender-wage-gap.

Goodley, Dan. 2013. "The Psychopathology of Ableism: Or, Why Non-Disabled People Are So Messed Up Around Disability." Keynote Address to the Nordic Network of Disability Researchers, Turku, Finland, May 29.

Grinker, Roy Richard. 2009. *Isabel's World: Autism and the Making of a Modern Epidemic*. London: Icon Books.

Groce, Nora Ellen. 1985. *Everyone Here Spoke Sign Language: Hereditary Deafness on Martha's Vineyard*. Cambridge, MA: Harvard University Press.

Gross, Terry. 2000. "Interview of Richard Pryor." *Fresh Air*, National Public Radio. October 27.

Gunther, Daniel F., and Douglas Diekema. 2006. "Attenuating Growth in Children with Profound Developmental Disability: A New Approach to an Old Dilemma." *Archives of Pediatric & Adolescent Medicine* 160 (10): 1013–17.

Hanigsberg, Julia E., and Sara Ruddick. 1999. *Mother Troubles: Rethinking Contemporary Maternal Dilemmas*. Boston: Beacon Press.

Harding, Sandra, and Merrill B. Hintikka. 1983. *Discovering Reality: Feminist Perspectives on Epistemology, Metaphysics, Methodology, and Philosophy of Science*. Synthese Library. Dordrecht: Kluwer.

Hartley, Christie. 2009. "Justice for the Disabled: A Contractualist Approach." *Journal of Social Philosophy* 40 (1): 17–39.

Hassall, R., J. Rose, and J. McDonald. 2005. "Parenting Stress in Mothers of Children with an Intellectual Disability: The Effects of Parental Cognitions in Relation to Child Characteristics and Family Support." *Journal of Intellectual Disability Research* 49 (6): 405–18.

Hedley, Lisa. 2006. "The Seduction of the Surgical Fix." In *Surgically Shaping Children: Technology, Ethics, and the Pursuit of Normality*, edited by Erik Parens, 43–51. Baltimore: Johns Hopkins University Press.

Hegi, Ursula. 1994. *Stones From the River*. New York: Poseidon Press.

Heidegger, Martin. 1962. *Being and Time*. San Francisco: Harper San Francisco.

Held, Virginia. 1987. "Feminism and Moral Theory." In *Women and Moral Theory*, edited by Eva Feder Kittay and Diana T. Meyers, 111–28. Lanham, MD: Rowman and Littlefield.

Held, Virginia. 1993. *Feminist Morality: Transforming Culture, Society, and Politics*. Chicago: University of Chicago Press.

Heumann, Judy. 1977. "Independent Living Movement." http://www. disabilityexchange.org/newsletter/article.php?n=15&a=134.

Hingsburger, Dave J. 1998. *Do? Be? Do?: What To Teach And How To Teach People With Developmental Disabilities*. Barrie, ON: Diverse City Press.

Hoffman, Martin L. 2000. *Empathy and Moral Development: Implications for Caring and Justice*. Cambridge: Cambridge University Press.

Holroyd, Jules. 2012. "Responsibility for Implicit Bias." *Journal of Social Psychology* 43 (3): 274–306.

Houser, Daniel, John A. List, Marco Piovesan, Anya Samek, and Joachim Winter. 2016. "Dishonesty: From Parents to Children." *European Economic Review* 82: 242–54.

Hull, John M. 1997. *On Sight and Insight: A Journey into the World of Blindness*. Oxford: One World Books.

Hull, Richard. 2009. "Projected Disability and Parental Responsibility." In *Disability and Disadvantage*, edited by Kimberley Brownlee and Adam Cureton, 369–84. Oxford: Oxford University Press.

Individuals with Disabilities Education Act (IDEA). 2004. Pub.L. 101–476.

Jacobs, Harriet. 1861. "Incidents in the Life of a Slave Girl: Written by Herself." In *The Classic Slave Narratives*, edited by Henry Louis Gates, 333–513. New York: Penguin.

Jaggar, Alison M. 1983. *Feminist Politics and Human Nature*. Philosophy and Society. Totowa, NJ: Rowman & Allanheld.

Jaggar, Alison M., and Paula S. Rothenberg. 1978. *Feminist Frameworks: Alternative Theoretical Accounts of the Relations Between Women and Men*. New York: McGraw-Hill.

Jakobson, Roman. 1963. "Linguistique et poctique." In *Essais de linauistique generale*, edited by Roman Jakobson, 209–48. Paris: Edition de Minuit.

Jaworska, Agnieszka. 2007. "Caring and Moral Standing." *Ethics* 117 (3): 460–97.

Jaworska, Agnieszka, and Julie Tannenbaum. 2014. "Person-Rearing Relationships as a Key to Higher Moral Status." *Ethics* 124 (2): 242 – 71.

Kahneman, Daniel, and Amos Tversky, eds. 2000. *Choices, Values, and Frames*. New York: Cambridge University Press.

Kant, Immanuel. 1902 [1766]. "Dreams of a Spirit Seer." In *Kants gesammelte schriften*. Berlin: Prussian Academy Edition.

Kaposy, Chris. 2013. "A Disability Critique of the New Test for Down Syndrome." *Kennedy Institute of Ethics Journal* 23 (4): 299 – 324.

Kaposy, Chris. 2018. *Choosing Down Syndrome: Ethics and New Prenatal Testing Technologies*. Basic Bioethics. Cambridge, MA: The MIT Press.

Kent, Deborah. 2000. "Somewhere A Mockingbird." In *The Ethics of Prenatal Testing and Selective Abortion: A Report from the Hastings Center*, edited by Adrienne Asch and Erik Parens, 57 – 63. Philadelphia: Temple University Press.

Khader, Serene J. 2011a. "Beyond Inadvertent Ventriloquism: Caring Virtues for Participatory Development." *Hypatia* 26: 742 – 61.

Khader, Serene J. 2011b. *Adaptive Preferences and Women's Empowerment*. Studies in Feminist Philosophy. Oxford: Oxford University Press.

King, Larry. 2007. "The Pillow Angel." January 12, 2007. CNN, *Larry King Live*.

Kingsley, Emily Perl. 1987. "Welcome to Holland." http://www.our-kids.org/Archives/Holland.html.

Kitcher, Philip. 1997. *Lives To Come: The Genetic Revolution and Human Possibilities*. New York: Simon and Schuster.

Kittay, Eva Feder. 1999. *Love's Labor: Essays on Women, Equality and Dependency*. New York: Routledge.

Kittay, Eva Feder. 2000. "At Home with My Daughter." In *Americans with Disabilities*, edited by Francis Leslie Pickering and Anita Silvers, 64 – 80. New York: Routledge.

Kittay, Eva Feder. 2007. "A Feminist Care Ethics, Dependency and Disability." *APA Newsletter on Feminism and Philosophy* 6 (2): 3 – 6.

Kittay, Eva Feder. 2011a. "Forever Young: The Strange Case of Ashley X." *Hypatia* 26 (3): 610 – 31.

Kittay, Eva Feder. 2011b. "A Tribute to an Idea: The Completion of Care." In *Dear Nel: Opening the Circles of Care (Letters to Nel Noddings)*, edited by Robert Lake, section 4. New York: Teacher's College Press.

Kittay, Eva Feder. 2014. "The Completion Of Care." In *Care Professions and Globalization: Theoretical and Practical Perspectives*, edited by Ana Marta González and Craig Iffland,

33 – 42. New York: Palgrave Macmillan.

Kittay, Eva Feder. 2015. "A Theory of Justice as Fair Terms of Social Life Given Our Inevitable Dependency and Our Inextricable Interdependency." In *Care Ethics and Political Theory*, edited by Daniel Engster and Maurice Hamington, 51 – 71. Oxford: Oxford University Press.

Kittay, Eva Feder. 2016. "Deadly Medicine: The T4 Project, Disability, and Racism." *Res Philosophica* 93 (4, Special Issue on Disability): 715 – 41.

Kittay, Eva Feder. 2018. "The Normativity and Relationality of Care." In *The Oneness Hypothesis: Beyond the Boundary of Self*, edited by Philip J. Ivanhoe, Owen J. Flanagan, Victoria S. Harrison, Hagop Sarkissian and Eric Schwitzgebel, 120 – 141. New York: Columbia University Press.

Kittay, Eva Feder, and Licia Carlson, eds. 2010. *Cognitive Disability and Its Challenge to Moral Philosophy*. Oxford: Blackwell.

Kittay, Eva Feder, and Jeffrey Kittay. 2007. "Whose Convenience? Whose Truth?: A Comment on Peter Singer's 'A Convenient Truth.'" Published on: February 28, 2007, Bioethics Forum. https://www.thehastingscenter.org/whose-convenience-whose-truth/.

Kittay, Eva Feder, and Leo B. Kittay. 2000. "On the Expressivity and Ethics of Selective Abortion for Disability: Conversations with My Son." In *The Ethics of Prenatal Testing and Selective Abortion: A Report from the Hastings Center*, edited by Adrienne Asch and Erik Parens, 196 – 214. Philadelphia: Temple University Press.

Kopelman, Loretta M., and John C. Moskop, eds. 1984. *Ethics and Mental Retardation*. Philosophy and Medicine. Dordrecht: D. Reidel.

Kuhn, Thomas. 2012. *The Structure of Scientific Revolutions*. Chicago: University of Chicago Press.

Kuusisto, Stephen. 2015. "Don't Tell 'Em You Can't See, Just Go On Out There . . ." *Planet of the Blind*, December 5. https://stephenkuusisto.com/.

Larson, Kate Clifford. 2015. *Rosemary: The Hidden Kennedy Daughter*. Boston: Houghton Mifflin Harcourt.

Lavoie, M., T. De Koninck, and D. Blondeau. 2006. "The Nature of Care in Light of Emmanuel Levinas." *Nursing Philosophy* 7 (4): 225 – 34.

Liao, S. Matthew, Julian Savulescu, and Mark Sheehan. 2007. "AT: Best Interests, Convenience, and Parental Decision-Making." *Hastings Center Report* 37 (2): 16 – 20.

Lillehammer, Hallvard. 2009. "Reproduction, Partiality, and The Non-Identity

Problem." In *Harming Future Persons: Ethics, Genetics, and the Non-Identity Problem*, edited by Melinda A. Roberts and David T. Wasserman, 231 – 48. New York: Springer.

Lindemann, Hilde. 2001. *Damaged Identities: Narrative Repair*. Ithaca, NY: Cornell University Press.

Lindemann, Hilde, and James Lindemann Nelson. 2008. "The Romance of the Family." *Hastings Center Report* 38 (4): 19 – 21.

Little, Margaret. 2000. "Moral Generalities Revisited." In *Moral Particularism*, edited by Brad Hooker and Margaret Little, 276 – 304. Oxford: Clarendon Press.

Liu, H., Z. Wei, A. Dominguez, Y. Li, X. Wang, and L. S. Qi. 2015. "CRISPR-ERA: A Comprehensive Design Tool for CRISPR-Mediated Gene Editing, Repression and Activation." *Bioinformatics* 31 (22): 3676 – 78.

Lugones, María. 1987. "Playfulness, 'World'-Travelling, and Loving Perception." *Hypatia* 2 (2): 3 – 19.

Lugones, María, and Elizabeth Spelman. 1983. "Have We Got A Theory For You! Feminist Theory, Cultural Imperialism And The Demand For 'The Woman's Voice.'" *Women's International Forum* 6 (6): 573 – 81.

MacIntyre, Alasdair C. 1981. *After Virtue: A Study in Moral Theory*. Notre Dame, IN.: University of Notre Dame Press.

MacIntyre, Alasdair. 1999. *Dependent Rational Animals: Why Human Beings Need the Virtues*. Peru, IL: Open Court Press.

Mackenzie, Catriona, and Natalie Stoljar. 2000. *Relational Autonomy: Feminist Perspectives on Autonomy, Agency, and the Social Self*. New York: Oxford University Press.

Macklin, R. 2003. "Dignity Is a Useless Concept." *BMJ* 327 (7492): 1419 – 20.

Mansfield, C., S. Hopfer, and T. M. Marteau. 1999. "Termination Rates After Prenatal Diagnosis of Down Syndrome, Spina Bifida, Anencephaly, and Turner and Klinefelter Syndromes: A Systematic Literature Review. European Concerted Action: DADA (Decision-Making After the Diagnosis of a Fetal Abnormality)." *Prenatal Diagnosis* 19 (9): 808 – 12.

McBryde-Johnson, Harriet. 2003. "Unspeakable Conversations." *New York Times Magazine*, February 11.

McBryde-Johnson, Harriet. 2005. *Too Late to Die Young: Nearly True Tales from a Life*. New York: Henry Holt.

McDonald, Anne. 2007. "The Other Story from a 'Pillow Angel.' Been There. Done That. Preferred to Grow." Last Modified June 16. http://www.seattlepi.com/local/opinion/article/The-other-story-from-a-Pillow-Angel-1240555.php.

McMahan, Jeff. 1996. "Cognitive Disability, Misfortune, and Justice." *Philosophy & Public Affairs* 25 (1): 3 – 35.

McMahan, Jeff. 2003. *The Ethics of Killing: Problems at the Margins of Life*. Oxford: Oxford University Press.

McMahan, Jeff. 2005. "Preventing the Existence of People with Disabilities." In *Quality of Life and Human Difference: Genetic Testing, Health Care, and Disability*, edited by Jerome Bickenbach, David Wasserman and Robert Wachbroit, 142 – 71. New York: Cambridge University Press.

McMahan, Jeff. 2006. "Is Prenatal Genetic Screening Unjustly Discriminatory?" *Virtual Mentor: Ethics Journal of the American Medical Association* 8 (1): 50 – 52.

McMahan, Jeff. 2008. "Cognitive Disability, Cognitive Enhancement and Moral Status." Cognitive Disability: Its Challenge to Moral Philosophy, Stony Brook Manhattan, New York, September 20.

McMahan, Jeff. 2009. "Cognitive Disability and Cognitive Enhancement." *Metaphilosophy* 40 (3 – 4): 582 – 605.

Mercer, Christia, and Eileen O'Neill. 2005. *Early Modern Philosophy: Mind, Matter, and Metaphysics*. Oxford: Oxford University Press.

Meyers, Diana T. 1989. *Self, Society, and Personal Choice*. New York: Columbia University Press.

Meyers, Diana T. 1994. *Subjection & Subjectivity: Psychoanalytic Feminism & Moral Philosophy*. Thinking Gender. New York: Routledge.

Mill, John Stuart. 1860 [1978]. *On Liberty*. Indianapolis: Hackett Publishing.

Mill, John Stuart. 1869. *The Subjection of Women*. New York: D. Appleton and Company.

Mill, John Stuart. 2001. *Utilitarianism*. 2nd ed. Indianapolis: Hackett Publishing.

Miller, Arthur. 1996 [1949]. *Death of a Salesman*. Viking Critical Edition. New York: Penguin.

Miller, Sarah Clark. 2005. "Need, Care and Obligation." *Royal Institute of Philosophy Supplement* 57 (December): 137 – 60.

Miller, Sarah Clark. 2012. *The Ethics of Need: Agency, Dignity, and Obligation*. New York: Routledge.

Mistry, Rohinton. 1996. *A Fine Balance: A Novel*. New York: Knopf.

Moore, G. E. 2005 [1912]. *Ethics: and "The Nature of Moral Philosophy."* British Moral Philosophers. Edited by William H. Shaw. Oxford: Clarendon Press.

Morris, Jenny. 2004. "Independent Living and Community Care: A Disempowering Framework." *Disability and Society* 19 (5): 427 – 42.

Morris, Jenny. 2011. "Rethinking Disability Policy." https://www.youtube.com/watch?v=XHm4b2Y5j_U.

Moynihan, Daniel Patrick. 1973. *The Politics of a Guaranteed Income: The Nixon Administration and the Family Assistance Plan*. New York: Random House.

Mundy, Liza. 2002. "A World of Their Own." *Washington Post*. https://www.washingtonpost.com/archive/lifestyle/magazine/2002/03/31/a-world-of-their-own/abba2bbf-af01-4b55-912c-85aa46e98c6b/?utm_term=.179b1d17e003.

Murphy, E. A. 1972. "The Normal, and the Perils of the Sylleptic Argument." *Perspect Biol Med* 15 (4): 566-82.

Murray, Christopher J. 1996. "Rethinking DALYs." In *The Global Burden of Disease*, edited by Christopher J. Murray and Alan D. Lopez, 1-98. Cambridge, MA: Harvard University Press.

Narayan, Uma. 1997. *Dislocating Cultures: Identities, Traditions, and Third-World Feminism*. Thinking Gender. New York: Routledge.

National Human Genome Research Institute (NIH). 2018. "Learning About an Undiagnosed Condition in a Child." National Institute of Health, accessed September 17, 2018. https://www.genome.gov/17515951/learning-about-an-undiagnosed-condition-in-a-child/.

National Institutes of Health (NIH). 2014. "What Conditions or Disorders Are Commonly Associated with Down Syndrome?" Last Modified April 9, 2014. http://www.nichd.nih.gov/health/topics/down/conditioninfo/Pages/associated.aspx#f1.

Natoli, Jaime L., Deborah L. Ackerman, Suzanne McDermott, and Janice G. Edwards. 2012. "Prenatal Diagnosis of Down Syndrome: A Systematic Review of Termination Rates (1995-2011)." *Prenatal Diagnosis* 32 (2): 142-53. doi: DOI: 10.1002/pd.2910.

Ne'eman, Ari. 2013. "Autism and the Disability Community: The Politics of Neurodiversity, Causation and Cure." Disability Studies Institute Speakers Series, Center for Ethics, Emory University. October 29.

Nelson, James. 2000. "The Meaning of the Act: Reflections on the Expressive Force of Reproductive Decision-Making and Policies." In *Prenatal Testing and Disability Rights*, edited by Adrienne Asch and Erik Parens, 196-213. New York: Oxford University Press.

Newsome, Robert, III. 2012. "The Ashley Treatment: The Philosophy and Ethics of

Growth Attenuation." *Psychology Today*, June 29. https://www.psychologytoday.com/us/blog/the-love-wisdom/201206/the-ashley-treatment.

New York Times Editorial Board. 2013. "Down Syndrome and a Death." *The New York Times*, March 27. http://www.nytimes.com/2013/03/28/opinion/down-syndrome-and-a-death.html.

Nietzsche, Friedrich Wilhelm. 1997. *Beyond Good and Evil: Prelude to a Philosophy of the Future*. Translated by Helen Zimmern. Mineola, NY: Dover Publications.

Noddings, Nel. 1984. *Caring: A Feminine Approach to Ethics and Moral Education*. Berkeley: University of California Press.

Nolen, Jeannette. 2014. "Learned Helplesness." Last Modified November 11, 2014. http://www.britannica.com/EBchecked/topic/1380861/learned-helplessness.

Nortvedt, P. 2003. "Levinas, Justice and Health Care." *Medicine, Health Care and Philosophy* 6 (1): 25-34.

Nussbaum, Martha Craven. 2000. *Women and Human Development: The Capabilities Approach*. The John Robert Seeley Lectures. Cambridge: Cambridge University Press.

Nussbaum, Martha. 2002. "Capabilities and Disabilities." *Philosophical Topics* 30 (2): 133-65.

Nussbaum, Martha. 2006. *Frontiers of Justice: Disability, Nationality, Species Membership*. The Tanner Lectures on Human Values. Cambridge, MA: The Belnap Press of Harvard University Press.

Nussbaum, Martha. 2008. "Human Dignity and Political Entitlements." The President's Council on Bioethics, Washington, DC. March, 2008.

O'Connor, Flannery. 1996. "Good Country People." In *The Tyranny of the Normal: An Anthology*, edited by Carol Donley and Sheryl Buckley, 307-26. Kent, OH: Kent State University Press.

O'Neill, Onora. 2002. *Autonomy and Trust in Bioethics*. Cambridge: Cambridge University Press.

Oliver, Michael. 1989. "Disability and Dependency: A Creation of Industrial Societies." In *Disability and Dependency*, edited by Len Barton, 6-22. London: The Falmer Press.

Olsson, M. B., and C. P. Hwang. 2001. "Depression in Mothers and Fathers of Children with Intellectual Disability." *Journal of Intellectual Disability Research* 45 (6): 535-43.

Paraprofessional Healthcare Institute (PHI). 2014. Home Care Aides at a Glance. In *Public Health International*. February 2014. https://phinational.org/wp-content/

uploads/legacy/phi-facts-5.pdf.

Parens, Erik. 2006. *Surgically Shaping Children: Technology, Ethics, and the Pursuit of Normality*. Baltimore: Johns Hopkins University Press.

Parfit, Derek. 1984. *Reasons and Persons*. Oxford: Clarendon Press.

Paul, Laurie A. 2015. "Transformative Experience." APA Pacific Division Meetings, April 3.

Peace, William. 2007. "Protest from a Bad Cripple: AT and the Making of a Pillow Angel." Last Modified January 18. http://www.counterpunch.org/peace01182007.html.

Pellegrino, Edmund D., and David C. Thomasma. 1987. "The Conflict between Autonomy and Beneficence in Medical Ethics: Proposal for a Resolution." *Journal of Contemporary Health Law & Policy* 3 (1): 23-46.

Pettit, Philip. 1997. *Republicanism: A Theory of Freedom and Government*. Oxford: Oxford University Press.

Piepmeier, Alison. 2013. "Outlawing Abortion Won't Help Children with Down Syndrome." Motherlode Blog. http://parenting.blogs.nytimes.com/2013/04/01/outlawing-abortion-wont-help-children-with-down-syndrome/.

Pilkington, Ed. 2012. "The Ashley treatment: 'Her life is as good as we can possibly make it.'" Interview with Ashley X's father. The Guardian, March 15. https://www.theguardian.com/society/2012/mar/15/ashley-treatment-email-exchange.

Pinker, Steven. 2008. "The Stupidity of Dignity." *The New Republic*. May 28. https://newrepublic.com/article/64674/the-stupidity-dignity

Pollock, Allison J., Norman Fost, and David B. Allen. 2015. "Growth Attenuation Therapy: Practice and Perspectives of Paediatric Endocrinologists." *Archives of Disease in Childhood*, Last Modified July 22, 2015. http://adc.bmj.com/content/early/2015/07/22/archdischild-2015-309130.

Rachels, James. 1998. *Ethical Theory: Theories About How We Should Live*. Oxford: Oxford University Press.

Rachels, James. 1990. *Created from Animals: The Moral Implications of Darwinism*. Oxford: Oxford University Press.

Rapp, Emily. 2011. "Notes From a Dragon Mom." *New York Times*, October 15. http://www.nytimes.com/2011/10/16/opinion/sunday/notes-from-a-dragon-mom.html.

Rapp, R. 1998. "Refusing Prenatal Diagnosis: The Meanings of Bioscience in a

Multicultural World." *Sci Technol Human Values* 23 (1): 45 – 70.

Rawls, John. 1971. *A Theory of Justice*. Cambridge, MA: The Belknap Press of Harvard University Press.

Reinders, Hans S. 2000. *The Future of the Disabled in Liberal Society: An Ethical Analysis*. Revisions: A Series of Books on Ethics. Notre Dame, IN: University of Notre Dame Press.

Reinders, Hans. 2008. *Receiving the Gift of Friendship: Profound Disability, Theological Anthropology, and Ethics*. Grand Rapids, MI: Wm. B. Eerdmans Publishing.

Ressner, Susan L. 2008. "Genetic Counseling." In *Encyclopedia of Counseling*, edited by Frederick Leong, 229 – 31. Thousand Oaks, CA: Sage Publications.

Reynolds, Joel Michael. 2016. "Infinite Responsibility in the Bedpan: Response Ethics, Care Ethics, and the Phenomenology of Dependency Work." *Hypatia* 31 (4): 779 – 94.

Rich, Adrienne. 1995. *Of Woman Born: Motherhood as Experience and Institution*. New York: Norton.

Ritter, J. 2007. "Forever a Girl ⋯ Destined to Grow Up." *Chicago Sun-Times*, January 12.

Rivas, Lynn May. 2002. "Invisible Labors: Caring for the Independent Person." In *Global Women: Nannies, Maids and Sex Workers in the Global Economy*, edited by Barbara Ehrenreich and Arlie Russell Hochschild, 70 – 84. New York: Henry Holt.

Robertson, John A. 1994. *Children of Choice: Freedom and the New Reproductive Technologies*. Princeton, NJ: Princeton University Press.

Robinson, Fiona. 1999. *Globalizing Care: Ethics, Feminist Theory, and International Relations*. Feminist Theory and Politics. Boulder, CO: Westview Press.

Rollins, Judith. 1987. *Between Women: Domestics and Their Employers*. Philadelphia: Temple University Press.

Ruddick, Sara. 1989. *Maternal Thinking*. New York: Beacon Press.

Ruddick, Sara. n.d. *Sarah Ruddick, Feminist Philosophers: In Their Own Words*. FemPhil Productions.

Ryle, Gilbert. 1984 [1949]. *The Concept of Mind*. Chicago: University of Chicago Press.

Sainsbury, Clare. 2000. *Martian in the Playground*. Bristol: Lucky Duck.

Saletan, William. 2007a. "Girl, Interrupted: The Power to Shrink Human Beings." http://www.slate.com/id/2157861/.

Saletan, William. 2007b. "Arresting Development." *Washington Post*, January 21.

Saloviita, T., M. Itälinna, and E. Leinonen. 2003. "Explaining the Parental Stress of Fathers and Mothers Caring for a Child with Intellectual Disability: A Double

ABCX Model." *Journal of Intellectual Disability Research* 47 (4 – 5): 300 – 12.

Sandel, M. J. 2009. *The Case Against Perfection: Ethics in the Age of Genetic Engineering*. Cambridge, MA: Harvard University Press.

Savage, T. A. 2007. "In Opposition of AT." *Pediatric Nursing* 33 (2): 175 – 78.

Savulescu, Julian. 2001. "Procreative Beneficience: Why We Should Select the Best Children." *Bioethics* 15 (5/6): 413 – 26.

Savulescu, Julian, and Guy Kahane. 2009. "The Moral Obligation To Create Children With The Best Chance Of The Best Life." *Bioethics* 23 (5): 274 – 90.

Scully, Jackie Leach. 2011. "'Choosing Disability,' Symbolic Law, and the Media." *Medical Law International* 11 (3): 197 – 221.

Sen, Amartya. 1990. "Gender and Cooperative Conflicts." In *Persistent Inequalities: Women and World Development*, edited by I. Tinker, 123 – 49. Oxford: Oxford University Press.

Sen, Amartya. 2002. *Rationality and Freedom*. Cambridge, MA: The Belknap Press of Harvard University Press.

Shakespeare, Thomas W. 2006. *Disability Rights and Wrongs*. London: Routledge.

Shakespeare, Thomas W. 2011. "Choices, Reasons and Feelings: Prenatal Diagnosis as Disability Dilemma." *ALTER, European Journal of Disability Research* 5 (1): 37 – 43.

Shakespeare, Thomas W. 2013. "Nasty, Brutish, and Short? On the Predicament of Disability and Embodiment." In *Disability and the Good Human Life*, edited by F. Felder, J. Bickenbach, and B. Schmitz, 93 – 112. Cambridge: Cambridge University Press.

Shakespeare, Thomas W. 2014. *Disability Rights and Wrongs Revisited*. Second ed. London: Routledge.

Shakespeare, Thomas, and Nicholas Watson. 2001. "The Social Model: An Outdated Ideology?" In *Exploring Theories and Expanding Methodologies: Where We Are and Where We Need to Go*, edited by Sharon N. Barnartt and Barbara M. Altman, 9 – 29. Amsterdam: JAI Press.

Shoemaker, David. 2010. "Responsibility, Agency, and Cognitive Disability." In *Cognitive Disability and Its Challenge to Moral Philosophy*, edited by Eva Feder Kittay and Licia Carlson, 201 – 24. Oxford: Blackwell.

Siebers, Tobin. 2008. *Disability Theory*. Ann Arbor: University of Michigan Press.

Siebers, Tobin. 2010. *Disability Aesthetics*. Corporealities Discourses of Disability. Ann Arbor: University of Michigan Press.

Silberman, Steve. 2010. "Exclusive: First Autistic Presidential Appointee Speaks

Out." *Noemi concept.* September 22. https://www.noemiconcept.eu/index.
php/departement-informatique/meteo-noemi/crise-japon-mesure-taux-
radiation-radioactive/5767-exclusive-first-autistic-presidential-appointee-
speaks-out.html?fontstyle=f-larger.

Silvers, Anita. 1994. "'Defective' Agents: Equality, Difference and the Tyranny of the
Normal." *Journal of Social Philosophy* 25 (s1): 154 – 75.

Silvers, Anita, and Leslie Pickering Francis. 2000. "Introduction." In *Americans with
Disabilities*, edited by Leslie Pickering Francis and Anita Silvers, xiii – xxviii. New
York: Routledge.

Silvers, Anita, and Leslie Francis. 2005. "Justice through Trust: Disability and the
'Outlier Problem' in Social Contract Theory." *Ethics* 116 (1): 40 – 76.

Silvers, Anita, and Leslie Francis. 2010. "Thinking About the Good: Reconfiguring
Liberal Metaphysics (or Not) for People with Cognitive Disabilities." In *Cognitive
Disability and Its Challenge to Moral Philosophy*, edited by Eva Feder Kittay and Licia
Carlson, 237 – 60. Oxford: Blackwell.

Simplican, Stacy Clifford. 2015. "Care, Disability, and Violence: Theorizing Complex
Dependency in Eva Kittay and Judith Butler." *Hypatia*, 30 (1, Special Issue: New
Conversations in Feminist Disability Studies): 217 – 233.

Singer, Peter. 1979. *Practical Ethics.* Cambridge: Cambridge University Press.

Singer, Peter. 1994. *Rethinking Life and Death: The Collapse of Our Traditional Ethics.* New
York: St. Martin's.

Singer, Peter. 2007. "A Convenient Truth." *New York Times.* http://www.nytimes.
com/2007/01/26/opinion/26singer.html.

Singer, Peter. 2008. "Q&A Session." Conference panel, Cognitive Disability: Its
Challenge to Moral Philosophy. Stony Brook University, NY, Sept 19.

Singer, Peter. 2009. "Speciesism and Moral Status." In *Cognitive Disability and Its
Challenge to Moral Philosophy*, edited by Eva Feder Kittay and Licia Carlson, 331 –
34. New York: Wiley Blackwell.

Singer, Peter. 2012. "The 'Unnatural' Ashley Treatment Can Be Right For Profoundly
Disabled Children." *The Guardian*, March 16.

Singer, Peter, and Helga Kuhse. 1985. *Should the Baby Live? The Problem of Handicapped
Infants.* Studies in Bioethics. Oxford: Oxford University Press.

Single Dad, "The Case For Not Mutilating Your Child: One Father's Voracious
Opinion." 2012. *Psychology Today*, August 31.

Slote, Michael. 2007. *The Ethics of Care and Empathy.* New York: Routledge.

Solinger, Rickie. 2002. "Dependency and Choice: The Two Faces of Eve." In *The Subject of Care: Feminist Perspectives on Dependency*, edited by Eva Feder Kittay and Ellen K. Feder, 61–88. Lanham, MD: Rowman & Littlefield.

Solomon, Andrew. 2012. *Far From The Tree: Parents, Children And The Search For Identity*. New York: Scribner.

Spelman, Elizabeth. 1988. *Inessential Woman: Problems of Exclusion in Feminist Thought*. New York: Beacon Press.

Spinoza, Benedict de. 1996a. "Ethics." In *A Spinoza Reader*. Vol. 1, 408–620. Princeton NJ: Princeton University Press.

Spinoza, Benedict de. 1996b. "Treatise on the Improvement of the Human Understanding." In *A Spinoza Reader*. Vol. 1, 7–45. Princeton, NJ: Princeton University Press.

Stramondo, Joseph, and Stephen Campbell. 2015. "Disability, Well-Being and the Complicated Question of Neutrality." Choosing Disability, University of Pennslyvania Medical School, Philadelphia, November.

Tada, Joni. 2007. "The Pillow Angel." http://edition.cnn.com/TRANSCRIPTS/0701/12/lkl.01.html.

Tanner, S. 2007. "Outrage Over Girl's Surgery." *Monterey County Herald*, January 12.

Taylor, Sunny. 2004. "The Right Not to Work." *Monthly Review* 55, no. 10. http://monthlyreview.org/2004/03/01/the-right-not-to-work-power-and-disability/.

tenBroek, Jacobus. 1966. "The Right to Live in the World: The Disabled in the Law of Torts." *California Law School Review* 54: 841–919.

Thomson, Donna. 2010. *The Four Walls of My Freedom*. Toronto: McArthur and Co.

Tronto, Joan. 1994. *Moral Boundaries: A Political Argument for an Ethic of Care*. New York: Routledge.

Vanacker, Sabine. 2013. "The Story of Isabel." In *A Good Death? Law and Ethics in Practice*, edited by Lynne Hagger and Simon Woods, 167–76. Aldershot: Ashgate.

Vanier, Jean. 1982. *The Challenge of l'Arche*. London: Darton, Longman, and Todd.

Vargas, Theresa. 2013. "Maryland Man With Down Syndrome Who Died In Police Custody Loved Law Enforcement." *Washington Post*, February 19. https://www.washingtonpost.com/local/md-man-with-down-syndrome-who-died-in-police-custody-loved-law-enforcement/2013/02/19/10e09fe0-7ad5-11e2-82e8-61a46c2cde3d_story.html.

Veatch, Robert M. 1986. *The Foundations of Justice*. New York: Oxford University Press.

Vehmas, Simo. 1999. "Newborn Infants and the Moral Significance of Intellectual Disabilities." *Research and Practice for Persons with Severe Disabilities* 24 (2): 111 – 21.

Verhovek, S. 2007. "Parents Defend Decision to Keep Disabled Girl Small." *Los Angeles Times*, January 3.

Vorhaus, John. 2015. *Giving Voice to Profound Disability*. London: Routledge.

Wade, Nicholas. 2005. "Explaining Differences in Twins." *New York Times*, July 5. http://www.nytimes.com/2005/07/05/health/05gene.html.

Weicht, Bernhard. 2010. "Embracing Dependency: Rethinking (In)dependence in the Discourse of Care." *Sociological Review* 58 (s2): 205 – 24.

Whitehead, Alfred North. 1938. *Modes of Thought*. New York: The Free Press.

Wilfond, Benjamin, Paul Steven Miller, Carolyn Korfiatis, Douglas Diekema, Denise M. Dudzinski, Sara Goering, and Seattle Growth and Attenuation Workshop. 2010. "Navigating Growth Attenuation in Children with Profound Disabilities: Children's Interests, Family Decision-Making, and Community Concerns." *Hastings Center Report* 40 (6): 27 – 40.

Williams, Bernard. 1976. "Persons, Character, and Morality." In *The Identities of Persons*, edited by Amelie Rorty, 197 – 216. Berkeley: University of California.

Williams, Bernard. 1981. *Moral Luck: Philosophical Papers, 1973–1980*. Cambridge: Cambridge University Press.

Winch, Peter. 1958. *The Idea of a Social Science and its Relation to Philosophy*. London: Routledge & Kegan Paul.

Wittgenstein, Ludwig. 1921. *Tractatus Logico-Philosophicus*. London: Routledge & Kegan Paul.

Wittgenstein, Ludwig. 1973. *Philosophical Investigations*. New York: Macmillan.

Wolf, Susan, ed. 1996. *Feminism and Bioethics: Beyond Reproduction*. New York: Oxford University Press.

Wolfe, Katharine. 2016. "Together in Need: Relational Selfhood, Vulnerability to Harm, and Enriching Attachments." *Southern Journal of Philosophy* 54 (1): 129 – 48.

Wolfensberger, Wolf. 1972. *The Principle of Normalization in Human Services*. Toronto: National Institute on Mental Retardation.

Wong, Sophia Isako. 2008. "Justice and Cognitive Disabilities: Specifying the Problem." *Essays in Philosophy* 9 (1). https://commons.pacificu.edu/cgi/viewcontent.cgi?article=1307&context=eip.

World Health Organization (WHO). 2002. *Towards a Common Language for Functioning, Disability and Health (ICF Beginner's Guide)*. Geneva: World Health Organization.

Young, Iris Marion. 1990. *Justice and the Politics of Difference*. Princeton, NJ: Princeton University Press.

Young, Iris Marion. 2002. "Automy, Welfare Reform, and Meaningful Work." In *The Subject of Care: Feminist Perspectives on Dependency*, edited by Eva Feder Kittay and Ellen K. Feder, 40 – 60. Lanham, MD: Rowman & Littlefield.

Young, Iris Marion. 2005. *On Female Body Experience: "Throwing like a Girl" and Other Essays*. New York: Oxford University Press.

Zola, Irving Kenneth. 1988. "The Independent Living Movement: Empowering People With Disabilities." *Australian Disability Review* 1 (3): 23 – 27.

옮긴이의 말 다른 무엇보다 배려를: 나는 왜 키테이를 읽는가

김희강. 2022. 『돌봄 민주 국가: 돌봄민국을 향하여』. 박영사.

Peabody, Francis Weld. 1984. "The care of the patient." *JAMA* 252: 813–818.

Benfield, Donald Gary. 1979. "Two philosophies of caring." *Ohio State Medical Journal* 75: 508–511.

찾아보기

2. 인명

인용 출처

'추천의 글'에 실린 가사의 원문을 밝힙니다.

Your looks are laughable, unphotographable / Yet you're my favorite work of art / Is
your figure less than Greek? / Is your mouth a little weak? / When you open it
to speak, are you smart? / Don't change a hair for me / Not if you care for me /
Stay, little valentine, stay / Each day is Valentine's Day(11쪽)

Don't change a hair for me / Not if you care for me / Stay, little valentine, stay / Each
day is Valentine's Day(21~22쪽)

위 기존 출판물의 사용을 허가해주셔서 감사합니다.

My Funny Valentine
from BABES IN ARMS

의존을 배우다

어느 철학자가 인지장애를 가진 딸을 보살피며 배운 것

1판 1쇄 찍음 2023년 11월 24일
1판 1쇄 펴냄 2023년 11월 30일

지은이 에바 페더 키테이
옮긴이 김준혁

편집 최예원 최고은
미술 김낙훈 한나은 김혜수
전자책 이미화
마케팅 정대용 허진호 김채훈 홍수현
  이지원 이지혜 이호정
홍보 이시윤 윤영우
저작권 남유선 김다정 송지영
제작 임지헌 김한수 임수아 권순택
관리 박경희 김지현 김도희 이지은

펴낸이 박상준
펴낸곳 반비

출판등록 1997. 3. 24.(제16-1444호)
(06027) 서울시 강남구 도산대로1길 62
강남출판문화센터
대표전화 515-2000 팩시밀리 515-2007
편집부 517-4263 팩시밀리 514-2329

한국어판 ⓒ (주)사이언스북스, 2023.
Printed in Seoul, Korea.

ISBN 979-11-92908-85-4 (93190)

반비는 민음사출판그룹의
인문 · 교양 브랜드입니다.

만든 사람들

책임편집 최고은
디자인 한나은
조판 강준선